**Kohlhammer**

## Die Herausgeber*innen

**Prof. Dr. Martin Becker** lehrt und forscht seit 2007 an der Katholischen Hochschule Freiburg. Nach dem Studium der Sozialen Arbeit war er über zehn Jahre in verschiedenen Handlungsfeldern Sozialer Arbeit tätig. Nach dem Studium der Soziologie, Erziehungswissenschaften und Arbeits-/Organisationspsychologie wurde er an der Universität Freiburg zum Dr. phil. Promoviert. Seine Lehr- und Forschungsschwerpunkte liegen im Bereich der Stadt- und Quartierentwicklung, Sozialraumorientierung und Bürger*innenbeteilung. Seine wichtigsten Publikationen und Forschungsprojekte beschäftigen sich mit sozialer Stadtentwicklung auch im internationalen Kontext, Quartierstudien, Sozialraumanalysen sowie Studien zu freiwilligem Engagement.

**Prof. Dr. Cornelia Kricheldorff**, Dipl. Sozialgerontologin und Dipl. Sozialpädagogin, ist seit 2008 Prorektorin für Forschung und Weiterbildung an der Katholischen Hochschule Freiburg und gleichzeitig auch Leiterin des Instituts für Angewandte Forschung, Entwicklung und Weiterbildung (IAF). Sie ist als Professorin zuständig für die Lehrgebiete Soziale Gerontologie, Soziale Arbeit im Gesundheitswesen und empirische Sozialforschung. Als Sprecherin des Forschungsschwerpunkts Versorgungsforschung hat sie in diesem Kontext zahlreiche einschlägige Forschungsprojekte geleitet, vielfach publiziert und ein hochschulübergreifendes kooperatives Promotionskolleg, das den Absolvent*innen der Sozialen Arbeit Promotionsmöglichkeiten und -stipendien eröffnet, in Freiburg initiiert und erfolgreich verankert.

**Prof. Dr. phil. Jürgen E. Schwab** ist Professor an der Katholischen Hochschule Freiburg für Bildung und Sozialisation, Studiendekan Soziale Arbeit und leitet den Studiengang B. A. Soziale Arbeit. Er lehrt Geschichte, Theorien, Konzepte und Profession Sozialer Arbeit sowie empirische Sozialforschung, qualitative Methoden und Evaluation. Seine Arbeitsschwerpunkte liegen in den Bereichen Bildung (Jugend- und Erwachsenen-B.), Informelles Lernen, Mentoren und Peer Konzepte, Intergenerationales Lernen, Sozialpädagogik und Schulsozialarbeit sowie (Technik-)Sozialisation und Mediendidaktik (Film, Internet).

Martin Becker,
Cornelia Kricheldorff,
Jürgen E. Schwab
(Hrsg.)

# Handlungsfeldorientierung in der Sozialen Arbeit

2., erweiterte und überarbeitete Auflage

Verlag W. Kohlhammer

2., erweiterte und überarbeitete Auflage 2020

Alle Rechte vorbehalten
© W. Kohlhammer GmbH, Stuttgart
Gesamtherstellung: W. Kohlhammer GmbH, Stuttgart

Print:
ISBN 978-3-17-038350-0

E-Book-Formate:
pdf:     ISBN 978-3-17-038351-7
epub:    ISBN 978-3-17-038352-4
mobi:    ISBN 978-3-17-038353-1

# Inhaltsverzeichnis

# Einleitung: Handlungsfeldorientierung in der Sozialen Arbeit

*Martin Becker, Cornelia Kricheldorff, Jürgen E. Schwab*

## Ein Modell curricularer Systematik für Bachelor-Studiengänge Sozialer Arbeit

Die wissenschaftliche Profilierung der Sozialen Arbeit bekam etwa ab Mitte der 1990er Jahre, mit der Debatte um die Sozialarbeitswissenschaft als eigene Disziplin, neue Schubkraft (vgl. Engelke 1999; Engelke et. al 2008 und 2009; Mühlum 2004). Mit der Gründung der Deutschen Gesellschaft für Soziale Arbeit (früher DGfS, heute DGSA) 1989, die sich der »Förderung der Disziplin und Profession Sozialer Arbeit« verschrieb, war der Grundstein für eine Profilierung der Sozialen Arbeit in Lehre, Forschung und Praxis gelegt. Dies führte in der Konsequenz zu einer zunehmenden Emanzipation von der fachlichen Logik und der Fremdbestimmung durch ihre traditionellen Bezugswissenschaften (Psychologie, Soziologie, Erziehungs- und Bildungswissenschaft, Recht, Politikwissenschaft, Medizin).

Seit dem Jahr 2001 ist die Soziale Arbeit auch in Deutschland offiziell als eigenständige Fachwissenschaft anerkannt. Entsprechende Beschlüsse erfolgten durch die Hochschulrektorenkonferenz (HRK) und die Kultusministerkonferenz (KMK). Die DGSA legte Ende Januar 2005 ein Kerncurriculum für das Hauptfachstudium Soziale Arbeit vor, mit dem die gemeinsamen Empfehlungen der DGSA, des Deutschen Berufsverbandes für Soziale Arbeit (DBSH), des Fachbereichstags Soziale Arbeit (FBTS) und des Fachausschusses Soziale Berufe des Deutschen Vereins für öffentliche und private Fürsorge (DV) zur Strukturierung von Studiengängen Sozialer Arbeit weitergeführt und konkretisiert wurden. Dieses Kerncurriculum knüpfte an die Rahmenordnung für den Diplomstudiengang Soziale Arbeit von HRK und KMK aus dem Jahre 2001 an. Grundlage und Leitlinien bildeten darüber hinaus die gemeinsame »Definition of Social Work« der International Federation of Social Workers (IFSW) und der International Association of Schools of Social Work (IASSW) aus dem Jahre 2000 sowie die »Global Standards for Social Work Education and Training« aus dem Jahre 2004 (www.ifsw.org).

In Folge des »Bologna-Prozesses« wurde ein Europäischer Qualifikationsrahmen für Hochschulbildung (EQR) entwickelt, der durch nationale Qualifikationsrahmen umgesetzt werden soll. Die Deutschen Hochschulen haben bereits 2005 einen »Qualifikationsrahmen für deutsche Hochschulabschlüsse« beschlossen. Für Studiengänge der Sozialen Arbeit wurde neben dem Kerncurriculum der DGSA, durch den Fachbereichstag Soziale Arbeit im März 2006, ein Qualifi-

7

kationsrahmen Soziale Arbeit (QR SArb) entwickelt. Beide Papiere haben lediglich Empfehlungscharakter für die Hochschulen. Zur Abstimmung der beiden Grundlagen wurde anlässlich der Jahrestagung der DGSA im November 2010 ein Diskussionsprozess zwischen Silvia Staub-Bernasconi von der DGSA und Uli Bartosch vom FTS vereinbart.

Somit existieren mittlerweile mehrere Grundlagen zur Gestaltung der Curricula von Studiengängen Sozialer Arbeit, an denen sich die Hochschulen in Deutschland orientieren können.

Unter dem Aspekt der Entwicklung einer eigenen professionellen Identität, wird auch aktuell immer noch nach dem ganz eigenen, sozialarbeitswissenschaftlichen Profil und den damit verbundenen notwendigen Orientierungen im Studium und in der Praxis der Sozialen Arbeit gefragt (Otto/Thiersch 2005; Thole 2005). In diesem Kontext werden in den nach der Bologna-Logik überarbeiteten und neu akkreditierten Studiengängen der Sozialen Arbeit, jeweils abhängig von der Wahl ihrer zentralen Perspektive, alle Inhalte des Studiums und die der Bezugswissenschaften, nach unterschiedlichen Modellen auf einander bezogen und zugeordnet.

So kann beispielsweise eine zentrale Orientierung unter ethischen Aspekten erfolgen, mit der Definition Sozialer Arbeit als Menschenrechtsprofession (Staub-Bernasconi 2006 und 2003). Ein anderes Modell ist die Orientierung an Lebenswelten und der darin erkennbaren Bedarfe an Unterstützung, Begleitung und Intervention (Thiersch 2005). Soziale Arbeit in der Definition als Handlungswissenschaft setzt vorrangig auf Konzepte sozialpädagogischen Handelns (Geißler/Hege 2007) oder auf die zentrale Rolle von Methoden Sozialer Arbeit (Galuske 2009). Auch Perspektiven internationaler Sozialer Arbeit oder die Trägerorientierung, wie sie beispielsweise an den Dualen Hochschulen (ehemals Berufsakademien) praktiziert werden, sind derzeitige Modelle curricularer Systematik an deutschen Hochschulen Sozialer Arbeit.

Die Handlungsfeldorientierung, wie sie auch im »Freiburger Modell« gewählt wurde, das in der vorliegenden Publikation im Mittelpunkt steht, ist ein integrierender Ansatz, der aktuell an verschiedenen Hochschulen praktiziert und von einer Reihe von Autoren aufgegriffen wird. Nicht zuletzt geschieht dies auch vor dem Hintergrund der Kompetenzorientierung, als Erfordernis im Zuge des Bologna-Prozesses. Allerdings ist festzustellen, dass sich die Kompetenzorientierung in der Sozialen Arbeit bislang immer noch im Aufbau befindet.

Einen sehr tauglichen Beitrag für die Bestimmung und Zuordnung zentraler Handlungskompetenzen in der Sozialen Arbeit, liefert aktuell Maja Heiner (2010) mit ihrem Kompetenzmodell. Darin verknüpft sie »bereichsbezogene Kompetenzmuster«, zu denen sie »Selbstkompetenz« (Qualifizierung, Identitätsentwicklung, Selbstregulation), »Fallkompetenz« (Fallanalyse und Fallbearbeitung) und »Systemkompetenz« (Angebotsvermittlung/-koordination, Organisationsentwicklung) zählt, mit »prozessbezogenen Kompetenzmustern« wie »Planungs- und Analysekompetenz«, »Interaktions- und Kommunikationskompetenz« sowie »Reflexions- und Evaluationskompetenz«. Aus der Kombination dieser Kompetenzmuster lassen sich, bezogen auf die Praxisanforderungen, differenzierte Kompetenzprofile entwickeln und erklären.

In ausdrücklicher Abgrenzung zu den gewachsenen Berufsfeldstrukturen setzt Heiner allerdings auf funktional begründete Handlungstypen, wie:

- »Koordinierende Prozessbegleitung« (z. B. Sozialpsychiatrischer Dienst, Allgemeiner Sozialer Dienst/Jugendamt, Sozialdienst im Krankenhaus etc.),
- »Fokussierte Beratung« (z. B. Erziehungs-/Ehe-/Sucht-/Schuldner-Beratungsstellen, Adoptionsvermittlung etc.),
- »Begleitende Unterstützung und Erziehung« (Heimerziehung, Tagesgruppen, betreute Wohnformen, Sozialpsychiatrie, Erziehungsbeistandschaft etc.),
- »Niedrigschwellige Unterstützung, Förderung und Bildung« (Bürgerhaus, Jugendhaus, Arbeitslosentreff, Tagesstätten für psychisch Kranke, Selbsthilfetreffs etc.).

Um eine Begriffsklärung im Sinne einer definitorischen Abgrenzung und damit einer reflektierten Handlungsorientierung bemühen sich Dieter Kreft und C. Wolfgang Müller (2010). Sie halten zwar an dem Paradigma der alten ›klassischen‹ drei Methoden: Einzelfallhilfe, Gruppenarbeit und Gemeinwesenarbeit als Ordnungsschema fest, schlagen aber vor, zukünftig nur noch diese als Methoden zu bezeichnen und alle anderen bisher sog. Methoden als »Verfahren« umzubenennen. Ob sich diese Begriffsdefinition in der Fachwelt durchsetzen wird, darf bei allem Respekt vor dem Renommee und der Leistung der beiden Autoren in der und für die Soziale Arbeit bezweifelt werden.

Die ebenfalls im Band von Kreft und Müller vorgenommene Hierarchisierung der Bedeutung von »Handlungskonzepten – Methoden – Verfahren – Techniken«, wie sie auch zuvor schon von Geisler/Hege (2007) und Galuske (2009) skizziert wurde, darf dagegen als zukunftsweisend betrachtet werden, wenn auch sowohl die Trennschärfe, als auch die Zuordnungen nicht immer unumstritten sind, wie am Beispiel »Empowerment« (Handlungskonzept/Ansatz oder Methode?) leicht zu zeigen ist (Herriger 2010).

Auf der Grundlage des dreidimensionalen Kompetenzbegriffs, wie er im Europäischen Qualifikationsrahmen (EQR) definiert wird, spielen sowohl theoriebegründete Handlungskonzepte, wie auch die Methoden der Sozialen Arbeit, eine wichtige Rolle beim integrierenden Modell der Handlungsfeldorientierung. Die Kombination von Wissensbeständen aus Bezugswissenschaften und originär sozialarbeitswissenschaftlicher Erkenntnisse (Erklärungswissen), mit Kenntnissen und Fähigkeiten der Entwicklung und Anwendung von Methoden (Handlungswissen und Analyse-/Synthese-/Kritikfähigkeit), bildet auf der Grundlage von Wertorientierungen und Haltungen, die Basis der Ausbildung spezifischer Handlungskompetenzen Sozialer Arbeit.

Die alten drei ›klassischen‹ Methoden der Sozialen Arbeit, Soziale Einzelfallhilfe, Soziale Gruppenarbeit und Gemeinwesenarbeit, haben in den letzten Jahrzehnten eine deutliche Ausdifferenzierung erfahren und neue Ansätze und Methoden kamen hinzu. Allerdings ist die Entwicklung von Handlungskonzepten und Methoden nicht beliebig, sondern es spiegeln sich darin immer auch die gegenwärtigen gesellschaftlichen Bedingungen und Probleme wider. Methodenentwicklung ist, wie die Soziale Arbeit überhaupt, nur reaktiv zu gesellschaftlichen

Prozessen und Veränderungen zu denken, also generell im Kontext gesellschaftlicher Einflussfaktoren zu begreifen.

Während die Systematisierung der Methodenlehre Sozialer Arbeit in den letzten Jahren durch auflagenstarke Werke (Kreft/Müller 2010; Galuske 2009; Spiegel 2008) neu belebt wurde und fortgeschritten ist, bleibt deren systematischer Bezug auf bestimmte Handlungsfelder, die durch den gesellschaftlichen und demografischen Wandel gekennzeichnet sind, noch eher unbefriedigend. So wird beispielsweise bei Galuske (2009) sein fachlicher Bezug zur Jugendarbeit sehr deutlich – andere Handlungsfelder, wie beispielsweise die Soziale Altenarbeit oder die Interkulturelle Soziale Arbeit, werden nicht explizit in den Blick genommen und damit ihre spezifischen Bedingungen vernachlässigt.

Handlungsfeldorientierung im Sinne des »Freiburger Modells« bedeutet deshalb, die aktuellen Bedingungen und Entwicklungen in verschiedenen Feldern der Sozialen Arbeit in den Blick zu nehmen und die daraus abzuleitenden Aktionen und Interventionen, mit denen die Soziale Arbeit fachlich antwortet, in Bezug zu setzen zu den jeweils passenden weil notwendigen Handlungskonzepten und Methoden. Dabei werden Gemeinsamkeiten, aber auch Unterschiede in den verschiedenen Handlungsfeldern sichtbar. Handlungskonzepte, Methoden und Techniken werden also auf handlungsfeldspezifische Charakteristika von Aufgabenstellungen, Rechtsgrundlagen, Governance, Trägerlandschaften Situationen und Personen bezogen. Dadurch werden Gestaltungs- und Kontexterfordernisse

**Abb. 0.1:** Das »Freiburger Modell der Handlungsfeldorientierung« im Studiengang Bachelor Soziale Arbeit an der Katholischen Hochschule Freiburg

deutlich, die an Handlungskonzepte und Methoden zu stellen sind und es wird deren technokratischen Ver- und Anwendung vorgebeugt, die »reiner« Methodenlehre latent innewohnt. So lässt sich eine Systematik für die Gestaltung von Studiengängen Sozialer Arbeit entwickeln, wie sie an der Katholischen Hochschule Freiburg bereits seit einigen Jahren praktiziert wird.

Zentrale curriculare Prinzipien in diesem »Freiburger Modell« sind:

- Handlungsfeldorientierung,
- Anwendungsorientierung,
- Verknüpfung von Praxis- und Wissenschaftsorientierung
- professionelle Grundhaltungen und ethische Orientierung

# Didaktik der Handlungsfeldorientierung – Lehr- und Lernformen

Im Setting von Studiengang und Hochschule ist das Prinzip der Handlungsfeldorientierung auch didaktisch verankert. Zur Aufgabe, zur beruflichen Rolle und komplexen Anforderungen soll am Fall, passend zu Handlungsfeld und Problem, recherchiert, analysiert, entwickelt und fiktiv gehandelt werden. Der Ansatz des forschenden und problemlösenden Lernens mit aktiver Rolle und Selbstorganisation (in Peer-Teams) entspricht dem aktiven Lernhabitus und ist schon Teil der Studieneingangsphase (vgl. StudPo B. A. Soziale Arbeit) (vgl. Rohr/den Ouden/ Rottlaender 2016). Dies bedeutet, reale Arbeitsroutinen und berufliche Praxen im Studium nicht einfach abzubilden oder Abläufe nachzuahmen. Vielmehr lernen Studierende in Praktika Fragen und Formen des beruflichen Alltags kennen, und diese fachlich zu reflektieren. In mehreren Praxisphasen lernen sie so berufliche Praxen als reale Modelle kennen. Daran reflektieren sie kritisch fremdes wie eigenes Verhalten und Handeln mit erforderlichen Kompetenzen. Die besondere akademische Chance des B. A.-Studiums liegt in einer reflexiven, wissenschaftlichen Systematisierung der Analyse gesellschaftlicher Realitäten mit Lebenswelten, Sozialräumen und sozialen Problemen. Theoretische Modelle liefern da allgemeingültige Zugänge zu Verstehens-, Erklärungs- und Begründungswissen für mögliches Handeln. Dies regt an und erweitert Denk- und Handlungsräume anders als an einer Fachschule. Für lehrende Dozenten an der Hochschule für Angewandte Wissenschaft bedeutet dies eine didaktische Aufgabe. Inwieweit »berufliche Praxen und Praktiker« mit wissenschaftlichem Wissen arbeiten und unter alltäglichem Handlungsdruck es nutzen, ist immer wieder vielfältiger Anlass für Untersuchung und Fachdiskussionen (vgl. Dewe 2012).

Im modularisierten, kompetenzorientierten Studium gilt es von Anfang an, Lehr- und Lern-Räume in Modulen zu gestalten, die es Studierenden ermöglichen, ihre Potentiale zu entdecken und zu entwickeln. Persönlichkeitsentwicklung und Bildung als zentrale Dimensionen des Studiums von jungen Erwachsenen gilt es, in besonderem Maße für die Studiengänge Soziale Arbeit und Pädagogik zu sehen. Absolventen sollen diese beruflich in ihrer Arbeit auch umsetzen und integrieren können (vgl. Rohr/den Ouden/Rottlaender 2016). Passend zu beruflichen Aufgaben und Anforderungen in Handlungsfeldern (Kompetenz- und Berufsorientierung) sind Kompetenzprofile als Modell in eine reflexive Auseinandersetzung der Studierenden einzubringen (vgl. Schwab 2018). Module lassen sich didaktisch so gestalten, dass sie es fördern, Grundlagenwissen und Theorie mit Formen der Anwendung kompetenzorientiert zu verbinden. Die Arbeit an Fall- und Feldbeschreibungen oder in Projekten mit hohem Realitätsbezug können dies systematisch unterstützen. Das »Freiburger Modell der Handlungsfeldorientierung« setzt auf dieses Potential der Fall- und Feldarbeit als didaktischen Erprobungsraum, der ein reflexives Bedenken in Peer-Arbeitsgruppen von analytisch-diagnostischen bis zur Entwicklung von Interventions-Optionen in Schritten ermöglicht (Schwab 2019).

# Handlungsfeldorientierung

Handlungsfeldorientierung meint, Lebens- und Problemlagen in der wechselseitigen Bedingtheit von individueller Ausprägung und gesellschaftlicher Kontextualisierung kritisch wahrzunehmen und zu verstehen und dafür das relevante Erklärungs- und Handlungswissen zu vermitteln. Dazu werden die Studierenden mit den aktuellen Fragestellungen sowie den Handlungskonzepten und Methoden in exemplarischen Handlungsfeldern der Sozialen Arbeit vertraut gemacht.

Begleitend zu den handlungsfeldorientierten Seminaren sieht das Curriculum entsprechende Lehrveranstaltungen vor, in denen für die jeweiligen Handlungsfelder Sozialer Arbeit relevante Theorien, Ansätze und Konzepte vermittelt werden, deren Kenntnisse sowohl als Voraussetzungen in die Seminare zu Handlungsfeldern einfließen als auch dort weiterbearbeitet und transferiert werden.

In (Lehr-)Forschungsprojekten werden Studierende einerseits an den aktuellen Stand der Forschungsmethoden herangeführt, machen aber auch erste eigene Erfahrungen mit der systematischen Bearbeitung eines eigenen Forschungsanliegens in exemplarischen Handlungsfeldern, meist in Kooperation mit Praxiseinrichtungen.

Praxisprojekte, die in jeweils unterschiedlichen Handlungsfeldern Sozialer Arbeit angesiedelt sind und zusammen mit Praxispartnern in weitgehender Selbstorganisation der Studierenden durchgeführt werden, bieten einen Erfahrungsrahmen für die jeweils relevanten Handlungskonzepte und Methoden und schaffen damit Gelegenheiten zum Kompetenzerwerb.

# Anwendungsorientierung

Die curriculare Handlungsfeldorientierung verbindet sich mit einer Betonung des Theorie-Praxis-Bezugs, also einer Anwendungsorientierung. Andererseits muss professionelles Handeln in den unterschiedlichen Handlungsfeldern der Sozialen Arbeit theoriegeleitet sein. Soll also im Studium erworbenes Wissen in Bezug auf die Theorien und Konzepte der Sozialen Arbeit zum Fundament professioneller Praxis werden, muss dieses Wissen auf seine Anwendbarkeit hin überprüft werden können. Dazu bieten sich Praxisphasen an, die das Studium durchgehend begleiten. In den Anfangssemestern sollen Studierende in berufsorientierenden Seminaren nicht nur mit der Geschichte, den unterschiedlichen Handlungsfeldern und Berufsrollen in der Sozialen Arbeit vertraut gemacht werden, sondern können sich in Kleinprojekten selbst in der Praxis erleben und erste Rollenerfahrungen machen. Dabei lassen sich eigene Vorstellungen vom Beruf der Sozialen Arbeit aufbauen, reflektieren und klären.

Im Praxissemester können Studierende das erworbene Wissen unter professioneller Anleitung gezielt in der Praxis anwenden, reflektieren und entsprechend erweitern. Eine intensive Vorbereitung und Begleitung ermöglicht die Entwicklung und Überprüfung persönlicher Lernziele und die Profilierung der eigenen Berufsidentität. Dies regt Studierende dazu an, ihre Erfahrungen aus dem Praxissemester in das weitere Studium einzubringen, zu verarbeiten und Studienschwerpunkte entsprechend den individuellen Interessen zu setzen.

Auch in der Methodenlehre stellt die Anwendungsorientierung im Sinne des Handlungsfeldbezugs, ein kennzeichnendes Merkmal dar: neben der Vermittlung von Überblicks- und Hintergrundwissen zu den Besonderheiten der Methodenlehre Sozialer Arbeit, stellen begleitende Methodenseminare exemplarisch die Anwendung von Methoden Sozialer Arbeit in den Mittelpunkt.

Die Verbindung von Handlungsfeld- und Anwendungsorientierung des Studiums wird weiter durch die Arbeit in und an Projekten forciert, die unterschiedlichen Handlungsfeldern zugeordnet werden können. Die Verbindung von Projektarbeit mit einem gezielten Kompetenzerwerb im Sozialmanagement wird angesichts aktueller Veränderungen in der Fachpraxis verständlich. Zunehmend ist das Projekt die Form, in der Soziale Arbeit organisiert ist und sich teilweise auch finanziert. Die Befähigung, Projekte zu initiieren, nach rechtlichen und ökonomischen Aspekten zu realisieren, auf Nachhaltigkeit hin zu reflektieren und zu evaluieren, wird zur Grundqualifikation, die im Studium der Sozialen Arbeit zu erwerben ist.

# Verknüpfung von Praxis- und Wissenschaftsorientierung

Wenn Studierende in der Lage sein sollen, soziale Probleme durch eine qualifizierte berufliche Tätigkeit wissenschaftlich zu bearbeiten, bedarf es einer Verknüpfung von Fähigkeiten, bestimmte Lebens- und Problemlagen in der wechselseitigen Bedingtheit von Individuum und Gesellschaft, kritisch wahrzunehmen, zu verstehen und erklären zu können, verbunden mit zielorientiertem und situationsadäquatem methodischen Handeln.

Dazu bedarf es sowohl eines differenzierten Wissens um die komplexen Strukturen moderner Gesellschaften, als auch der Fähigkeit zu einer multiperspektivischen Analyse der dadurch bedingten prekären Lebenslagen. Neben der Vermittlung von relevantem Erklärungs- und Handlungswissen, sollen Studierende auch dazu befähigt werden, eigenverantwortlich soziale Phänomene wahrzunehmen, berufsrelevante Fragen zu stellen und sich das zur Erklärung erforderliche Wissen zu erarbeiten. Die Verbindung von Lerngelegenheiten für Techniken wissenschaftlichen Arbeitens und der Anleitung zum eigenständigen wissenschaftlichen Denken und Arbeiten fordert zur Reflexion über die Möglichkeiten und Grenzen von Forschung auf. In Lehrforschungsprojekten, die in Kooperation mit der Fachpraxis durchgeführt werden lassen sich die o. g. Ansprüche umsetzen.

# Professionelle Grundhaltungen und ethische Orientierung

Selbständiges berufliches Handeln in den unterschiedlichen Handlungsfeldern der Sozialen Arbeit basiert auf professionellen Grundhaltungen. Folglich sind Studierende der Sozialen Arbeit herausgefordert, eine berufliche Identität auszubilden, wozu die Reflexion des eigenen Standpunktes in Bezug auf motivationale Grundlagen und Grundhaltungen erforderlich ist.

Durch das Kennenlernen unterschiedlicher Handlungsfelder Sozialer Arbeit in den Eingangssemestern, können Orte geschaffen werden, an denen berufliches Handeln und Berufsrollen erschlossen und reflektiert werden.

Für die Ausbildung einer beruflichen Identität braucht es entsprechende Lernformen und vertrauensvolle Kontexte. Diese können in kleinen und kontinuierlich über mehrere Semester zusammenarbeitenden Seminargruppen zu Handlungsfeldern Sozialer Arbeit geschaffen werden.

Mit der Intention, Studierende im Sinne einer ganzheitlichen Persönlichkeitsbildung zur Reflexion des eigenen weltanschaulichen und ethischen Standpunktes anzuregen, verbindet sich das Ziel, ihre ethischen Kompetenzen zu fördern.

# Aufbau des Buches

Dem vorgestellten Modell folgt die vorliegende Publikation, die exemplarisch folgende Handlungsfelder Sozialer Arbeit in den Blick nimmt:

- Soziale Arbeit in der Straffälligenhilfe (▶ Kap. 1)
- Soziale Arbeit in gerontologischen Handlungsfeldern und im Gesundheitswesen (▶ Kap. 2)
- Soziale Arbeit mit Kindern in unterschiedlichen Lebenslagen (▶ Kap. 3)
- Soziale Arbeit in und mit Gemeinwesen (▶ Kap. 4)
- Soziale Arbeit mit Migrant*innen (▶ Kap. 5)
- Soziale Arbeit mit Familien (▶ Kap. 6)
- Soziale Arbeit mit Jugendlichen und jungen Erwachsenen (▶ Kap. 7)
- Soziale Arbeit mit verhaltensauffälligen und seelisch behinderten jungen Menschen (▶ Kap. 8)
- Soziale Arbeit mit Suchtkranken und psychisch kranken Menschen (▶ Kap. 9)

Diese Handlungsfelder werden im Folgenden jeweils in einzelnen Kapiteln nach einer allen Kapiteln gemeinsamen Struktur beschrieben. Nach einer kurzen Vorstellung geschichtlicher Hintergründe und Entwicklungen werden gesellschaftliche, politische, rechtliche, finanzielle und organisatorische Rahmenbedingungen des jeweiligen Handlungsfeldes dargestellt. Auf der Basis aktueller Entwicklungen und Fragestellungen werden die notwendigen Handlungsbedarfe abgeleitet und mit der Frage nach den dafür geeigneten Konzepten und Methoden verknüpft. Diese Auseinandersetzung mit den Handlungskonzepten und Methoden erfolgt auf der Basis der exemplarischen Bearbeitung von Fallbeschreibungen und der Schilderung typischer handlungsrelevanter Situationen, die auch in den handlungsfeldorientierten Seminaren im Studium Anwendung finden können. An solchen praktischen (Fall-)Beispielen werden der Einsatz von und der Bezug auf Konzepte und Methoden der Sozialen Arbeit exemplarisch dargestellt und erläutert So können einerseits die spezifischen Charakteristika der verschiedenen Handlungsfelder verdeutlicht werden, während andererseits die Interventionen nachvollziehbar dargestellt sind. Auf diese Weise erfolgt eine Auseinandersetzung mit den aktuellen Herausforderungen und Rahmenbedingungen der Sozialen Arbeit in typischen Handlungsfeldern, im Sinne einer reflektierenden Analyse und eines Praxis-Theorie-Transfers.

Trotz dieser gemeinsamen Struktur lässt die Darstellung nach Handlungsfeldern prägnante Unterschiede der Gestaltung und Anwendung von Handlungskonzepten und Methoden erkennen, die sowohl auf unterschiedlichen Rahmenbedingungen als auch auf unterschiedlichen Schwerpunkten bezüglich der begründenden Theorien und Konzepte und damit auch auf den Zielsetzungen beruhen können.

Aufgrund des Anspruches an dieses Buch, einerseits ein möglichst umfassendes Spektrum an Handlungsfeldern Sozialer Arbeit abbilden zu können und andererseits einen noch kompakten Umfang einzuhalten, müssen die einzelnen Kapitel sehr komprimiert gestaltet sein. Dies hat zur Folge, dass nicht alle handlungsfeldspezifischen Einrichtungen und Dienstleistungen gleichermaßen Berücksichtigung finden können.

Ähnliches gilt für die Darstellung von Handlungskonzepten und Methoden Sozialer Arbeit in den jeweiligen handlungsfeldspezifischen Kapiteln. Weil diese ausgehend von einem Fall oder orientiert an einer typischen Situation vorgestellt werden, ist auch hier eine Konzentration auf bestimmte fallbezogen oder situativ geeignete Methoden und damit eine Einschränkung der Vielfalt des möglichen Spektrums von Interventionen verbunden. Ein Anspruch dieser Publikation ist es aber, einen Überblick über die aktuellen Entwicklungen in den unterschiedlichen Handlungsfeldern Sozialer Arbeit zu geben und damit Gemeinsamkeiten und Unterschiede zwischen ihnen sichtbar zu machen. Damit ist dieses Buch auch eine Orientierungshilfe im Studium der Sozialen Arbeit, eine Art Wegweiser für die individuelle Richtungsentscheidung, mit welchem Handlungsfeld eine vertiefende exemplarische Auseinandersetzung erfolgen soll. Für Berufseinoder Umsteiger bietet es eine fundierte und gleichzeitig nützliche Einführung in neue Handlungsfelder zur ersten Orientierung. Und selbst für Praktiker*innen dürfte sich dieses Buch als hilfreiche Anleitung zur Reflexion der eigenen Alltagsroutinen und damit zur Weiterentwicklung von Konzeption und deren Umsetzung eignen.

# Literatur

Dewe B. (2012) Akademische Ausbildung in der Sozialen Arbeit – Vermittlung von Theorie und Praxis oder Relationierung von Wissen und Können im Spektrum von Wissenschaft, Organisation und Profession. In: Becker-Lenz, R./Busse, S./Ehlert, G./Müller-Hermann, S. (Hrsg.): Professionalität Sozialer Arbeit und Hochschule. Wiesbaden: VS-Verlag, S. 111–128.

Engelke, E. (1999): Soziale Arbeit als Wissenschaft – eine Orientierung. 3. Aufl. Freiburg: Lambertus.

Engelke, E./Borrmann, S./Spatscheck, Ch. (2008): Theorien der Sozialen Arbeit. Eine Einführung. 4. Aufl. Freiburg: Lambertus.

Engelke, E./Spatscheck, Ch./Borrmann, S. (2009): Die Wissenschaft Soziale Arbeit – Werdegang und Grundlagen. 3. Aufl. Freiburg: Lambertus.

EQR (2008): Der Europäische Qualifikationsrahmen. http://ec.europa.eu/education/lifelong-learning-policy/doc44_de.htm

Galuske, M. (2009): Methoden der Sozialen Arbeit. Eine Einführung. 8. Aufl. Weinheim/München: Juventa.

Geißler, K. A./Hege, M. (2007): Konzepte sozialpädagogischen Handelns. Ein Leitfaden für soziale Berufe. 11. Aufl. Weinheim/München: Juventa.

Heiner, M. (2010): Kompetent handeln in der Sozialen Arbeit. München: Reinhardt.

Herriger, N. (2010): Empowerment in der Sozialen Arbeit. Eine Einführung. Stuttgart: Kohlhammer.

Mühlum, A. (Hrsg.) (2004): Sozialarbeitswissenschaft – Wissenschaft der Sozialen Arbeit. Freiburg: Lambertus.

Kreft, D./Müller, W. (Hrsg.) (2010): Methodenlehre in der Sozialen Arbeit. Konzepte, Methoden, Verfahren, Techniken. Stuttgart: UTB.

Otto, H. U./Thiersch, H. (Hrsg.) (2005): Handbuch Sozialarbeit/Sozialpädagogik. 3. Aufl. München: Reinhardt.

Rohr, D/den Ouden, H/Rottlaender, E-M. (2016): Hochschuldidaktik im Fokus von Peer Learning und Beratung. Weinheim/Basel: Beltz Juventa.

Schwab, J. E. (2018): Entwicklungs- und Analysezirkel. Ansatz der Konzeptionsentwicklung. Unveröffentlichtes Skript. Wintersemester 2018. Katholische Hochschule Freiburg.

Schwab, J. E. (2020): Handlungsfeld und Konzepte Sozialer Arbeit mit Jugendlichen und jungen Erwachsenen. Sozialisation, Persönlichkeitsbildung und Konzeptionsentwicklung. In: Kricheldorff, C./Becker, M./Schwab, J. E. (Hrsg.): Handlungsfeldorientierung in der Sozialen Arbeit. Stuttgart: Kohlhammer.

Staub-Bernasconi, S. (2006): Der Beitrag einer systemischen Ethik zur Bestimmung von Menschenwürde und Menschenrechten in der Sozialen Arbeit. In: Dungs, S./Gerber, U./Schmidt, H./Zitt, R. (Hrsg.): Soziale Arbeit und Ethik im 21. Jahrhundert. Ein Handbuch. Leipzig: Evangelische Verlagsanstalt, S. 267–289.

Staub-Bernasconi, S. (2003): Soziale Arbeit als (eine) Menschenrechtsprofession. In: Sorg, R. (Hrsg.): Soziale Arbeit zwischen Politik und Wissenschaft. Münster: LIT, S. 17–54.

Thiersch, H. (2005): Lebensweltorientierte Soziale Arbeit. Aufgaben der Praxis im sozialen Wandel. 6. Aufl. Weinheim/München: Juventa.

Thole, W. (Hrsg.) (2005): Grundriss Soziale Arbeit – Ein einführendes Handbuch. Wiesbaden: VS-Verlag.

Spiegel, H. von (2008): Methodisches Arbeiten in der Sozialen Arbeit. Grundlagen und Arbeitshilfen für die Praxis. 3. Aufl. München, Basel: Reinhardt.

# 1 Handlungsfeld Soziale Arbeit in der Straffälligenhilfe

*Werner Nickolai, Annette Bukowski*

## 1.1 Einleitung

Dieser Beitrag beschäftigt sich mit dem Handlungsfeld Straffälligenhilfe. An unserer Hochschule findet dazu ein Handlungsfeldseminar mit dem Titel »Soziale Arbeit mit straffällig gewordenen Menschen« statt. Darüber hinaus wird ein Fall-/Feldseminar zum Handlungsfeld angeboten.

Im Modulhandbuch werden für diese Seminare u. a. folgende *Ziele* formuliert:

- Studierende sind in der Lage ihre Berufsrolle/n zu reflektieren und sich kritisch mit beruflichen Dienstleistungen auseinanderzusetzen;
- die Studierenden sind in der Lage, bezugswissenschaftliche Grundlagen in die Ziele und Aufgaben der Sozialen Arbeit zu integrieren;
- die Studierenden kennen unterschiedliche Theorien und Handlungsansätze und können diese auf aktuelle Fragestellungen anwenden;
- sie analysieren theoriegeleitet Fälle, Problemkonstellationen und Handlungsanforderungen aus der Fachpraxis;
- sie entwickeln durch die exemplarische Bearbeitung von Fällen, Problemkonstellationen und aktuell erkennbaren Handlungsanforderungen ihr professionelles Handeln;
- sie können berufliches Handeln theoretisch begründen, planen, reflektieren und evaluieren.

An *Inhalten* werden genannt:

- Berufsrolle/n
- Strukturprinzipien (Partizipation, Subsidiarität, Mandatierung Sozialer Arbeit)
- Sozialpolitische Strukturen
- Hilfesysteme und Hilfestrukturen
- Rechtliche Rahmenbedingungen
- Konzepte der Lebenswelt, Lebenslage, des Sozialraums
- Rekonstruktive Fallbetrachtung und Handlungsanalyse
- Interventions- und Hilfeplanung in interdisziplinären Settings

Die im Handlungsfeldseminar sowie in einem weiteren Seminar zu Kriminalitätstheorien angebotenen Lehrinhalte sollen im interdisziplinären Fallseminar, das von beiden Autor*innen verantwortet wird, angewandt werden. Dies geschieht im Rahmen der Bearbeitung von authentischen Fällen aus der Jugendgerichtshilfe/Jugendhilfe im Strafverfahren. Dabei haben die Studierenden die Aufgabe, den vorgegebenen Fall aus der Perspektive der Jugendgerichtshilfe/Jugendhilfe im Strafverfahren zu bearbeiten.

Die Darstellung und Bearbeitung eines solchen Falles sollen im Mittelpunkt dieses Beitrags stehen. Es würde den Rahmen sprengen, alle Inhalte der Seminare anzusprechen.

Im weiteren Verlauf werden wir zunächst die Zielgruppe, mit der wir es in der Straffälligenhilfe zu tun haben, kurz umreißen. Es schließt sich eine Darstellung der Arbeitsfelder in der Straffälligenhilfe an, wobei wir hier insbesondere auf die Jugendgerichtshilfe/Jugendhilfe im Strafverfahren eingehen. Nach der Darstellung eines konkreten Falls der Jugendgerichtshilfe/Jugendhilfe im Strafverfahren werden wir den methodischen Ablauf der Fallbearbeitung vorstellen. Mit der (exemplarischen und damit auch nicht vollständigen) Falllösung enden unsere Ausführungen.

## 1.2 Zielgruppe

Als Straffällige werden solche Jugendlichen oder Erwachsenen bezeichnet, bei denen gerichtlich das Vorliegen einer Straftat festgestellt wurde. Dies bedeutet jedoch nicht, dass die Angebote und Aktivitäten der Straffälligenhilfe nur konzipiert wurden oder nur erreichbar sind für verurteilte Straftäter*innen. So ist etwa die Jugendgerichtshilfe damit befasst, bereits vor der Entscheidung des Gerichts »die erzieherischen, sozialen und fürsorgerischen Gesichtspunkte im Verfahren vor den Jugendgerichten zur Geltung« zu bringen (§ 38 Jugendgerichtsgesetz – JGG). Dabei gilt bis zum rechtskräftigen Urteil die Unschuldsvermutung.

Klient*innen der Straffälligenhilfe können auch Strafentlassene sein, die ohne vorzeitige Entlassung ihre ganze Strafe verbüßt haben und in Anspruch nehmen dürfen, nicht weiter als Straftäter*innen abgestempelt zu werden. Nicht zuletzt ist die Straffälligenhilfe auch eine Anlaufstelle für die Angehörigen eines straffällig gewordenen Menschen.

Voraussetzung für die Straffälligkeit ist die Strafmündigkeit. Kinder bis zum 14. Lebensjahr gelten als strafunmündig. Das Jugendgerichtsgesetz (JGG) unterscheidet in § 1 Abs. 2 zwischen Jugendlichen und Heranwachsenden. »Jugendlicher ist, wer zur Zeit der Tat vierzehn, aber noch nicht achtzehn, Heranwachsender, wer zur Zeit der Tat achtzehn, aber noch nicht einundzwanzig Jahre alt ist.«

Die Bezeichnung Straffälligenhilfe drückt also nur aus, dass Menschen im Zusammenhang mit dem Entstehen und dem Verlauf von Kriminalität in Situationen kommen, in denen sie einen spezifischen Hilfebedarf haben können, der mit dem Straf- und Vollstreckungsverfahren zusammenhängt und mit Problemen ihrer gesellschaftlichen (Wieder-)Eingliederung.

# 1.3 Arbeitsfelder der Straffälligenhilfe

Der Begriff Straffälligenhilfe steht für alle öffentlichen und privaten Hilfs- und Unterstützungsangebote Sozialer Arbeit, die auf die Resozialisierung von Straftäter*innen abzielen. Soziale Arbeit als Straffälligenhilfe verfolgt das Ziel, die Lebenssituation und die gesellschaftliche Lage straffällig gewordener Menschen, aber auch deren Angehöriger dauerhaft zu verbessern (Maelicke/Simmedinger 1987).

Die klassischen Arbeitsfelder, in denen Straffälligenhilfe geleistet werden, sind:

- die freie Straffälligenhilfe, die meist von den Wohlfahrtsverbänden geleistet wird und überwiegend (erwachsene) Männer und Frauen anspricht;
- die Jugendgerichtshilfe, oder auch Jugendhilfe im Strafverfahren genannt, die eine Aufgabe des Jugendamtes darstellt;
- die Gerichtshilfe (nur für Erwachsene);
- die Bewährungshilfe;
- die Führungsaufsicht;
- die Soziale Hilfe in der Untersuchungshaft, im Strafvollzug wie auch in der Jugendarrestanstalt.

Die Arbeitsfelder ließen sich auch nach der freien und kommunalen Hilfe für Straffällige (freie Träger und Kommunen) und der justiziellen Straffälligenhilfe (Gerichtshilfe, Bewährungshilfe, Führungsaufsicht, Soziale Arbeit in der Untersuchungshaft, im Strafvollzug und in der Jugendarrestanstalt als Aufgabe der Justiz) gliedern. Hier sei nur am Rande vermerkt, dass sich die Trägerlandschaft gerade in dem etablierten justiziellen Bereich verändern kann. So wurden beispielsweise in Baden-Württemberg die Gerichtshilfe, die Bewährungshilfe und die Führungsaufsicht privatisiert. Träger war der Verein »Neustart« (gemeinnützige GmbH). Eine erste Teilprivatisierung fanden wir auch im Strafvollzug. So waren in der Justizvollzugsanstalt Offenburg die Mitarbeiter*innen des Sozialen Dienstes, mit Ausnahme der beiden geschäftsführenden Sozialarbeiter, nicht bei der Justiz, sondern bei der Firma Kötter angestellt. Dies traf auch auf die Mitarbeiter*innen des psychologischen Dienstes und des pädagogischen Dienstes zu. Während der Verein »Neustart« schon seit vielen Jahren in Österreich die Bewährungshilfe durchführt, ist die Firma Kötter auch in völlig anderen Bereichen außerhalb der Sozialen Arbeit, etwa in der Chemischen Industrie, in der Immobilienverwaltung oder im Maschinenbau tätig. Es wäre lohnend, hier nochmals genauer zu hinterfragen, inwieweit sich eine »privatisierte« Straffälligenhilfe von einer »justiziellen« Straffälligenhilfe unterscheidet. Heute befindet sich wieder alles unter staatlicher Obhut. Die Trägerlandschaft kann sich auch von Bundesland zu Bundesland unterschiedlich darstellen.

## Jugendgerichtshilfe/Jugendhilfe im Strafverfahren

Wird strafrechtlich gegen Jugendliche oder Heranwachsende ermittelt, ist immer das Jugendamt zu beteiligen.

Nach § 1 Abs. 1 SGB VIII (Kinder- und Jugendhilfegesetz) hat jeder junge Mensch ein Recht auf Förderung seiner Entwicklung und auf Erziehung zu einer eigenverantwortlichen und gemeinschaftsfähigen Persönlichkeit. Um dieses Recht zu gewährleisten, soll die Jugendhilfe junge Menschen in ihrer individuellen und sozialen Entwicklung fördern und dazu beitragen, Benachteiligung zu vermeiden oder abzubauen (§1 Abs. 3 Nr. 1 SGB VIII).

Erstmals wurde die Jugendgerichtshilfe (JGH) im Reichsjugendwohlfahrtsgesetz (1922) und im Reichsjugendgerichtsgesetz (1923) verankert. Historisch war die JGH zunächst völlig auf die gerichtliche Hauptverhandlung ausgerichtet. Die wesentliche Aufgabe sah man darin, Jugendrichter zu unterstützen. Seit dem Jugendgerichtsgesetz (JGG) von 1953 soll die JGH im Jugendstrafverfahren die »erzieherischen und fürsorgerischen Gesichtspunkte zur Geltung bringen und dabei insbesondere die in § 38 JGG normierten Aufgaben erfüllen« (Trenczek 2009).

---

### § 38 Jugendgerichtsgesetz

(1) Die Jugendgerichtshilfe wird von den Jugendämtern im Zusammenwirken mit den Vereinigungen für Jugendhilfe ausgeübt.

(2) Die Vertreter der Jugendgerichtshilfe bringen die erzieherischen, sozialen und fürsorgerischen Gesichtspunkte im Verfahren vor den Jugendgerichten zur Geltung. Sie unterstützen zu diesem Zweck die beteiligten Behörden durch Erforschung der Persönlichkeit, der Entwicklung und der Umwelt des Beschuldigten und äußern sich zu den Maßnahmen, die zu ergreifen sind. In Haftsachen berichten sie beschleunigt über das Ergebnis ihrer Nachforschung. In die Hauptverhandlung soll der Vertreter der Jugendgerichtshilfe entsandt werden, der die Nachforschungen angestellt hat. Soweit nicht ein Bewährungshelfer dazu berufen ist, wachen sie darüber, dass der Jugendliche Weisungen und Auflagen nachkommt. Erhebliche Zuwiderhandlung teilen sie dem Richter mit. Im Fall der Unterstellung nach § 10 Abs. 1 Satz 3 Nr. 5 üben sie die Betreuung und Aufsicht aus, wenn der Richter nicht eine andere Person damit betraut. Während der Bewährungszeit arbeiten sie eng mit dem Bewährungshelfer zusammen. Während des Vollzugs bleiben sie mit dem Jugendlichen in Verbindung und nehmen sich seiner Wiedereingliederung in die Gemeinschaft an.

(3) Im gesamten Verfahren gegen einen Jugendlichen ist die Jugendgerichtshilfe heranzuziehen. Dies soll so früh wie möglich geschehen. Vor der Erteilung von Weisungen (§ 10) sind die Vertreter der Jugendgerichtshilfe stets zu hören; kommt eine Betreuungsweisung in Betracht, sollen sie sich auch dazu äußern, wer als Betreuungshelfer bestellt werden soll.

---

Wenn auch die Aufgabe der Jugendgerichtshilfe dem Jugendamt obliegt, kann sie aber auch von einem anerkannten Träger der freien Jugendhilfe übernommen werden. Die rechtliche Grundlage hierzu finden wir in § 52 SGB VIII (Kinder- und Jugendhilfegesetz). In größeren Städten ist die Jugendgerichtshilfe ein eigenständiger Fachdienst, während in Landkreisen die JGH meist eine von vielen Aufgaben des Allgemeinen Sozialen Dienstes ist.

---

### § 52 SGB VIII – Mitwirkung in Verfahren nach dem Jugendgerichtsgesetz

(1) Das Jugendamt hat nach Maßgabe der §§ 38 und 50 Abs. 3 Satz 2 des Jugendgerichtsgesetzes im Verfahren nach dem Jugendgerichtsgesetz mitzuwirken.
(2) Das Jugendamt hat frühzeitig zu prüfen, ob für den Jugendlichen oder den jungen Volljährigen Leistungen der Jugendhilfe in Betracht kommen. Ist dies der Fall oder ist eine geeignete Leistung bereits eingeleitet oder gewährt worden, so hat das Jugendamt den Staatsanwalt oder den Richter umgehend davon zu unterrichten, damit geprüft werden kann, ob die Leistung ein Absehen von der Verfolgung (§ 45 JGG) oder eine Einstellung des Verfahrens (§ 47 JGG) ermöglicht.
(3) Der Mitarbeiter des Jugendamtes oder des anerkannten Trägers der freien Jugendhilfe, der nach § 38 Abs. 2 Satz 2 des Jugendgerichtsgesetzes tätig wird, soll den Jugendlichen oder den jungen Volljährigen während des gesamten Verfahrens betreuen.

---

Bis Anfang der 1980er Jahre überwog in der Jugendgerichtshilfe die Hilfe für das Gericht bzw. den*die Jugendrichter*in als zentrale Person des Prozesses, sozialpädagogische Aufgaben erschienen nachrangig.

Trenczek (2009) verweist mit Recht darauf, dass die einerseits jugendhilfeorientierte und andererseits jugendstrafrechtliche Aufgabenstellung zwangsläufig zu Konflikten im Aufgaben- und Selbstverständnis der Sozialen Arbeit führt. Die Praxis, so Trenczek, habe sich in weiten Teilen pragmatisch eingerichtet und sich auf die Vorlage von Jugendhilfeberichten, die Wahrnehmung von Gerichtsterminen, die Äußerung von Sanktionsvorschlägen und die Umsetzung gerichtlich angeordneter Weisungen und Auflagen konzentriert.

Das SGB VIII hebt nun die sozialpädagogische Verantwortung der Jugend-(Gerichts-)Hilfe hervor. Auch wenn das Jugendamt seine Dienste aus Anlass eines Strafverfahrens anbietet, handelt es sich stets um ein sozialpädagogisch intendiertes Angebot (Trenczek 2009). In dem oben zitierten § 52 Absatz 2 SGB VIII wird das Jugendamt dazu verpflichtet »frühzeitig zu prüfen, ob für den Jugendlichen oder den jungen Volljährigen Leistungen der Jugendhilfe in Betracht kommen.« Das SGB VIII vermeidet bewusst den Begriff »Jugendgerichtshilfe« und spricht stattdessen von der Mitwirkung der Jugendhilfe im Verfahren nach dem Jugendgerichtsgesetz. Inzwischen wird statt des Begriffs Jugendgerichtshilfe vielfach der Begriff der Jugendhilfe im Strafverfahren verwendet, der das Selbstverständnis der Jugendgerichtshilfe als Teil der Jugendhilfe und als Hilfe für den Jugendlichen und seine Familie besser beschreibt. Die Jugendhilfe hat aus Anlass und während eines Strafverfahrens die Aufgabe, Krisen zu managen, Hilfestellungen zu leisten, Lebenslagen zu verbessern, zu beraten und Wege in die soziale Integration aufzuzeigen. Jugendgerichtshilfe, so Trenczek (2010), ist Aufgabe des Jugendamtes und damit – ungeachtet des strafrechtlichen Verfahrens – eine sozialrechtliche und sozialpädagogisch angelegte Hilfe zugunsten noch in der Entwicklung befindlicher junger Menschen und ihrer Familien. Deshalb besteht die Mitwirkung der Jugendhilfe im jugendstrafrechtlichen Verfahren vor allem darin, zu prüfen, ob ein (erzieherischer) Bedarf für Leistungen nach dem SGB VIII besteht, um damit zuvörderst ein strafrechtliches Verfahren bzw. eine entsprechende strafrechtliche Sanktion überflüssig zu machen (Diversion nach §§ 45, 47 JGG). Das Jugendamt muss deshalb frühzeitig, also unverzüglich nach Eingang der ersten Information und vor Anklageerhebung, von Amts wegen prüfen, ob Jugendhilfemaßnahmen in Betracht kommen und diese gegebenenfalls initiieren.

Die Freiburger Jugendgerichtshilfe hat sich konsequenterweise in »Jugendhilfe im Strafverfahren« umbenannt. In der Praxis bedeutet das, dass die Freiburger Jugendhilfe im Strafverfahren neben der bislang klassischen Arbeit der Jugendgerichtshilfe die Aufgaben des Allgemeinen Sozialen Dienstes für die jungen Menschen mit übernimmt, für die sie anlässlich eines Strafverfahrens nun zuständig ist.

Zusammenfassend lassen sich folgende Aufgaben der Jugendgerichtshilfe bzw. der Jugendhilfe im Strafverfahren benennen (Klier u. a. 2002):

1. Beratung des jungen Menschen bezüglich seiner Rechte im Strafverfahren, der Jugendhilfe und anderer Leistungen, frühzeitige Prüfung des Hilfebedarfs, Vermittlung und Durchführung dieser Hilfen auch zur Vermeidung von (Untersuchungs-) Haft oder zur Vermeidung eines förmlichen Verfahrens (Diversion), Vorbereitung auf die Verhandlung, Einbeziehung der Erziehungsberechtigten und Bezugspersonen in die Beratung.
2. Vertretung der Belange der Jugendhilfe bei Staatsanwaltschaft und Gericht, d. h. Darstellung der persönlichen, familiären und sozialen Gegebenheiten des jungen Menschen unter Berücksichtigung seiner aktuellen Lebenssituation, Unterbreitung von Jugendhilfeleistungen, Beratung der Justizorgane zur Findung angemessener Reaktionen im Sinne eines Entscheidungsvorschlages.
3. Koordination der sozialpädagogischen Fachkräfte, die im Jugendstrafverfahren tätig sind. Zu diesem Zweck hat sie verschiedene Beteiligungsrechte im gesamten Verfahren (z. B. Informationsrechte, Verkehrs- und Kontaktrechte). Ambulante »Maßnahmen« der Jugendhilfe können wie andere Leistungen der Jugendhilfe auch letztlich nur im Einvernehmen mit der Jugend-(Gerichts-)Hilfe durchgeführt werden. Die diesbezügliche fachliche Entscheidung des Jugendamtes kann nicht durch das Urteil ersetzt werden.

# 1.4 Exemplarisches Fallbeispiel

Die folgenden Materialien beziehen sich auf einen authentischen Fall der Jugendgerichtshilfe Freiburg. Dieser ist exemplarisch für jene Fälle, welche im interdisziplinären Seminar bearbeitet werden. Personennamen wurden verändert.

**Auszug aus der Anklageschrift vom 22.02.2018 an das Amtsgericht – Jugendschöffengericht – Freiburg**

**Anklageschrift**

in der Strafsache gegen

**Santino Krämer**   geb. am 04.07.2001 in Freiburg, Schüler, ledig, deutscher Staatsangehöriger, wohnhaft Schwarzwaldstraße Gesetzliche Vertreterin: Frau Helga Krämer

Boris Müller-Wohlfahrt  geb. am 05.01.2002 in Freiburg, Schüler, ledig,
Alexander Fritz    geb. am 02.05.2002 in Freiburg, Schüler, ledig
Renaldo Bayram    geb. am 7.10.2002 in Freiburg, Schüler, ledig

**Die Staatsanwaltschaft legt aufgrund ihrer Ermittlungen den Angeschuldigten folgenden Sachverhalt zur Last:**
Am 29.10.2017 gegen 0:45 Uhr stiegen die Angeschuldigten und der spätere Geschädigte, der 16-jährige Denis Herzog, an der Haltestelle Lassbergstraße in Freiburg in den Bus in Richtung Freiburg-Kappel. Denis Herzog wandte sich im Bus sogleich an die ihm bekannten Zeugen Moritz und Sascha, die ebenfalls nach Freiburg-Kappel fuhren, weil er zuvor auf der Fahrt mit der Straßenbahn von den Angeschuldigten provoziert worden war und beim Verlassen der Straßenbahn von einem der Angeschuldigten einen Schlag ins Gesicht erhalten hatte. Er befürchtete deshalb weitere Angriffe der Angeschuldigten. Die Zeugen Moritz und Sascha erklärten sich bereit, bei Denis Herzog zu bleiben und ihn zu schützen.

An der Haltestelle Peterbergstraße in Freiburg-Kappel verließen alle den Bus. Die Angeschuldigten waren bis dorthin mitgefahren, obwohl sie früher hätten aussteigen sollen, um nachhause zu kommen. Unmittelbar nach Verlassen des Busses gingen die Angeschuldigten auf Denis Herzog zu, drohten ihm, in »aufzuschlitzen«, und schlugen und traten auf ihn ein. Der Angeschuldigte Müller-Wohlfahrt ergriff einen etwa faustgroßen Stein und schlug ihn gegen den Kopf von Denis Herzog, während die übrigen Angeschuldigten weiterhin auf Denis Herzog eintraten und ihn so zu Boden brachten. Die Zeugen Moritz und Sascha versuchten erfolglos, die Angeschuldigten von Angriffen auf Denis Herzog abzuhalten. Die Angeschuldigten drohten ihnen und hielten sie davon ab, einzugreifen. Der Zeuge Moritz entfernte sich dann, um die Polizei zu informieren. Der Angeschuldigte Müller-Wohlfahrt schlug dem Zeugen Sascha mit der Faust ins Gesicht, wobei er den Stein noch in der Hand hielt. Der Zeuge Sascha zog sich daraufhin etwas zurück.

In dieser Situation griff der bis dahin am Geschehen unbeteiligte 31-jährige Zeuge Gabriel Dietrich ein. Er hatte das provozierende Verhalten der Angeschuldigten bemerkt und war entgegen seinem ursprünglichen Plan bereits an der Haltestelle Petersbergstraße mit allen anderen ausgestiegen. Als die Angeschuldigten Denis Herzog zu Boden schlugen und verletzten, wollte der Zeuge Gabriel Dietrich die Angeschuldigten am weiteren Vorgehen hindern. Dies nahmen alle vier Angeschuldigten zum Anlass, sogleich von Herzog abzulassen und sich dem Zeugen Dietrich zuzuwenden. Sie schlugen ihn zu Boden und traten heftig auf ihn ein, der Angeschuldigte Müller-Wohlfahrt schlug zudem mit einem Stein auf Dietrich ein oder warf den Stein gegen seinen Kopf. Denis Herzog konnte unterdessen fliehen.

Der Angeschuldigte Müller-Wohlfahrt bedrohte schließlich den Geschädigten Dietrich und die Zeugen Moritz und Sascha, sie »aufzuschlitzen«, wenn sie die Polizei riefen oder gegenüber der Polizei etwas erwähnten. Hiermit wollte er erreichen, dass die Tat und seine Beteiligung daran nicht bekannt werden.

Der Geschädigte Herzog erlitt eine Platzwunde am Hinterkopf, eine Gehirnerschütterung, zahlreiche länger anhaltende schmerzhafte Prellung, vor allem an den Oberschenkeln und den Rippen, Schmerzen am Kiefer und tagelange Kopfschmerzen.

Der Geschädigte Dietrich erlitt eine blutende Kopfplatzwunde, die genäht werden musste, eine Schürfwunde am Ohr, eine Lippenplatzwunde, die ebenfalls genäht wurde, und eine Verstauchung und Zerrung am Fuß.

Der Zeuge Sascha erlitt eine schmerzhafte Prellung an der linken Wange.

Strafanträge wurden form- und fristgerecht gestellt.

Die Angeschuldigten waren zur Tatzeit 15 bzw. 16 Jahre alt und besaßen die erforderliche Reife, das Unrecht der Tat einzusehen und nach dieser Einsicht zu handeln.

### Die Angeschuldigten werden daher beschuldigt,
als strafrechtlich verantwortliche Jugendliche
in drei tateinheitlichen Fällen einen anderen mit einem anderen Beteiligten gemeinschaftlich und mittels einer Waffe oder eines anderen gefährlichen Werkzeugs körperlich misshandelt oder an der Gesundheit beschädigt zu haben,

**strafbar als** gefährliche Körperverletzung nach §§ 224 Abs. 1 Nr. 2, 25 Abs. 2, 52 StGB, §§ 1, 3 JGG.

### Wesentliche Ergebnisse der Ermittlungen:
Der 16-jährige Angeschuldigte Santino Krämer wohnt bei seinen Eltern in Freiburg in der Schwarzwaldstraße. Er besucht die 9. Klasse einer Hauptschule und macht dieses Jahr den Hauptschulabschluss.

Zur Tat haben sich alle Angeschuldigten dem Grunde nach geständig gezeigt, ihre Tatbeteiligung jedoch jeweils heruntergespielt.

Die Zuständigkeit des Jugendschöffengerichts ergibt sich aus der wegen der vorliegenden schädlichen Neigung und wegen der Schwere der Schuld zu erwartenden Jugendstrafe.

gez. XXX
Staatsanwalt

## Auszüge aus dem Hilfeplan des Jugendamts Freiburg vom 23.06.2018 Krämer, Santino geb. 04.07.2001

### I. Psychosoziale Diagnose

#### 1. Bisherige Entwicklung und Familienanamnese
Santino wohnt mit seiner einjährigen Schwester und dem 11-jährigen Bruder im Haushalt seiner Eltern. Sein Vater ist Angestellter in der Verwaltung der Uni-Klinik, seine Mutter gelernte Krankenschwester, geht aber aufgrund der Kinderbetreuung Nebenjobs nach.

Nach dem Besuch der Weiherhofgrundschule ging Santino auf die Emil-Thoma-Realschule, wo er in der 8. Klasse Lernschwierigkeiten bekam und mit seinem Verhalten auffiel und nur auf Probe in die 9. Klasse versetzt werden konnte. Während der Probezeit wurde festgestellt, dass Santino doch die 8. Klasse wiederholen sollte. Im Halbjahr verließ Santino die Realschule und wechselte auf die Turnseehauptschule, wo er derzeit die 9. Klasse besucht. Anschließend wünscht er sich, die Werkrealschule mit dem Realschulabschluss abschließen zu können.

Santino berichtet, dass er über zehn Jahre aktiv im Fußballverein gespielt hat. Vor ca. 1,5 Jahren habe er aufgehört, weil er unter zu viel Leistungsdruck stand und begann sich auch für andere Dinge zu interessieren.

#### 2. Aktuelle Situation/Problemlage
Santino wurde am 22.02.2017 angezeigt wegen Diebstahls und Sachbeschädigung. Bereits dem Schlussvermerk des Jugendsachbearbeiters der Polizei konnte entnommen werden, dass sich Santino uneinsichtig zeigte und überheblich wirkte. Die Arbeitsstunden aus dem Urteil vom 19.10.2017 erledigte Santino unzuverlässig, das Urteil ist noch nicht erfüllt.

Am 29.11.2017 wurde Santino mit drei weiteren Jugendlichen wegen Gewalttaten angezeigt, die Hauptverhandlung findet am 24.06.2018 statt.

Die Eltern von Santino haben sich nach dem Vorfall Ende Dezember zeitnah an die Jugendhilfe im Strafverfahren (JuHiS) gewandt, da sie sehr erschrocken waren und sich hilflos fühlten. Zu diesem Zeitpunkt hatte die Familie mit Drobs e. V.[1] bereits Kontakt aufgenommen und nahm familientherapeuti-

---

1 DROBS – Drogenberatung Freiburg in Trägerschaft der Arbeiterwohlfahrt.

sche Hilfe in Anspruch, da Santinos Cannabis- und Alkoholkonsum den Alltag der Familie sehr beeinträchtigte. Der Jugendliche wechselte 2017 aufgrund
seiner Verhaltensschwierigkeiten und Lernunlust im laufenden Schuljahr in
der wiederholten 8. Klasse von der Emil-Thoma-Realschule auf die Turnsee-
Hauptschule, die er dieses Jahr mit dem Hauptschulabschluss abschließen
will.

Insbesondere Santinos Widerstand gegen Regeln in der Familie, seine Dis-
tanzeinnahme gegenüber den Eltern und seine Selbstüberschätzung machen
den Eltern zu schaffen, so dass bereits über eine Unterbringung außerhalb der
Familie nachgedacht wurde. Santino wehrt sich vehement gegen diese Idee,
gibt an, seine Familie zu brauchen, und kann sich nicht vorstellen, in einer
Wohngruppe zu leben. Nachdem Santino in der Wohnung nach einem Streit
randalierte, gab er im Gespräch an, er sei in der Pubertät, man müsse mit ihm
Nachsicht üben, Jugendlichen sollte überlassen werden, sich Freiheiten raus-
zunehmen, und seine Eltern würden mit ihrer Sorge übertreiben.

**3. Sicht des jungen Menschen/der Eltern/des/der Personensorgeberechtig-
ten**
Santino bezeichnet sich selbst als unzufrieden mit der familiären Situation, da
er sich nicht verstanden fühlt in seinen Interessen und Vorstellungen vom Leben. Er möchte Freiheiten in Anspruch nehmen, um sich austesten zu können.

Santinos Eltern haben das Gefühl, ihr Sohn würde ihnen entgleiten und sie
hätten keinen Einfluss mehr auf ihn. Ihr gesamtes Familienleben würde unter
Santinos Verhalten leiden. Eine Herausnahme aus der Familie wurde bereits
angedacht.

In Folge einer Auseinandersetzung zwischen Santino und seiner Mutter, in
der die Mutter körperliche Übergriffe befürchten musste, da der Jugendliche
alkoholisiert war, fand eine Inobhutnahme statt, auf die sich Santino einlassen
konnte. Nach der Inobhutnahme hat sich Santino auf die Klärung des Zusammenlebens in der Familie wieder einlassen können.

Die Eltern möchten in ihrer Erziehungsarbeit nachhaltig unterstützt werden und neue, verlässliche Strukturen für ihr Familienleben erarbeiten können.

**4. Bisherige Lösungsversuche und Ressourcen der Beteiligten**
Die Familie hatte regelmäßig familientherapeutische Beratungsgespräche bei
Drobs e. V.

**II. Hilfeplan**

**1. Fachliche Einschätzung der fallführenden Fachkraft zum bestehenden
erzieherischen Bedarf sowie zur Art und zum Umfang der notwendigen
und geeigneten Hilfe**
Vom Fachteam wurde eine parteiliche Arbeit über die Familienberatung der
Ohlebusch-Gruppe empfohlen, auch aufgrund des großen Widerstands von

Santino, sich auf eine Unterbringung außerhalb der Familie einzulassen, damit sich die aktuelle Situation hätte entspannen können. Die Beratung soll die Erreichbarkeit über das ›Nothandy‹ in akuten Krisensituationen umfassen.

Außerdem sollten die Eltern in ihrer erzieherischen Haltung unterstützt werden, um mit Santino und der Restfamilie Regeln zu erarbeiten, an die sich alle konsequent halten können.

**2. Ziele der Hilfe für den jungen Menschen/die Eltern/die Familie und die Konkretisierung mit Teilzielen nach Möglichkeit mit Zeitangabe**
Die Kommunikation zwischen Eltern und Sohn soll verbessert werden.

Es sollen Absprachen getroffen werden für die Zeit nach den Hauptschulabschlussprüfungen bis zum Schulbeginn im September, um die Übergangszeit sinnvoll gestalten zu können.

Santino soll seinen Alkohol- und Cannabismissbrauch reflektieren können.

Es sollen Regeln erarbeitet werden, die das Zusammenleben für alle Familienmitglieder möglich und erstrebenswert machen.

# 1.5 Methodische Fallbearbeitung

Die Fallbearbeitung im interdisziplinären Seminar erfolgt im klassischen methodischen Dreischritt der Sozialen Einzelhilfe – Befund, Diagnose (vielleicht besser Hypothese), Intervention. Dabei soll das im Studium Erlernte, auch über die Inhalte des Zielgruppenseminars hinaus (s. o.) in die Bearbeitung des Falls einfließen.

## 1.5.1 Ausgangsituation

In der Ausgangssituation wird zunächst die derzeitige Realität des Klienten erfasst und gegebenenfalls eine erste Intervention vorgeschlagen. In einem zweiten Schritt wird die berufliche Legitimation diskutiert. Es geht um die rechtliche Grundlage meines Tuns, sowie um mein Selbstverständnis als Sozialarbeiter*in bzw. Jugendgerichtshelfer*in. Der Intrarollenkonflikt, dem besonders die Sozialarbeit der Justiz, aber auch die Jugendgerichtshilfe ausgesetzt ist, soll hier diskutiert werden.

## 1.5.2 Befund

Hier soll zunächst der »Fall« nach verschiedenen Kriterien strukturiert werden. Ein erster Überblick wird durch die Erstellung der Chronologie des Lebenslaufes erreicht. Empfehlenswert wäre auch die Chronologisierung der »kriminellen Karriere«. Mit Blick auf die Erfassung der Ressourcen macht es Sinn, den Fall nach den von Pierre Bourdieu (1983) eingeführten Kapitalien – er nennte sie ökonomisches, kulturelles, soziales und symbolisches Kapital – zu durchforsten. Da nicht alle Ressourcen mit den Kapitalien benannt werden können, bietet es sich an, in einer offenen Kategorie die Erfassung zu vervollständigen. Mit Blick auf den Handlungsentwurf ist die Darstellung der Ressourcen enorm wichtig, da hier insbesondere an den Fähigkeiten des Jugendlichen angeknüpft werden kann.

In einem zweiten Schritt soll mit Hilfe von Theorien abweichenden Verhaltens (soziologische, psychologische und sozialpsychologische Theorien) der Versuch unternommen werden, die Hintergründe der den Jugendlichen vorgeworfenen Straftaten zu erklären. Die Theorien abweichenden Verhaltens wurden im Laufe des Studiums im Rahmen der Fächergruppe Theorien und Konzepte der Sozialen Arbeit vermittelt. Neben den genannten Theorien spielen auch die Erkenntnisse der Kriminologie, insbesondere der Jugendkriminologie eine wichtige Rolle. Hier wäre etwa der Gedanke der Normalität, Ubiquität und Episodenhaftigkeit[2] von Jugendkriminalität zu nennen.

### 1.5.3 Diagnose

In der Diagnose sollen die Studierenden ihre Hypothese, mit der sie die Straftaten des Jugendlichen erklären, zusammenfassend darstellen. Es geht um eine Verdichtung der zuvor geführten Diskussion.

### 1.5.4 Handlungsentwurf

Im interdisziplinären Seminar erwarten wir von den Studierenden einen Sanktionsvorschlag. Dabei wird der Streit um die Frage, ob die Jugendgerichtshilfe oder Jugendhilfe im Strafverfahren in der Hauptverhandlung dem Gericht einen Strafvorschlag unterbreiten soll oder nicht, aus didaktischen Gründen ausgeblendet. Im Handlungsentwurf sollen die Studierenden zum einen auf die entsprechenden Paragraphen des Jugendgerichtsgesetzes verweisen können und zum anderen eine sozialarbeiterische Begründung dafür liefern, was mit der Sanktion erreicht werden soll. Hier geht es also darum, rechtliche und sozialarbeiterische/sozialpädagogische Kompetenzen zu demonstrieren. Angefragt sind etwa das Lebenslagenkonzept (Thiersch 2005), die Philosophie des Empowerments (Herriger 1996) aber auch Erkenntnisse aus der Sanktionsforschung (Jehle/Heinz/Sutter 2003). An einer Katholischen Hochschule setzen sich die Studierenden auch mit der Straffälligenhilfe der verbandlichen Caritas auseinander. Sie hat ihren Ur-

---

2  Ubiquität bedeutet, dass kriminelle Aktivitäten in der Lebensphase Jugend weit verbreitet sind und häufiger auftreten als in allen anderen Lebensphasen. Der episodische Charakter der Jugendkriminalität sagt aus, dass sie sich in der Regel auf die Jugendphase begrenzt und bei einem überwiegenden Teil aller Jugendlichen von selbst bzw., ohne dass Maßnahmen der formellen sozialen Kontrolle eingeleitet werden, verschwindet (Spontanbewährung) (Eifler 2010, Walter 2005).

sprung in der Botschaft des Evangeliums und ist begründet im christlichen Gebot der Nächstenliebe. Die Katholische Bundes-Arbeitsgemeinschaft folgt der Maxime der »Integration statt Ausgrenzung« und der »Versöhnung statt Strafe«.

## 1.6    Falllösung

Jugendgerichtshilfe war, und ist es wohl auch heute noch, fast ausschließlich Einzelfallhilfe. Insofern bezieht sich die Fallbearbeitung hier nur auf einen der am angeklagten Delikt beteiligten Jugendlichen, auf Santino Krämer.

Angesichts des begrenzten Rahmens wollen wir uns hier darauf beschränken, vorzuführen, wie im *Befund* mit Hilfe von Kriminalitätstheorien der Versuch unternommen werden kann, die Hintergründe der Straffälligkeit des Jugendlichen zu erklären. Dabei sollen hier nur jene Theorien angesprochen werden, die für den vorliegenden Fall das größte Erklärungspotential bieten.[3] Eine Diagnose und einen Handlungsentwurf werden wir nicht liefern.

Erklärungspotential verspricht zunächst einmal die von Hirschi (1979) formulierte *Theorie der sozialen Bindungen*. Diese geht davon aus, dass zwischen dem einzelnen Menschen und der Gesellschaft normalerweise ein Band oder eine Verbindung besteht, was ihn von abweichendem Verhalten abhält. Ist diese Bindung zu schwach ausgeprägt, kann es zu Kriminalität kommen. Dabei lassen sich vier Ausprägungen sozialer Bindungen unterscheiden:

- Mit *Attachment* ist die emotionale Bindung zu Bezugspersonen gemeint. Hier spielen insbesondere die Eltern, aber auch Schule und Peergroup eine Rolle. Aufgrund der Bindung zu konformen Personen fühlt sich das Individuum zu konformem Verhalten verpflichtet. Es verhält sich konform, um die Erwartungen von Bezugspersonen nicht zu enttäuschen (Janssen 1997).

Im vorliegenden Fall erscheint die Beziehung zu den Eltern problematisch. Diese fühlen sich angesichts von Regelverstößen und Grenzüberschreitungen ihres Sohnes hilflos und erschrocken, befürchten, dass er ihnen entgleitet. Der Jugendliche dagegen erlebt seine Eltern als Personen, die seine Freiheiten beschneiden, überbesorgt sind und ihn nicht verstehen. Trotzdem ist er noch nicht bereit, sich von ihnen abzunabeln, die Beziehung ist also erkennbar ambivalent. Die emotionale Bindung zu den Eltern erscheint jedenfalls nicht stark genug, Santino von abweichendem Verhalten abzuhalten.

Was die Schule angeht, ist über die aktuelle Situation wenig bekannt, im zweiten Jahr wird eine Hauptschule besucht. Bezüglich der früher besuchten

---

3   Weitere Theorien und ihre Relevanz für die Soziale Arbeit werden in einem ganz dem Handlungsfeld der Straffälligenhilfe gewidmeten Band der Autor*innen behandelt (Bukowski/Nickolai 2018).

Realschule ist jedoch von Lernunlust und Verhaltensauffälligkeiten die Rede. So kann auch hier nicht von einer starken emotionalen Bindung ausgegangen werden.

Über den Freundeskreis erfahren wir wenig. Als einzige Gleichaltrige werden die Mittäter erwähnt, denen zuliebe er wohl eher Straftaten begeht als darauf zu verzichten.

- *Commitment* bezeichnet eine rationale Bindung an konventionelle Ziele und Zukunftspläne. Wer etwas zu verlieren hat, etwa eine Ausbildungsstelle, berücksichtigt langfristige Ziele in seinen Entscheidungen (Janssen 1997).

Im vorliegenden Fall werden Hauptschul- und Realschulabschluss als Zukunftspläne genannt. Über weitere Berufspläne und Perspektiven wird nichts mitgeteilt. Es ist aber von Vorstellungen vom Leben die Rede, welche von den Eltern nicht verstanden werden. Dies spräche eher gegen konventionelle Ziele, denen zuliebe auf Straftaten verzichtet werden würde. Generell ist anzuzweifeln, dass im Vorfeld der angeklagten Tat langfristige Zukunftspläne eine Rolle gespielt haben.

- Mit *Involvement* ist die Einbindung in konventionelle Aktivitäten gemeint. Wer beruflich eingebunden ist und seine Freiheit in klar strukturierten Bezügen verbringt, hat demnach weder Zeit noch Gelegenheit, sich abweichend zu verhalten (Janssen 1997).

Santino besucht die Schule, von Fehlzeiten ist nichts bekannt. Es wird aber nicht von einer strukturierten Freizeitbeschäftigung berichtet. Der Fußballverein spielt seit eineinhalb Jahren keine Rolle mehr. Das angeklagte Delikt ereignet sich nachts, Santino ist noch nach Mitternacht unterwegs. Insofern ist sein Alltag wohl nur durch den vormittäglichen Schulbesuch strukturiert.

- *Belief* bezieht sich auf den Glauben an konventionelle Werte und an die Verbindlichkeit von Normen. Stimmen die eigenen Vorstellungen von gut und böse, richtig und falsch mit dem konventionellen Normensystem überein, ist abweichendes Verhalten nicht zu erwarten (Janssen 1997).

Woran Santino glaubt und was er für richtig hält, bleibt relativ unklar. Bei einem früher begangenen Diebstahl zeigte er sich überheblich und uneinsichtig, was nicht gerade für eine Internalisierung der entsprechenden Norm spricht. Darüber hinaus plädiert er allgemein für eine Sonderstellung von Jugendlichen in der Pubertät: diese dürfen sich Freiheiten herausnehmen, können Nachsicht erwarten, dürfen Grenzen austesten. Gegen Regeln innerhalb der Familie wehrt er sich, scheint diese also nicht zu akzeptieren. Bezüglich des angeklagten Delikts ist er geständig, was aber nur impliziert, dass er die fraglichen Normen kennt. So deutet vieles darauf hin, dass er nicht durch einen Glauben an konventionelle Normen vor Kriminalität geschützt ist.

Somit lässt sich festhalten, dass im vorliegenden Fall die Bindungen zur Gesellschaft eher schwach ausgeprägt sind, was das abweichende Verhalten erst möglich macht.

Als weitere Kriminalitätstheorie sei hier die *allgemeine Theorie der Kriminalität* oder *Theorie der geringen Selbstkontrolle* angeführt. Kriminalität zeichnet sich demnach durch sofortige und leichte Belohnung, geringen Langzeitnutzen, geringe kognitive Anstrengungen und geringen manuellen Aufwand sowie durch die Übereinstimmung mit milieutypischen Männlichkeitsvorstellungen aus. Sie ist mit Schmerz und Unbehagen für das Opfer verbunden, beinhaltet aber auch das Risiko des Schmerzes für den*die Täter*in, wobei das Bestrafungsrisiko subjektiv gering ist. Menschen mit kriminellen Neigungen weisen gemeinsame Merkmale auf. Sie sind:

- impulsiv, haben eine starke Hier- und Jetzt-Orientierung;
- gefühlsarm, d.h. selbstbezogen, unsensibel und indifferent gegenüber anderen,
- eher physisch als geistig orientiert;
- wenig verlässlich und sorgfältig und bevorzugen einfache Aktivitäten;
- risikofreudig und abenteuerlustig,
- auf schnelle Bedürfnisbefriedigung aus und haben eine geringe Frustrationstoleranz.

Diese Eigenschaften werden unter dem Begriff der niedrigen Selbstkontrolle zusammengefasst. Mit Selbstkontrolle ist dabei primär die Fähigkeit gemeint, Langzeitfolgen einzuplanen. Selbstkontrolle entsteht der Theorie zufolge durch Veranlagung und Erziehung. Damit sie sich in der Kindheit entwickeln kann, muss kindliches Verhalten beaufsichtigt, Fehlverhalten erkannt und darauf angemessen reagiert werden. Später wird das so erreichte Maß an Selbstkontrolle zu einem stabilen Bestandteil der Persönlichkeit. Treffen Personen mit niedriger Selbstkontrolle auf günstige Gelegenheiten, sind Straftaten zu erwarten (Gottfredson/Hirschi 1990, Lamnek 2008).

Das angeklagte Delikt ist für Kriminalität im Sinne dieser Theorie typisch. Es hat einen geringen Langzeitnutzen, wenn man etwa die Strafverfolgung berücksichtigt, war aber im Moment selbst mit positiven Erfahrungen verknüpft: so ist Befriedigung durch Aggressionsabbau, ein Gefühl von Stärke sowie Anerkennung innerhalb der Gruppe zu vermuten. Gewaltanwendung ist kein komplexer Vorgang und entspricht gewissen Männlichkeitsvorstellungen. Den Opfern wurde in erheblichem Maße Schmerz und Unbehagen zugefügt, bei Gegenwehr hätten aber auch die Täter Schmerzen erleiden können. Wie die Täter das Bestrafungsrisiko angesichts der Intervention von Zeugen und der geäußerten Drohungen einschätzten, bleibt unklar.

Zu prüfen ist auch, inwiefern bei Santino selbst niedrige Selbstkontrolle vorliegt.

- Impulsives Verhalten zeigt er beim Randalieren im Elternhaus. Auch die angeklagte Tat dürfte am Hier und Jetzt orientiert gewesen sein. Möglichen

Folgen des eigenen Verhaltens werden erst im Täter-Opfer-Ausgleich (TOA) bewusst.

- Die Tatbegehung selbst lässt die Bezeichnung »gefühlsarm« zu, die Perspektive der Opfer wird erst durch den TOA vermittelt. Auch zeigt der Jugendliche kein erkennbares Verständnis für die Position der Eltern, vielmehr ist von Selbstüberschätzung die Rede.
- Hinweise auf eine geistige Orientierung fehlen; expressive Gewalt, Schulunlust und früheres Fußballspielen lassen eher auf eine Bevorzugung körperlicher Aktivitäten schließen.
- Auch findet sich im Fall kein Hinweis auf Verlässlichkeit und Sorgfalt oder die Fähigkeit, komplexe Aufgaben zu meistern: die schulischen Leistungen sind schlecht, es ist von Schulunlust und zu viel Leistungsdruck die Rede; die auferlegten Arbeitsleistungen wurden auch nach 8 Monaten noch nicht erfüllt.
- Für Risikofreude und Abenteuerlust sprechen möglicherweise der erwähnte Alkohol- und Cannabiskonsum. Der Jugendliche testet generell Grenzen aus, sucht Freiheiten. Vielleicht deuten auch die nicht näher definierten eigenen Interessen und Vorstellungen vom Leben in diese Richtung.
- Die angeklagte Tat kann als Ausleben von Aggressivität betrachtet werden, wobei die schnelle Bedürfnisbefriedigung im Mittelpunkt stand, auch wenn mit der eigentlichen körperlichen Auseinandersetzung gewartet wurde, bis die Busfahrt endete.

Somit lassen sich hier zahlreiche Hinweise auf geringe Selbstkontrolle finden. Allerdings ist anzumerken, dass dies entwicklungsbedingt auf die meisten Jugendlichen zutrifft.

Die Frage, inwiefern die Erziehung in der Kindheit geeignet war, Selbstkontrolle zu erwerben, kann mit Hilfe der vorliegenden Unterlagen nicht eindeutig beantwortet werden. Ob die Mutter auch schon beim ältesten Kind die Berufstätigkeit zugunsten der Kindererziehung zurückgestellt hat, bleibt unklar. Inzwischen haben die Eltern jedenfalls keinen Einfluss mehr auf Santino und fühlen sich angesichts seiner Regelverstöße hilflos.

Auch niedrige Selbstkontrolle stellt somit einen Schlüssel zur Erklärung dieses Falls dar.

Als letzte Theorie soll der *Labeling Approach* oder *Etikettierungsansatz* behandelt werden. Unter diesem Begriff wird eine Vielzahl von Ansätzen geführt, die sich primär mit Stigmatisierungen[4], Zuschreibungen und Reaktionen auf abweichendes Verhalten beschäftigen. Im Mittelpunkt steht dabei weniger, warum sich jemand abweichend verhält, als die Reaktion anderer auf (vermeintliche) Normverstöße und die Folgen dieser Reaktion (Lamnek 2001). Für die Erklärung der Kriminalität einer einzelnen Person, wie sie im Rahmen der Fallbearbeitung

---

4 Mit Stigmatisierung ist ein Prozess gemeint, durch den Personen oder Gruppen durch Zuschreibung negativer Merkmale als moralisch minderwertig charakterisiert werden. Stigmatisierung geschieht dabei öffentlich und somit für andere sichtbar (Lemert 1975).

im interdisziplinären Seminar gefordert ist, kommen nur gemäßigte Versionen des Etikettierungsansatzes in Frage, die auch ätiologische Elemente beinhalten, also auch Ursachen von Kriminalität thematisieren. So wird von *Tannenbaum* (1973) die Dramatisierung von Fehlverhalten für das Auftreten abweichenden Verhaltens verantwortlich gemacht. Erst Reaktionen der Umwelt machen dem Individuum deutlich, dass es sich von anderen unterscheidet, definieren es als Abweichenden, stempeln es ab, weisen ihm einen besonderen Status zu. Dies führt letztendlich zu einer Veränderung des Selbstbildes und der Übernahme der zugeschriebenen Rolle. Soziale Reaktionen können so zur Ursache von abweichendem Verhalten werden. *Lemert* (1975) beschreibt dies mit dem Begriff der sekundären Devianz: während primäre Devianz vielfältige Ursachen hat, geht sekundäre Devianz auf Etikettierung und Rollenzuschreibung der Umwelt zurück. Sekundäre Devianz wird als Ergebnis eines Prozesses sich aufschaukelnder Aktionen und Reaktionen betrachtet: immer stärkere Reaktionen und Sanktionen führen zu Ressentiments seitens des/der Bestraften, zur Verstärkung des devianten Verhaltens und letztendlich zur Akzeptanz der abweichenden Rolle und deren Übernahme ins Selbstbild. Für *Becker* (1981) haben Etikettierungen den Charakter einer sich selbst erfüllenden Prophezeiung. Sanktionen und Stigmatisierungen schränken den Handlungsspielraum einer Person ein, letztendlich wird eine abweichende Identität entwickelt. Voraussetzung für die Zuschreibung von Kriminalität ist für Becker die Anwendung einer Norm auf eine konkrete Situation und das Verhalten einer Person. Diese Normanwendung wird dabei als selektiver Prozess beschrieben: nicht alle Normverstöße werden als abweichend definiert, die Zuschreibung setzt nicht einmal einen realen Normverstoß voraus (Lamnek 2001).

Im vorliegenden Fall finden sich verschiedene Hinweise auf Dramatisierungen und Stigmatisierungen: Santino erfährt diese u. a. im Rahmen seiner Schullaufbahn: hier wird er im Unterschied zu seinen Mitschülern nur zur Probe in die neunte Klasse versetzt, muss die 8. Klasse dann wiederholen und »steigt« auf die Hauptschule »ab«. Auch innerhalb der Familie finden Reaktionen auf sein Verhalten statt, die ihm dessen negative Qualität deutlich machen: es ist Anlass für Kontakte zu Drogenhilfe, Jugendhilfe und Familientherapeut*innen. Es wird sogar darüber nachgedacht, ihn in einer stationären Jugendhilfemaßnahme unterzubringen. Auch Stigmatisierungen durch Reaktionen der Strafverfolgungsbehörden sind zu beobachten: wegen Diebstahls wurde er von der Polizei vernommen, das Verfahren durch die Staatsanwaltschaft aber noch eingestellt; wegen Sachbeschädigung und Diebstahls kam es dann zu einer Hauptverhandlung, in der er zu Arbeitsleistungen verurteilt wurde, die er zumindest teilweise auch abgeleistet hat; inzwischen ist er wegen gefährlicher Körperverletzung angeklagt und eine Verhandlung vor dem Jugendschöffengericht steht bevor. Hier ist eine Verschärfung der strafrechtlichen Reaktionen ganz im Sinne eines Aufschaukelungsprozesses zu erkennen. Über das Selbstbild von Santino ist bekannt, dass er sich als pubertierenden Jugendlichen betrachtet, der sich Freiheiten herausnimmt und Grenzen austestet. Dass er sich bereits als Kriminellen oder Gewalttäter sieht, ist trotz seiner Kontakte zu anderen delinquenten Jugendlichen eher unwahrscheinlich. Indizien für eine selbsterfüllende Prophezeiung sind nicht auszumachen. Die Reaktionen auf frühere Normverletzungen schränken seinen Handlungsspielraum noch nicht nennenswert ein. Lediglich die Arbeitsleistungen wären hier zu nennen, deren Einschränkungen er sich aber teilweise entzieht. Im konkreten Fall fällt es auch schwer, von selektiver Normanwendung zu sprechen. Die Situation wird von allen Beteiligten, Tätern, Opfern und Zeugen, eindeutig als Kriminalität gedeutet, wie Strafanträge und Drohungen belegen.

Festzuhalten ist also, dass zwar Zuschreibungsprozesse im Sinne des Labeling Approachs zu konstatieren sind, das Verhalten aber (noch) nicht ursächlich auf Reaktionen des Umfeldes oder der Strafverfolgungsbehörden zurückgeführt werden kann.

Dass der Etikettierungsansatz hier, wie in jeder Fallbearbeitung im interdisziplinären Seminar, dennoch Berücksichtigung findet, hat einen guten Grund. Soziale Arbeit beschäftigt sich nicht nur mit Stigmatisierten, sondern ist selbst immer auch eine stigmatisierende Tätigkeit (Peters/Cremer-Schäfer 1975). Gerade die Straffälligenhilfe sollte daher ausgesprochen sensibel für Stigmatisierungen und ihre Auswirkungen sein.

# Literatur

Becker, H. S. (1981): Soziologie abweichenden Verhaltens. Frankfurt: Springer Verlag.

BKA (Hrsg.) (2018): Polizeiliche Kriminalstatistik 2017, Wiesbaden.

Bourdieu, P. (1983): Ökonomisches Kapital, kulturelles Kapital, soziales Kapital. In: Kreckel, R. (Hrsg.): Soziale Ungleichheiten. Sonderband 2. Soziale Welt. Göttingen: Schwarz Verlag, S. 182–198.

Bukowski, A./Nickolai, W. (2018): Soziale Arbeit in der Straffälligenhilfe. Stuttgart: Kohlhammer Verlag.

Eifler, S. (2010): Theoretische Ansatzpunkte für die Analyse der Jugendkriminalität. In: Dollinger, B./Schmidt-Semisch, H. (Hrsg.): Handbuch der Jugendkriminalität. Kriminologie und Sozialpädagogik im Dialog, Wiesbaden: VS-Verlag, S. 159–172.

Gottfredson, M. R./Hirschi, T. (1990): A General Theory of Crime. Stanford: Standford University Press.

Herriger, N. (1996): Empowerment und die Philosophie der Menschenstärken. In: Nickolai, W./Kawamura, G./Krell, W./Reindl, R. (Hrsg.): Straffällig: Lebenslage und Lebenshilfe. Freiburg: Lambertus, S. 114–131.

Hirschi, T. (1979): A Control Theory of Deviance. In: Jacoby, J. E. (Hrsg.): Classics of Criminology, Prospect Heights: Waveland Press, S. 185–192.

Janssen, H. (1997): Kriminalitätstheorien und ihre jeweiligen impliziten Handlungsempfehlungen. Teil II. In: Janssen, H./Peters, F. (Hrsg.): Kriminologie für Soziale Arbeit. Münster: Votum-Verlag, S. 75–117.

Jehle, J.-M./Heinz, W./Sutterer, P. (2003): Legalbewährung nach strafrechtlichen Sanktionen. Eine kommentierte Rückfallstatistik. Hrsg. vom Bundesministerium der Justiz. Berlin.

Klier, R./Brehmer, M./Zinke, S. (2002): Jugendhilfe im Strafverfahren – Jugendgerichtshilfe. 2. Aufl. Regensburg: Walhalla-Verlag.

Lamnek, S (2001): Theorien abweichenden Verhaltens. 7. Aufl. München: UTB.

Lamnek, S. (2008): Theorien abweichenden Verhaltens I. »Moderne« Ansätze. 3., überarb. u. erw. Aufl. Paderborn: UTB.

Lemert, E (1975): Der Begriff der sekundären Devianz. In: Lüderssen, K./Sack, F. (Hrsg.): Seminar: Abweichendes Verhalten I. Die selektiven Normen der Gesellschaft. Frankfurt: Suhrkamp Verlag, S. 433–476.

Maelicke, B./Simmedinger, R. (1987): Fortentwicklung der Sozialen Dienste in der Justiz. Frankfurt. Institut f. Sozialarbeit u. Sozialpädagogik.

Peters, H./Cremer-Schäfer, H. (1975): Die sanften Kontrolleure. Wie Sozialarbeiter mit Devianten umgehen. Stuttgart: Ferdinand Emke Verlag.

Tannenbaum, F. (1973): The Dramatization of Evil. In: Rubington, E./Weinberg, M. (Hrsg.): Deviance. An Interactionist Perspective. Text and Readings in the Sociology of Deviance. 2. Aufl. New York/London: Macmillan Publishers, S. 214–215.

Thiersch, H. (2005): Lebensweltorientierte Soziale Arbeit. Aufgabe der Praxis im sozialen Wandel. 6. Aufl. Weinheim/München: Belz Juventa.

Trenczek, T. (2009): Jugendgerichtshilfe. In: Cornel, H./Kawamura-Reindl, G./Maelicke, B./Sonnen, B. R. (Hrsg.): Resozialisierung. Handbuch. 3. Aufl. Baden-Baden: Nomos-Verlag, S. 200–219.

Trenczek, T. (2010): Risikoeinschätzung und psychosoziale Diagnose der Jugendhilfe (auch) im Jugendstrafverfahren. In: Zeitschrift für Jugendkriminalität und Jugendhilfe. Jg. 21, 3, S. 249–262.

Walter, M. (2005): Jugendkriminalität – Eine systematische Darstellung. 3., neu bearb. u. erw. Aufl. Stuttgart: Boorberg-Verlag.

# 2 Soziale Arbeit in gerontologischen Handlungsfeldern und im Gesundheitswesen

*Cornelia Kricheldorff*

## 2.1 Von der Armenfürsorge, über die ›klassische‹ Altenhilfe zu den aktuellen Handlungsansätzen der Sozialen Gerontologie

Wie auch in anderen ihrer eher traditionellen Handlungsfelder, sind die Anfänge der Sozialen Arbeit, die sich an ältere und alte Menschen richtet, in der **Armenfürsorge** verankert. Spitäler und Hospize waren seit dem Mittelalter die Orte, an denen hilfebedürftige und gebrechliche Menschen Unterkunft und eine einfache Versorgung erhielten. Diese waren für alle Bedürftigen und Not leidenden Menschen offen – so auch für die Alten. Später entstanden spezielle Heime für die Alten, oft in der Trägerschaft von Ordensgemeinschaften und – vor allem in den Städten – auch von Zünften und mildtätigen Bürgerstiftungen (Hammerschmidt und Tennstedt 2010: 236). Noch heute ist diese Tradition in der Trägerlandschaft der stationären Altenhilfe teilweise sichtbar.

Bis zum Ende des 19. Jahrhunderts wurden alte Menschen in der Armenpflege nicht als spezielle Zielgruppe wahrgenommen, »obwohl sie – vor allem Frauen (ehelose, geschiedene, verwitwete) – die Mehrzahl der dauernd unterstützten Armen stellten« (Göckenjan 1990: 109ff.). Dies lag vor allem daran, dass das höhere Alter an sich kein Kriterium war, sondern es wurde unterschieden zwischen arbeitsfähigen und arbeitsunfähigen Armen. So wurden alte Menschen vor allem dann bedürftig, wenn sie nicht mehr arbeiten konnten, keine eigenen Mittel oder Ersparnisse hatten und nicht auf familiäre Unterstützung im Alter zurückgreifen konnten (Hammerschmidt/Tennstedt 2010: 236f.). Es ging dabei vor allem um die materielle Sicherung im Alter.

Die sozialen und ökonomischen Verwerfungen im Kontext der Industrialisierung, verbunden mit starker Binnenwanderung in die Städte, führten zu ausgeprägter Massenverelendung und damit zur sozialen Frage, als zentrales Problem des ausgehenden 19. Jahrhunderts. Das machte neue Antworten dringend notwendig. Mit der Einführung der Bismarck'schen Sozialgesetze – 1883 entstand die gesetzliche Krankenversicherung, 1889 die Rentenversicherung – wurde die Sicherung des Alters, in gesundheitlicher und ökonomischer Hinsicht, erstmalig zum Gegenstand staatlicher Sozialpolitik.

Die sozialen Sicherungssysteme erfuhren seitdem vielfache Veränderungen und Modifizierungen, die jeweils geprägt waren von wechselnden politischen Bedingungen. Die grundlegenden Prinzipien der Alterssicherung, getragen vom

Gedanken der Solidargemeinschaft, haben aber bis heute Bestand, wenngleich ihre Basis, vor dem Hintergrund des demografischen Wandels, inzwischen immer brüchiger wird,

Die *Soziale Altenhilfe* ist erst seit dem Jahr 1962 im §75 BSHG und seit 2005 im § 71 des SGB XII verankert. Insgesamt muss die rechtliche Absicherung der Anliegen und Belange des Alters, auch im Vergleich mit anderen Handlungsfeldern der Sozialen Arbeit, als relativ schwach bezeichnet werden. Die Aufsplitterung in unterschiedliche Sozialgesetzbücher und Rechtsgebiete führt zur Unübersichtlichkeit und liefert die Voraussetzung für eine deutliche Diversität in der landes- und kommunalpolitischen Förderpraxis (vgl. Aner 2010: 48ff.). Dies ist vor allem bei den präventiven Aufgaben und Interventionen der *Sozialen Altenarbeit* der Fall, die oft zum Bereich der freiwilligen sozialen Leistungen gezählt werden und nicht oder nur ungenügend über die klassische Altenhilfe im Sinne des § 71 SGB XII abgedeckt sind.

Ihre Bandbreite hat seit Mitte der 90er Jahre erheblich zugenommen und die Praxis der *Sozialen Gerontologie* ist mittlerweile stark ausdifferenziert. Dabei geht es schwerpunktmäßig um die Rahmenbedingungen eines gelingenden Alterns sowie um die Förderung sozialer Beziehungen und Netzwerke im Alter. Für diese neuen Ansätze der Sozialen Gerontologie, die auf die gesellschaftliche Teilhabe älterer und alter Menschen zielen sowie die Sicherung ihrer Bedürfnisse in den Blick nimmt, sind Selbstbestimmung und Autonomie wichtige Wertorientierungen und es geht zentral um die Frage von Lebensqualität und -zufriedenheit (Rupprecht 2006), unter den jeweils gegebenen Voraussetzungen und Bedingungen des individuellen Alterns, im Sinne einer *differenziellen Gerontologie*.

Neue Aufgabenfelder, die auch dieser Differenziertheit des Alterns entsprechen, sind nicht selten das Ergebnis von Pilotvorhaben und Modellprojekten, die vom Bund oder über Drittmittel zunächst für eine gewisse Zeit gefördert, nach Ablauf der Erprobungsphase aber von den Kommunen weitergeführt werden müssten. Das stößt an deutliche Grenzen der finanziell immer stärker belasteten Städte und Landkreise. Auf diesem Weg wird die Altenhilfe zum Spielball unterschiedlicher ökonomischer Bedingungen in den Kommunen – gesichert sind nur die Pflichtaufgaben, die sich vor allem aus der Logik der traditionellen, fürsorgerischen Praxis ableiten lassen. In diesem Dilemma befindet sich die Soziale Arbeit in diversen gerontologischen Arbeitsfeldern heute.

## 2.2 Neue Herausforderungen für die Soziale Altenarbeit und demografischer Wandel

Die Praxis der sozialen Altenarbeit entwickelt und differenziert sich heute vor dem Hintergrund des *demografischen Wandels*: die Anzahl der Älteren nimmt deutlich zu, die der Jüngeren rapide ab, was zu deutlichen Verschiebungen in der Gesellschaft führt (Statistisches Bundesamt 2008: 42). Nach der 11. koordinierten Bevölkerungsvorausberechnung des Statistischen Bundesamtes (2009) sollen ein Deutschland im Jahr 2050 doppelt so viele ältere wie jüngere Menschen leben. Es ist zu erwarten, dass die Zahl der über 65-Jährigen bis zum Ende der 2030er Jahre etwa um die Hälfte von aktuell knapp 16 Millionen auf circa 24 Millionen steigt, danach wird sie leicht zurückgehen. Die Bevölkerung ab 80 Jahren nimmt dagegen unablässig zu: von 3,7 Millionen im Jahr 2005 auf 10 Millionen im Jahr 2050 (Statistisches Bundesamt 2009: 5f.). Damit wird die Zahl der 80-jährigen und älteren Menschen voraussichtlich beinahe dreimal so hoch sein wie heute. »Mit dieser sehr starken Zunahme der ab 80-Jährigen wird voraussichtlich auch die Zahl der Pflegebedürftigen zunehmen« (ebd.: 23). Denn, auch wenn das allgemeine Lebensrisiko von Pflegebedürftigkeit im Alter sich nicht grundsätzlich erhöht hat, so hat der demografische Wandel doch mit seiner wachsenden Zahl an hochaltrigen Menschen in den Jahren 1991 bis 2002 zu einem relativen Anstieg der Pflegebedürftigen um etwa 29 % geführt (Schneekloth/Wahl 2005: 227).

Hinzu kommt die kontinuierlich steigende Zahl der Ein-Personen-Haushalte in Deutschland. Im Zeitraum von 1991 bis 2017 hat ihr Anteil um fast ein Drittel zugenommen, von 11,86 Millionen auf 17,27 Millionen (Statista 2019). Mit zunehmendem Alter wird dieser Trend noch verstärkt vom steigenden Risiko der Verwitwung. Für kommende pflegenahe Jahrgänge ist das familiäre Pflegepotenzial von einer Reihe von Einflussfaktoren abhängig (Hajek u. a. 2018).

*Generationenbeziehungen* müssen vor dem Hintergrund dieses umfassenden gesellschaftlichen Wandels also neu gedacht werden, sie brauchen neue Formen und Bedingungen (Beck-Gernsheim 2002; Bertram 2000). Wenn Generationensolidarität auch für die Zukunft sichergestellt werden soll – und ohne ein Miteinander von Jung und Alt gibt es keine funktionierende Gesellschaft – muss das Unterstützungspotenzial sowohl in den Familien, aber verstärkt auch in Nachbarschaften und Wohnquartieren gezielt gefördert werden (Kricheldorff 2008: 237ff.).

Die Ausweitung der Lebensphase Alter, vom sog. *jungen Alter*, mit dem die Übergangzeit der notwendigen Neuorientierung nach Beruf und Familie beschrieben wird, bis hin zum *sehr hohen Alter*, das geprägt ist von einem zunehmenden Hilfe- und Unterstützungsbedarf, führt zu einer zunehmenden Differenzierung in der Sozialen Altenarbeit. Insgesamt kann konstatiert werden, dass die Soziale Arbeit mit älteren und alten Menschen und ihren Angehörigen ein Handlungsfeld der Sozialen Arbeit ist, das sich in den letzten Jahrzehnten stark verändert hat, vielfältiger wurde und ein deutlich breiteres Profil entwickeln konnte.

Dabei hat ein mehrfacher Paradigmenwechsel stattgefunden, vom *betreuten Alter*, über das *aktive Alter*, bis zum *gestalteten Alter*, was heute die dominierende fachliche Orientierung darstellt. Dabei geht es um Fragen der Sinnfindung im Alter und die Vorstellung von einem *Biografisierten Altern* (Schweppe 2002: 331), bei dem es um Lebensgestaltung im Sinne von Reflexion und eines begreifbaren Kontinuums im Leben geht. Dabei wird der alternde Mensch, vor dem Hintergrund seiner unter biografischen Bedingungen erworbenen Ressourcen und Kompetenzen, als Gestalter seiner Umwelt gesehen (vgl. auch Staudinger 2003). Altern kann damit zur Herausforderung und zur neuen Chance werden. Dieses aktuell dominierende Verständnis von Sozialer Altenarbeit entspricht dem der Sozialen Arbeit insgesamt, mit einer starken Ausrichtung auf Lebenswelten (Thiersch 2005) und Ressourcenorientierung im Sinne von Empowerment (vgl. Herriger 2006). Dies gilt zumindest für die frühen Jahre der inzwischen stark ausgeweiteten Altersphase, die oft länger ist als Kindheit und Jugend zusammen.

Vor dem Hintergrund des beschriebenen Paradigmenwechsels entstanden und entstehen für die Soziale Altenarbeit neue Aufgaben und Handlungsfelder, beispielsweise im Bereich der Engagementförderung und Bürgerbeteiligung, bei der Entwicklung neuer Wohnformen und der Gestaltung förderlicher Lebenswelten, die die Begegnung und Kommunikation zwischen den Generationen möglich machen (Maier/Sommerfeld 2005). Praktische Beispiele dafür sind Stellen im Quartiermanagement, Moderation und Mediation in der Prozessbegleitung für gemeinschaftliche und generationsübergreifende Wohnformen, Koordinations- und Vernetzungsaufgaben in Seniorenbüros, Freiwilligenzentralen, Tauschbörsen und in Mehr-Generationen-Häusern (Kricheldorff 2014 und 2010a; Kricheldorff u. a. 2015; Kricheldorff und Oswald 2015).

Neben diesen eher neuen Tätigkeitsbereichen und -profilen entstehen aber auch vielfältige Beratungsanliegen für die Fragen und Probleme, die das *neue Altern* mit sich bringt, die weit über das eigentliche Feld der Sozialen Altenarbeit hinausreichen. Modernisierung, Pluralisierung und Individualisierung verändern Lebenslagen im Alter, traditionelle Familienmuster und -bezüge werden auch im Alter brüchiger. So sind beispielsweise angesichts steigender Scheidungszahlen auch ältere Paare vermehrt eine Zielgruppe für die Ehe- und Familienberatung (vgl. Beck-Gernsheim 1993: 160). Sie sind eine zunehmende Größe in der Suchtberatung (vgl. Havemann-Reinecke u. a. 1998) und in anderen ›klassischen‹ Feldern Sozialer Arbeit, die so zunehmend mit Fragen des Alterns befasst sind (vgl. Kricheldorff 2010b).

## 2.3 Spezifische Handlungsansätze, Arbeitsformen und Methoden der Sozialen Arbeit – dargestellt an typischen Fallbeispielen

### 2.3.1 Fallbeispiel Frau Mayer

Frau Mayer, heute 66 Jahre alt, kommt zur Beratung ins städtische Seniorenbüro. Sie will sich informieren, welche Freizeit-, Kultur- und Bildungsangebote es in der Region gibt. Im Gespräch mit ihr wird deutlich, dass dahinter eigentlich ein weiteres Anliegen steht. Sie ist vor allem auf der Suche nach Kontakten, weil sie seit dem Ausscheiden aus dem Berufsleben, vor mehr als zwei Jahren, nur noch wenige soziale Bezüge hat. Frau Mayer berichtet, dass sie schon lange allein lebe, was während der Zeit ihrer Berufstätigkeit völlig in Ordnung gewesen sei. Sie hätte oft viel und lange gearbeitet, was sie nach der Scheidung, vor fast 20 Jahren, als sehr hilfreich erlebt habe. Der Beruf sei ihr immer sehr wichtig gewesen und habe Freude gemacht. Dadurch sei aber ihr ohnehin kleiner Freundeskreis immer mehr geschrumpft – eine sehr enge Freundin sei vor einigen Monaten an Krebs gestorben. Frau Mayer hat keine Kinder, ihre Schwester, die verheiratet ist und zwei inzwischen erwachsene Kinder hat, lebt mit ihrem Mann vier Autostunden entfernt. Weitere Verwandte gibt es nicht.

Nach einem Unfall konnte Frau Mayer in ihrem erlernten Beruf als Krankenschwester nicht mehr tätig sein. Deshalb hat sie die letzten 15 Berufsjahre in einer Arztpraxis gearbeitet. Sie berichtet davon, dass ihr diese Tätigkeit großen Spaß gemacht habe, auch weil damit viel Kontakt zu Menschen verbunden gewesen sei. Das vermisse sie heute sehr. Sie äußert Interesse, sich irgendwie sozial zu engagieren, weiß aber nicht so recht, wie sie das angehen kann und was zu ihr passen würde. Sie habe sich nach der Berentung kurzzeitig einem Krankenhausbesuchsdienst angeschlossen, den die Kirchengemeinde organisiert – das sei aber nicht das Richtige für sie gewesen. Die erste Zeit als Rentnerin habe sie durchaus genießen können, weil es für eine gewisse Zeit doch ganz schön sei, keine festen Verpflichtungen zu haben. Nun merke sie aber, dass es Zeit werde, sich wieder stärker nach außen zu orientieren und etwas Sinnvolles zu tun. »Man wird auch bequem und es fällt immer schwerer, sich aufzuraffen, andererseits fällt mir auch an bestimmten Tagen die Decke auf den Kopf«, beschreibt sie ihre derzeitige Situation. Frau Mayer sucht in einem freiwilligen Engagement auch neue Anregungen und Kontakte zu Menschen verschiedener Altersgruppen.

Sie erhofft sich, von Ihnen nun die entsprechenden Hinweise und Informationen zu bekommen und sie möchte Unterstützung und Vermittlung in ein für sie passendes Engagementfeld.

Der Übergang vom Erwerbsleben in die nachberufliche Phase ist ein Weichen stellender Prozess und er ist verbunden mit einer wichtigen Entwicklungsaufgabe im Lebenslauf, denn es geht um eine Art Neuordnung des eigenen Lebens und um eine Neuverortung in der Gesellschaft. Diese Herausforderung ist verbunden mit dem Ringen um eine neue innere Balance, wenn die tragende Rolle der beruflichen Tätigkeit wegfällt, die vorher das Alltagsleben strukturiert hat. Der soziologische Terminus *Statuspassage* beschreibt diesen Entwicklungsprozess sehr treffend, weil er sowohl die Vorstellung der Übergangssituation (Passage), als auch die damit einhergehende Veränderung des Status aufgreift (Kricheldorff 2011b, 2001, 1999).

Im unstrukturierten Prozess des Übergangs, der nicht zwingend und linear zu einer neuen stabilen Situation und Statuszugehörigkeit führt, müssen bisherige Gewohnheiten, Handlungsmuster und Deutungen modifiziert werden. Zentrales Anliegen ist also *Neuorientierung*, die der einzelne ältere Mensch für sich individuell bewältigen muss. Dabei können vorhandene und im biografischen Kontext erworbene Potenziale und Ressourcen hilfreich sein. Andererseits wird dieser Prozess aber auch durch gesellschaftliche Bedingungen und Voraussetzungen maßgeblich beeinflusst, die auch im Sinne kumulativer Disparitäten im Lebenslauf wirken. Das Gelingen der Statuspassage zur nachberuflichen Phase bestimmt also maßgeblich mit, wie der alternde Mensch sein immer länger werdendes Leben im weiteren Altersverlauf gestaltet bzw. gestalten kann (vgl. Kricheldorff 2011 und 2001).

Der Sozialen Arbeit kommt dabei eine Rolle zu, die sich an *Ressourcen und Kompetenzen* des einzelnen älteren Menschen orientiert, in der Logik und im Sinne des Empowermentkonzepts (Herriger 2006). In der Beratung von Frau Mayer geht es also darum, gemeinsam ihre Interessen und Stärken zu erörtern und eine Sinn stiftende Engagementform für sie zu finden. Berücksichtigt werden dabei auch Erfahrungen, Neigungen und biografische Prägungen. Der Deutsche Freiwilligensurvey, erhoben 1999, 2004 und 2009, weist für einen Zeitraum von zehn Jahren nach, dass bei Altersgruppen ab 60 Jahren der Zuwachs an freiwilligem Engagement am deutlichsten zugenommen hat und dass sowohl der einzelne ältere Mensch, wie auch die Gesellschaft, von dieser Entwicklung deutlich profitieren (BMFSFJ 2010a; Gensicke u. a. 2006). Er zeigt aber auch auf, dass das noch nicht genutzte Potenzial in diesem Bereich groß ist. Gleichzeitig kann in Detailanalysen nachgewiesen werden, dass Engagementbereitschaft deutlich korreliert mit Bildung, Haushaltseinkommen und früherem beruflichen Status (Gensicke u. a. 2006). Die Förderung von Engagement spricht also bisher vor allem die eher privilegiert alternden Gruppen an, während die eher marginalisierten Älteren viel weniger erreicht werden und damit also diejenigen, die ohnehin von sozialer Ausgrenzung bedroht sind. Frau Mayer gehört ganz sicher nicht zu dieser Zielgruppe. Sie ist aktiv auf das Seniorenbüro zugegangen und durchaus in der Lage, ihre eigenen Interessen und Bedürfnisse klar zu artikulieren. Sie reflektiert ihre eigene Situation kritisch und entspricht in ihrem Verhalten eher den *aktiven, neuen Alten*. Menschen, die eher zurückgezogen und in traditioneller Form altern, brauchen dagegen eine zugehende Form der Ansprache und Beratung. Dies ist auch insofern bedeutsam, als zu den positiven Wirkungen des freiwilligen und bürgerschaftlichen Engagements, auch auf das individuelle Gesundheitserleben, einschlägige empirischer Befunde vorliegen. Soziale Einbindung und das Gefühl, gebraucht zu werden, erhöhen das Erleben von Selbstwirksamkeit und haben damit eine eindeutig präventive Wirkung (Wahl/Heyl 2004: 173ff.). Vor diesem Hintergrund darf sich die Förderung von Engagement nicht auf diejenigen beschränken, die über gute Ressourcen verfügen. Vielmehr gilt es, auch sozial benachteiligte Gruppen und eher marginalisiert alternde Menschen gezielt anzusprechen, sie zum Engagement einzuladen, ohne reglementierenden Verpflichtungscharakter. Dies dient letztlich nicht nur dem einzelnen älteren Menschen, was an sich schon einen hohen Wert darstellt. Positiv erlebte soziale Teilhabe und ein subjektiv guter Gesundheitszustand, auch bei objektiven Einschränkungen, wirken präventiv und tragen so dazu bei, Krankheits- und Pflegekosten zu minimieren. Die Einladung zum Engagement, für alle gesellschaftlichen Gruppen, ist also ein wichtiger Aspekt im Sinne der Gesundheitsförderung und damit auch von gesellschaftlicher Relevanz.

Die Aufgabe der Sozialen Arbeit mit älteren Menschen besteht deshalb auch darin, über Möglichkeiten des Engagements zu informieren, zu vermitteln und zu beraten. Dies geschieht durch spezielle Formen der Beratung (Engagement-beratung) von Einzelnen und Gruppen, gezielte Öffentlichkeitsarbeit und Ver-netzung von Diensten und Anbietern. Methoden dabei sind neben der Sozial-pädagogischen Beratung, auch Soziale Netzwerkarbeit sowie Ansätze aus der Gemeinwesenarbeit (vgl. Galuske 2007). Aber auch die Vorbereitung auf ein freiwilliges Engagement über Qualifizierungsangebote sowie die Begleitung von Freiwilligen durch Praxisberatung und Supervision ist ein immer bedeutenderes Arbeitsfeld für die Soziale Arbeit. Sie bewegt sich dabei in einem Feld des ständi-gen Interessenausgleichs zwischen der klassischen Trägerlandschaft, repräsentiert vor allem durch die Wohlfahrtsverbände und den neuen, eher selbst organisier-ten Organisationsformen, die inzwischen viele Freiwilligeninitiativen Älterer für sich wählen. Für diesen Aufgabenbereich entstehen ganz neue Einrichtungsty-pen, wie die in den 1990er Jahren neu geschaffenen Seniorenbüros, Selbsthilfe-kontaktstellen, Freiwilligen-Zentren, -Zentralen oder -Agenturen und andere Ein-richtungen, die einer ähnlichen Logik folgen. Im intergenerationellen Bereich haben sich neue Facetten der Sozialen Arbeit in den Stadtteilzentren, Bürger-treffs und Mehr-Generationen-Häusern entwickelt, in denen es vor allem um die Schaffung von ermöglichenden Strukturen für Bürgerengagement und -beteili-gung sowie um solidaritätsstiftende Ansätze zur gegenseitigen Unterstützung der Generationen in Nachbarschaften und Wohnquartieren geht. Dieser sozialräumli-che Ansatz der Sozialen Arbeit braucht eine neue professionelle Rolle und Identi-tät. Es geht nämlich verstärkt darum, die Bedingungen und Strukturen des Quar-tiers im Blick zu haben (▶ Kap. 4) und neue Funktionen in der Organisation, im Management und im Aufbau von dafür notwendigen Strukturen zu übernehmen, in enger Abstimmung mit Freiwilligen und bürgerschaftlich Engagierten.

Frau Mayer ist also ein ganz typisches Beispiel dafür, wie zentral einerseits die sinnvolle Gestaltung der Lebensphase nach dem Ausscheiden aus dem Beruf für das eigene Erleben von Lebensqualität, im Sinne eines gelingenden Alterns, ist. Andererseits zeigt es aber auch, dass geeignete Strukturen der Beratung, Unter-stützung und Begleitung notwendig sind, die eine gelungene Neuorientierung für viele ältere Menschen erst möglich machen. Im Kontext der Entwicklung die-ser neuen konzeptionellen Orientierungen und deren theoretischer Fundierung, bezieht sich die Soziale Altenarbeit in der Praxis u. a. auch auf eine Vielzahl von *Alterstheorien*, die sich in der Sozialen Gerontologie inzwischen breit ausdifferen-ziert haben (vgl. Martin/Kliegel 2008; Kricheldorff 2011a). Für die altersthereti-sche Fundierung der Interventionen im Fallbeispiel Frau Mayer bietet sich ein Be-zug zur *Kontinuitätstheorie* (Atchley 1989), zur *Kompetenztheorie* (Olbricht 1987), oder zur *Theorie der Selektion, Optimierung und Kompensation* (Baltes/Baltes 1986, 1990) an.

Die *Kontinuitätstheorie* geht von der Prämisse aus, dass Menschen dann zufrie-dener altern, wenn es ihnen gelingt, ihren Lebensstil durch die verschiedenen Le-bensphasen kontinuierlich beizubehalten (Atchley 1989). Dabei wird Kontinuität durch Anwendung vertrauter Strategien an den bisherigen Schauplätzen des Le-bens erreicht. Unterschieden wird zwischen *äußerer Kontinuität* (Beziehungen zu anderen/Struktur der physischen und sozialen Umwelt) und der *inneren Kontinui-tät* (Beständigkeit von psychischen Einstellungen, Eigenschaften, Temperament und Affektivität sowie Erfahrungen und Fähigkeiten). Im Fall von Frau Mayer bedeutet das, sie dabei zu unterstützen, eine Wiederherstellung von Kontinuitäten anzustreben, die ihren früheren Lebensstil bestimmt hatten (z. B. Umgang mit Menschen, Kontakt- und Organisationsfähigkeit) und ihr so ein Altern mit mehr Zufriedenheit zu ermöglichen (vgl. Kricheldorff 2011a).

Im Mittelpunkt der *Kompetenztheorie* (Olbrich 1987) steht die Frage, in wie weit es dem einzelnen Menschen gelingt, im Prozess des Alterns vorhandene Kompetenzen (lebenslang erworbene Kenntnisse, Fähigkeiten und Fertigkeiten) situationsadäquat einzusetzen und so im Sinne einer Performanz nach außen abzubilden. Diese gewinnbringende Nutzung vorhandener Kompetenzen wird allerdings häufig verhindert durch das Wirksamwerden von Einflussfaktoren, die diese Performanz beeinträchtigen. Typische Einflussfaktoren im Alter sind kritische Lebensereignisse (z. B. Partnerverlust, Erleben eigener Krankheit und Pflegebedürftigkeit, Verlust der vertrauten Umgebung durch Übersiedelung in eine stationäre Einrichtung, aber auch geringe soziale und ökonomische Ressourcen). Wenn diese Einflussfaktoren längerfristig wirksam sind, führt das zu einem negativ getönten Selbstbild und zu schwindendem Selbstvertrauen. Die Bedeutung von Selbstwirksamkeit und Kontrollüberzeugung wächst, wenn im Prozess des Alterns Unsicherheiten und potenzielle »Bedrohungen« der inneren und äußeren Stabilität zunehmen. Darauf verweisen auch Markus und Herzog (1991) sowie Heckhausen und Schulz (1995). Frau Mayer hat für sich selbst erkannt, dass ihre Kompetenzen brach liegen und dass sie sich immer stärker zurückzieht. Deshalb sucht sie aktiv nach neuen Kontakten und Rollen durch ein freiwilliges Engagement. In der Beratung geht also darum, negative Einflussfaktoren im Sinne der Kompetenztheorie zu identifizieren und diese abzuschwächen bzw. abzubauen (vgl. Kricheldorff 2011a).

Das *Modell der selektiven Optimierung mit Kompensation (SOK)* von Baltes und Baltes (Baltes/Baltes 1986, 1990; vgl. auch Baltes/Carstensen 1996) ist eine Alterstheorie, bei der es um individuelle Anpassungsstrategien geht, mit den unvermeidbaren Veränderungen des Lebens im Alter konstruktiv umzugehen. Die SOK-Theorie geht davon aus, dass es gelingen kann, ein zwar eingeschränktes, aber dennoch selbstwirksames Leben zu führen. Voraussetzung dafür ist, dass Selektion und Optimierung so erfolgen, dass dadurch eine Kompensation für erlebte Verluste und Einbußen erfahren werden kann. Selektion bedeutet, unter den biografisch erworbenen und für die einzelne Person besonders bedeutsamen Interessen und Aufgaben eine bewusste Entscheidung und Auswahl zu treffen. Es geht darum, die Interessensgebiete und Aufgabenbereiche auszuwählen, die der jeweiligen Person immer besonders wichtig waren oder die noch realisiert und gelebt werden sollen (alte Wünsche, bisher nicht gelebte Lebenspläne). Optimierung meint, die Konzentration auf und Intensivierung dieser bewusst ausgewählten Interessen und Aufgaben, um, angesichts der sich verändernden Bedingungen im Prozess des Alterns, unvermeidbare Verluste zu kompensieren. Im Fall von Frau Mayer müssen der Verlust des beruflichen Status und das Alleinleben im Alter akzeptiert werden. Wenn es Frau Mayer gelingt, an die ihr wichtigen Themen und Aufgaben anknüpfen und dadurch wieder soziale Kontakte aufbauen zu können, wirkt das gleichzeitig als Kompensation in Bezug auf die erlebten Verluste der nachberuflichen Phase. Eine Neuorientierung ist in ihrer Situation geknüpft an Identität stiftende Rollen und das (Wieder-)Entstehen eines sozialen Netzwerks (vgl. Kricheldorff 2011a).

Ebenso kann aber auch auf gesundheitswissenschaftliche Theorieansätze, wie z. B. das Salutogenesekonzept, Bezug genommen werden. Der Medizinsoziologe Aaron Antonovsky (1979/1997) hat in den Gesundheitswissenschaften einen Paradigmenwechsel von einem krankheitszentrierten Modell der Pathogenese hin zu seinem gesundheitsbezogenen, ressourcenorientierten und präventiv ansetzenden Modell der *Salutogenese* eingeleitet. Anstelle der Bearbeitung von Risikofaktoren liegt bei der salutogenetischen Sichtweise die Aufmerksamkeit auf den die Gesundheit erhaltenden Faktoren, die Menschen dazu verhelfen sollen, so erfolgreich wie möglich mit Krisen und Schwierigkeiten in ihrem Leben umgehen zu können. Die Leitfragen lauten demnach:

- Was erhält den Menschen trotz vieler potenziell Gesundheit gefährdender Einflüsse gesund?
- Wie schaffen Sie es, sich von Erkrankungen wieder zu erholen?
- Was ist das besondere an Menschen, die trotz extremster Belastungen nicht krank werden?

Diese Schutzfaktoren nennt Antonovsky in seinem Konzept *Widerstandsressourcen*. Ein zentraler Aspekt in der Theorie von Antonovsky ist der Sense of Coherence (SOC), in der deutschen Sprache als Kohärenzgefühl oder Kohärenzsinn bezeichnet. Antonovsky definierte das Kohärenzgefühl als:

> »eine globale Orientierung, die das Ausmaß ausdrückt, in dem jemand ein durchdringendes, überdauerndes und dennoch dynamisches Gefühl des Vertrauens hat, dass erstens die Anforderungen aus der inneren oder äußeren Erfahrungswelt im Verlauf des Lebens strukturiert, vorhersehbar und erklärbar sind und dass zweitens die Ressourcen verfügbar sind, die nötig sind, um den Anforderungen gerecht zu werden. Und drittens, dass die Anforderungen Herausforderungen sind, die Investitionen und Engagement verdienen (Antonovsky, zitiert nach Bengel 2002: 30).

Das Kohärenzgefühl beschreibt also eine subjektive Grundeinstellung gegenüber unvorhergesehenen oder belastenden Ereignissen. Es geht dabei darum, wie ein Individuum potenziell belastende Umweltreize antizipiert und bewertet, vor dem Hintergrund eines Vertrauens in die Möglichkeiten der Bewältigung. Nach Antonovsky ist das Kohärenzgefühl eine zeitstabile Persönlichkeitskonstante, die sich aus drei Anteilen zusammensetzt:

- *Comprehensibility* (Verstehbarkeit)
  Die Erwartungen einer Person, dass externe und interne Reize bzw. Entwicklungen zu ordnen, zu überschauen und vorherzusagen sind. Ein Mensch mit einem hohen Maß an Comprehensibility geht davon aus, dass Ereignisse die ihm begegnen werden, vorhersagbar sind, oder – wenn sie überraschend kommen – dass sie in einen Zusammenhang einzuordnen und zu erklären sind.
- *Manageability* (Handhabbarkeit)
  Das optimistische Vertrauen, aus eigener Kraft oder mit fremder Unterstützung künftige Lebensaufgaben meistern zu können.

- *Meaningfulness* (Sinnhaftigkeit)
  Die individuelle Überzeugung, dass künftige Ereignisse sinnvolle Aufgaben sind, die dem Individuum gestellt werden und für die es sich lohnt, sich tatkräftig und emotional zu engagieren.

Antonovsky misst der Sinnhaftigkeit – im Sinne einer motivierenden Kraft – den größten Einfluss auf die Gesunderhaltung zu. Er vermutet, dass ohne die zentrale Kategorie Sinnhaftigkeit starke Ausprägungen der beiden anderen, eher kognitiven Komponenten Überschaubarkeit und Handhabbarkeit wahrscheinlich ohne nachhaltigen gesundheitsprotektiven Effekt sein werden, besonders im Alter (Wissmann u. a. 2004). Die Sinnhaftigkeit entspricht mehr einer emotionalen Verfassung als einer kognitiven Einstellung und nimmt daher in seinem Konzept eine Sonderrolle ein (vgl. Kricheldorff 2011a). Genau darum geht es im Fall von Frau Mayer. Sie sieht in ihrem zurückgezogenen Leben, ohne soziale Kontakte, für sich keinen Sinn. Es gilt also, hier durch ihre gewünschte Vermittlung in ein Engagement, der erlebten Sinnleere etwas entgegenzusetzen. Das Engagement, in einer als sinnvoll erlebten Aufgabe, wirkt aber auch gleichzeitig auf die Handhabbarkeit und Verstehbarkeit und verstärkt damit den *Sense of Coherence (SOC)* bei Frau Mayer.

## 2.3.2 Fallbeispiel Familie Schulz

Herr Martin Schulz sucht, nach telefonischer Voranmeldung und zusammen mit seinen beiden erwachsenen Töchtern Katharina und Simone, eine Beratungsstelle für ältere Menschen und ihre Angehörigen auf, die sich im ländlichen Raum befindet. Im Verlauf des Gesprächs wird deutlich, dass die gesamte Familie inzwischen unter großem Druck lebt. Ursache ist die zunehmende Hilflosigkeit und Pflegebedürftigkeit von Maria Schulz, der Ehefrau und Mutter, die an einer *Demenz vom Alzheimertyp* leidet, inzwischen in einem fortgeschrittenen Stadium.

Die Familie berichtet davon, dass der Zustand von Frau Schulz den Alltag der verschiedenen Familienmitglieder auf unterschiedliche Weise sehr belastet. Herr Schulz kam erst auf Drängen seiner Töchter in die Beratung, die seine Überforderung sehen und sich um ihn und seinen Gesundheitszustand Sorgen machen. Sie erwarten sich aber auch Entlastung für die eigene Situation, die geprägt ist von einer Art Zerrissenheit zwischen den Anforderungen, die das eigene Familienleben und die eigene Lebensplanung mit sich bringen und dem Loyalitätsgefühl gegenüber den alten Eltern. Dazu käme auch das Empfinden von Hilflosigkeit und Schuld.

Katharina, die ältere Tochter, ist 48 Jahre alt und Simone, die Nachzüglerin, hat gerade ihren 35. Geburtstag gefeiert. Aus beruflichen Gründen lebt Katharina in Stuttgart, zusammen mit ihrem Mann und ihren beiden Söhnen, die 22 und 18 Jahre alt sind. Sie fühlt sich von jeher »verantwortlich«, leidet darunter, nicht so verfügbar sein zu können, wie sie das gerne wäre. Simone ist ledig und hat nach einer Phase der Ausbildung und Berufstätigkeit als Bürokauffrau, ihrem Leben eine neue Wendung gegeben. Sie hat gerade ein Studium der Kulturwissenschaften aufgenommen, verwirklicht damit einen langgehegten Wunsch und genießt diese neue Freiheit sehr. Beide fühlen sich für die Eltern verantwortlich, stehen aber aus den jeweils unterschiedlichen Lebenssituationen heraus nur sehr eingeschränkt für die häusliche Pflegesituation zur Verfügung.

Herr Martin Schulz ist 72 Jahre alt, seine Frau Maria zwei Jahre jünger. Sie sind seit fast 50 Jahren verheiratet, feiern also noch in diesem Jahr die »Goldene Hochzeit«. Die Rollenverteilung in der Familie war immer sehr traditionell: Frau Schulz war Hausfrau und er hat »die Brötchen verdient«, also die Familie ernährt. So drückt sich Herr Schulz im Gespräch aus. Während seiner Berufstätigkeit war er als Gewerbelehrer an einer beruflichen Schule tätig, bis zum Ausscheiden aus dem Erwerbsleben vor sieben Jahren. Dieser Übergang in die nachberufliche Phase war für Herrn Schulz eine Zäsur, was seine sozialen Kontakte außerhalb der Familie betrifft. Während der Berufstätigkeit hatte er innerhalb des Kollegiums regelmäßige Kontakte zu einer Handvoll Kollegen, die wie er Fußballfans waren. Daraus ergab sich der »Stammtisch« der älteren Lehrerkollegen, der sich aber im Ruhestand nicht fortsetzte, da niemand die Initiative ergriff. Während der ersten Ruhestandsjahre freute er sich aufs Heimwerken, renovierte begeistert Küche und Bad, unternahm gemeinsam mit seiner Frau und dem Hund ausgedehnte Spaziergänge. Frau Schulz lud die Nachbarn manchmal zu monatlichen Straßen-Treffen ein. Im vergangenen Jahr zog sie sich aber immer mehr zurück.

Langsam bemerkte Herr Schulz, dass sich seine Frau veränderte, dass mit ihr »etwas nicht mehr stimmt«. Sie schien sich immer öfter an erst kürzlich Besprochenes oder Erlebtes nicht mehr zu erinnern. Sie war zeitweise verwirrt, vergaß Termine und dann fand er einen Notizzettel mit der Wegbeschreibung zum Supermarkt. Herr Schulz reagierte zunächst verständnislos, immer öfter auch ärgerlich: »Ich hab's ihr doch gesagt!«. Während Simone zunächst beschwichtigt, es »als harmlos« und normal für ihr Alter »abtat«, beharrte Katharina, die in Stuttgart gerade Ähnliches bei ihrem Schwiegervater erlebt, darauf, eine diagnostische Abklärung in der Memory-Ambulanz der Universitätsklinik vornehmen zu lassen. Die Diagnose war nur noch eine Bestätigung für alle. Nun zeigt sich aber immer mehr, dass das häusliche Pflegesetting immer brüchiger wird und dass sich etwas verändern muss.

Vor diesem Hintergrund wurde der Termin für den gemeinsamen Besuch in der Beratungsstelle vereinbart. Das Hauptthema ist: Wie kann die Situation für alle Beteiligten besser gestaltet werden?


*Pflegebedürftigkeit im Alter* ist heute ein Thema von hoher gesellschaftlicher Relevanz und kann, vor dem Hintergrund der ansteigenden durchschnittlichen Lebenserwartung, als *allgemeines Lebensrisiko* angesehen werden. Da einem Familienverband heute bis zu fünf Generationen gleichzeitig angehören (neue Generationenfolgen) wird auch die Wahrscheinlichkeit größer, dass in einer Familie zwei Generationen parallel, also etwa Groß- und Urgroßeltern, Unterstützung brauchen. Bei abnehmender Kinderzahl und zugleich größerer Mobilität der jüngeren Generationen sind hier Probleme vorgezeichnet (Bubolz-Lutz/Kricheldorff 2011). Familie Schulz ist dafür ein typisches Beispiel: beide Töchter wohnen nicht vor Ort und sind aus beruflichen oder biografischen Gründen, die mit eigener Familie und beruflicher Orientierung verbunden sind, im Pflegealltag nicht verfügbar. Sie fühlen sich aber dennoch moralisch zuständig für die Gestaltung und Bewältigung der häuslichen Pflegesituation und sehen die Überforderung des Vaters. Diese Zerrissenheit von nahen Angehörigen, oft verbunden mit Schuldgefühlen ist typisch in pflegenden Familien. Die Auseinandersetzung mit Pflegebedürftigkeit innerhalb des Lebenslaufs ist sowohl für den Einzelnen als auch für die Gesellschaft damit insgesamt unumgänglich, weil die eigene potenzielle Betroffenheit sehr hoch ist (Schneekloth/Wahl 2005).

Prognosen zur Sicherung der Pflege in der Zukunft gehen von einem Rückgang des familiären Pflegepotenzials aus, weil die dafür notwendigen personellen Ressourcen fehlen werden und die Bereitschaft zur Übernahme der Pflege rückläufig sei. Gleichzeitig verweist die Pflegestatistik (Destatis 2018) auf einen Anstieg des prozentualen Anteils der häuslichen Pflege auf mittlerweile 76 % und auf deutliche Verschiebungen vom stationären in den ambulanten Bereich. Die Familie ist und bleibt also der größte Pflegedienst Deutschlands und sichert maßgeblich die Versorgungsstruktur bei Pflegebedürftigkeit ab. Einschlägige Studien belegen noch immer eine hohe Pflegebereitschaft, aber gleichzeitig sehr ausgeprägte körperliche und psychische Belastungen bei pflegenden Angehörigen (Rothgang/Müller 2018; Bestmann u. a. 2014).

Unmittelbar von Pflegebedürftigkeit betroffen sind zunächst diejenigen, die mit zunehmendem Alter verstärkt Hilfe und Pflege benötigen. Von den mittlerweile rund 3,4 Millionen pflegebedürftigen Menschen in Deutschland (Leistungsempfänger nach SGB XI) werden inzwischen mehr als drei Viertel zu Hause versorgt. Die Pflegestatistik des Bundes, seit dem Jahr 1999 jeweils im zweijährigen Turnus auf der Basis der erfassten Zahl der Leistungsbezieher nach SGB XI erhoben, zeigte schon von Beginn an einen zwar moderaten, aber kontinuierlich steigenden Trend zur häuslichen Pflege auf. Zuletzt allerdings – und das ist vor allem der veränderten Systematik in der Pflegeversicherung geschuldet – stieg der Anteil der pflegebedürftigen Menschen, die zu Hause versorgt werden, im Zeitraum 2015 bis 2017 um weitere 3 % auf inzwischen 76 % (2,59 Millionen). Von diesen nun gut drei Viertel aller Pflegebedürftigen wurden 1,76 Millionen allein durch Angehörige gepflegt, ohne Unterstützung durch ambulante Pflegedienste (Destatis 2018: 16ff.). Die Zahl der pflegenden Angehörigen insgesamt wird auf etwa das Doppelte der von pflegebedürftigen Personen in häuslicher Pflege geschätzt (Rothgang u. a. 2017: 143).

Nachdem der Hilfe- und Pflegebedarf im Vorfeld der Leistungen nach SGB XI aber nicht systematisch erfasst wird, liegt die reale Zahl pflegender Angehöriger noch deutlich höher. Es wird von einer durchschnittlichen Beteiligung von 2,6 Personen pro Pflegesetting ausgegangen. Bei etwa einem Viertel aller zu Hause versorgten Pflegebedürftigen sind zwei Angehörige an der Versorgung beteiligt, bei einem weiteren Viertel sogar drei oder mehr Personen (Schmidt/

Schneekloth 2011; Schneekloth/Wahl 2005). Insgesamt kann festgehalten werden, dass die Familie nach wie vor der bedeutsamste und größte Pflegedienst Deutschlands ist (Wetzstein u. a. 2015).

Die Soziale Arbeit hatte im Feld der Pflege schon immer einen schweren Stand. Dies ist einerseits erklärbar durch unklare Rollenverteilungen in der Praxis (was macht die Pflege, wofür ist die Soziale Arbeit zuständig?) und tatsächlich vorhandene Konkurrenzsituationen in bestimmten Tätigkeitsfeldern, z. B. im Case Management, in der Pflegeberatung, in der Arbeit mit pflegenden Angehörigen. Andererseits verfügt gerade die Soziale Arbeit über spezifische Kompetenzen im Bereich der Arbeitsformen und Methoden, die sie besonders für die Arbeitsbereiche ausweisen, in denen es um spezifische Angebote geht. Folgende Bereiche und Tätigkeiten lassen sich dabei unterscheiden:

- *Beratung*
  Dabei geht es um die Klärung der Situation sowie das Erarbeiten von alternativen Lösungen und Handlungsansätzen. Neben einer sozialpädagogischen oder Klient zentrierten Beratungsarbeit zu Lebensfragen und in Krisensituationen, geht es auch um spezielle Angebote zur Beratung pflegender Angehöriger für einzelne oder in Gruppen, Telefonberatung (Hotline) und Beratungsarbeit mit Unterstützung neuer Medien (Internetberatung).
- *Vermittlung*
  Die Soziale Arbeit verfügt über Verweisungswissen und baut Brücken zu entlastenden und unterstützenden Diensten oder in den stationären Bereich. Vermittlung erfolgt über niederschwellige Angebote, die eine Lotsenfunktion im System der Pflege übernehmen. Es geht aber auch um Vermittlung zwischen Akteuren im Feld der Pflege, Kenntnis von Angebotsstrukturen und von rechtlichen Bestimmungen. Notwendig sind dafür neben der Beratungskompetenz auch spezielle Methoden wie Mediation (Interessenausgleich) oder Soziale Netzwerkarbeit (Bullinger/Nowak 1998).
- *Koordination und Vernetzung*
  Dabei geht es einerseits um den Aufbau von *personenbezogenen Netzwerken* im Sinne von Case Management und Vernetzung der Akteure im Pflegemix. Ebenso wichtig sind andererseits aber auch die Initiierung und Koordination *themenbezogener Netzwerke*, wie Arbeitskreise, Runde Tische etc.
- *Betreuung*
  Neben den klassischen Betreuungsaufgaben des Sozialdiensts in der ambulanten und stationären Pflege, geht es immer mehr auch um gesetzliche Betreuung (auch als freiberufliche Tätigkeit). Die Soziale Arbeit ist im Rahmen der gesetzlichen Betreuung oft spezialisiert auf bestimmte Gruppen, wie z. B. Menschen mit Demenz oder Menschen mit Psychiatrie-Erfahrung.
- *Initiierung und Begleitung von Beteiligungsprozessen*
  Die Soziale Arbeit hat hier ein wichtiges Betätigungsfeld in der Arbeit mit Freiwilligen und der Förderung von bürgerschaftlichem Engagement. Dabei geht es auch um die Ermöglichung von Beteiligungsprozessen für Pflegebedürftige und ihre Angehörigen, im Sinne von Empowerment und Kompetenzentwicklung sowie um Formen des Zusammenspiels von Freiwilligen und In-

stitutionen und die Beteiligung verschiedener Akteure im Pflege-Mix (vgl. Bubolz-Lutz/Kricheldorff 2006).

- *Bildung*
  Das Aufgabenfeld der Sozialen Arbeit erstreckt sich dabei auf die Vermittlung von Kompetenzen und Wissen, auf die Qualifizierung für freiwilliges Engagement sowie die Weiterbildung für professionelle Kräfte. Es geht aber auch um die Entwicklung und Gestaltung von Angeboten in der Geragogik, auch für hochaltrige Menschen und Pflegebedürftige (Bubolz-Lutz/Kricheldorff u. a. 2010; Schramek u. a. 2018).

Diese Aufgaben der Sozialen Arbeit sind verankert im *Vorfeld von Pflege*, als *Pflege begleitende* Beratungs- und Interventionsformen und als koordinierende und vernetzende *Arbeit im Feld der Pflege*. Grundsätzlich lassen sich drei unterschiedliche Handlungsfelder identifizieren, in denen Soziale Arbeit tätig werden kann:

- der häusliche Bereich,
- der institutionelle Bereich,
- der kommunale/öffentliche Bereich.

Besondere Bedeutung kommt dabei den *Schnittstellen* zwischen diesen drei Bereichen zu, die es zu gestalten gilt, denn um Gesundheit zu erhalten und Krankheit und Pflegebedürftigkeit zufriedenstellend bewältigen zu können, braucht es Kommunikation und konstruktive Zusammenarbeit. Soziale Arbeit, mit ihrem multiperspektivischen Ansatz, wirkt hier als Brückenbauer und Vernetzer.

Die aktuellen fachlichen Positionen in der Sozialen Arbeit, die stark geprägt sind von einer Orientierung an Lebenswelt, an Kompetenzen und Ressourcen sowie an rekonstruktiven Methoden und Ansätzen sind anschlussfähig an die laufenden Debatten und Entwicklungen in der Pflege, wo es ebenfalls um Fragen der Autonomie und immer stärker auch um die sozialräumliche Verankerung von Angebotsstrukturen geht (Kricheldorff 2014 und 2008).

Ein zunehmend wichtiges Aufgabenfeld für die Soziale Arbeit stellt die *Arbeit mit pflegenden Angehörigen* dar, die noch immer den größten Teil der im Privatbereich geleisteten Hilfe und Pflege übernehmen. Aus familienpsychologischer Sicht wird die Sorge und Pflege um alte Verwandte – aus der Perspektive der sog. mittleren Generation – inzwischen als eine *neue Phase im Lebensverlauf einer Familie* bezeichnet (vgl. Schütze/Lang 1992: 336). Dies erscheint durchaus berechtigt. Da nicht selten mehrfach Pflege übernommen wird und dafür oft viele Jahre zu veranschlagen sind, lässt sich vorstellen, dass die Gesamtdauer der Pflege die der Kindererziehung zuweilen sogar übersteigt. Und trotz veränderter Familienstrukturen (z. B. Patchworkfamilien) und erhöhter Mobilität ist lebenslange familiale Solidarität ungebrochen, sie folgt aber immer mehr anderen Mustern (vgl. Szydlik 2000). Nach einer Infratest-Repräsentativerhebung (vgl. Schneekloth/Wahl 2005) erhalten 92 % der Pflegebedürftigen von den nächsten eigenen Angehörigen Hilfe und Betreuung, nach den Angaben des Statistischen Bundesamtes sind es 68 % (Amtliche Pflegestatistik 2009). Für die nächsten zehn Jahre wird damit gerechnet, dass sich dieser Anteil zwischen 60 % und 80 % hält, da hier noch geburtenstarke Jahrgänge für die Pflege zur Verfügung stehen – danach werden mehr und mehr andere Formen und Ressourcen benötigt.

Bei den verheirateten Pflegebedürftigen pflegt der Ehepartner, wie das auch bei Herrn Schulz der Fall ist. Bei verwitweten und geschiedenen alten Menschen sind es die eigenen erwachsenen Kinder oder Schwiegerkinder, die regelmäßig Unterstützung leisten. Die Anzahl der mit der Bewältigung der Pflege gedanklich befassten Personen geht in der Mehrzahl der Fälle aber über einen einzigen Angehörigen weit hinaus. Das zeigt sich ganz deutlich im Fall der Familie Schulz, in der die Töchter, trotz großer räumlicher Entfernung, im Alltag doch stark mit der Pflegesituation und ihren Folgen befasst sind, auch wenn sie nicht unmittelbar pflegen. Es ist immer davon auszugehen, dass sich innerhalb und außerhalb der Familien mehrheitlich mehrere Personen, auch aus der Enkelgeneration, um das Wohl eines oder mehrerer Pflegebedürftigen kümmern. Da sich tendenziell aber immer weniger Kinder um immer mehr Ältere zu sorgen haben, nimmt künftig der Trend zu, dass sich eine einzige Person um mehrere Hilfsbedürftige zu kümmern hat. Die wachsende Zahl Älterer, die keine Verwandten mehr haben, ist allein auf außerfamiliäre Pflegearrangements angewiesen. Zu beobachten ist eine Entwicklung hin zur einer Pflege durch private Helfer (Freunde, Nachbarn, Bekannte): immerhin werden 9 % der Pflegebedürftigen von Privatpersonen betreut, mit denen sie nicht verwandt sind (Schneekloth/Wahl 2005). Über die Zahl der ausländischen, größtenteils nicht ausgebildeten Pflegekräfte, die in privaten Haushalten tätig sind, liegen keine belastbaren Zahlen vor.

Die sozialen Bedürfnisse dieser mehr als fünf Millionen Menschen, aber auch die Koordination und Vernetzung der verschiedenen Akteure im Pflege-Mix (vgl. Bubolz-Lutz/Kricheldorff 2011 und 2006) bestimmen zunehmend das Aufgabenspektrum der Sozialen Arbeit im Feld der Pflege. Eine flexible bedarfsgerechte Planung und Koordination der Vorsorge- und Versorgungssysteme ist auch deshalb notwendig, weil sich Situation und Bedarfslage der Betroffenen immer wieder verändern und so immer wieder neue Pflegearrangements erforderlich machen.

Ein anderer wichtiger Aspekt ist, dass das System der Pflege weitgehend auf »Komm-Strukturen« basiert und dass der subjektiv notwendige Pflegebedarf aktiv geltend gemacht werden muss. Es gibt bislang kaum zugehende Formen von Information und Beratung bezüglich möglicher Hilfs- und Unterstützungsleistungen und deren Finanzierung. Ein erster Ansatzpunkt zur Veränderung dieser Situation bieten die neu geschaffenen Pflegestützpunkte, in denen überwiegend Sozialarbeiter*innen tätig sind. Insgesamt ist festzustellen, dass die bedarfs- und bedürfnisgerechte Versorgung in der Pflege also deutliche Hemmschwellen aufweist, von denen diejenigen besonders betroffen sind, die schon vor Eintritt der Pflegesituation benachteiligt waren – oft lebenslang. Auch in diesem Kontext ist die Soziale Arbeit gefordert, denn Benachteiligung und soziale Ungleichheit im Lebenslauf führen zu einem deutlich geringer ausgeprägten Selbsthilfepotential. Ungleichheiten in der Versorgungsnutzung im Alter bestehen auch, weil die nötigen Nutzungskompetenzen nicht ausreichend vorhanden sind. Hinzu kommt, dass Pflegebedürftigkeit in sozial benachteiligten Gruppen früher und häufiger eintritt (Bauer/Schaeffer 2006: 29). Für die Soziale Arbeit ergeben sich daraus neue Arbeitsfelder, wie zugehende Formen der Beratung (präventive Hausbesuche), Pflegeberatung und Gruppenarbeit mit pflegenden Angehörigen. Entsprechende Arbeitsansätze und Methoden sind auch hier ressourcen- und kompetenzorientiert und stark bezogen auf die jeweiligen Lebenswelten und Milieus.

## 2.4 Handlungsfeldorientierung im Studium der Sozialen Arbeit – eine Möglichkeit der systematischen Vorbereitung auf die professionelle Tätigkeit in gerontologischen Arbeitsfeldern und im Gesundheitswesen

Unter Bezugnahme auf das systematische Modell, auf dem das Studium der Sozialen Arbeit in der Logik der Handlungsfeldorientierung basiert (vgl. das einleitende Kapitel dieses Buches), ergeben sich für die Bezugsdisziplinen und die profilbildenden Module die folgenden thematischen Orientierungen. Studierende haben so die Möglichkeit, sich in einem exemplarischen Handlungsfeld der

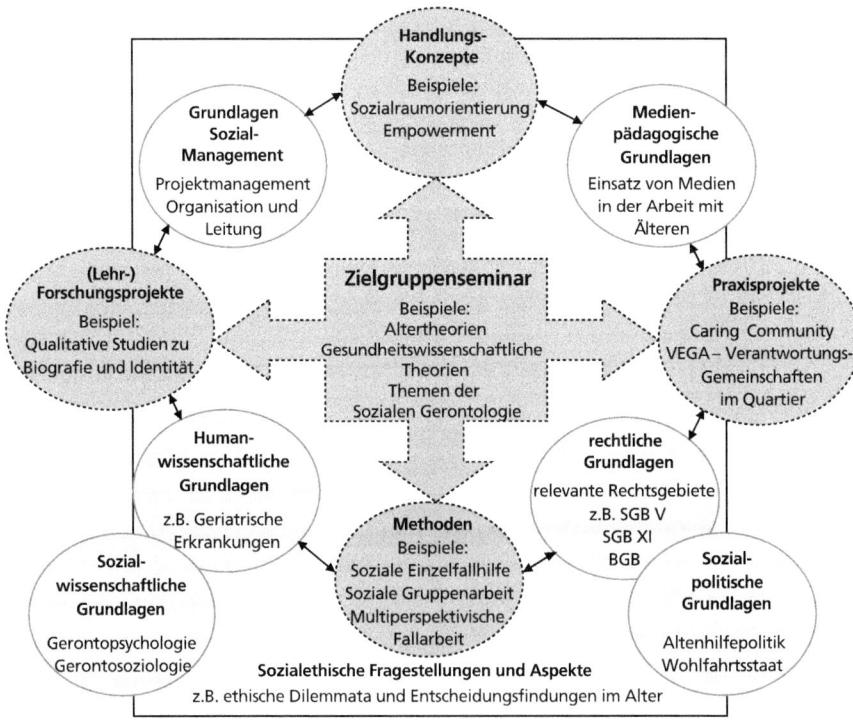

**Abb. 2.1:** Profilbildung durch Handlungsfeldorientierung

Sozialen Arbeit – hier die Soziale Arbeit in gerontologischen Arbeitsfeldern und im Gesundheitswesen – deutlich zu profilieren und dabei Erfahrungen zu machen, die auch auf andere Handlungsfelder übertragbar sind. Es erfolgt also eine Profilierung ohne einengende Spezialisierung.

## 2.5 Soziale Gerontologie als Querschnittsthema in der Sozialen Arbeit

Es gibt spezifische Adressatengruppen Sozialer Arbeit, bei denen eine Kumulation von materieller und sozialer Benachteiligung im Alter besteht. Dies sind beispielsweise gering qualifizierte Menschen, die im Erwerbsleben schwer körperlich, oft in prekären Arbeitsverhältnissen beschäftigt waren und auch alleinlebende Frauen, mit einem biografisch bedingt geringen Rentenanspruch. Für diese Personengruppen ist Altersarmut ein zentrales Thema mit absehbar steigender Tendenz. Denn, wie der 5. Altenbericht im Kapitel »Einkommenslage im Alter und zukünftige Entwicklung« belegt, wird die Einkommensschere im Alter in Zukunft noch sehr viel weiter auseinanderklaffen, als das schon heute teilweise der Fall ist (Kricheldorff 2010c). Zu diesen sozio-ökonomischen Problemlagen kommen häufig auch noch *kritische Lebensereignisse im Alter* hinzu, wie z. B.

- Verlust des Partners oder naher Bezugspersonen,
- Verlust von Rollen und Aufgaben, verbunden mit persönlichen Erfahrungen von Entwertung (z. B. vorzeitige Berentung nach Langzeitarbeitslosigkeit),
- eigene Krankheit oder Pflegebedürftigkeit,
- Verlust der gewohnten Umgebung und von sozialen Kontakten bei Umzug in eine Pflegeeinrichtung,
- Rückzug/Vereinsamung.

Diese Ereignisse sind Einflussfaktoren, die die Tendenz zur *sozialen Ungleichheit im Alter* zusätzlich verstärken. Dabei gilt: wenn zentrale und lebenswichtige Ressourcen nur eingeschränkt vorhanden sind, nehmen gesundheitliche Beeinträchtigungen zu, die betroffenen Menschen schätzen ihre Gesundheit deutlich schlechter ein (subjektiver Gesundheitszustand) und unterliegen einem höheren vorzeitigen Sterberisiko (Lampert/Ziese 2005). Das bedeutet, dass für die Soziale Arbeit mit älteren und alten Menschen, die zum Teil lebenslang Benachteiligungen und Exklusion erfahren haben, ein breites Tätigkeitsspektrum in eher traditionellen sozialarbeiterischen Aufgabenbereichen und Feldern besteht. Wichtig sind dabei vor allem die klassischen Formen der Intervention bei Armut, Devianz und Exklusion, unter Rückgriff auf spezifische Methoden Sozialer Arbeit, wie z. B. die Soziale Einzelfallhilfe, bei Multiproblemlagen auch Case Management, aber auch Soziale Gruppenarbeit und Gemeinwesenarbeit (Galuske 2007; Galuske/Thole 2006).

Zu diesen typischen Adressat*innen Sozialer Arbeit kommen nun, vor dem Hintergrund des gesellschaftlichen und demografischen Wandels, zusätzlich neue Personengruppen älterer und alter Menschen, die zunehmend in den Fokus der Sozialen Gerontologie genommen werden, wie z. B. ältere Migrant*innen (▶ Kap. 5). Sie sind gemäß Bevölkerungsprognosen die in den nächsten Jahren am stärksten wachsende Gruppe unter der Altersbevölkerung, u. a. auch, weil die in den 1960er und 1970er Jahren zugewanderten Arbeitsmigrant*innen in Deutschland alt werden. Sie haben oft spezifische Bedarfe, die sich oft weniger aus ihrem Migrationshintergrund herleiten lassen, sondern eher aus ihren Lebenslagen, die oft geprägt sind von typischen Benachteiligungsfaktoren in kumulierter Form, wie schlechtere Bildung, materielle Ungleichheit und zusätzlich sprachliche und mentale Zugangsbarrieren zu sozialen Diensten und Angeboten. Das Thematisieren sozialer Problemlagen ist aufgrund spezifischer Sozialisationsbedingungen bei ihnen oft weniger stark ausgeprägt, belastende Faktoren können deshalb weniger bearbeitet oder beseitigt werden, was in der Folge zu vermehrter Krankheitshäufigkeit führt. In der Gerontologie wird in diesem Kontext von der Neigung zur *Medikalisierung psychosozialer Probleme* bei älteren Migrant*innen gesprochen (Schröer/Schweppe 2010: 369ff.).

Fragen zum Prozess des Alterns und alterstheoretische Orientierungen werden aber auch in den Feldern der Sozialen Arbeit immer wichtiger, die auf den ersten Blick wenig oder gar nicht mit dem Thema Alter in Verbindung gebracht werden. Beispiele dafür sind im Abschluss folgende Handlungsfelder.

### Soziale Arbeit mit Familien (▶ Kap. 6)

Nach Elisabeth Beck-Gernsheim (1993) lässt sich die Verbindung von Alter und Familie aus zwei verschiedenen Perspektiven herleiten und beschreiben:

- **Das Altern der Gesellschaft verändert Familienstrukturen**
  Ein Beispiel dafür ist, dass der Anstieg der Lebenserwartung die gemeinsam erlebte Zeit in Paarbeziehungen verlängert. Das erhöht deren Anfälligkeit, führt vermehrt zu Paarproblemen und zu steigenden Scheidungszahlen bei Altersehen. Eine weitere Entwicklung ist, dass sich die Erwartungen von immer mehr Großeltern auf immer weniger Enkel konzentrieren, die davon zunehmend überfordert sein können. Ein anderes Beispiel stellt das Phänomen der »Sandwichgeneration« dar, die Verpflichtungen gegenüber den aufgrund langer Ausbildungszeiten sehr lange materiell abhängigen Jungen und den zahlenmäßig immer mehr werdenden Alten gleichzeitig zu erfüllen hat. Das führt insgesamt zu neuem Konfliktpotenzial in den Familien und verändert sie in ihren Strukturen.
- **Veränderte familiäre Strukturen haben Auswirkungen auf das Alter**
  Die Bedeutung von Familien im Pflegekontext (▶ Kap. 2.3) erfährt deutliche Veränderungen, wenn sich Familienbeziehungen verändern und neue Lebensformen (z. B. wechselnde Lebenspartnerschaften, neue Wohnformen) zunehmen. Dies kann Singularisierungstendenzen im Alter verstärken und neue Versorgungs- und Pflegesettings notwendig machen. Die Frage, wer in »Patch-

workfamilien« zuständig ist für die Versorgung und Betreuung der alten Menschen macht neue Aushandlungsprozesse notwendig, jenseits der traditionell gewachsenen Bezüge.

## Soziale Arbeit mit suchtgefährdeten und psychisch kranken Menschen (▶ Kap. 9)

Es sind weniger die illegalen Drogen, die beim Thema Alter und Sucht im Vordergrund stehen, wenngleich aufgrund von guter medizinischer Versorgung und von Substitutionsprogrammen auch langjährige Drogengebraucher*innen inzwischen immer älter werden. Der Schwerpunkt in der Suchtgefährdung älterer Menschen liegt jedoch im Bereich von Alkohol und noch stärker bei Medikamenten, wobei das Thema Selbstmedikation bei alten Menschen eine große Rolle spielt und mit erheblichen Risiken verbunden ist. So ist z. B. die Abhängigkeit Älterer von Schmerz- und Schlafmitteln ein Thema von großer Relevanz, wobei verlässliche Zahlen fehlen und das Ausmaß des Problems eher eine Grauzone darstellt (Havemann-Reinecke u. a. 1998).

Die thematische Nähe von Alter und psychischer Erkrankung ist in den vergangenen Jahren vor allem über die Auseinandersetzung mit dem Thema Demenz ins öffentliche Bewusstsein gerückt. Die Betroffenenzahlen steigen kontinuierlich, weil die meisten Formen von Demenz, vor allem die Alzheimerkrankheit, mit Hochaltrigkeit korrelieren. Prominente Menschen, die an einer Demenz leiden und deren Erkrankung öffentlich wird tragen ebenfalls dazu bei, dass psychische Krankheiten im Alter verstärkt öffentlich wahrgenommen werden. Insgesamt nimmt vor dem Hintergrund des demografischen Wandels die Bedeutung der Gerontopsychiatrie zu, auch im Kontext von Depression, Wahn und anderen psychiatrischen Erkrankungen (Dörr 2010)

## Soziale Arbeit mit Kindern und Jugendlichen (▶ Kap. 7, ▶ Kap. 3)

Vor allem in den neueren konzeptionellen Ansätzen der Sozialen Arbeit mit älteren und alten Menschen, häufig mit einem deutlichen Quartiersbezug, stehen Projekte im Mittelpunkt, die Alt und Jung gleichermaßen ansprechen sollen. Die Stärkung intergenerationeller Solidarität ist auch ein Eckpfeiler moderner Altensozialpolitik, deutlich verankert in den beiden letzten Altenberichten der Bundesregierung, die sich mit den *Potenzialen des Alters in Wirtschaft und Gesellschaft* (BMFSFJ 2005/5. Altenbericht) und dem Thema *Altersbilder in der Gesellschaft* (BMFSFJ 2010b/6. Altenbericht) beschäftigen und entsprechende Förderprogramme (z. B. das der Mehr-Generationen-Häuser) nach sich zogen. Um intergenerationelle Projekte, von denen alle beteiligten Generationen profitieren können, aber sinnvoll entwickeln und in der Praxis implementieren zu können, bedarf es einer Annäherung dieser beiden, auf den ersten Blick konträren Handlungsfelder Sozialer Arbeit. Dies ist auch deshalb von großer Relevanz, weil damit dem nicht selten thematisierten *Krieg der Generationen*, um gesellschaftliche Ressourcen und Chancen, entgegengewirkt werden kann.

**Soziale Arbeit im Gemeinwesen (▶ Kap. 4)**

Dass die Zukunft des Alterns im Quartier liegt, ist heute die aktuelle Position in der Sozialen Gerontologie (Hoch/Otto 2005). Die fachlichen Empfehlungen gehen eindeutig weg von den großen institutionellen Lösungen in Form von Pflegeheimen, deren Größe sich an möglichst wirtschaftlichen Bedingungen orientiert, hin zu kleinräumigen Versorgungs- und Pflegesettings. Die Bedingungen dafür zu schaffen, die ein Altwerden in gewachsenen sozialräumlichen Kontexten möglich machen, ist eine zentrale Aufgabe der Sozialen Arbeit. Es geht dabei um Koordination und Vernetzung der Ressourcen und Akteure in städtischen Wohnquartieren und ländlichen Gemeinden, mit den spezifischen Methoden Soziale Netzwerkarbeit und Sozialplanung (Schönig 2008).

An diesen kurz skizzierten Beispielen zeigt sich deutlich, dass angesichts des demografischen Wandels und der Alterung der Bevölkerung insgesamt, fast alle Bereiche der Sozialen Arbeit immer stärker mit älteren und alten Menschen als Adressat*innen konfrontiert sind, mit zunehmender Tendenz. Alter wird damit zum Querschnittsthema. In diesem Kontext notwendige konzeptionelle Neuentwicklungen oder auch die Modifizierung entsprechender Ansätze befinden sich aber häufig noch in den Anfängen oder sind noch gar nicht vorhanden. Hier besteht also ein deutlicher Nachhol- und Entwicklungsbedarf für die Praxis Sozialer Altenarbeit.

# 2.6    Ausblick

Das Handlungsfeld der Sozialen Arbeit in gerontologischen Arbeitsfeldern und im Gesundheitswesen ist, mit dem Blick in die Zukunft, künftig in doppelter Hinsicht hoch relevant. Es bietet einerseits viele neue Möglichkeiten einer eindeutigen Profilierung für neu entstehende berufliche Facetten, verbunden mit modellhaften Entwicklungen und neuen methodischen Ansätzen und Konzepten. Andererseits ist die Beschäftigung mit gerontologischen Inhalten und Themen für die Soziale Arbeit insgesamt immer stärker relevant, weil sich – vor dem Hintergrund des gesellschaftlichen Wandels – auch fast alle anderen Handlungsfelder mit den Anliegen und Bedarfen älterer und alter Menschen verstärkt befassen müssen.

# Literatur

Aner, K. (2010): Soziale Altenhilfe als Aufgabe Sozialer Arbeit. In: Aner. K./Karl, U. (Hrsg.): Handbuch Soziale Arbeit und Alter. Wiesbaden: VS-Verlag.

Antonovsky, A. (1997). Salutogenese. Zur Entmystifizierung der Gesundheit. Tübingen: dgvt-Verlag.

Antonovsky, A. (1979): Health, Stress and Coping. New Perspectives on Mental and Physical Well-Being. San Francisco.

Atchley, R. C. (1989): Continuity Theory of Normal Aging. The Gerontologist 6, S. 97–99.

Baltes, M. M./Baltes, P. P. (Hrsg.) (1986): The Psychology of Control and Aging. Hillsdale, NJ: Erlbaum.

Baltes, M. M./Carstensen, L. L. (1996). Gutes Leben im Alter: Überlegungen zu einem prozeßorientierten Metamodell erfolgreichen Alterns. Psychologische Rundschau, 47, S. 199–215.

Baltes, P. B./Baltes, M. M. (1990). Psychological Perspectives on Successful Aging: The Model of Selective Optimization with Compensation. In Baltes, P. B./Baltes, M. M. (Hrsg.), Successful Aging. Perspectives from the Behavioral Sciences. Cambridge: Cambridge University Press, S. 1–34:

Bauer, U./Schäffer, D. 2006: Soziale Ungleichheit in der Pflege – (k)ein Thema? In: Managed Care, 7, S. 8–9.

Beck-Gernsheim, E. (2002): Was kommt nach der Familie? Einblicke in neue Lebensformen. München: C. H. Beck.

Bengel, J./Belz-Merk, M. (1997): Subjektive Gesundheitsvorstellungen. In: Schwarzer, R. (Hrsg.): Gesundheitspsychologie. Ein Lehrbuch. 2. Aufl. Göttingen: Hogrefe, S. 23–41.

Bertram, H. (2000): Die verborgenen familiären Beziehungen in Deutschland: Die multilokale Mehrgenerationenfamilie. In: Kohli, M./Szydlik, M. (Hrsg.) Generationen in Familie und Gesellschaft. Opladen: Leske + Budrich, S. 97–121.

Bestmann, B./Wüstholz, E./Verheyen, F. (2014). Pflegen: Belastung und sozialer Zusammenhalt. Eine Befragung zur Situation von pflegenden Angehörigen. In: Wissenschaftliches Institut der TK für Nutzen und Effizienz im Gesundheitswesen (WINEG) (Hrsg.): WINES Wissen 04. https://www.researchgate.net/publication/275038415_Pflegen_Belastung_und_sozialer_Zusammenhalt

BMFSFJ – Bundesministerium für Familie, Senioren, Frauen und Jugend (2010a): Hauptbericht des Freiwilligensurveys 2009. Ergebnisse der repräsentativen Trenderhebung zu Ehrenamt, Freiwilligenarbeit und Bürgerschaftlichem Engagement. Berlin.

BMFSFJ – Bundesministerium für Familie, Senioren, Frauen und Jugend (2010b): Sechster Bericht zur Lage der älteren Generation in der Bundesrepublik Deutschland. Altersbilder in der Gesellschaft. Bericht der Sachverständigenkommission. Berlin.

BMFSFJ – Bundesministerium für Familie, Senioren, Frauen und Jugend (2005): Fünfter Bericht zur Lage der älteren Generation in der Bundesrepublik Deutschland. Potenziale des Alters in Wirtschaft und Gesellschaft. Der Beitrag älterer Menschen zum Zusammenhalt der Generationen. Bericht der Sachverständigenkommission. Berlin.

Bubolz-Lutz, E./Gösken, E./Kricheldorff, C./Schramek, R. (2010): Geragogik. Bildung und Lernen im Prozess des Alterns. Das Lehrbuch. Stuttgart: Kohlhammer.

Bubolz-Lutz, E./Kricheldorff, C. (2011): Abschlussbericht Pflegebegleiter. Schriftenreihe Modellprogramm zur Weiterentwicklung der Pflegeversicherung. Bd. 6. Berlin: GKV-Spitzenverband.

Bubolz-Lutz, E./Kricheldorff, C. (2006): Freiwilliges Engagement im Pflegemix. Neue Impulse. Freiburg: Lambertus.

Bullinger, H./Nowak, J. (1998): Soziale Netzwerkarbeit. Eine Einführung für soziale Berufe. Freiburg: Lambertus.

Destatis – Statistisches Bundesamt (2018): Pflegestatistik 2017. Pflege im Rahmen der Pflegeversicherung. Deutschlandergebnisse. Wiesbaden.

Dörr, M. (2010): Soziale (Alten-)Arbeit in der Gerontopsychiatrie. In: Aner. K./Karl, U. (Hrsg.): Handbuch Soziale Arbeit und Alter. Wiesbaden: VS-Verlag.

Galuske, M. (2007): Methoden der Sozialen Arbeit. Eine Einführung. 7., überarb. Aufl. Weinheim/München: Juventa.

Galuske, M./Thole, W. (2006): Vom Fall zum Management. Neue Methoden der Sozialen Arbeit. Wiesbaden: VS-Verlag.

Gensicke, Th./Picot, S./Geiss, S. (Hrsg.) (2006): Freiwilliges Engagement in Deutschland 1999–2004. Empirische Studien zum Bürgerschaftlichen Engagement. Wiesbaden: VS-Verlag.

Göckenjan, G. (Hrsg.): Recht auf ein gesichertes Alter? Studien zur Geschichte der Alterssicherung in der Frühzeit der Sozialpolitk. Augsburg: Maro.

Hajek, A./Lehnert, T./Wegener, A./Riedel-Heller, S. G./König, H. H. (2018): Informelles Pflegepotenzial bei Älteren in Deutschland. Ergebnisse einer bevölkerungsrepräsentativen Befragung. In: Zeitschrift für Gerontologie und Geriatrie, 51, Heft 6, S. 612–619.

Hammerschmidt, P./Tennstedt, F. (2010): Sozialrecht und Sozialpolitik für das Alter – Entwicklungen bis Anfang der 1960er Jahre. In: Aner. K./Karl, U. (Hrsg.): Handbuch Soziale Arbeit und Alter. Wiesbaden: VS-Verlag.

Havemann-Reinecke, U./Weyerer, S./Fleischmann, H. (Hrsg.) (1998): Alkohol und Medikamente: Missbrauch und Abhängigkeit im Alter. Freiburg: Lambertus.

Heckhausen, J./Schulz, R. (1995). A Life-Span Theory of Control. Psychological Review,102, S. 284–304.

Herriger, N. (2006): Empowerment in der Sozialen Arbeit. Eine Einführung. 3., erw. u. akt. Aufl. Stuttgart: Kohlhammer.

Hoch, H./Otto, U. (2005): Bürgerschaftliches Engagement und Stadtteilpolitik. In: Kessl, F. u. a. (Hrsg.): Handbuch Sozialraum. Wiesbaden, S. 493–511.

Kricheldorff, C. (2014): Altern und Soziale Arbeit. In: Becker, S./Brandenburg, H. (2014): Lehrbuch Gerontologie. Gerontologisches Fachwissen für Pflege- und Sozialberufe – Eine interdisziplinäre Aufgabe. Bern: Verlag Hans Huber, S. 97–114.

Kricheldorff, C. (2011a): Soziale Arbeit mit älteren und alten Menschen und ihren Angehörigen. In: Gastiger, S./Kricheldorff, C. (Hrsg.): Soziale Arbeit gerontologischen Arbeitsfeldern/mit Kindern in prekären Lebenslagen. Methoden und Konzepte der Sozialen Arbeit in verschiedenen Arbeitsfeldern. Freiburg, S. 12–40.

Kricheldorff, C. (2011b): Vom Erwerbsleben ins Engagement – Grundhaltungen in der Statuspassage zur nachberuflichen Phase und deren Verknüpfung mit geragogischen Konzepten und Settings. In: informationsdienst altersfragen, 38, Heft 5, S. 12–19.

Kricheldorff, C. (2010a): Aus- und Weiterbildung von Fachkräften Sozialer (Alten-)Arbeit. In: Aner, K./Karl, U. (Hrsg.): Handbuch Soziale Arbeit und Alter. Wiesbaden: VS-Verlag, S. 67–75.

Kricheldorff, C. (2010b): Bildungsarbeit mit älteren und alten Menschen. In: Aner, K./Karl, U. (Hrsg.): Handbuch Soziale Arbeit und Alter. Wiesbaden: VS-Verlag, S. 99–112.

Kricheldorff , C. (2010c): Armut im Alter. In: Wege aus der Armut. Strategien der Sozialen Arbeit. Freiburg: Lambertus, S. 75–85.

Kricheldorff, C. (2008a): Auf der Suche nach einem Profil. Soziale Arbeit im Handlungsfeld Pflege. In: Blätter Der Wohlfahrtspflege, 155, Heft 5, S. 185–188.

Kricheldorff, C. (2008b): Neue Wohnformen und gemeinschaftliches Wohnen im Alter. In: Buchen, S./Maier, M. S. (Hrsg.): Älterwerden neu denken. Interdisziplinäre Perspektiven auf den demografischen Wandel. Wiesbaden: VS-Verlag, S. 237–247.

Kricheldorff, C. (1999): Zwischen Teilhabe und Rückzug: Die Potentiale alter Menschen und die Förderung von Engagement. In: Haenselt, R./Kuhlmey, A. (Hrsg.): Altern braucht Orientierungen. Schriftenreihe der Fachhochschule Neubrandenburg.

Kricheldorff, C./Klott, S./Tonello, L. (2015a): Sorgende Kommunen und Lokale Verantwortungsgemeinschaften. Modellhafte Ansätze zur Sicherung von gelingendem Altern und Pflege im Quartier. In: Zeitschrift für Gerontologie und Geriatrie, 48, Heft 5, S. 408–414.

Kricheldorff, C./Oswald, F. (2015b): Gelingendes Altern in Sozialraum und Quartier. In: Zeitschrift für Gerontologie und Geriatrie, 48, Heft 5, S. 399–400.

Kricheldorff, C. (2010c): Armut im Alter. In: Wege aus der Armut. Strategien der Sozialen Arbeit. Freiburg: Kohlhammer: 75-85.

Lampert, Th./Ziese, Th. (2005): Armut, soziale Ungleichheit und Gesundheit. Expertise des Robert Koch-Instituts zum 2. Armuts- und Reichtumsbericht der Bundesregierung. Berlin: BMAS.

Maier, K./Sommerfeld, P. (2005): Inszenierung des Sozialen im Wohnquartier. Darstellung, Evaluation und Ertrag des Projekts »Quartiersaufbau Rieselfeld«. Freiburg.

Markus, H. R./Herzog, A. R. (1991). The Role of the Self-Concept in Aging. In Schaie, K. W. /Lawton, M. P. (Hrsg.): Annual Review of Gerontology and Geriatrics, 11, S. 110–143.

Martin, M./Kliegel, M. (2005): Psychologische Grundlagen der Gerontologie. Stuttgart: Kohlhammer.

Olbrich, E. (1987). Kompetenz im Alter. Zeitschrift für Gerontologie, 20, S. 319–330.

Rothgang, H./Müller, R. (2018): Gesundheit pflegender Angehöriger. In: BARMER Pflegereport 2018. Schriftenreihe zur Gesundheitsanalyse. Bd. 12, S. 100–191.

Rothgang, H./Müller, R./Runte, R./Unger, R. (2017): BARMER Pflegereport 2017. Schriftenreihe zur Gesundheitsanalyse. Bd. 5. Siegburg: Asgard, S. 138–142.

Rupprecht, R. (2006): Lebensqualität. In: Oswald, W. D./Lehr, U./Sieber, C./Kornhuber, J. (Hrsg.): Gerontologie. Medizinische, psychologische und sozialwissenschaftliche Grundbegriffe. 3., vollst. überarb. Aufl. Stuttgart: Kohlhammer, S. 242–247.

Schaeffer, D. (2006): Bewältigung chronischer Erkrankung. Konsequenzen für die Versorgungsgestaltung und die Pflege. Zeitschrift für Gerontologie und Geriatrie, 39, Nr. 3, S. 192–201.

Schmidt, M./Schneekloth, U. (2011): Abschlussbericht zur Studie »Wirkungen des Pflege-Weiterentwicklungsgesetzes«. Bericht zu den Repräsentativerhebungen im Auftrag des Bundesministeriums für Gesundheit. Berlin: BMG.

Schneekloth, U./Wahl, H. W. (Hrsg.) (2005): Möglichkeiten und Grenzen selbständiger Lebensführung in privaten Haushalten (MuG III). Repräsentativbefunde und Vertiefungsstudien zu häuslichen Pflegearrangements, Demenz und professionellen Versorgungsangeboten. Integrierter Abschlussbericht im Auftrag des BMFSFJ. Berlin.

Schönig, Werner (2008): Sozialraumorientierung. Grundlagen und Handlungsansätze. Schwalbach/Ts.

Schröer, W./Schweppe, C. (2010): Alte Menschen mit Migrationshintergrund. In: Aner. K./ Karl, U. (Hrsg.): Handbuch Soziale Arbeit und Alter. Wiesbaden: VS-Verlag.

Schütze, Y./Lang, F. (1992): Verantwortung für alte Eltern. Eine neue Phase im Lebenslauf. In: Familie und Recht, Heft 6, S. 336–341.

Schweppe, C. (2002): Soziale Altenarbeit. In: Thole, W.(Hrsg.) (2002): Grundriss Soziale Arbeit. Ein einführendes Handbuch. Opladen: Leske + Budrich, S. 331–348.

Statista (2019): Anzahl der Einpersonenhaushalte in Deutschland von 1991 bis 2017. https://de.statista.com/statistik/daten/studie/156951/umfrage/anzahl-der-einpersonenhaushalte-in-deutschland-seit-1991/

Statistisches Bundesamt (2006): 11. koordinierte Bevölkerungsvorausberechnung. Annahmen und Ergebnisse (Presseexemplar). Wiesbaden.

Statistisches Bundesamt (2018): Pflegestatistik 2017. Pflege im Rahmen der Pflegeversicherung. Deutschlandergebnisse. Wiesbaden.

Staudinger, U. (2003): Das Alter(n): Gestalterische Verantwortung für den Einzelnen und die Gesellschaft. In: Aus Politik und Zeitgeschehen (APuZ), 20, S. 35–42.

Szydlik, M. (2002): Wenn sich Generationen auseinanderleben. In: Zeitschrift für Soziologie der Erziehung und Sozialisation, 22, Heft 4, S. 362–373.

Thiersch, H. (2005): Lebensweltorientierte Soziale Arbeit. Aufgaben der Praxis im sozialen Wandel. 6. Aufl. Weinheim/München: Juventa.

Wahl, H.-W./Heyl, V. (2004): Gerontologie – Einführung und Geschichte. Stuttgart: Kohlhammer.

Wetzstein, M./Rommel, A./Lange, C. (2015): Pflegende Angehörige – Deutschlands größter Pflegedienst. GBE kompakt, 6, Heft 3. Berlin: Robert Koch Institut. http://www.gbebund.de/gbe10/abrechnung.prc_abr_test_logon?p_uid=gast&p_aid=0&p_knoten=FID&p_sprache=D&p_suchstring=21301

Wiesmann, U./Rölker, S./Hannich, H.-J. (2004): Salutogenese im Alter. In. Zeitschrift für Gerontologie und Geriatrie, 37, S. 366–376.

# 3 Handlungsfeld Soziale Arbeit mit Kindern in unterschiedlichen Lebenslagen

*Matthias Hugoth*

## 3.1 Zur Zuständigkeit der Sozialen Arbeit für das Wohl der Kinder und für die Bedingungen ihres Lebens und Aufwachsens

»Soziale Arbeit mit Kindern« hat sich erst in jüngerer Zeit als ein spezifisches Handlungsfeld der Sozialen Arbeit etabliert. In der Vergangenheit waren für die Betreuung und Erziehung der Kinder in erster Linie und fast ausschließlich die Familien und die Einrichtungen der Kindertagesbetreuung (Kindertagespflege, Kindergärten und Horte) zuständig. Andere Einrichtungen waren vorwiegend für »Problemkinder« vorgesehen. Für sie, die Waisenkinder, »schwererziehbaren« Kinder und Kinder mit Verwahrlosungssymptomen, kranken Kinder und Kinder mit Behinderung, gab es Sondereinrichtungen, in denen jedoch selten Sozialarbeiter*innen tätig waren. Neben den Eltern waren vor allem (Sozial-)Pädagog*innen, Ärzt*innen und Heilerzieher*innen zuständig sowie Vollzugsbeamte des Staates, wenn es um Züchtigungs- und Zwangsunterbringungen ging.

Dass Kinder heute zu einer Zielgruppe der Sozialen Arbeit zählen, ist auf die veränderten Lebenslagen der Kinder, auf komplexere Sozialisationsbedingungen, auf die Umbrüche in den Familienkonstellationen zurückzuführen. Bei der Unterstützung der Familien und ihrer Kinder, bei der Sorge um Kinder in prekären Lebenslagen, beim Engagement für eine kindgemäße und kindgerechte Gestaltung ihrer Lebenswelten und beim Einsatz für eine stetige Verbesserung der Bedingungen ihres Aufwachsens wird mit den Ansätzen und Methoden der Sozialen Arbeit operiert.

Dies ist vor allem dem Unterstützungsbedarf der Eltern und Familien geschuldet, die heute vielfach den Anforderungen nicht mehr gerecht werden können, die an den Schutz, eine umfassende Versorgung, eine optimale Förderung der Kinder bei gleichzeitigem Ausgleich sozialer und bildungsrelevanter Benachteiligungen gestellt werden. Ferner haben die jüngsten Entwicklungen innerhalb der Kindheitsforschung (vgl. Alt 2005–2008; Grunert/Krüger 2006; Stange 2006; Schweizer 2007; Betz 2008; Luber/Hungerland 2008; Honig 2009; Bamler u. a. 2010; Mierendorff 2010; Stein u. a. 2011; Bühler-Niederberger 2011; Wittmann u. a. 2011; Heinzel 2012; Wöhrer u. a. 2018) und die zuletzt entwickelten Handlungskonzepte zur Umsetzung der Kinderrechte im Feld der Sozialen Arbeit (vgl. Liebel 2009; Hugoth 2011b) dazu beigetragen, dass sich die Soziale Arbeit mit Kindern in unterschiedlichen Lebenslagen zu einem eigenständigen Handlungsfeld entwickelt hat.

Dieses Handlungsfeld umfasst eine Vielzahl von Aktionsbereichen, die zu einem großen Teil außerhalb der traditionellen Einrichtungen und Dienste der Kinderhilfe liegen, in erster Linie im Bereich der offenen und der verbandlichen Kinderarbeit. Zum anderen gehört zum Handlungsfeld »Soziale Arbeit mit Kindern« auch die teilstationäre Kinderhilfe, wie sie in Kindertageseinrichtungen, Kinderhäusern und Familienzentren mit ihren unterschiedlichen Organisationsformen, und in stationären Einrichtungen wie Kinderheimen und Kinderdörfern erfolgt. In diesen Einrichtungen wurde schon immer sozialpädagogische Betreuungs- und Erziehungsarbeit geleistet; heute beinhaltet diese vieles von dem, was mit »Sozialer Arbeit mit Kindern« gemeint ist.

Soziale Arbeit mit Kindern erfolgt beispielsweise in unterstützungsbedürftigen Familien – etwa in Form der Sozialpädagogischen Familienhilfe; sie erfolgt in Kooperation mit Kindertageseinrichtungen – etwa bei der Frage nach einer Verbesserung der Lebenslagen und Chancen von Kindern, die von Armut betroffen bzw. bedroht sind; sie erfolgt schließlich in Kooperation mit Kinderschutzverbänden – wenn etwa Kinder der Gefahr von dauerhafter Vernachlässigung oder des Missbrauchs ausgesetzt sind.

Von den Aktionsbereichen, die zum Handlungsfeld »Soziale Arbeit mit Kindern in unterschiedlichen Lebenslagen« gezählt werden können, gehören vor allem (vgl. Rätz-Heinisch u. a. 2009):

• Kindertagesbetreuung und Kindertageseinrichtungen (▶ Kap. 3.6.1)
• Familienzentren (▶ Kap. 3.6.2)
• Ambulante, teilstationäre und stationäre Hilfen zur Erziehung (▶ Kap. 3.6.3)
• Sozialpädagogische Familienhilfe (▶ Kap. 3.6.4)
• Frühe Hilfen (▶ Kap. 3.6.5)
• Offene und verbandliche Kinderarbeit (▶ Kap. 3.6.6)
• Schulsozialarbeit (▶ Kap. 3.6.7)

In diesem Beitrag werden diese Aktionsbereiche als Vollzugsformen des Handlungsfelds der »Sozialen Arbeit mit Kindern« vorgestellt. Am Ende werden auch die Anforderungen an die Profession und Kompetenzen von Sozialarbeiter*innen erörtert.

## 3.2 Geschichte der Kinderhilfe im Abriss

Wer die Geschichte der Sozialen Arbeit mit Kindern, die traditionell unter dem Begriff »Kinderhilfe« subsumiert wurde, nachzeichnen will, muss die Geschichte der Kindheit und muss die sozialen Bedingungen des Aufwachsens in den unterschiedlichen Epochen der modernen Gesellschaften betrachten. Diese Geschichte ist von den Anfängen bis in die Mitte des letzten Jahrhunderts »eine Geschichte von Kontrollmaßnahmen, der Sozialdisziplinierung, der Ausübung von Macht gegenüber Kindern, Jugendlichen und Familien, aber ebenfalls von sozialen und pädagogischen Reformbemühungen, um die Lebensverhältnisse von Kindern, Jugendlichen und Familien zu verbessern« (Rätz-Heinisch u. a. 2009: 17).

Die Geschichtsschreibung der Kinderhilfe im engeren Sinn bezieht sich in erster Linie auf die Entwicklung der Institutionen und des Kinder- und Jugendhilferechts; ferner auf die Porträts bedeutender Persönlichkeiten, die als Pädagog*-innen wegweisende Ansätze und Methoden entwickelt oder als Organisatoren Institutionen gegründet bzw. auf die institutionelle Kinderhilfe Einfluss genommen haben.

Summarisch lässt sich für die Geschichte der Kinderhilfe feststellen: Sie ist lange Zeit dominiert durch den Fürsorge- und den Zuchtgedanken: Es ging in erster Linie um die Betreuung und Pflege kleiner und besonders bedürftiger Kinder und um die Führung und Maßregelung der Kinder durch eine strenge, auf Gehorsam und Anpassung insistierende Erziehung.

Bei der Geschichtsschreibung der Kinderhilfe kamen bis in die jüngste Zeit hinein die Kinder und Jugendlichen und auch deren Familien kaum selbst zur Geltung; eine Einschätzung und Beurteilung der Maßnahmen aus ihrer Sicht sind kaum dokumentiert. Die Initiativen zum Ausbau der Einrichtungen der Kinderhilfe gingen von bürgerlichen und von religiös motivierten Kreisen aus.

Eine der ersten staatlichen Interventionen zum Schutz der Kinder bestand im Gesetz zur Beschränkung der Kinderarbeit (1839). Seit Ende des 19. Jahrhunderts dominierte in der Kinderhilfe die Zwangserziehung, die sich erst zur Zeit der Weimarer Republik zu einer Fürsorgeerziehung entwickelte. Dem in dieser Zeit gegründeten Gemeindewaisenrat wurde die Aufsicht über alle Kinder und Jugendlichen übertragen. Das 1901 in Kraft getretene Preußische Fürsorgeerziehungsgesetz (Gesetz über die Fürsorge-Erziehung Minderjähriger) zielte darauf ab, die körperliche und sittliche Verwahrlosung der Kinder und Jugendlichen zu verhindern (bei der öffentlichen Fürsorge wurden Kinder und Jugendliche in der Regel als eine Zielgruppe verstanden). Ab jetzt setzte sich der Begriff der Fürsorgeerziehung durch, der signalisieren sollte, dass es bei der Erziehung der Kinder und Jugendlichen um Schutz und Prophylaxe und nicht um Strafe gehen sollte.

Ende des 19. und Anfang des 20. Jahrhunderts erfolgte eine Ausdifferenzierung der Kinder- und Jugendfürsorgeaufgaben – angefangen vom Ausbau der Säuglingsfürsorge, des Krippen- und Hortwesens über das Pflegekinderwesen bis zur Fürsorgeerziehung straffällig gewordener und verwahrloster Jugendlicher. Bedeutend war vor allem die Ausgliederung der Kinder- und Jugendfürsorge aus der Armenfürsorge. Zu Beginn des 20. Jahrhunderts entstanden schließlich die ersten »Jugendämter«, die sich zwar noch nicht so nannten, aber bereits eine Aufgabenstruktur vorwiesen, wie sie später für die Jugendämter charakteristisch wurde.

Die Sorge für die Erziehung, Bildung und Betreuung der Kinder obliegt heute in erster Linie den Eltern, für sie trägt aber auch der Staat und tragen die freien Akteure im Bereich der Kinderhilfe eine »öffentliche Verantwortung« (vgl. 11. Kinder- und Jugendbericht der Bundesregierung 2002). Diese »öffentliche Verantwortung« – und damit die »Soziale Arbeit mit Kindern in unterschiedlichen Lebenslagen« – hat durch die Labilisierung von Lebenslagen von Familien und Kindern infolge der verstärkten Modernisierungsprozesse zunehmend an Bedeutung gewonnen: »Angesichts veränderter gesellschaftlicher Lebenslagen im Zuge von Pluralisierungs- und Individualisierungsprozessen erleben Kinder, Jugendliche und ihre Familien die Erosion vorgeprägter und standardisierter biografischer Verläufe, die zwar einerseits die Optionen individueller Lebensgestaltung vervielfachen, andererseits aber auch zu Problemen in der Lebensbewältigung führen können« (Flösser/Oechler 2010: 112).

Ein gemeinsames Anliegen der »Sozialen Arbeit mit Kindern« in den unterschiedlichen Aktionsfeldern besteht darin, dass die Stütz- und Hilfesysteme, die Systeme der Erziehung und Bildung sowie der Politik für Kinder möglichst optimal auf die Lebens- und Bedarfslagen der Kinder abgestimmt werden. Dazu ist eine Verständigung über das, was Kindsein heute bedeutet und was Kindheit charakterisiert und was Kinder brauchen, erforderlich.

Wie eingangs ausgeführt, ist die Etablierung des Handlungsfeldes »Soziale Arbeit mit Kindern in unterschiedlichen Lebenslagen« auch in den aktuellen Befunden und Optionen der Kindheitsforschung begründet. Deshalb ist eine Auseinandersetzung mit der Kindheitsforschung generell und ihrer Geschichte sowie mit ihren aktuellen Richtungen geboten (zum Folgenden vgl. Hugoth 2010).

## 3.3 Kindheitsforschung – Geschichte und aktuelle Entwicklungen

### 3.3.1 Die Anfänge

Der Titel »Kindheitsforschung« steht sowohl für die Erforschung des Kindes wie auch die Erforschung des Aufwachsens von Kindern und des Kindseins in unterschiedlichen gesellschaftlichen Kontexten. Die folgenden Ausführungen konzentrieren sich auf die Befunde der Erforschung des Kindseins in Deutschland und der Bedingungen, unter denen Kinder ihr Kindsein leben.

Die moderne Kindheitsforschung setzte im 18. Jahrhundert ein. Allerdings firmiert sie hier noch als *Kinder*forschung, da sich das Interesse in erster Linie auf die Kinder als Individuen bezieht (der Begriff der *Kindheits*forschung hat sich als Fachbegriff erst Ende des 20. Jahrhunderts etabliert).

Anstoß gaben zum einen Autoren wie Jean-Jacques Rousseau (1712–1778), der in seinem Entwicklungsroman »Emile oder Über die Erziehung« (1762) und in anderen Schriften den Grundstein dafür gelegt hat, dass sich ein Verständnis von Kindheit als eine eigenständige Lebensphase entwickelt hat. Zum anderen hat die Philosophie der Aufklärung, die bekanntlich den einzelnen Menschen und seine Vernunftbegabtheit in den Mittelpunkt von Welterkenntnis und Weltgestaltung gestellt hat, auch das Kind als Individuum in den Blick genommen. Die Aufklärung hat die Aufmerksamkeit der Pädagogik auf den individuellen Lebenslauf des Kindes gelenkt. Dies führte bereits im 18. Jahrhundert zu ersten

Versuchen, eine moderne, empirisch orientierte wissenschaftliche Pädagogik zu begründen. Die systematische Beobachtung von Heranwachsenden und die Auswertung von Biografien Erwachsener und von autobiografischen Zeugnissen wie Tagebüchern, Erzählungen aus dem eigenen Leben und Kalendereintragungen sollten Daten über die Kinder liefern, die das Kindsein und das Kinderleben verständlicher machen und Anhaltspunkte für pädagogisches Handeln liefern sollten. Auch die angehenden Pädagog*innen sollten bereits während ihrer Ausbildung ihre eigenen Kindheitserfahrungen analysieren und sich selbst in ihrem Empfinden, Denken und Handeln beobachten.

Diese erste Blütezeit einer qualitativ orientierten Kinderforschung am Ende des 18. Jahrhunderts ebbte im folgenden Jahrhundert ab. Das Interesse verlagerte sich nun auf einen anderen Bereich.

## 3.3.2 Das 19. Jahrhundert

Das 19. Jahrhundert ging als das Jahrhundert der Industrialisierung und der Massenverelendung großer arbeitender Bevölkerungsteile in die Geschichte ein. Die Aufmerksamkeit der pädagogischen Forschung verlagerte sich im Zuge der umgreifenden gesellschaftlichen Veränderungen vom Individuum fort auf allgemein relevante Fragestellungen. Man konzentrierte sich nun auf bildungsphilosophische und unterrichtswissenschaftliche Ansätze (Wilhelm von Humboldt, Johann Friedrich Herbart). Das Kind interessierte nun stärker unter dem Gesichtspunkt seiner gesellschaftlichen Bestimmung und seiner Brauchbarkeit auf dem Arbeitsmarkt.

## 3.3.3 Das 20. Jahrhundert

Erst um die Jahrhundertwende vom 19. zum 20. Jahrhundert sind es vor allem die Vertreter der experimentellen Psychologie und Pädagogik sowie zahlreiche Lehrervereinigungen, die eine wissenschaftliche Erforschung der Kinder fordern. Ferner geben die Reformpädagog*innen dieser Zeit der Etablierung einer empirisch orientierten Kinderforschung einen gehörigen Schub. Die Reformpädagog*-innen betonen besonders das Streben des Kindes nach Erkennen, Wissen, Wachstum und Entwicklung und die Selbstbestimmungsrechte des Heranwachsenden. Daraus entwickelte sich im frühen 20. Jahrhundert in der Forschung ein starkes Interesse an der Entdeckung der Eigenwelt der Kinder. Deshalb dominieren zu dieser Zeit auch kinderpsychologische Studien.

### Die 1920er Jahre

In den 1920er Jahren wurde die wissenschaftliche Kinderforschung institutionalisiert. Es bestanden bereits zu diesem Zeitpunkt im deutschsprachigen Raum 26 Institute, die sich mit der Erforschung der Kinder befassten. Als Hochburgen kristallisierten sich damals Hamburg und Wien heraus. An beiden Standorten arbeiteten Forschergruppen an einer theoretisch ausgewiesenen und für unterschiedliche Methoden offenen Kinder- und Jugendpsychologie und integrierten auch soziologische und sozialpädagogische Fragestellungen in ihre Forschungsarbeit. Man arbeitete vor allem mit biografischen und ethnografischen Methoden sowohl in der Kinderpsychologie als auch in der Pädagogik. Dabei überwog zunächst die naturwissenschaftlich orientierte experimentelle Psychologie, die bestrebt war, ihre Befunde durch Experimente und Tests zu erheben und zu validieren. Dann jedoch wurden immer mehr qualitative Methoden angewandt.

Die Aufmerksamkeit richtete sich nun wieder – ähnlich wie im 18. Jahrhundert – auf das Kind als Individuum. Man wollte seinem Seelenleben auf die Spur kommen. Man beschäftigte sich deshalb wieder verstärkt mit systematischer Beobachtung der Kinder und mit autobiografischem Material (Tagebücher, Briefe, Aufsätze, Autobiografien der Heranwachsenden).

Insgesamt lässt sich für die 1920er Jahre eine Methodenvielfalt ausmachen, die von der Analyse von schriftlichen Zeugnissen der Kinder und Jugendlichen über teilnehmende Beobachtungen und Interviews bis zu quantitativen Erhebungen reichte.

> »Am Hamburger Institut für Jugendkunde wurde (…) von Martha Muchow eine Studie zur Lebenswelt und Raumaneignung von Großstadtkindern durchgeführt, die als einer der ersten fundierten Beiträge für eine ökologisch orientierte Lebensweltforschung zur Straßensozialisation von Kindern bezeichnet werden kann« (Grunert/Krüger 2006: 11).

## Zwischenkriegs- und Nazizeit

Die Dominanz der Entwicklungspsychologie bei der Erforschung der Kinder und des Kinderlebens setzte sich auch in der Zwischenkriegszeit fort. Die Entwicklung des Kindes wurde als naturwüchsiger Prozess begriffen, der nach erkennbarer Gesetzmäßigkeit verläuft und sich dabei nach Entwicklungszielen richtet, die dem Organismus des Kindes immanent sind. Man ging also weitgehend von einer einheitlichen Grundstruktur der Entwicklung des Kindes und den Jugendlichen aus.

In den ersten beiden Jahrzehnten des 20. Jahrhunderts erfolgte noch keine klare Trennung zwischen der Erforschung des Wesens und der Entwicklung von Kindern und Jugendlichen. Dies ist vor allem auf das starke Interesse der Psychologie an diesen Fragen zurückzuführen.

In der Nazizeit kam die Erforschung der Persönlichkeit von Kindern und Jugendlichen zum Erliegen, d. h.: Das Kind, der Jugendliche an sich interessierte nicht; beide wurden von den Naziideologen definiert in dem Sinne, dass sie in deren Konzept passten, also einem kollektiven Verständnis des Ariers entsprachen. Die »Erforschung des Kindes« erfolgte mit rassistischen Interessen und selektiven Folgen für die Kinder, die dem Ideal arischen Nachwuchses nicht entsprachen.

**Die Zeit nach dem Zweiten Weltkrieg**

In der Nachkriegszeit kam es zu einer deutlicheren Trennung der Kinder- und Jugendforschung. Die Kinderforschung blieb allerdings lange Zeit auf psychologische Untersuchungen beschränkt. Kinderforschung wurde eine Domäne der Entwicklungspsychologie; eine sozialwissenschaftliche Kinderforschung konnte sich deshalb in der Nachkriegszeit kaum etablieren.

Die Entwicklungspsychologie der 1950er und 1960er Jahre knüpfte an die organismischen Modelle der 1920er Jahre an. Maßgebend für die pädagogischen Konzepte bis in die 1970er Jahre hinein waren dementsprechend die Reifungs- und Stufenmodelle, die von den Entwicklungspsychologen entwickelt wurden.

Neben der psychischen Entwicklung des Kindes interessierte vor allem die kognitive Entwicklung. Einer der Urväter war der Schweizer Jean Piaget (1896–1980), der eine umfassende Theorie der geistigen Entwicklung des Kindes vorlegte, die in vielen Teilen heute noch gilt. Im Gegensatz zu den bisherigen auf die psychische Entwicklung des Kindes konzentrierten Theorien stellt er die kognitive Seite der Entwicklung in den Vordergrund. Die geistige Entwicklung des Kindes weist nach Piaget verschiedene Stadien auf, die eine unveränderliche Sequenz bilden: Die einzelnen Phasen bauen aufeinander auf, die nächstfolgende ist ohne die vorangegangene nicht denkbar. Die Persönlichkeitsentwicklung des Kindes erfolgt als systematischer Prozess des schrittweisen Aufbaus von Fähigkeiten, die eine aktive und flexible Anpassung an die Umweltbedingungen ermöglichen.

Methodisch hat die Entwicklungspsychologie der Nachkriegszeit nicht an die Tradition der zu Beginn des 20. Jahrhunderts dominierenden qualitativen Verfahren (teilnehmende Beobachtung, Analyse von Tagebuchaufzeichnungen und anderen schriftlichen Zeugnissen, Interviews) angeknüpft, sondern in Orientierung an den Standards der nordamerikanischen Psychologie quantitative Methoden (Entwicklungstests, Fragebögen, Längsschnittstudien) bevorzugt. Dieser Trend hielt bis in 1980er Jahre an.

**Der Paradigmenwechsel in den 1980er Jahren – die 1990er Jahre**

In den 1980er Jahre beginnt – was manche als Paradigmenwechsel oder als »deutliche Trendwende« bezeichnen (Grunert/Krüger 2006: 13) – eine sozialwissenschaftliche Kindheitsforschung, die sich gegen die Dominanz der entwicklungspsychologischen Forschungsweisen stellte und vor allem Kritik an dem dabei transportierten Bild vom Kind übte. Galt bisher, dass die Kinder als künftige Erwachsene betrachtet wurden, die konsequent die von der Natur vorgesehenen Entwicklungsschritte durchlaufen müssen, um ›fertig‹ zu werden, wird nun gefordert, dass Kindheit als eigenständige Lebensphase anerkannt werden müsse (ähnliche Forderungen waren, wie gesehen, auch schon Ende des 18. Jahrhunderts und in den 1920er Jahren erhoben worden). Kinder sind nicht nur als werdende Erwachsene zu verstehen sondern als »Personen aus eigenem Recht« (Honig/Leu/Nissen 1996). Kindheit kann deshalb nicht ausschließlich als eine Zeit der Vorbereitung auf das Erwachsensein verstanden werden; es ist als eine Lebensspanne zu betrachten, in der das Kind selbst mit seinen eigenen Bedürfnissen, Interessen und Potenzialen, mit seinen spezifischen Formen der Erschließung, Erklärung und Gestaltung der Welt zur Geltung kommen will und muss.

Folgerichtig stehen nun das Kind selbst sowie seine Alltagserfahrungen, seine sozialen Beziehungen und Kontexte und die Bedingungen, unter denen es aufwächst, im Mittelpunkt. Das Kind und seine Welt erhalten eine eigene Dignität. Dies aber bedeutet, dass ein Zugang zu der Komplexität von Kindheit und kindlichen Lebenswelten nur interdisziplinär erfolgen kann. Vor allem Psychologie, Soziologie und Pädagogik müssen zusammenwirken. Hinzu kommt die Sozialisationsforschung, die der Frage nachgeht, welche intrinsischen, in der physischen und psychischen Natur des Kindes liegenden Faktoren und welche extrinsischen, in der Umwelt des Kindes, in Gesellschaft und Kultur befindlichen Faktoren auf das Kind und seine Entwicklung einwirken. Die Entwicklung des Kindes wurde nun nicht mehr nur als ein Prozess von innerem Wachsen und Reifen gesehen, sondern auch als ein Prozess der Auseinandersetzung des Kindes mit seiner inneren und äußeren Realität (vgl. Sozialisationstheorie von Klaus Hurrelmann).

Die Kindheitsforschung betonte nunmehr sowohl die Eigenständigkeit und Eigenaktivität des Kindes als Subjekt als auch seine Bestimmtheit durch die Einflüsse, die aus seiner unmittelbaren Lebenswelt und aus der komplexen Gesellschaft, in der das Kind aufwächst, auf das Kind einwirken. Damit gewannen die räumlich-dingliche Umwelt des Kindes und die personalen Beziehungen, in denen es lebt, zunehmend die Aufmerksamkeit der Forschung – sowohl hinsichtlich der Frage nach den Determinanten dieser Umweltfaktoren als auch hinsichtlich der Frage nach den Möglichkeiten und Formen des Kindes, sich mit dieser Welt auseinanderzusetzen und sie sich anzueignen. Das Selbst- und Welterleben der Kinder und ihre Fähigkeit, sinnkonstituierend und sinnaneignend tätig zu werden, interessierte die Forschung. Dazu bediente sie sich u. a. biografischer und ethnografischer Methoden und wandte neue Formen der Befragung an, die bisher allein zum Methodenrepertoire der Jugendforschung gehörte.

In den 1990er Jahren setzte man einerseits die eben beschriebenen Entwicklungen fort, andererseits wurde die modernisierungstheoretische Perspektive auf Kinderleben und Kindheit verstärkt. Das bedeutet, dass die gesamtgesellschaftlichen Bedingungen des Aufwachsens von Kindern in den Blick genommen und gewichtet werden. Dazu gehören die Pluralisierungsprozesse von familialen und kindlichen Lebenslagen, die Ausdifferenzierung der Verhaltensformen in Eltern-Kind-Beziehungen, die Analyse sozialer Ungleichheiten und die dadurch bedingten Ungleichheiten kindlicher Lebenslagen. Man legt zunehmend mehr Wert auf Analysen der Lebensverhältnisse von Kindern und von Faktoren, die ihren Sozialstatus bestimmen.

Bei diesen Untersuchungen kommen auch immer mehr die Kinder selbst zu Wort, ihre subjektiven Sichtweisen und Einschätzungen ihrer Lebenslagen werden schließlich Bestandteile der Berichterstattungen über Kinder und Kindheit ab den 1990er Jahren. Dadurch etablierte sich der biografietheoretische Ansatz in der Kindheitsforschung. Das Kind erscheint nun zunehmend mehr als Subjekt seiner individuellen Realitätsverarbeitung, seiner Lern- und Bildungsprozesse und der Konstruktion von Welt.

**Die Gegenwart**

Diese Hinwendung zum Subjekt Kind setzt sich in der Gegenwart fort. Vor allem die Sichtweise des Kindes, das sein Leben in komplexen Kontexten selbst produktiv zu verarbeiten vermag, wie es die Sozialisationsforschung bereits in den 1980er Jahren nachgewiesen hat, wird nun weiter entfaltet: Kinder werden als Personen betrachtet, die spezifische kindliche Muster der Verarbeitung der Welt, in der sie leben, entwickeln und ihre Sozialisationsbedingungen selbst mitgestalten. Damit wird aber auch der bisher noch immer vertretene Entwicklungs- und Sozialisationsbegriff relativiert, der trotz aller Wende zum Kind als Subjekt seines Erlebens, Denkens und Handelns letztlich doch auf die Integration des Kindes in die vorfindliche Gesellschaft insistierte. Das Augenmerk der Forschung liegt nun noch stärker auf der Frage nach den Formen kindlicher Alltagsbewältigung und -organisation, nach der Art und Weise, wie Kinder Menschen, Dingen und Ereignissen Bedeutungen zuschreiben, nach den Interaktionsprozessen zwischen Kindern und Erwachsenen und zwischen Kindern und Kindern.

Der Anspruch einer Einbeziehung der Perspektive der Kinder bei den Forschungsaktivitäten der gegenwärtigen Kindheitsforschung wird dadurch einzulösen versucht, dass detaillierte fallbezogene und qualitative Forschungsmethoden zum Tragen kommen (vgl. Wöhrer 2018).

Die aktuelle Kindheitsforschung verbindet sich immer mehr mit politischen Optionen für eine Verbesserung die Lebenslagen der Kinder, für mehr soziale und Bildungsgerechtigkeit und dafür, dass die Kinder zu den Rechten kommen, die ihnen in der Kinderrechtskonvention der Vereinten Nationen verbrieft sind.

### 3.3.4 Theorieansätze und Forschungsschwerpunkte der Kindheitsforschung heute

Die heute gängigen Theorien über Kindheit und Kinder und die entsprechenden Forschungsansätze lassen sich unter vier Kategorien systematisieren und bündeln:

1. die sozialisationstheoretische und entwicklungspsychologische,
2. die sozialökologische,
3. die gesellschaftstheoretische und
4. die biografietheoretische Perspektive.

**Die sozialisationstheoretische und entwicklungspsychologische Perspektive**

Dieser Ansatz legt den Fokus auf den Prozess der Entstehung und Entwicklung der kindlichen Persönlichkeit in einer wechselseitigen Abhängigkeit von der gesellschaftlich vermittelten Umwelt. Wechselseitig meint, dass das Kind die Umweltfaktoren in ihrer Wirkung auf seine Persönlichkeit und auf sein Leben zu einem großen Teil durchaus wahrnehmen, differenzieren, gewichten und steuern kann; es ist also in seiner Entwicklung nicht absolut von diesen Faktoren determiniert.

Dieses Konzept wurde gleichzeitig in der Sozialisationsforschung (Hurrelmann 2018) und der Entwicklungspsychologie (Oerter/Montada 1982) in den 1980er Jahre entwickelt. In diesem Konzept werden die Umweltfaktoren als gesellschaftlich produzierte und vermittelte analysiert und auf ihre Auswirkungen auf die kindliche Entwicklung untersucht. Andererseits werden die Kinder als aktive Subjekte bei der Verarbeitung der Realitäten, die ihr Leben bestimmen, begriffen. Denn sie bilden in Auseinandersetzung mit ihrer materiellen und sozialen Umwelt elementare kognitive, sprachliche und soziale Kompetenzen des Wahrnehmens, Gewichtens und Handelns heraus sowie die Fähigkeit, kindheitstypische Entwicklungsaufgaben zu bewältigen.

Das sozialisationstheoretische Entwicklungsmodell, wie es von Klaus Hurrelmann entwickelt worden ist, geht zum einen davon aus, dass sich die Persönlichkeitsentwicklung des Kindes im Wechselspiel von Anlage- und Umweltfaktoren vollzieht. Nach Hurrelmann erfolgt die Sozialisation des Kindes durch eine produktive Verarbeitung seiner inneren und äußeren Realität.

Zur inneren Realität gehören genetische Veranlagungen, körperliche Konstitutionen, psychisches Temperament und die Grundstrukturen der Persönlichkeit. Zur äußeren Realität gehören Familie, Freunde, Erziehungs- und Bildungseinrichtungen, soziale Organisationen, die Medien, Wohn- und Arbeitsbedingungen sowie die physische Umwelt. Sozialisation stellt also ein Wechselspiel von Anlage, Umwelt und individueller Selbsttätigkeit dar.

Bedeutsam an dieser Sicht ist die Tatsache – die in den früheren Theorien über Kinder und Kindheit weitgehend unbeachtet blieb oder verneint wurde –, dass die soziale Umwelt nicht deterministisch das Wachstum der Kinder bestimmt, sondern dass sie vom Kind als handelndem Subjekt beeinflusst und verändert werden kann, indem das Kind aktiv handelt und sich produktiv mit seinen Lebens- und Entwicklungsbedingungen auseinandersetzt.

Die in diesem Sinne verstandene Sozialisation ist nicht auf die Lebensphase Kindheit beschränkt, sondern findet über die ganze Lebenszeit hinweg statt. Allerdings haben die in der Kindheit gemachten Sozialisationserfahrungen eine nachhaltige Bedeutung, weil sie die Disposition für die kindliche Persönlichkeitsentwicklung bilden. Alle weiteren Sozialisationserfahrungen knüpfen an die der Kindheit an.

Die Perspektive der neueren Entwicklungspsychologie kommt dadurch zum Tragen, dass sie über die Bedeutung dyadischer Beziehungen in der frühen Kindheit – vor allem der Mutter-Kind-Beziehung – hinaus die Wirkungen der sozialen Netzwerke untersucht, an denen Kinder im Prozess ihres Aufwachsens teilhaben; vor allem wird gegenwärtig die spezifische Bedeutung der Gleichaltrigengruppe für die Entwicklung der kindlichen Persönlichkeit generell und die Bedeutung kindlicher Aushandlungsprozesse für die Ausbildung sozialer Regeln und moralischer Maßstäbe innerhalb der Kindergruppen und -kulturen speziell untersucht (vgl. Krappmann/Oswald 1995).

Die moderne Entwicklungspsychologie beschäftigt sich also besonders mit der Bedeutung der Beziehungen zu anderen Menschen für die Entwicklung des Kindes.

»Bedeutungsvoll für die Kindheitsforschung ist hierbei das Modell des aktiven, seine Lebenswelt reflektierenden und interpretierenden Menschen, der damit soziale Wirklichkeit immer auch neu hervorbringt. An diese aktive Rolle des Kindes in der Auseinandersetzung zwischen Individuum und Umwelt knüpft die sogenannte ›Neue Kindheitsforschung‹ an, die sich in interdisziplinärer Perspektive als Fortschreibung sozialisations- und entwicklungstheoretischer Ansätze charakterisieren lässt« (Grunert/Krüger 2006: 24f.).

Gegenüber solchen Konzepten, die Kinder lediglich als Wesen in der Entwicklung auf dem Weg zum Erwachsenen verstehen und die relative Eigenständigkeit dieser Lebensphase außer Acht lassen, werden in dieser neueren Kindheitsforschung Kinder als kompetente Akteure verstanden, die in der Lage sind, ihre sozialen Beziehungen selbst mitzugestalten, eigene kinderspezifische (die Kindheitsforschung spricht von »kinderkulturellen«) Muster mit eigenen Beziehungs- und Handlungsregeln zu bilden und eigenständige Bedeutungszuschreibungen vorzunehmen. Im Mittelpunkt stehen bei dieser Kindheitsforschung die Konstruktionsleistungen der Kinder – beim Erkennen der Dinge, beim Aneignen von Wissen, bei der Konstruktion subjektiver Strukturen.

## Die sozialökologische Perspektive

In der neueren Entwicklungspsychologie richten einige Ansätze den Blick auf den ökologischen Kontext, in dem Kinder aufwachsen. Untersucht werden die Faktoren in der Umwelt der Kinder, die sich bestimmend und nachhaltig auf ihre Entwicklung auswirken. Dabei stehen in der Betrachtung dieser Umwelten weniger die physikalischen und geografischen Faktoren im Mittelpunkt als die subjektiv-personalen und sozialen Faktoren. Ähnliche Sichtweisen finden sich in erziehungswissenschaftlichen und soziologischen Forschungen der Kindheit. Vor allem die Arbeiten Urie Bronfenbrenners haben deutlich gemacht, in welche unterschiedlichen ökologischen Systeme der Mensch im Laufe seines Lebens eingebunden ist. Er entwickelte ein System von ökologischen Kontexten der menschlichen Entwicklung, in dem diese ineinandergreifenden Umwelten hierarchisch geordnet werden können.

Das Mikrosystem meint die unmittelbare Umgebung des Kindes, die Familie an erster Stelle, aber auch weitere um die Familie gelagerte Mikrosysteme, in denen das Kind lebt und agiert – wie beispielsweise der Kindergarten, die Tagespflegefamilie, der Spielplatz. Das Kind erfährt hier jeweis die materiellen Bedingungen des Lebens als auch dessen soziale Dimension, indem nämlich das Kind unterschiedliche zwischenmenschliche Beziehungen und Rollen wahrnimmt und sich selbst ebenfalls in unterschiedlichen Rollen wahrgenommen erlebt. Für die Kindheitsforschung sind im Blick auf das Mikrosystem vor allem die Familie eines Kindes von Interesse und die Frage, welchen Einfluss sie auf die Entwicklung des Kindes hat.

Die Mikrosysteme – Familie, Kindergarten, Tagespflege, Spielplatz – sind nicht isoliert voneinander zu betrachten, sondern in ihren wechselseitigen Beziehungen, in denen sie Einfluss aufeinander nehmen.

Die Gesamtheit dieser Mikrosysteme, in die das Kind eingebunden ist, bildet nach Bronfenbrenner das Mesosystem. Dazu gehören auch die individuellen sozialen Netzwerke – Verwandte, Bekannte, Freunde, Nachbarn. Hier wie bei der Familie interessiert die Kindheitsforschung, wer wen beeinflusst und wo die Kinder am stärksten eingebunden sind.

Als ein weiteres System, von dem die Kinder unmittelbar berührt werden und das einen starken Einfluss auf ihre Entwicklung haben kann, führt Bronfenbrenner das Exosystem an. Zu ihm gehören die Bedingungen, unter denen Kinder leben und aufwachsen, sowie die Ereignisse und Entwicklungen in der unmittelbaren Umwelt. An diesen Bereichen ist das Kind nicht unmittelbar beteiligt; dennoch beeinflussen sie seine Mikro- und Mesosysteme, indem beispielsweise die Art und Weise, wie die Familie des Kindes in das soziale Umfeld integriert ist, durchaus bestimmend sein kann für die Art und Weise, ob und wie sich das Kind in diesem Umfeld beheimatet fühlt.

Alle bisher genannten Systeme werden vom Makrosystem umfasst und beeinflusst. Zu diesem Makrosystem gehören beispielsweise gesellschaftliche Wertesysteme, vorherrschende Ideologien und Verhaltensmuster, rechtliche, politische und gesellschaftliche Rahmenbedingungen des Lebens der Menschen.

Bronfenbrenner weist schließlich nach, dass sich diese unterschiedlichen Systeme wechselseitig beeinflussen und dass sie im Laufe der individuellen Entwicklung des Menschen unterschiedlich relevant sind. Diesen Wandel der Bedeutung, die die einzelnen Systeme für das Aufwachsen des Kindes und die Entwicklung des Menschen generell haben, nennt er Chronosystem. In diesem System sind die Übergänge des Menschen von einem System zu einem anderen und die Bedeutungshierarchien der einzelnen Systeme zusammengefasst – wie beispielsweise der Übergang von der Familie in den Kindergarten mitsamt der Neuakzentuierung der Bedeutung, die die Familie nunmehr für das Kind hat.

Die sozialökologische Perspektive macht deutlich, dass Kinder in unterschiedlichen Systemen leben und aufwachsen, in denen es jeweils unterschiedliche Regeln zu befolgen und Handlungsweisen zu praktizieren bzw. einzuüben gilt. Diese Tatsache stellt eine besondere Herausforderung an die jeweiligen pädagogischen Settings dar, die am ehesten gemeistert werden, wenn die pädagogischen Akteure – Eltern, Erzieher*innen, pädagogische Fachkräfte im Freizeit-, Sport- und Musikbereich – sich abstimmen und aufeinander Bezug nehmen.

## Die gesellschaftstheoretische Perspektive

Diese Perspektive nimmt das Verhältnis von Kindheit und Gesellschaft in den Blick und konzentriert sich dabei in erster Linie auf die Kindheit als eine Lebensphase, die besonders stark unter einer gesellschaftlichen Beeinflussung steht. Kindheit wird nicht als eine naturgegebene Größe betrachtet, sondern als eine gesellschaftliche Konstruktion, die im Laufe der Zeit immer wieder Veränderungen erfährt. Diese Annahme bildete den Ausgangspunkt für die vor allem sozialwissenschaftlich orientierte Kindheitsforschung, die sich mit dem Wandel des sozialen Status des Kindes und mit den Veränderungen der kindlichen Lebensverhältnisse befasste.

Diese werden von dem Soziologen Ulrich Beck im Zusammenhang mit Individualisierungstendenzen in der Gesellschaft betrachtet. Er hat die Individualisierung zur maßgebenden Kategorie für die Bestimmung der Veränderungen von Lebenslagen etabliert; Individualisierung gehört nach Beck zu den signifikantesten Kennzeichen der aktuellen Modernisierungsentwicklungen der Gesellschaft. Aus seiner Sicht bedeutet Individualisierung zum einen »die Auflösung vorgegebener sozialer Lebensformen« (Beck/Beck-Gernsheim 1994: 11), also eine Emanzipation des Individuums aus traditionellen Mustern und Verbindlichkeiten mit der Folge einer Ausdifferenzierung von Lebensplänen und Lebensformen. Zum anderen meint Individualisierung aber auch eine Zunahme von Verunsicherungen durch eben diese Freisetzung des Individuums aus traditionellen Bahnen und kollektiv geltenden Orientierungsmustern. Diese Verunsicherung wird noch dadurch verstärkt, dass sich das Individuum mit neuen Zwängen konfrontiert sieht, die aus den Gegebenheiten des Bildungs- und Ausbildungssystems, der Arbeitswelt und des Sozialstaates resultieren: Zu diesen Vorgaben muss sich der Mensch in Beziehung setzen und gewichten, was für ihn maßgebend ist und welche Bedeutung diese Vorgaben für seine Lebensplanung und -gestaltung haben. Das Individuum ist also in erster Linie als das Subjekt seiner eigenen Lebensführung zu sehen, das innerhalb des Spielraums, den ihm die strukturellen Bedingungen von Gesellschaft und Arbeitswelt gewähren, eigenverantwortlich wählen, entscheiden, planen und gestalten kann.

Diese vom Spannungsfeld der Optionsmöglichkeiten und der Optionsnotwendigkeiten bestimmte gesellschaftstheoretische Perspektive hat innerhalb der Kindheitsforschung zu Untersuchungen geführt, die sich mit den Möglichkeiten und Formen des Aufwachsens im Kontext veränderter Mentalitäten und individualisierter Lebensentwürfen und -formen befassten. Dabei wird u. a. von Jürgen Zinnecker die Tendenz einer »Verhäuslichung« des Kinderalltags ausgemacht, die sich darin zeigt, »dass die Lebenswelt der Kinder in geschützte Räume hineinverlagert, gegenüber der natürlichen Umwelt versiegelt, von den Handlungsorten anderer Altersgruppen abgegrenzt« wird (Zinnecker 1990: 142). Die ehemals auf Nachbarschaft, Straße und Sozialraum bezogene und in Mikrosysteme eingebettete Lebenswelt der Kinder zersplittert sich zunehmend in nicht mehr zusammenhängende punktuelle Erfahrungsräume, die von den jeweiligen Aktivitäten der Kinder bestimmt werden. Kinder leben und agieren an zweckbestimmten Orten – Familie, Kindergarten, Schule, Freizeiteinrichtungen, Spiel- und Sportplätze –, die oft von der Erwachsenenwelt abgekoppelt sind. Dies trifft vor allem auf die institutionalisierten Einrichtungen für Kinder zu (Kitas, Schulen, Sport-, Musik- und andere Vereine). Die Kinder eignen sich immer weniger spontan und eigenständig Lebensräume an, sondern zunehmend mehr unter der Anleitung und Betreuung von Erwachsenen.

Hier zeigt sich das Spannungsverhältnis der Individualisierungsgesellschaft: Einerseits sind auch Kinder zunehmend mehr aus ehemals vereinheitlichten Lebensräumen, sozialen Strukturen und Traditionen freigesetzt und verfügen bereits früh über eine ansehnliche Zahl von frei wählbaren Elementen der Lebensführung; Kinder verfügen über eine noch nie da gewesene Fülle an Angeboten der Alltagsgestaltung.

Andererseits unterstehen sie bzw. ihre Eltern aber auch dem Zwang der Wahl; Kinder müssen durch eigenes Wählen und Handeln ihre alltägliche Lebensführung selbst bestimmen. Kinder müssen schon früh lernen zu planen, zu organisieren und ihre Tätigkeiten zu koordinieren und zeitlich aufeinander abzustimmen. Sie werden bereits in den ersten Lebensjahren mit Zeitnormen vertraut gemacht und verbringen ihren Alltag immer ausgedehnter in Institutionen, nach deren Organisationsregeln und -formen sie sich richten müssen. Bezüglich dieses zunehmenden »Managementaufwandes« ähneln sich die Erfahrungswelten der Kinder und der Erwachsenen immer mehr (Leben in einer Multioptionsgesellschaft).

Innerhalb der gesellschaftstheoretischen Perspektive hat auch der milieutheoretische Ansatz von Pierre Bourdieu die moderne Kindheitsforschung beeinflusst. Bourdieu befasst sich mit den Ursachen und Formen der sozialen Ungleichheit in der modernen Gesellschaft. Aufgrund ihrer schichtenspezifischen Sozialisation bilden die Menschen einen bestimmten Habitus aus, also bestimmte Wahrnehmungs-, Handlungs- und Denkschemata. Sie bestimmen den Lebensstil eines Menschen. Dieser ist demnach abhängig von der Position, die der Mensch in seinem Lebensraum einnimmt. Sie wiederum ist abhängig von der sozialen Schicht – Bourdieu spricht von »Klasse« –, der ein Mensch angehört, und von dem Volumen des Kapitals, über das ein Mensch verfügt. Bourdieu rechnet dazu das ökonomische Kapital (Geld und Güter) sowie ein soziales und ein kulturelles Kapital. Soziales Kapital meint: die sozialen Beziehungen und Netze, in die ein Mensch eingebunden ist; kulturelles Kapital meint: formale Bildungsabschlüsse und Bildungstitel sowie kulturelle Sachgüter wie Kunstwerke und Literatur; kulturelles Kapital meint ferner: Wertorientierungen, Einstellungen, Wissen und Kompetenzen, die eine Teilhabe am gesellschaftlichen und kulturellen Leben ermöglichen.

Bourdieu Ansatz hat die Kindheitsforschung insoweit beeinflusst, als dass diese sich zunehmend mit den sozialen Unterschieden infolge des Eingebundenseins der Kinder in bestimmte soziale Milieus befasst. Die Lebenslagen und -chancen der Kinder, so die aktuellen Erkenntnisse, werden wesentlich von der sozialen Lage ihrer Familien, aber auch von deren sozialem und kulturellem Kapital bestimmt. Das hat auch Auswirkungen auf das Wahrnehmen, Empfinden, Denken und Handeln der Kinder. Momentan konzentrieren sich viele Untersuchungen in der gesellschaftstheoretischen Perspektive auf die Frage, in wie weit die Bildungschancen der Kinder von der Zugehörigkeit zu unterschiedlichen Sozialmilieus determiniert werden und ob und wie Defizite durch die Bildungsinstitutionen (Kindertageseinrichtungen, Schulen) aufgefangen und kompensiert werden können.

## Die biografietheoretische Perspektive

Das Interesse der biografietheoretischen Perspektive liegt auf einer Analyse der Kindheit als Teil des Lebenslaufs eines Menschen. Dabei wird das Kind – ähnlich wie bei den sozialisations- und entwicklungspsychologischen Ansätzen – als ein

Subjekt verstanden, das aktiv die Realität seines Lebens verarbeitet und sein Lernen gestaltet. Ferner wird – auf der Linie der gesellschaftstheoretischen Perspektive – von der Tatsache ausgegangen, dass die Verselbständigung der Heranwachsenden sich stetig in die frühe Kindheit verschiebt und der Übergang von der Phase der Kindheit in die der Jugend beschleunigt. Kinder sind heute früher angehalten, sich aktiv an der Gestaltung ihres Lebenslaufs zu beteiligen und über sich und das, was sie lernen und werden wollen, Gedanken zu machen.

Einige Forscher sprechen dabei von einer »frühen Biografisierung des Lebenslaufs« (Fuchs 1983; Fuchs-Heinritz 1991; Heitmeyer/Olk 1990) und meinen damit, dass schon früh in der Entwicklungsgeschichte des Kindes feste biografische Elemente einsetzen (Übergang von der Familie in den Kindergarten, vom Kindergarten in die Schule usw.). Wenn auch die Biografieverläufe der Kinder nicht einheitlich sind – weder was die Fixpunkte in der Entwicklung noch deren Intensität anbelangt –, so kann doch davon ausgegangen werden, dass Kinder schon früh beginnen, eigene Persönlichkeitsmerkmale und eigene Lebensgeschichten, also eine eigene Biografie zu entwickeln.

Besonders beim letztgenannten Ansatz der Kindheitsforschung, der biografietheoretischen Perspektive, wurde deutlich, dass die künftige Kindheitsforschung nicht mehr allein nach einem bestimmten Ansatz durchgeführt werden kann und wird, sondern dass die Vertreter der genannten vier Perspektiven komplementär zueinander agieren sollten. Grunert und Krüger plädieren dafür, die

> »vermeintlichen Trennungen in eine akteursbezogene und eine strukturbezogene Kindheitsforschung zu überwinden. Notwendig auch für eine biografisch orientierte Kindheitsforschung ist vielmehr die Entwicklung eines komplexen Theoriedesigns, das biografietheoretische, sozialökologische und gesellschaftstheoretische Ansätze mit dem Ziel miteinander verzahnt, die Prozesse kindlicher Biografieentwicklung im Kontext ökologischer und sozialer Lebensbedingungen analytisch fassen zu können. Dabei gilt es eine Binnenperspektive, d. h. wie die Kinder selbst ihr Leben und ihren Alltag sehen, und eine Außenperspektive, die den Blick auf die meso- und makrosozialen Strukturbedingungen kindlicher Lebensläufe und Lebenswelten richtet, miteinander zu verbinden« (Grunert/Krüger 2006: 34).

## 3.4 Hilfe und Kontrolle – das doppelte Mandat der Sozialen Arbeit mit Kindern in unterschiedlichen Lebenslagen

Die Ambivalenz des Doppelmandats der Sozialen Arbeit kommt bei den Maßnahmen für Kinder in unterschiedlichen Lebenslagen besonders deutlich zum Tragen. Die pädagogischen und sozialarbeiterischen Unterstützungsleistungen für Kinder gelten zum einen den Kindern selbst mit ihren individuellen Bedarfen an Erziehung, Bildung und Betreuung, an Schutz, Förderung und Begleitung.

»Einerseits gilt als ein zentrales ›Mandat‹ der sozialpädagogischen Fachkräfte ihre professionelle Orientierung an dem individuellen Wohlbefinden und der Autonomie der individuellen Lebensbewältigung der Adressaten und Adressatinnen. Die Besonderheiten,
Individualität und Kompetenzen von Kindern, Jugendlichen und Familien sollen im
professionellen Handeln Berücksichtigung finden« (Flösser/Oechler 2010: 105).

Andererseits sind die Fachkräfte mit ihrer Arbeit »den auf Konformität zielenden
Kontrollinteressen des Staates unterworfen« (ebd.: 105). Das heißt: Die Fachkräfte haben dafür Sorge zu tragen, dass die Kinder in ›normalen‹ Zuständen leben
und aufwachsen können, wobei »Normalität« für das Leben in der Familie bedeutet: die Familie ist in der Lage, den Alltag mit Kindern sinnvoll zu gestalten,
den Kindern bedarfsgerecht Schutz und Förderung zu gewähren und die Aufgaben der Erziehung, Bildung und Betreuung zum Besten für das Kind zu erfüllen.
Ob eine Familie diesen Grad an Normalität erreicht, liegt letztlich in der Definitionsmacht des Staates. Deshalb beobachtet er die Familien durch das Jugendamt, dem ein »hoheitlicher Aufgabenbereich« (Münder u. a. 2009: 391) zugesprochen wird, mit Hilfe der Fachkräfte, die Soziale Arbeit mit Familien und speziell
mit den Kindern betreiben, von dem Augenblick an, da ein Verdacht besteht,
dass die Familien ihren Schutz-, Fürsorge- und Erziehungspflicht den Kindern
gegenüber nicht mehr gerecht werden könnte.

Dieses staatliche Wächteramt – das zweite Mandat an die sozialarbeiterischen
Akteure – kommt vor allem dann zum Tragen, wenn das Wohl der Kinder gefährdet ist und der Staat – auch gegen den Willen der Eltern – intervenieren
muss. Wenn es um den Schutz der Kinder geht, haben die Akteure im Feld der
pädagogischen und der Sozialen Arbeit mit Kindern das Wächteramt des Staates
wahr zu nehmen. Der Staat ist nämlich aufgrund des Rechtes des Kindes »auf Erziehung zu einer eigenständigen und gemeinschaftsfähigen Persönlichkeit« (§ 1
Abs. 1 SGB VIII) befugt, durch den öffentlichen Arm der Kinder- und Jugendhilfe, das Jugendamt, in die elterlichen Rechte einzugreifen bzw. ihnen für die Ausübung ihrer Erziehungsrechte und -pflichten Hilfsangebote bereitzustellen. Dabei kann es zu Interessenkonflikten zwischen den Eltern und den Fachkräften
kommen, die es im Einzelfall auszuhandeln gilt.

# 3.5  Soziale Arbeit mit Kindern – Referenztheorien und Ansätze

Die Akteure in den unterschiedlichen Aktionsbereichen der »Sozialen Arbeit mit
Kindern« handeln jeweils nach eigenen Konzepten und methodischen Ansätzen.
Ihnen sind signifikante Grundorientierungen gemeinsam, die im Folgenden auf
eine formalisierte Weise charakterisiert werden.

## 3.5.1 Lebensweltorientierung: der Lebenslagenansatz

Das Lebenslagenkonzept besteht zum einen aus einer Analyse der Situation, in der Menschen leben, der Bedingungen, unter denen dieses Leben stattfindet, und zum anderen aus einer Analyse des Spielraums, den diese Bedingungen den Menschen lassen, um ihr Leben selbstgesteuert zu gestalten. Zu diesen Spielräumen zählen unter anderen der Einkommens- und Versorgungsspielraum, der Kontakt- und Beziehungsspielraum, der Erfahrungs- und Lernspielraum, der Teilnahme- und Mitgestaltungsspielraum, der Freizeit- und Regenerationsspielraum. Je ausgedehnter diese Räume sind, je mehr Möglichkeiten der Nutzung und Entfaltung dem Menschen bleiben, umso günstiger die Prognose für diese Menschen hinsichtlich der Möglichkeiten, ihre Lebenslagen zu steuern und zu verändern.

Die Frage nach solchen Chancen steht im Mittelpunkt, wenn es nun darum geht, die Lebenslagen der Kinder zu beschreiben. Dabei wird eine in dem Lebenslagenkonzept enthaltene Bewertung der Situation der Kinder vorgenommen, und werden Konsequenzen für das politische und das sozialpädagogische/sozialarbeiterische Handeln festgelegt.

Bei der Frage danach, unter welchen Bedingungen die Kinder hierzulande aufwachsen, sind möglichst viele Lebensumstände in den Blick zu nehmen; es werden sowohl unmittelbar als auch mittelbar wirksame Indikatoren benannt unter der Fragestellung, welche Lebenschancen Kinder generell und welche Möglichkeiten sie konkret haben, um diese Chancen zu realisieren. Im Blick sind vor allem: der Bereich der ökonomischen Lebensgrundlagen der Kinder (Stichwort »Kinderarmut«), der Bereich ihrer gesundheitlichen Verfassung und Versorgung (Stichwort »Kindergesundheit«), der Bereich der Bildung (Stichwort »Bildungschancen«) sowie die Aspekte »Diversität« und »Fremdbestimmung – Selbstbestimmung« (vgl. Hinte/Treeß 2011, Hugoth 2011a).

## 3.5.2 Handlungsfeldorientierung: der systemische Ansatz

Die Handlungsfeldorientierung bei der Sozialen Arbeit mit Kindern meint, ihre Lebens- und Problemlagen in den komplexen Zusammenhängen ihrer Bedingungen wahrzunehmen und zu verstehen (mit Verfahren des Lebenslagenansatzes), Handlungskonzepte darauf abzustimmen und diese methodisch umzusetzen. Handlungsfeldorientierung geht von der Tatsache aus, dass angesichts der komplexen gesellschaftlichen Entwicklungen und der multikonditionell bedingten Labilisierungen der Lebenswelt der Menschen, zumal der Kinder und ihrer Familien, eine Bewältigung der Herausforderungen und Probleme durch die Individuen allein kaum möglich ist. Nur das Zusammenwirken unterschiedlicher Einrichtungen und Dienste ermöglicht die flankierenden Hilfe- und Unterstützungsleistungen, auf die Kinder und ihre Familien angewiesen sind. Zugleich können erforderliche Maßnahmen der Intervention und Steuerung bei Gefährdungen des Kindeswohls und bei politischen Maßnahmen zur Verbesserung der Lebenslagen der Kinder nur nachhaltig Erfolg haben, wenn die involvierten Institutionen und Dienste und die Initiativen und Aktionskreise in verlässlichen

Strukturen und Arbeitsweisen miteinander kooperieren. Das aber verlangt von den Akteuren – den sozialarbeiterischen/sozialpädagogischen Fachkräften wie auch den Verantwortlichen in Ämtern und politischen Entscheidungsgremien –, dass sie systemisch analysieren und planen und ihr Handeln nach systemisch angelegten Konzepten vollziehen. Dabei greifen sie auf systemtheoretische Ansätze der Erklärung gesellschaftlicher Zustände und Entwicklungen, gesellschaftlicher Funktionssysteme und der Funktion der Systeme der pädagogischen und der Sozialen Arbeit zurück (vgl. Merten 2000; Miller 2001).

### 3.5.3 Dienstleistungsorientierung: der Dienstleistungsansatz

Die Einrichtungen und Dienste im »Handlungsfeld der Sozialen Arbeit mit Kindern« bieten personenbezogene soziale Dienstleistungen in Form von Erziehungs- und Bildungs-, von Beratungs- und Unterstützungsmaßnahmen an; sie stellen diese Maßnahmen in den Dienst der Kinder und ihrer Familien in Anpassung an deren Bedürfnisse und Interessen und unter Einbezug ihrer aktiven Mitwirkung; dabei fallen Produktion und Konsumtion der Leistungen zusammen (uno-actu-Prinzip). Dadurch kommt der interaktive und kommunikative Charakter sozialer Dienstleistungen, der stets den materiellen Gehalt überwiegt, zum Tragen, der sich vor allem darin auswirkt, dass die Adressat*innen der Dienstleistungen – die Kinder und ihre Familien – zu »Koproduzenten« werden (vgl. den weithin vorherrschenden ko-konstruktivistischen Ansatz für die Bildung von Kindern in Kindertageseinrichtungen und in anderen Institutionen, in denen in Bildungsarbeit mit Kindern praktiziert wird – ob in der Natur-, Umwelt-, Kulturpädagogik, in der Erlebnispädagogisch oder in der offenen Kinderarbeit).

### 3.5.4 Subjektorientierung: der Befähigungsansatz – der kinderrechtepädagogische Ansatz

Subjektorientierung innerhalb der Sozialen Arbeit mit Kindern lässt zum einen die subjektiven Wahrnehmungen, Erklärungen, Einschätzungen und Entscheidungen der Kinder zur Geltung kommen, zum anderen berücksichtigt sie die subjektive Sichtweise und den subjektiven Charakter des pädagogischen und sozialarbeiterischen Handelns der Fachkräfte. »Subjekttheoretische Ansätze privilegieren die Perspektive und Deutungsschemata der handelnden Akteure in einer Interaktionsbeziehung« (Flösser/Oechler 2010: 28).

#### Der Befähigungsansatz

Die Subjektorientierung bei der Sozialen Arbeit mit Kindern kommt vor allem beim Befähigungsansatz zum Tragen. Denn hier werden auf der Basis subjektiver Theorien der Kinder über das, was sie können und können wollen, um bestimmte Ziele zu erreichen und Vorstellungen zu realisieren, Maßnahmen durchgeführt, die sie darin bestärken und befähigen, an der Verwirklichung ihrer Vorstellungen mitzuwirken. Die Erweiterung individueller Verwirklichungschancen (Capabilities) beginnt also bereits in der Kindheit. Auf dieser Erfahrung beruhen die zahlreichen Befähigungsinitiativen, wie sie etwa vom Deutschen Caritasverband in Einrichtungen und Diensten der Kinderhilfe umgesetzt werden (vgl. Rogg 2007; zum Befähigungsansatz ferner: Beck 2008, Kainzbauer 2010). Über die Befähigung der Individuen hinaus geht es auch um die Realisierung einer Befähigungsgerechtigkeit durch die Befähigung des Umfeldes der Individuen (bei Kindern: der Familie sowie der Erziehungs- und Bildungsorte Kita, Schule und offene Kinderarbeit). Und es geht um die Befähigung von Staat und Gesellschaft mit dem Ziel, dass diese grundsätzlich die Chancen, sodann konkrete Möglichkeiten und schließlich die erforderlichen Ressourcen zur Verfügung stellen, die den Kindern ermöglichen, durch umfassende Lernprozesse, durch die Partizipation an Bildungsangeboten, durch die Chance der Konstruktion von Eigen- und Sozialwelten die Entwicklungs- und Bewältigungsherausforderungen zu meistern.

### Der kinderrechtepädagogische Ansatz

Die Befähigung der Kinder dazu, ihre Rechte zu kennen und sich diese anzueignen, sie zu beanspruchen und zu bekommen, sie aber auch nach der Diktion Liebels (Liebel 2007) »auszuüben«, also in ihrem Sinn zu handeln und ihre eigenen Rechte zu wahren – etwa durch den Respekt vor den Gleichaltrigen und ihren Rechten –, ist eine zentrale Aufgabe einer Kinderrechtepädagogik. Diese zielt an erster Stelle auf die Kinder selber und auf ihre Befähigung, als Rechtsträger zu denken und zu handeln.

Zum anderen zielt eine Kinderrechtepädagogik auch auf die Erwachsenen, die es mit jungen Menschen zu tun haben: Auch sie müssen Einstellungen und Haltungen gewinnen sowie ein Wissen und ein methodisches Können erwerben, um für die Umsetzung der Kinderrechte zu sorgen.

Als Struktur für eine Kinderrechtepädagogik für Kinder haben sich vier Perspektiven bewährt: Rechte haben, Rechte kennen, Recht bekommen und Recht tun (vgl. auch Hugoth 2009a). Das heißt im Einzelnen:

1. Die Kinder und Jugendlichen müssen erfahren, *dass sie Rechte haben*, die ausschließlich für sie und zu ihrem Wohl formuliert wurden, die sie zu Rechtssubjekten erklären und an die sich alle Staaten halten müssen, die die UN-Kinderrechtskonvention ratifiziert haben. Auf diese Rechte können sich alle Kinder, Jugendlichen bis zum 18. Lebensjahr berufen, unabhängig von ihrer nationalen, kulturellen, familiären Herkunft.
2. Die Kinder und Jugendlichen müssen *ihre Rechte kennen*. Dazu müssen ihnen die auf sie unmittelbar bezogenen Artikel der UN-Kinderrechtskonvention erschlossen und in ihrer jeweiligen Bedeutung, Geltung und Reichweite verständlich gemacht werden. Ferner müssen die Kinder lernen, wie sie auftreten und ihre Rechte argumentativ vertreten können.

3. Die Kinder und Jugendlichen müssen *Recht bekommen*. Diese Perspektive beinhaltet zum einen das Engagement der pädagogischen Fachkräfte dafür, dass die Kinder zu ihrem Recht kommen – sowohl im Binnenbereich der Kinder- und Jugendhilfeeinrichtungen und der Schulen als auch in den Lebensräumen der Kinder außerhalb dieser Institutionen. Zum anderen beinhaltet diese Perspektive aber auch die Befähigung der Kinder, für ihre Rechte selbst einzutreten und sich Recht zu verschaffen.

4. Die Kinder und Jugendlichen sollen lernen, *Recht zu tun*. Diese Perspektive bezieht sich darauf, dass die Kinder zum einen lernen, dass sie sich ihren Rechten entsprechend verhalten – wenn sie etwa das Recht auf Partizipation und Mitbestimmung geltend machen wollen, müssen sie ein entsprechendes Interesse aufbringen und sich über die Themen kundig machen, die zur Mitbestimmung anstehen. Zum anderen meint ›Recht-Tun‹ natürlich auch, dass die Kinder lernen, die Rechte anderer Kinder zu achten; schließlich kann es auch heißen, die anderen Kinder auf ihre Rechte aufmerksam zu machen und sie zu ermutigen und zu motivieren, sich für ihre eigenen Rechte einzusetzen

Um in diesen Perspektiven pädagogisch zu arbeiten, also die Kinder und Jugendlichen beim Wahrnehmen, Ermessen, Beanspruchen, Realisieren ihrer Rechte zu unterstützen und sie zum Recht-Tun zu motivieren und zu befähigen, sollten didaktisch die Ebenen in Betracht gezogen werden, auf denen Kinder lernen und auf denen sie die Fähigkeiten erlangen, das Gelernte ins Handeln zu übersetzen.

Der Unterschied zwischen einem Stoff-Lernen, wie es vor allem in der Schule, aber auch in manchen Lernfeldern der Kinder- und Jugendhilfe praktiziert wird, und solchen Lernprozessen, bei denen es um die Beschäftigung mit den Kinderrechten in den eben erläuterten Perspektiven geht, besteht vor allem darin, dass zum einen stets ein eingehender Bezug zur Beobachtungs-, Lebens- und Erfahrungswelt der Kinder und Jugendlichen hergestellt wird – Kinderrechtepädagogik erfolgt also stets kontextgebunden.

Zum anderen sind hier die Kinder- und Jugendlichen stärker als bei vielen anderen Lernprozessen die Akteure im Sinne von Subjekten von Aneignungs-, Deutungs-, Gewichtungs- und Umsetzungsprozessen: Die Kinder sind nicht nur Adressat*innen von Aufklärung, Vermittlung und Befähigung; sie sind selbst Akteure: bei der Formulierung der Kinderrechte »mit ihren Worten«, bei der Übersetzung der geschriebenen Rechte auf ihre Verstehensebene und in ihre Lebenskontexte, beim Ermessen der Konsequenzen für sie selbst, ihr Handeln, Einklagen, Umsetzen, und für das Eintreten für ihre Rechte in der Erwachsenenwelt (vgl. den für die Soziale Arbeit in vielen Bereichen geltenden Agency-Ansatz; bei diesem geht es darum, die Handlungsmacht und -kompetenz der Klient*innen auszubauen, wobei bei deren Interessen und Stärken angesetzt wird; es geht ferner um eine eindeutige Zuschreibung von Zuständigkeiten an die Klient*innen, und darum, die Maßnahmen zur Verbesserung ihrer Situation mitzusteuern und dafür Verantwortung zu übernehmen).

## 3.6 Soziale Arbeit mit Kindern an unterschiedlichen Aktionsorten – Einrichtungen und Dienste der Kinderhilfe im Überblick

»Während die ersten institutionalisierten Hilfen vor allem sozialdisziplinierenden Charakter hatten bzw. überwiegend aus Nothilfemaßnahmen bestanden, lässt sich mittlerweile ein breites Spektrum an präventiven, lebenswelt- und lebenslangenorientierten Angeboten dokumentieren« (Flösser/Oechler 2010: 112).

Diese Angebote müssen in einer Zusammenschau und in ihrem Verhältnis zueinander gesehen werden, wenn man sich ein Bild vom »Handlungsfeld Soziale Arbeit mit Kindern in unterschiedlichen Lebenslagen« machen will.

Die Kinderhilfe als Feld der »Sozialen Arbeit mit Kindern« kann heute nicht mehr allein über einzelne Präventions-, Interventions- und Erziehungsmaßnahmen begriffen werden. Die ehemalige weitgehend institutionalisierte »Kinderhilfe« weist heute ein bedeutend breiteres Spektrum auf, was durch den Titel »Soziale Arbeit mit Kindern« angezeigt wird. Diese erfolgt an sehr unterschiedlichen Handlungsorten, an denen Dienstleistungen für Kinder und ihre Familien erbracht werden, an denen es aber auch zu intervenierenden Maßnahmen kommen kann, die das Recht und die Befugnisse der Eltern einschränken. Das Gesamt dieser Aktionsorte, die gegenwärtig zunehmend miteinander vernetzt werden, kann als »Handlungsfeld der Sozialen Arbeit mit Kindern« begriffen werden.

### 3.6.1 Kindertageseinrichtungen

Historisch betrachtet stellen die unterschiedlichen Formen der Kindertagesbetreuung das jüngste Aktionsfeld der Kinder- und Jugendhilfe dar. Gemeint sind Kindertageseinrichtungen, zu denen Kinderkrippen, Kindergärten und Horte gezählt werden, sowie die Kindertagespflege. Erst mit dem Inkrafttreten des SGB VIII (1991) wurde die Kindertagesbetreuung per definitionem dem umfassenden Handlungsfeld der Kinder- und Jugendhilfe zugeordnet.

Die soziale und pädagogische Arbeit mit Kindern in Kindertageseinrichtungen und Tagespflege konzentriert sich gemäß § 22 Abs. 3 SGB VIII auf die Erziehung, Bildung und Betreuung der Kinder. Das Gros der Kinder in den Kitas stellen Kinder im Vorschulalter. In Horten und ähnlichen Einrichtungen sind es Kinder bis zwölf Jahren.

Bis Mitte des 20. Jahrhunderts überwogen in den Kindertageseinrichtungen die Arbeitsschwerpunkte Verwahrung und Betreuung. Seit Anfang 2000 (u. a. als Nachwirkungen der ersten PISA-Studien und des Pisaschocks) erfolgte eine Neubewertung und -orientierung der frühpädagogischen Arbeit, durch die der Bildungsauftrag der Einrichtungen in den Mittelpunkt rückte. Kindertageseinrichtungen gelten heute als erste Stufe des deutschen Bildungssystems.

Bei den neu entwickelten Konzepten der Bildung von Kindern im Vor- und Grundschulalter werden auch die Lebenswelten der Kinder und die Bedingungen ihres Aufwachsens veranschlagt. Denn die soziale Herkunft der Kinder ist in einem erheblichen Maß ausschlaggebend für ihren Bildungserfolg. Deshalb bildet »die Erweiterung des kindlichen Handlungs- und Erfahrungsfeldes zur Kompensation deprivierender Entwicklungsbedingungen einen wichtigen Schwerpunkt« der sozialpädagogischen Arbeit von Kindertageseinrichtungen (Krus/Jasmund 2011: 46; Jasmund 2018). Ferner sieht diese Arbeit eine kontinuierliche und intensive Einbindung der Eltern in die Erziehungs- und Bildungsarbeit der Einrichtungen vor – fast alle Bildungspläne der Bundesländer verpflichten die Einrichtungen darauf, Erziehungs- und Bildungspartnerschaften mit den Eltern zu installieren und verbindlich zu gestalten (vgl. Borke/Schwentesius 2019; Aich u. a. 2017; Roth 2010).

Ein weiteres zentrales Anliegen des sozialpädagogischen Engagements von Kindertageseinrichtungen und ihrer Stützsysteme (Fachberatung, Fortbildung, Träger) ist die Förderung von Chancengleichheit für alle Kinder: »Allen Kindern soll unabhängig von ihren individuellen Voraussetzungen, ihrem sozialen und wirtschaftlichen Hintergrund sowie ihrer ethnischen und kulturellen Herkunft der Zugang zur Bildung und zur Teilhabe am gesellschaftlichen Leben ermöglicht werden (Forum Bildung 2000: 66, zitiert nach Krus/Jasmund 2011: 46). Deshalb fokussiert der Erziehungs- und Bildungsauftrag der pädagogischen Fachkräfte darauf, »die organisatorischen, strukturellen und inhaltlichen Rahmenbedingungen der frühpädagogischen Einrichtung sowie den familiären und sozialräumlichen Kontext der Kinder zu reflektieren und zu analysieren und mit den vorhandenen Ressourcen Gestaltungs- und Bewältigungswege zu realisieren, so dass differenzielle Entwicklungsverläufe als Chance und Variante für gemeinsames Lernen und Handeln gesehen werden« (ebd.). Dies hat zur Folge, so dass die Erziehungs- und Bildungsarbeit in Kindertageseinrichtungen nur von Fachkräften geleistet werden kann, die neben ihrer elementarpädagogischen Befähigung auch über sozialarbeiterische Kompetenzen verfügen.

Die zentralen bundesgesetzlichen Grundlagen für die frühkindliche Erziehung, Bildung und Betreuung sind im SGB VIII geregelt – in den §§ 22–26 die kitaspezifischen Festlegungen, in den §§ 69–84 die Trägerrechte und in § 90 die Kostenregelungen. Hinzu kommen die länderspezifischen Ausführungsbestimmungen, welche die konkreten Aufgaben der Einrichtungen, die Standards zur personellen und räumlichen Ausstattung, zu Gruppengröße und Personalschlüssel, zur Qualität der Arbeit, zur Finanzierung und zum Verfahren der Betriebserlaubnis regeln.

Das Angebot von Kindertageseinrichtungen und -tagespflege wird im Bundesdurchschnitt von mehr als 90 % aller Kinder in der Altersgruppe der Drei- bis Sechsjährigen wahrgenommen. Seit 1996 besteht für jedes Kind ein individueller Rechtsanspruch auf den Besuch eines Kindergartens. Ab 2013 gilt der Rechtsanspruch auf Erziehung, Bildung und Betreuung in einer Kindertageseinrichtung oder -tagespflege ab dem vollendeten ersten Lebensjahr. Trotz der momentanen Schwerpunktsetzung auf dem Bildungsauftrag der Kindertageseinrichtungen zielen die Bildungsmaßnahmen zusammen mit den Maßnahmen der Erziehung und Betreuung auf die eine umfassende Förderung der Kinder bei ihrer körperlichen, emotionalen, kognitiven, sozialen, ethischen und – in den meisten Bundesländern – auch religiösen Entwicklung; diese Förderung soll sich »am Alter und

Entwicklungsstand, an den sprachlichen und sonstigen Fähigkeiten, der Lebenssituation sowie den Interessen und Bedürfnissen des einzelnen Kindes orientieren und seine ethnische Herkunft berücksichtigen« (§ 22 Abs. 3 SGB VIII).

Soziale Arbeit mit Kindern im Handlungsfeld der Einrichtungen und Dienste der Kindertagesbetreuung findet zum einen dadurch statt, indem

1. Sozialarbeiter*innen in multiprofessionellen Teams dafür Sorge tragen, dass die Bedingungen des Aufwachsens der einzelnen Kinder und ihre jeweilige Lebenssituation bei der pädagogischen Arbeit berücksichtigt werden – beispielsweise durch besondere sozialpädagogische Maßnahmen bei der Stärkung der Resilienz von Kindern in prekären Lebenslagen;
2. Sozialarbeiter*innen durch diversitätspädagogische Maßnahmen – beispielsweise der vorurteilsbewussten Pädagogik nach dem Anti-Bias-Ansatz – zu einer Kompensation von Benachteiligungen aufgrund von kultureller, körperlich-geistiger oder psychischer Andersheit beitragen;
3. Sozialarbeiter*innen als Netzwerkexpert*innen für die Vernetzung von Kindertageseinrichtungen mit anderen Einrichtungen der Kinder- und Familienhilfe – dem Jugendamt, der sozialpädagogischen Familienhilfe, den Frühen Hilfen usw. – eine arbeitsteilig organisierte Optimierung der Betreuung der Kinder Verantwortung tragen;
4. Sozialarbeiter*innen für die Wahrnehmung des Schutzauftrags nach § 8a SGB VIII Runde Tische initiieren und moderieren
5. Sozialarbeiter*innen als Lobbyist*innen für die Rechte der Kinder agieren und Konzepte der Partizipation und Mitbestimmung zusammen mit den Teams und den Kindern entwickeln.

Soziale Arbeit ist ferner im System der Kindestagesbetreuung in der Fachberatung, in den Unterstützungssystemen der Qualitätsentwicklung (Auditoren), in der Geschäftsführung von Kita-Verbünden und Kita-gGmbHs sowie in der Geschäftsführung und der Referentenarbeit der Trägerorganisationen anzusiedeln.

Zudem werden Sozialpädagog*innen bzw. Sozialarbeiter*innen mit Leitungs- und Managementkompetenzen benötigt, die den Anforderungen der Personal-, Konzept- und Qualitätsentwicklung, der Organisationsentwicklung und eines Vernetzungsmanagements gerecht werden. Denn ihren Erziehungs-, Bildungs- und Betreuungsauftrag mit sozialarbeiterischer Akzentsetzung werden Kindertageseinrichtungen nur gerecht durch eine Einbindung in sozialräumliche Netzwerke:

> »Die Vernetzung mit anderen Bildungsträgern, Einrichtungen des Gemeinwesens und der Aufbau eines sozialräumlichen Netzwerkes bilden die Grundlage für eine den individuellen, kulturellen und gesellschaftlichen Bedingungen angemessene Bildung und Erziehung der Kinder« (Krus/Jasmund 2011: 53).

## 3.6.2   Familienzentren

Unter dem Begriff »Familienzentren« werden unterschiedliche Einrichtungen mit einer Bündelung von Angeboten und Diensten für Familien zusammengefasst –

von Mütterzentren über Familienbildungsstätten bis zu Mehrgenerationenhäusern. In jüngster Zeit konzentriert sich der Ausbau von Familienzentren auf Kindertageseinrichtungen, die zu komplexen Verbundsystemen mit unterschiedlichen Dienstleistungen für Kinder und Familien weiterentwickelt werden. Dabei orientieren sich die meisten Einrichtungen nach dem Modell der englischen »Early Excellence Centres«, die es sich zur Aufgabe gemacht haben, ressourcenorientiert die Erziehung, Bildung und Betreuung der Kinder mit diversen sozialarbeiterischen Unterstützungsmaßnahmen und Gesundheitsdiensten für die Familien zu verbinden. Dabei gehen die Pädagog*innen, Sozialarbeiter*innen, Pflegekräfte und Eltern eine Erziehungs- und Bildungspartnerschaft ein, in deren Mittelpunkt die gemeinsame Sorge für die Kinder steht, für die sich alle, Fachkräfte wie Eltern, gemeinsam verantwortlich wissen; diese Verantwortung realisieren sie arbeitsteilig und in Abstimmung auf ihre Fähigkeiten und Ressourcen.

Ein ähnliches Ziel verfolgen die Familienzentren in Deutschland, die Kindertageseinrichtungen einbeziehen bzw. aus diesen entwickelt werden: Es soll zum einen erreicht werden, dass die Erziehungs- und Bildungsmaßnahmen für die Kinder und die Beratungs- und Unterstützungsmaßnahmen für die Eltern/Familien synergetisch effektiver zusammenarbeiten; zum anderen soll erreicht werden, dass die Energieaufwendungen und Reibungsverluste für Eltern, die mehrere Dienste gleichzeitig in Anspruch nehmen müssen, durch eine Verkürzung der Wege – alles liegt in unmittelbarer Nachbarschaft oder befindet sich unter einem Dach – verringert werden. Durch diese neue Infrastruktur, die bedarfsgerechte und niedrigschwellige Angebote integriert, soll die Förderung der Entwicklungs- und Bildungsprozesse der Kinder optimiert und sollen gleichzeitig Eltern und Familien bei der Bewältigung ihrer Alltagsherausforderungen effektiver unterstützt werden.

Am häufigsten sind Familienzentren vertreten, die Kindertageseinrichtungen, Familienbildung und diverse Dienste der Familienhilfe vereinen. Ob es sich um ein additives Modell handelt, bei dem räumlich nahe gelegene Einrichtungen und Dienste miteinander kooperieren, oder um ein Verbundmodell, das eine engmaschige Vernetzungsstruktur aufweist, oder um das »Alles-unter-einem-Dach-Modell« – alle zeichnen sich dadurch aus, dass sie ein Gesamtkonzept aufweisen, das eine bedarfsgerechtere Abstimmung der Hilfe- und Unterstützungsangebote garantieren soll.

Neben den pädagogischen Fachkräften in den Kindertageseinrichtungen sind es vor allem Sozialarbeiter*innen, die in diesen Familienzentren tätig sind. Methodisch konzentriert man sich bei den Kindern auf ihre Erziehung und Betreuung sowie auf ihre Bildung nach einem ganzheitlichen bzw. integrativen Bildungskonzept, das die Kinder zu einer Entwicklung und Festigung der Kompetenzen befähigen will, die sie brauchen, um die anstehenden Entwicklungs- und Bewältigungsherausforderungen zu bestehen.

Bei der Sozialen Arbeit mit den Eltern werden Methoden der Beratung, der Bildung und Kompetenzerweiterung sowie der sozialpädagogischen Unterstützung bei der Bewältigung ihrer Alltagsaufgaben angewandt.

## 3.6.3 Hilfen zur Erziehung

Die Hilfen zur Erziehung zählen zum ältesten Bereich der Kinder- und Jugendhilfe. Sie haben sich aus der traditionellen Anstaltserziehung entwickelt. Neben der Kindertagesbetreuung stellen die erzieherischen Hilfen den zweitgrößten Aktionsbereich im Handlungsfeld »Soziale Arbeit mit Kindern« dar, der jedoch ein differenzierteres Angebotsspektrum umfasst (vgl. Macsenaere 2017; Hechler 2011).

Anlass für die Inanspruchnahme der Hilfen zur Erziehung ist häufig eine Überforderung des familiären Hilfesystems, die meist in Konflikten innerhalb der Familie oder im unmittelbaren Umfeld der Kinder, in Erziehungsschwierigkeiten, in Armut oder anderen Auswirkungen prekärer Lebenslagen ihre Ursache hat (vgl. Macsenaere 2017; Winkler 2012).

Hilfen zur Erziehung werden dann gewährt, wenn eine dem Wohl des Kindes entsprechende Erziehung von den Familien nicht geleistet werden kann, erst recht, wenn der Tatbestand einer Kindeswohlgefährdung im Sinne von § 1666 BGB vorliegt. Die erzieherischen Hilfen bestehen in individuellen Beratungs- und Unterstützungsangeboten und in intensiven konkreten Hilfen für Familien und Kinder.

Die Hilfen zur Erziehung wurden vom Gesetzgeber als eine »sozialpädagogische Dienstleistung« (Münder u. a. 2009: 266) konzipiert. Anspruchsberechtigt sind die Personensorgeberechtigten des Kindes, »wenn eine dem Wohl des Kindes oder des Jugendlichen entsprechende Erziehung nicht gewährleistet ist und die Hilfe für seine Entwicklung geeignet und notwendig ist« (§ 27 SGB VIII). Es handelt sich hier um einen individuellen Rechtsanspruch, der eine fachliche Überprüfung des Bedarfs eine erzieherische Hilfe erforderlich macht. Dabei ist stets eine Abstimmung zwischen den Erziehungsleistungen, die von den Sorgeberechtigten erbracht werden können, und dem fachlich festgelegten Hilfebedarf zu erfolgen.

Zur Durchführung einer erzieherischen Hilfe schreibt der Gesetzgeber das Hilfeplanverfahren bzw. die Hilfeplanung vor (§ 36 SGB VIII). In diesem Plan ist festgehalten, dass die Eltern über mögliche Hilfen zur Erziehung informiert und in die Auswahl eines konkreten Verfahrens einbezogen werden; dabei sind die Interessen und Wünsche der betroffenen Familien zu berücksichtigen. Die Leistungserbringungsberechtigten haben das Recht, zwischen den sozialpädagogischen Einrichtungen und Diensten verschiedener Träger zu wählen und Wünsche hinsichtlich der Ausgestaltung der Hilfen zu äußern (zum Wunsch- und Wahlrecht vgl. § 5 SGB VIII).

### Ambulante und teilstationäre Hilfen zur Erziehung

Bei den ambulanten Hilfen erhalten die Kinder und Jugendlichen direkt in ihrem Lebensumfeld Hilfen und Unterstützung. Die sozialpädagogischen Fachkräfte suchen die Kinder und Jugendlichen in ihren Familien oder an den Orten auf, an denen sie sich längere Zeit aufhalten. Es ist auch möglich, dass die jungen

Menschen und ihre Familien über eine begrenzte Zeit am Tag in einer Einrichtung durch sozialpädagogische Fachkräfte Betreuung und Unterstützung erfahren. Bei den ambulanten Hilfen zur Erziehung handelt es sich also um Angebote mit einer Geh- und einer Kommstruktur. Zu den ambulanten Hilfen zur Erziehung zählen Erziehungsberatung (§ 28 SGB VIII), Erziehungsbeistand/Betreuungshelfer (§ 30 SGB VIII), sozialpädagogische Familienhilfe (§ 31 SGB VIII).

Zu den teilstationären Hilfen – hier werden Kinder und Jugendliche täglich über einen festen Zeitraum in einer Einrichtung betreut – gehören soziale Gruppenarbeit (§ 29 SGB VIII) und die Erziehung in Tagesgruppen sowie die Sozialpädagogische Tagespflege (§ 32 SGB VIII).

### Stationäre Hilfen zur Erziehung

Bei stationären Hilfeformen leben die Kinder und Jugendlichen über Tag und Nacht in einer Einrichtung außerhalb der Familie. Die bekannteste Hilfeform ist nach wie vor die Heimerziehung als eine außerfamiliäre Unterbringungsform in Fällen von Erziehungsproblemen und von Kindeswohlgefährdungen (nach § 34 SGB VIII). Dazu gehören auch Vollzeitpflege in Pflegefamilien (§ 33 SGB VIII) und sonstige betreute Wohnformen (§ 34 SGB VIII). Diese traditionellen familienersetzenden Hilfen sollen allerdings sukzessiv durch familienunterstützende und -ergänzende Dienste abgelöst werden.

## 3.6.4 Sozialpädagogische Familienhilfe

Die Sozialpädagogische Familienhilfe wird als ein Regelangebot der Jugendhilfe definiert; demzufolge bildet das SGB VIII die rechtliche Grundlage dieses Dienstes, der im Letzten auf das Wohl des Kindes abzielt: Denn die Sozialpädagogische Familienhilfe versteht sich als eine besondere betreuungsintensive Form der Hilfen zur Erziehung, die nach § 31 SGB VIII dann eingesetzt wird, wenn Eltern mit der Erziehung überfordert sind, wenn die Familie in einer Krise steckt oder das Gefährdungsrisiko für die Kinder ein bedenkliches Niveau erreicht. Nicht immer wird die familiengerichtliche Verordnung einer Sozialpädagogischen Familienhilfe von der betroffenen Familie akzeptiert; die Motivierung der Familienmitglieder zur Kooperation gehört deshalb zu den ersten Aufgaben der Sozialpädagogischen Familienhilfe.

In der Hauptsache zielt die Sozialpädagogische Familienhilfe auf eine Unterstützung der Eltern bei ihren Erziehungs- und Bildungsaufgaben sowie bei der Sorge um ein stabiles Familienleben ab, also auf eine Verbesserung der Aufwachs- und Lebensbedingungen der Kinder. Dazu suchen die Fachkräfte – in erster Linie Sozialarbeiter*innen – die betroffenen Familien auf.

Dieses Setting einer aufsuchenden Sozialarbeit stellt an die Fachkräfte eine komplexe Herausforderung dar, indem sie aus unmittelbarer Nähe die prekäre Lebenslage der Familien, ihre Krisen- und Belastungsfaktoren sowie das in der Regel problematische Verhalten der Eltern den Kindern gegenüber erleben und indem sie mit den Familien »inner- und außerfamiliäre Ressourcen erschließen müssen unter dem Aspekt der Wiedergewinnung oder Gewinnung von Handlungsfähigkeit zur Gestaltung des eigenen Lebens« (Helming 2011: 835, zu den Anforderungen an die Fachkräfte in der Sozialpädagogischen Familienhilfe vgl. Rothe 2011).

Die Sozialpädagogische Familienhilfe handelt im Auftrag des Jugendamtes. Sie kann durch das Jugendamt verordnet oder von der Familie beim Jugendamt beantragt werden. So sind bei der Realisierung der Hilfemaßnahme in der Regel drei Parteien beteiligt: die Familie, die Sozialpädagogische Familienhilfe und das Jugendamt; dieses trägt die Letztverantwortung und die Kosten für die Maßnahmen, die durch die Sozialpädagogische Familienhilfe in den Familien nach einem von allen drei Parteien ausgehandelten Hilfeplan durchgeführt werden.

### 3.6.5 Frühe Hilfen

Die Frühen Hilfen gehören zu den jüngsten Institutionen der »Sozialen Arbeit mit Kindern«. In den Frühen Hilfen wirken Angehörige unterschiedlicher Professionen zusammen: der Sozialen Arbeit (Kindertageseinrichtungen, offene Kinder- und Jugendarbeit, familienunterstützende Dienste), der psychologischen Beratung (Schwangeren-, Eltern- und Familienberatung), der medizinischen Dienste. Ziel ist es, das Entstehen von Gefährdungen des Kindeswohls zu verhindern bzw. Risiken für das Wohl und die Entwicklung von Kindern zu mindern. Dazu werden den Eltern und den Kindern im Zeitraum ab der Schwangerschaft bis zum Ende des ersten Lebensjahres – in manchen Fällen bis drei Jahre – spezifische bereichsübergreifende und koordinierte Beratungs- und Unterstützungsangebote gemacht. Diese Angebote können die Eltern nicht erst bei einer konkreten Gefährdungslage des Wohls des Kindes in Anspruch nehmen; die Angebote zielen auf eine Unterstützung der Eltern rund um die Geburt des Kindes und in der frühen Kindheit ab. Zugleich sollen sie den Eltern den Zugang zu anderen Angeboten der Kinder- und Jugendhilfe erleichtern. Der Zugang zu den Eltern wird über die spezifischen Stellen ermöglicht, mit denen die Eltern in der Phase der Schwangerschaft, der Geburt und in den ersten Lebensjahren des Kindes in regelmäßigem Kontakt stehen. So kann eine Vertrauensbasis bei den Eltern geschaffen werden, die es ihnen erleichtert, die Angebote der Frühen Hilfen und weiterer Dienste der Gesundheits- und der Kinder- und Jugendhilfe anzunehmen (vgl. Eickhorst 2019).

Bei starken Belastungs- und bei Krisensituationen treten die Akteure von sich aus verstärkt an die Eltern heran. Die Frühen Hilfen »funktionieren insbesondere durch das Zusammenwirken der verschiedenen beteiligten Professionen und wirken verantwortungsadditiv. Eine sinnvolle Verzahnung der Zuständigkeitsbereiche, ein regelhafter Austausch und ein verbindliches Übergabewesen zwischen den beteiligten und helfenden Systemen sind Voraussetzung für die Wirksamkeit der Frühen Hilfen und vermeiden Reibungsverluste, Hilfelücken oder -abbrüche« (Peifer 2011: 322).

### 3.6.6 Offene und verbandliche Kinderarbeit

Unter diesen Begriff sind zahlreiche unterschiedliche pädagogische und sozialarbeiterische Angebote für Kinder außerhalb von Familie, Kita, Schule und sonstiger pädagogischer Einrichtungen zusammengefasst, in denen erlebnis-, erfahrungs- und bildungsbezogene Freizeitmaßnahmen durchgeführt werden. In der Vergangenheit richteten sich die Angebote der offenen und verbandlichen Kinderarbeit, in deren Zentrum die Förderung der Persönlichkeitsentwicklung und der Ausbildung sozialer und ökologischer Kompetenzen stehen, an Kinder im Alter ab sechs Jahren; »gegenwärtig werden aber auch Zielgruppen unter sechs Jahren erschlossen« (Flösser/Oechler 2010: 121).

Die *offene Kinderarbeit* findet in Kinderhäusern, in Kinder- und Jugendtreffs bzw. -zentren, in Heimen der Offenen Tür, auf Abenteuerspielplätzen, auf Bauern- und Pferdehöfen statt. Die »Offenheit« zeichnet sich dadurch aus, dass die Angebote allen Kindern offenstehen und dass diese freiwillig und unverbindlich in Anspruch genommen werden können. Die niedrigschwellige Komm-Struktur der Offenen Kinderarbeit beinhaltet unterschiedliche Angebote – von der Gruppenarbeit über Sport- und Spielangebote bis zu themenbezogenen Bildungsmaßnahmen (vgl. Deinet 2017).

Die *Kinderverbandsarbeit* ist vereinsförmig organisiert; sie richtet sich an die Mitglieder von Vereinen und Verbänden und zeichnet sich durch eine feste Gruppenstruktur sowie durch eine kontinuierliche Teilnahme der Kinder an den angebotenen Veranstaltungen aus. Sie befindet sich gegenwärtig in einem enormen Umbruch und sucht nach neuen Formen mit neuen Schwerpunkten wie der Medienarbeit und stellt sich der Digitalisierung der Lebens- und Lernwelten der Kinder (vgl. Schmidt/Oechler 2013).

Offene wie verbandliche Kinderarbeit – ein fast ›klassisches‹ Tätigkeitsfeld »Sozialen Arbeit mit Kindern« – stellen wichtige Sozialisationsinstanzen dar. Vielfach haben sich die Einrichtungen und Dienste – vor allem in der verbandlichen Kinderarbeit – zum Kompetenzzentren entwickelt, in denen die Kinder ihre künstlerischen, sportlichen, sozialen, kommunikativen, politischen (Kinderrechtearbeit) Kompetenzen entwickeln und ausbilden können.

Der Stellenwert der offenen Kinderarbeit ist bei den Kommunen, bei denen sie in der Regel verortet ist, recht unterschiedlich: »Einerseits erscheint sie oft als das ›Schmuddelkind‹ der Jugendhilfe, die im Vergleich zu den weitaus größeren und gesetzlich abgesicherten Bereichen der Kindertageseinrichtungen und der Hilfen zur Erziehung als drittgrößter Bereich eher marginalisiert erscheint und auch als kommunalpolitische Manövriermasse für aktuelle Themen herhalten muss.« Demgegenüber zeichnet sich in anderen Kommunen ein Wandel in der Bewertung dergestalt ab, »dass sie ein anerkannter Bestandteil der sozialen Infrastruktur ist und die Kinder- und Jugendeinrichtungen, z. B. auch im Bereich der Entwicklung von Bildungslandschaften, in Bildungsvereinbarungen einbezogen werden« (Deinet 2011: 67).

Die öffentliche Bewertung von verbandlicher Kinderarbeit hängt vom Renommee der Verbände und von den erreichten Bildungs- und Sozialisationszielen ab. Es wird bisher in der öffentlichen Meinung noch recht hoch gehandelt.

### 3.6.7 Schulsozialarbeit

Da zunehmend mehr Bundesländer bestrebt sind, Schulsozialarbeiter*innen zur personellen Ausstattung aller Schulen zu installieren, nimmt die Bedeutung der Sozialen Arbeit an Schulen zu. Das Spektrum der Tätigkeiten reicht von der individuellen Beratung von Schüler*innen über die Zusammenarbeit mit den Eltern bis zur Entwicklung von Anti-Mobbingstrategie, zu Antigewalttrainings, interkultureller Arbeit, Maßnahmen zu Stärkung von Ich-Kompetenz und sozialer Verantwortung.

Entscheidend für die Schulsozialarbeit ist die Unterstützung durch Schulleitung und Lehrerschaft, die Vernetzung mit Lehren und die Abstimmung gemeinsamer Themen von Unterricht und Sozialer Arbeit (vgl. Pötter 2018; Just 2018; Stüwe u. a. 2017).

---

**Im Überblick: Themen der Sozialen Arbeit mit Kindern**

Soziale Arbeit mit Kindern an den beschriebenen Wirkorten befasst sich u. a. mit folgenden Themen:

- Armut und Deprivation
- Kindeswohl und Kinderschutz
- Kinder psychisch kranker, suchtkranker Eltern
- Suchterkrankungen von Kindern
- Scheidungskinder
- Flüchtlingskinder, Traumaarbeit
- Teenieelternschaft
- Mediatisierte Kindheit
- Mobbing
- Resilienz, Salutogenese, Empowerment, Capability
- Kinderrechte, Kinderrechtepädagogik,
- Lobbying und Kinderpolitik

---

## 3.7 Kompetenzorientierungen für die Soziale Arbeit mit Kindern in unterschiedlichen Lebenslagen

Sozialarbeiter*innen im Handlungsfeld »Soziale Arbeit mit Kindern in unterschiedlichen Lebenslagen« müssen über ein breites Kompetenzspektrum verfügen. Dieses umfasst die *analytischen Kompetenzen* zur Wahrnehmung und Einschätzung der Lebenslagen der Kinder und ihrer Familien, die *methodischen*

*Kompetenzen* zur Anwendung bedarfsgerechter Maßnahmen bei Einzelfallhilfen, gruppen- und familienorientierten Hilfen und zur Aktivierung der Ressourcen und Fähigkeiten der Kinder wie auch ihrer Familien.

Ferner sind erforderlich: *Kompetenzen der Kooperation und Vernetzung* und der *politischen Lobbyarbeit*, wenn es darum geht, den Kindern zu ihrem Recht sowohl nach den Vorgaben des SGB VIII als auch der UN-Kinderrechtskonvention zu verhelfen.

# Literatur

Aich, G. u. a. (Hrsg.) (2017): Kooperation und Kommunikation mit Eltern in frühpädagogischen Einrichtungen. Weinheim: Beltz Juventa.

Alt, C. (Hrsg.) (2005–2008): Kinderleben. Bd. 1: Aufwachsen zwischen Familie, Freunden und Institutionen: Aufwachsen in Familien. Bd. 2: Aufwachsen zwischen Familie, Freunden und Institutionen: Aufwachsen zwischen Freunden und Institutionen. Bd. 3: Start in die Grundschule. Bd. 4: Integration durch Sprache? Bd. 5: Individuelle Entwicklungen in sozialen Kontexten. Wiesbaden: VS-Verlag (= Schriften des Deutschen Jugendinstituts. Kinderpanel).

Autorengruppe Kinder- und Jugendhilfestatistik (Hrsg.) (2019): Kinder- und Jugendhilfereport 2018. Opladen: Budrich.

Bamler, V./Werner, J./Wustmann, C. (2010): Lehrbuch Kindheitsforschung. Grundlagen, Zugänge und Methoden. Weinheim: Juventa Verlag (= Studium Elementarpädagogik).

Beck, H. (Hrsg.) (2008): Bildung als diakonische Aufgabe. Befähigung – Teilhabe – Gerechtigkeit. Stuttgart: Kohlhammer (= Diakonie; Bd. 6).

Beck, U./Beck-Gernsheim E. (Hrsg.) (2004): Riskante Freiheiten. Individualisierung in modernen Gesellschaften. 6. Aufl. Frankfurt/Main: Suhrkamp. Verlag.

Bertram, H. (Hrsg.) (2017): Zukunft mit Kindern, Zukunft für Kinder. Der UNICEF-Bericht zur Lage der Kinder in Deutschland im europäischen Kontext. Opladen: Budrich.

Betz, T. (2008): Ungleiche Kindheiten. Theoretische und empirische Analysen zur Sozialberichterstattung über Kinder. Weinheim: Juventa (= Kindheiten).

Betz, T. u. a. (Hrsg.) (2018): Gute Kindheit. Wohlbefinden, Kindeswohl und Ungleichheit. Weinheim: Beltz Juventa.

Blankenburg, N./Rätz-Heinrich, R. (2009): Kindertageseinrichtungen – Sozialräumliche Methoden in der Arbeit mit Kindern, Familien und Nachbarn. In: Deinet, U. (Hrsg.): Methodenbuch Sozialraum. Wiesbaden: VS-Verlag, S. 165–188.

Borke, J/Schwentesius, A. (Hrsg.) (2019): Zusammenarbeit mit Eltern in Kindertagesstätten. Unter Berücksichtigung vorurteilsbewusster, interkultureller, kultursensitiver und interreligiöser Ansätze sowie von Migrations- und Fluchtprozessen. Weinheim: Beltz Juventa.

Brandes, H. (2008): Selbstbildung in Gruppen: Die Konstruktion sozialer Beziehungen München: Reinhardt.

Bründel. H./Hurrelmann, K. (2017): Kindheit heute. Lebenswelten der jungen Generation. Weinheim: Beltz.

Bühler-Niederberger, D. (2011): Lebensphase Kindheit. Theoretische Ansätze, Akteure und Handlungsräume. Weinheim: Juventa Verlag (= Grundlagentexte Soziologie).

Deinet, U. (2011): Offene Kinder- und Jugendarbeit. In: Bieker, R./Floerecke, P. (Hrsg.): Träger, Arbeitsfelder und Zielgruppen der Sozialen Arbeit. Stuttgart: Kohlhammer, S. 57–69 (= Grundwissen Soziale Arbeit; Bd. 5/6).

Deinet, U u. a. (2017): Potentiale der Offenen Kinder- und Jugendarbeit. Innen- und Außensichten. Weinheim: Beltz Juventa.

Eickhorst, A. (2019): Frühe Hilfen. Früh im Leben und früh im Handeln. Göttingen: Vandenhoeck & Ruprecht.

Flösser, G./Oechler, M. (2010): Einführung in die Theorie sozialpädagogischer Dienste. Darmstadt: Wissenschaftliche Buchgesellschaft.

Fuchs, W. (1983): Jugendliche Statuspassage oder individualisierte Jugendbiographie? In: Soziale Welt, 34, S. 341–371.

Fuchs-Heinritz, W/Krüger, H.-H. (Hrsg.) (1991): Feste Fahrpläne durch die Jugendphase? Jugendbiographien heute. Opladen: Leske + Budrich.

Grunert, C./Krüger, H.-H. (2006): Kindheit und Kindheitsforschung in Deutschland. Forschungszugänge und Lebenslagen. Opladen: Budrich.

Hartmann, S. u. a. (Hrsg.) (2007): Gemeinsam für das Kind – Erziehungspartnerschaft und Elternbildung im Kindergarten. Erfahrungen aus dem Projekt »Stärkung der Erziehungskraft der Familie durch und über den Kindergarten«. Weimar: verlag das netz.

Hechler, O. (2011): Hilfen zur Erziehung. Einführung in die außerschulische Erziehungshilfe. Stuttgart: Kohlhammer.

Heitmeyer, W./Olk, T. (Hrsg.) (1990): Individualisierung von Jugend. Gesellschaftliche Prozesse, subjektive Verarbeitungsformen, jugendpolitische Konsequenzen. Weinheim: Juventa.

Helming, E. (2011): Art. Sozialpädagogische Familienhilfe. In: Fachlexikon der Sozialen Arbeit. Hrsg. vom Deutschen Verein für öffentliche und private Fürsorge. 7. Aufl. Baden-Baden: Nomos, S. 834–835.

Hinte, W./Treeß, H. (2011): Sozialraumorientierung in der Jugendhilfe. Theoretische Grundlagen, Handlungsprinzipien und Praxisbeispiele einer kooperativ-integrativen Pädagogik. 2. Aufl. Weinheim: Juventa.

Homfeldt, H. G. u. a. (Hrsg.) (2008): Vom Adressaten zum Akteur. Soziale Arbeit und Agency. Opladen: Budrich.

Honig, S. (2009): Ordnungen der Kindheit. Problemstellungen und Perspektiven der Kindheitsforschung. Weinheim: Juventa (= Kindheiten).

Honig, M.-S./Leu, H. R./Nissen. U. (1996): Kindheit als Sozialisationsphase und als kulturelles Muster. Zur Strukturierung eines Forschungsfeldes. In: Honig, M.-S./Leu, H. R./Nissen, U. (Hrsg.): Kinder und Kindheit. Soziokulturelle Muster – sozialisationstheoretische Perspektiven. Weinheim: Juventa,

Hugoth, M. (2009a): Rechte haben – Rechte kennen – Recht bekommen – Recht tun. Grundsätze und Methoden einer Pädagogik der Kinderrechte. In: Oeftering, T. (Hrsg.): Texte zur Menschenrechtspädagogik. Münster: LIT Verlag, S. 21–34 (= Erinnern und Lernen; Bd. 7).

Hugoth, M. (2009b): Kinder haben Rechte – warum eigentlich? Eckpunkte einer normativen Referenztheorie. In: Lindenau, M. (Hrsg.): Jugend im Diskurs – Beiträge aus Theorie und Praxis. Festschrift zum 60. Geburtstag von Jürgen Gries. Wiesbaden: VS-Verlag, S. 35–49.

Hugoth, M. (2010): Kinder und Gesellschaft. Studienbrief Gesundheits- und Sozialmanagement – Zielgruppe des Managements: Kinder: Hamburger: Hamburger Fernhochschule.

Hugoth, M. (2011a): Handlungsfeld Soziale Arbeit mit Kindern in prekären Lebenslagen. In: Gastiger, S./Kricheldorff, C. (Hrsg.): Soziale Arbeit in gerontologischen Arbeitsfeldern – mit Kindern in prekären Lebenslagen. Methoden und Konzepte der Sozialen Arbeit in verschiedenen Arbeitsfeldern. Freiburg: Lambertus.

Hugoth, M. (2011b): »Menschenrechte in den Händen der Kinder«. Perspektiven einer Pädagogik der Kinderrechte. In: Schwendemann, W./Oeftering, T. (Hrsg.): Menschenrechtsbildung und Erinnerungslernen. Eine Ringvorlesung zur Menschenrechtspädagogik im Sommersemester 2010. Berlin: LIT Verlag, S. 69–112 (= Erinnern und Lernen; Texte zur Menschenrechtspädagogik; Bd. 8).

Huxoll, M/Kotthaus, J. (Hrsg.) (2012): Macht und Zwang in der Kinder- und Jugendhilfe. Weinheim: Beltz Juventa.

Jasmund, C. (2018): Erziehung in der Kita. Alltagskultur als pädagogisches Handlungsfeld. Weinheim: Beltz Juventa.

Just, A. (2016): Handbuch Schulsozialarbeit. Stuttgart: UTB.

Kainzbauer, S. (2010): Caritative Befähigungspraxis. Herkunftsbedingte Bildungsbenachteiligung und der christlich-ethische Anspruch auf gelingendes Leben. Berlin: LIT Verlag (= Diakonik; Bd. 9).

Kasper, B. (2017): Kindeswohl. Eine gemeinsame Aufgabe. Ein Leitfaden für Studierende und Fachkräfte der Sozialen Arbeit. Göttingen: Vandenhoeck & Ruprecht.

Klatetzki, T. (2019): Narrative Praktiken. Die Bearbeitung sozialer Probleme in den Organisationen der Kinder- und Jugendhilfe. Weinheim: Beltz Juventa.

Krappmann, L./Oswald, H. (1995): Alltag der Schulkinder. Beobachtungen und Analysen von Interaktionen und Sozialbeziehungen. Weinheim: Juventa.

Krus, A./Jasmund, C. (2011): Frühkindliche Bildung und Erziehung. In: Bieker, R./Floerecke, P. (Hrsg.): Träger, Arbeitsfelder und Zielgruppen der Sozialen Arbeit. Stuttgart: Kohlhammer, S. 45–56 (= Grundwissen Soziale Arbeit; Bd. 5/6.).

Liebel, M. (2007): Wozu Kinderrechte. Grundlagen und Perspektiven. Weinheim: Juventa.

Liebel, M. (2009): Kinderrechte – aus Kindersicht. Wie Kinder weltweit zu ihrem Recht kommen. Berlin: LIT Verlag (= Kinder-Jugend-Lebenswelten; Bd. 1).

Liebel, M. (2017): Postkoloniale Kindheiten. Zwischen Ausgrenzung und Widerstand. Weinheim: Beltz Juventa.

Luber, E./Hungerland, B. (Hrsg.) (2008): Angewandte Kindheitswissenschaften. Eine Einführung für Studium und Praxis. Weinheim: Juventa.

Macsenaere, M u. a. (Hrsg.) (2014): Handbuch der Hilfen zur Erziehung. Freiburg: Lambertus.

Merten, R. (Hrsg.) (2000): Systemtheorie Sozialer Arbeit. Neue Ansätze und veränderte Perspektiven. Wiesbaden: VS-Verlag.

Mierendorff, J. (2010): Kindheit und Wohlfahrtsstaat. Entstehung, Wandel und Kontinuität des Musters moderner Kindheit. Weinheim: Juventa Verlag (= Kindheiten).

Miller, T. (2001): Systemtheorie und Soziale Arbeit. Entwurf einer Handlungstheorie. 2. Aufl. Stuttgart: Lucius & Lucius Verlag (= Dimensionen Sozialer Arbeit und Pflege; Bd. 2).

Münder, J./Lakies, T./Trenczek, T. (Hrsg.) (2009): Frankfurter Kommentar zum SGB VIII Kinder- und Jugendhilfe. 6. Aufl. Baden-Baden: Nomos.

Oechler, M./Schmidt, H. (Hrsg.) (2013): Empirie der Kinder- und Jugendverbandsarbeit. Forschungsergebnisse und ihre Relevanz für die Entwicklung von Theorie, Praxis und Forschungsmethodik. Wiesbaden: Springer.

Oerter, R./Montada, L. (1982, 5. Aufl. 2002): Entwicklungspsychologie. Ein Lehrbuch. München: Urban &Schwarzenberg. Weinheim: Beltz.

Oswald C./Meeß, J. (2019): Methodenbuch Kinder und Jugendliche aus suchtbelasteten Familien Freiburg: Lambertus.

Peifer, U. (2011): Art. Frühe Hilfen. In: Fachlexikon der Sozialen Arbeit. 7. Aufl. Hrsg. vom Deutschen Verein für öffentliche und private Fürsorge. Baden-Baden: Nomos, S. 321–323.

Pötter, N. (2018): Schulsozialarbeit. Freiburg: Lambertus.

Rätz-Heinisch, R./Schröer, W./Wolff, M. (2009): Lehrbuch Kinder- und Jugendhilfe. Weinheim: Juventa.

Rogg, G. (2007): Alle Kinder befähigen. Das Buch zur Initiative. Freiburg: Lambertus (= Basics für Sozialprofis).

Roth, X. (2010): Handbuch Bildungs- und Erziehungspartnerschaft. Zusammenarbeit mit den Eltern in der Kita. Freiburg: Herder.

Rothe, M. (2011): Sozialpädagogische Familien- und Erziehungshilfe. Eine Handlungsanleitung. 6. Aufl. Stuttgart: Kohlhammer.

Schone, R./Tenkhaken, W. (Hrsg.) (2015): Kinderschutz in Einrichtungen und Diensten der Jugendhilfe. Ein Lehr- und Praxisbuch zum Umgang mit Fragen der Kindeswohlgefährdung. 2. Aufl. Weinheim: Beltz Juventa.

Schweizer, H. (2007): Soziologie der Kindheit. Verletzlicher Eigen-Sinn. Wiesbaden: VS-Verlag.

Stange, H. (2006): Kindheit heute. Kindheit zwischen Chancen und Risiko. In: Fritz, A. u. a. (Hrsg.): Handbuch Kindheit und Schule. Neue Kindheit, neues Lernen, neuer Unterricht. Weinheim: Beltz, S. 37–60.

Stapf, I. u. a. (Hrsg.) (2019): Aufwachsen mit Medien. Zur Ethik mediatisierter Kindheit und Jugend. Baden-Baden: Nomos.

Stein, M./Stummbaum, M. (2011): Kindheit und Jugend im Fokus aktueller Studien. Bad Heilbrunn: Klinkhardt.

Steiner, O./Goldoni, M. (Hrsg.) (2013): Kinder- und Jugendarbeit 2.0. Grundlagen, Konzepte und Praxis medienbezogener Sozialer Arbeit. Weinheim: Beltz Juventa.

Stüwe, G. u. a. (2. A. 2017): Lehrbuch Schulsozialarbeit. Weinheim: Beltz Juventa.

Sutterlüty, F./Flick, S. (Hrsg.) (2017): Der Streit ums Kindeswohl. Weinheim: Beltz Juventa.

Wiemann, I./Lattschar, B. (2019): Schwierige Lebensthemen für Kinder in leicht verständliche Worte fassen. Schreibwerkstatt Biografiearbeit. Weinheim: Beltz Juventa.

Winkler, M. (2012): Erziehung in der Familie. Innenansichten des pädagogischen Alltags. Stuttgart: Kohlhammer.

Wittmann, S./Rauschenbach, T./Leu H. R. (Hrsg.): (2011): Kinder in Deutschland. Eine Bilanz empirischer Studien. Weinheim: Juventa.

Wöhrer, V. u. a. (2018): Praxishandbuch Sozialwissenschaftliches Forschen mit Kindern und Jugendlichen. Weinheim: Beltz Juventa.

Wolf, K. (2011): Ambulante Erziehungshilfen. In: Bieker, R./Floerecke, P. (Hrsg.): Träger, Arbeitsfelder und Zielgruppen der Sozialen Arbeit. Stuttgart: Kohlhammer, S. 108–120 (= Grundwissen Soziale Arbeit; Bd. 5/6).

Zinnecker, J. (1990): Kindheit; Jugend und soziokultureller Wandel in der Bundesrepublik Deutschland. In: Büchner, P./Krüger, H.-H./Chisholm, L. (Hrsg.): Kindheit und Jugend im interkulturellen Vergleich. Zum Wandel der Lebenslagen von Kindern und Jugendlichen in der Bundesrepublik Deutschland und in Großbritannien. Opladen: Leske&#x000A0;+&#x000A0;Budrich.

# 4 Handlungsfeld Soziale Arbeit in und mit Gemeinwesen

*Martin Becker*

## Einleitung

Im folgenden Kapitel wird das Handlungsfeld Sozialer Arbeit in und mit Gemeinwesen vorgestellt und erläutert. Dazu wird zunächst die historische Entwicklung hin zu einem Handlungsfeld Sozialer Arbeit aufgezeigt, um daran anschließend einige wesentlichen Begriffe zu diskutieren, zu klären und zu definieren. Weil ein Handlungsfeld idealerweise eines Handlungskonzeptes als fachlicher Grundlage bedarf, bilden die programmatischen Aspekte des Handlungskonzeptes Sozialraumorientierung den Mittelpunkt des dritten Abschnitts dieses Kapitels. Zur Veranschaulichung der konkreten methodischen Arbeit im Handlungsfeld Sozialer Arbeit in und mit Gemeinwesen wird abschließend der Verlauf eines Quartierentwicklungsprojekts vorgestellt und beschrieben.

## 4.1 Geschichte und Entwicklung gebietsorientierter Sozialer Arbeit

In diesem ersten Abschnitt werden diejenigen Entwicklungen »gebietsbezogener Sozialer Arbeit« in den Blick genommen, die als historische Wurzeln heutiger professioneller Sozialer Arbeit in und mit Gemeinwesen angesehen werden können. Dabei wird der Blick von den als »Settlements« im anglo-amerikanischen Raum und unter dem Begriff »Nachbarschaftshäuser« in Deutschland bekannten Entwicklungen bis zum heutigen Stadtteil- und Quartiermanagement gerichtet.

Gebietsorientierte Soziale Arbeit hat eine über 150-jährige Tradition. Im 19. Jahrhundert gab es bereits Beispiele gebietsorientierter Organisation kommunaler Sozialer Arbeit, wie die Beispiele des »Hamburger Armensystems« mit seinen 60 Bezirken oder das »Elberfelder Modell«, wonach im heutigen Stadtteil Wuppertals die städtische Armenführsorge dezentralisiert wurde, zeigen. Als professionelle Gemeinwesenarbeit im heutigen Sinne (vgl. Stövesand/Stoik/Troxler 2013) können diese Beispiele allerdings nicht gelten, denn es handelte sich um Einzelfallhilfen, die vor Ort von ehrenamtlichen Helfer*innen umgesetzt wurde.

Gemeinwesenarbeit (GWA) als Soziale Arbeit in und mit Gemeinwesen[1] hat ihre Wurzeln in der Phase der Industrialisierung und des Städtewachstums in den entwickelten Industrieländern im Übergang vom 19. zum 20. Jahrhundert. Industriearbeitsplätze in den Städten und in zunehmendem Maße auch Dienstleistungsarbeiten, erzeugten einen Zug von Menschen aus agrarwirtschaftlich geprägten ländlichen Gebieten in die zunehmend industrialisierten Städte. Dort konnten die Menschen nicht mehr auf die für ländliches Leben typischen familiären, verwandtschaftlichen und nachbarschaftlichen Hilfsnetze zur Sicherung der Lebensrisiken wie Missernten, Krankheit, Morbidität etc. zurückgreifen (Becker 2016, 2014, 2008).

Den »neuen Arbeitern« in den Städten standen die traditionalen bürgerlichen Formen sozialer Sicherung, wie Zünfte, Gilden, Stiftungen und Spitäler, wegen fehlender Zugehörigkeit nicht zur Verfügung. Daher wuchsen in den Städten mit jeder Struktur- und Konjunkturkrise Armuts- und Elendspopulationen, deren Hilfe- und Unterstützungsbedarf erst nach und nach durch zunehmend professionelle Hilfen von Wohlfahrtsverbänden der Kirchen oder der Arbeiterbewegung aufgebaut und geleistet wurde. Neben Übernachtungsmöglichkeiten, Kleiderspenden und Suppenküchen sollten auch soziale Kontakte unter der Bevölkerung in den Armutsvierteln sowie Gelegenheiten zu geselliger und kultureller Betätigung ein menschenwürdiges Leben ermöglichen (Müller 2009).

So entstanden in großen Städten nicht nur Europas und den USA soziale Initiativen von Menschen, die in die »Elendsviertel« zogen und dort versuchten, die Situation der Menschen mit diesen gemeinsam zu verändern und zu verbessern. In Großbritannien und den USA bekannt als »Settlementbewegung« aus Hochschul- und Kirchenkreisen[2] in Deutschland bekannt als »Nachbarschaftshäuser«[3]. Aus diesen Anfängen entwickelten sich unter den Begriffen »Community-Work« mit seinen Richtungen »Community Organization« und »Community Development« in den USA, das »Opbouwwerk« in den Niederlanden sowie die »Gemeinwesenarbeit« in Deutschland ähnliche Formen Sozialer Arbeit (Oelschlägel 2013). Oelschlägel erinnert daran, dass im ersten Drittel des 20. Jahrhunderts seitens der damals sog. »kommunalen Fürsorge« und der »Freien Wohlfahrtspflege« bereits inhaltliche und organisatorische Grundsätze einer »stadtteilbezogenen sozialpraktischen Arbeit« gefordert und praktiziert wurden. Pionierinnen der Sozialen Arbeit, wie Alice Salomon oder Marie Baum, erkannten schon früh die Bedeutung des Einbezugs des sozialen und räumlichen Umfeldes von Wohnquartieren, Nachbarschaften und kommunaler Politik in Ergänzung zur Einzelfall- und Familienhilfe[4]. Neben staatlicher Fürsorge und freien Wohlfahrtsverbänden hatte auch die Arbeiterbewegung, insbesondere die Kom-

---

1  Gemeinwesen wird an dieser Stelle als Sammelbegriff für Gemeinden, Stadtteile, Quartiere und Nachbarschaften verstanden, die sich als soziales und räumliches Lebensumfeld von Menschen beschreiben lassen.
2  Z. B. »Toynbee Hall« in London oder »Hull House« in Chicago.
3  Z. B. »Volksheim« Hamburg oder »Soziale Arbeitsgemeinschaft« Berlin.
4  Zu Alice Salomon in Thole/Galuske/Gängler 1998: 132f.; zu Marie Baum in Eggemann/Hering 1999: 216.

munistische Partei Deutschlands (KPD), mit ihrer Stadtteilarbeit in den 1920er und 1930er Jahren Gemeinwesenarbeit in Deutschland praktiziert (Müller 1971: 238). Während sich in Deutschland in der Zeit des Nationalsozialismus die Gemeinwesenarbeit – wie auch andere Formen fortschrittlicher Sozialer Arbeit – nicht weiterentwickeln konnte, erlebte sie in den 1970er Jahren einen vorwiegend politisch motivierten Aufschwung, der in den 1980er Jahren wieder nachließ (Odierna 2004; Oelschlägel 1989, 2013).

Zunächst dauerte es etliche Jahre, bis im Nachkriegsdeutschland Gemeinwesenarbeit als Begriff und methodisches Handeln in der Sozialen Arbeit durch Rezeption der zwischenzeitlichen Entwicklungen in USA, Großbritannien und den Niederlanden wieder Fuß fassen konnte. Erste Publikationen in den 1950er Jahren (Kraus 1951; Lattke 1955) und Tagungen (Mayer-Kulenkampff 1962; Friedländer 1962) beschäftigten sich mit der Thematik und dem Ziel, Gemeinwesenarbeit in Deutschland wieder für die Soziale Arbeit bekannt und nutzbar zu machen (Vogel/Oel 1966). Das Spektrum der inhaltlichen Beschreibungen und Zielsetzungen von Gemeinwesenarbeit bewegte sich dabei zwischen eher systemkonformen Lesarten, wonach Gemeinwesenarbeit die Aufgabe habe, latente Defizite bekannt zu machen und dafür Hilfsquellen des Gemeinwesens zu erschließen, und dem systemkritischen Verständnis der Aufdeckung von und Kritik an gesellschaftlichen Widersprüchen und Konflikten (Oelschlägel 2013).

Oelschlägel (2013) benennt folgende drei Gründe für den Anstieg praktischer Gemeinwesenarbeit in den 1950er und 1960er Jahren:

- Erstens konnten die Träger sozialer Dienste den steigenden Hilfebedarf mit den gegebenen materiellen und methodischen Maßnahmen nicht mehr decken, so dass eine methodische Weiterentwicklung erforderlich wurde.
- Zweitens kamen Staat und Kommunen durch die wachsende Kritikfähigkeit der Bürgerschaft und die Konkurrenz zwischen dem kapitalistischen System in der BRD und dem sozialistischen Regime in der DDR zunehmend unter Legitimationsdruck, der eine Orientierung am Gemeinwohl und Gemeinwesen nahelegte.
- Drittens forderten die professionellen Sozialarbeiter*innen neue Strategien, um der zunehmenden Diskrepanz zwischen erhöhter Leistungsnachfrage und offensichtlichen Leistungsdefiziten sozialer Dienste zu entgehen.

Nichtstaatliche Organisationen und Initiativen engagierten sich in Obdachlosensiedlungen, um dort »Hilfe zur Selbsthilfe« zu leisten. Später forcierten insbesondere christliche Kirchengemeinden in Neubaugebieten der 1960er Jahre den Ausbau einer diakonisch verstandenen Gemeinde-/Gemeinwesenarbeit, in dem z.B. Gemeindehäuser errichtet wurden, die für die gesamte Bevölkerung des Gemeindegebietes oder Stadtteils offen sein sollten[5]. Bereits Ende der 1960er Jahre wur-

---

5  So wurde in Freiburg im Breisgau in den 1960er Jahren in Kooperation zwischen evangelischem Diakonieverein und katholischer Kirchengemeinde die »Erwachsenenbegegnungsstätte« Freiburg-Weingarten als Gemeindehaus und Begegnungszentrum errichtet, das mittlerweile zum »Mehrgenerationenhaus« erweitert wurde.

de in der bundeszentralen Fort- und Weiterbildungsstätte der evangelischen Kirche, dem Burckhardthaus Gelnhausen, das erste Weiterbildungsprogramm zu Gemeinde*aufbau* und Gemeinwesen*arbeit* mit Pfarrer Manfred Dehnen als erstem Dozenten gestartet, das in langer Tradition bis in das 21. Jahrhundert fortgeführt wurde (Müller 2009: 218ff.).

Die ersten Erfahrungen mit GWA in Neubaugebieten (frühe Beispiele waren Stuttgart-Freiberg, Wolfsburg und Baunatal bei Kassel), insbesondere mit dem Großsiedlungsbau der Trabantenstädte, (z. B. »Osdorfer Born« in Hamburg; »Märkisches Viertel« in Berlin; »Neu-Perlach« in München; »Landwasser« in Freiburg) offenbarten die Mängel der bis dahin gewöhnlich »top-down« angelegten Stadtplanung ohne Bürgerbeteiligung (Hubbertz 1984, Gronemeyer/Bahr 1977). GWA sollte dazu beitragen, dass die Bevölkerung in die Planungen zur Gestaltung ihres Lebensumfeldes einbezogen und nicht über die Köpfe der Menschen hinweg geplant und entschieden wird. Damit verbunden war die Forderung an professionelle Soziale Arbeit, sich in Stadt-(Teil-)Planung einzumischen und das Feld nicht alleine den »Bauplanern« zu überlassen (Wendt 1989).

In diesem Entwicklungsstadium der GWA wurde deren gesellschaftspolitische Bedeutung offensichtlich und entsprechend kontrovers diskutiert. Während Gemeinwesenarbeit einerseits obrigkeitsstaatliches (hier kommunales) Handeln durch Information der Bevölkerung legitimieren und die Menschen von der Notwendigkeit und Richtigkeit planerischer Entscheidungen, wie z. B. Sanierungs- und Neubaumaßnahmen, überzeugen sollte, wurde von anderer Seite die gesellschaftskritische Rolle der GWA und die Aufgabe der Demokratisierung der Gesellschaft reklamiert (Müller 1972).

Ziel der GWA war damals die Organisation der Menschen im Stadtteil. Die Wege zur Zielerreichung variierten allerdings zwischen der Selbstorganisation der Betroffenen, wobei professioneller GWA die Aufgabe zukommt, Möglichkeiten der Selbstorganisation zu initiieren und zu unterstützen, und der von anderen damaligen Akteuren intendierten Veränderung der gesellschaftlichen Verhältnisse durch Engagement für die »Arbeiterklasse« und in deren Organisationen (Oelschlägel 2013). Die Diskussionen über GWA und innerhalb der professionellen GWA spiegelten sich in den Fachpublikationen, womit sich zunehmend eine eigenständige deutsche GWA-Rezeption entwickelte. Die GWA-Klassiker von Murray Ross (1968) und Joe Boer (1970) wurden von C. W. Müller (1971) und dem Arbeitskreis kritische Sozialarbeit (AKS 1974) für ihre »systemerhaltende« Ausrichtung kritisiert. Die Schriften von Saul Alinsky (1973; 1974) wurden neben anderen damals wesentlichen Ansätzen in einem Reader zur Theorie und Strategie von GWA der Victor-Gollancz-Stiftung[6] (1974) rezipiert.

Bereits zu Beginn der 1970er Jahre wurden empirische Untersuchungen zu den Wirkungen der GWA durchgeführt, die u. a. den damals hohen politischen

---

6 »Victor-Gollancz-Stiftung«, gegründet 1948 aus Spendenmitteln, eingeworben von Victor Gollancz (englischer Sozialist und Verleger) »zur Rettung der deutschen Jugend« vor den Folgen des Nationalsozialismus in England und Deutschland (Müller 2009: 223).

Anspruch in der Praxis als nicht einlösbar beurteilten, sondern die GWA im Spannungsfeld zwischen Behördenzielen und Bevölkerungsinteressen verortet sah (Victor-Gollancz-Stiftung 1972; Mesle 1978). Schon damals wurde als Erkenntnis aus den Untersuchungen, die Notwendigkeit der Verbindung zwischen Stadtplanung/-entwicklung und GWA als kommunalpolitische Aufgabe erkannt (Müller 2009: 223ff.).

Soziale Arbeit in und mit Gemeinwesen in Deutschland war als »Gemeinwesenarbeit« (GWA) also zuerst eine weitere Methode neben Einzelfallhilfe und sozialer Gruppenarbeit (1950er Jahre), danach eine revolutionäre Vision (1960er/ 1970er Jahre) und durchlief seit den 1980er Jahren weitere Entwicklungen. Zunächst führte die unter dem Begriff »Ölkrise« bekannte Wirtschaftskrise Mitte der 1970er Jahre zur Beendigung der Reformzeit im Bildungs- und Sozialwesen. »Radikalenerlass« und Berufsverbote, als Reaktion auf die Gewaltakte der »Rote Armee Fraktion«(RAF), bremsten darüber hinaus die Aktivitäten konfliktorientierter Gemeinwesenarbeiter*innen und führten zu einer Ernüchterung bezüglich der Bedeutung von GWA in Deutschland. Als Zeichen dieser Ernüchterung wurde im Herbst 1975 im Rahmen einer Tagung über konfliktorientierte GWA in Berlin eine symbolische Todesanzeige auf die GWA mit folgendem Wortlaut veröffentlicht:

> »Nach einem kurzen aber arbeitsreichen Leben verstarb unser liebstes und eigenwilligstes Kind GWA an Allzuständigkeitswahn, Eigenbrötelei und Profilneurose, methodischer Schwäche und theoretischer Schwindsucht, finanzieller Auszehrung und politischer Disziplinierung. Wir, die trauernden Hinterbliebenen, fragen uns verzweifelt, ob dieser frühe Tod nicht hätte verhindert werden können?« (Müller, C.W. 2009: 229)

Dass Mitte der 1970er Jahre, trotz erfolgreicher Arbeit, sowohl die Victor-Gollancz-Stiftung aufgelöst, als auch das Burckhardthaus Gelnhausen organisatorisch umstrukturiert wurde, scheint für Oelschlägel (2013) kein Zufall, sondern Folge der Zerreißproben zwischen meist ehrenamtlichen Vorständen der mehr oderweniger traditionellen Wohlfahrtsorganisationen und deren professionellen, vorwiegend progressiven Mitarbeiter*innen gewesen zu sein. Aus der Phase des politischen Aufbruchs zu mehr Demokratie und stärkerer Beteiligung der Bürger*innen an der sie betreffenden Politik, durch »Studentenbewegung« und »außerparlamentarische Opposition«, wuchsen in der Folgezeit neue soziale Bewegungen[7] heran, die das Bewusstsein für die Gestaltung der Lebensbedingungen und einen lokalen Bezug unter dem Slogan »global denken – lokal handeln« schärften.

Erfahrungen und Kenntnisse aus der Gemeinwesenarbeit wurden vor allem von Oelschlägel Ende der 1970er Jahre zu einem Handlungsfeld übergreifenden »Arbeitsprinzip« Sozialer Arbeit formuliert (vgl. Boulet/Krauss/Oelschlägel 1980). Dabei konnte sich Oelschlägel auf ältere Quellen von Steinmeyer (1969) beziehen, der schon Ende der 1960er Jahre ein über den Methodenbegriff hinaus gehendes Verständnis von GWA vorschlug (Oelschlägel 2013). Auch auf den Tagungen der Victor-Gollancz-Stiftung wurde GWA bereits in den 1970er Jahren als Form einer stadtteilbezogenen, kooperativen und methodenintegrativen So-

---

7 Wie z. B. die Frauen-, Friedens-, Ökologie-, Bürgerinitiativenbewegung etc.

zialarbeit beschrieben (Graf 1976). »Gemeinwesenarbeit als Arbeitsprinzip« war demnach zu verstehen als eine Grundorientierung, Sichtweise und Haltung professionellen Handelns, die eine grundsätzliche Herangehensweise an soziale Probleme im Rahmen professioneller Sozialer Arbeit impliziert.

Mit dem »Arbeitsprinzip Gemeinwesenarbeit« sind folgende Merkmale verbundenen:

- »Das Arbeitsprinzip GWA erkennt, erklärt und bearbeitet, soweit das möglich ist, die sozialen Probleme in ihrer historischen und gesellschaftlichen Dimension. Zu diesem Zweck werden Theorien integriert, die aus unterschiedlichen wissenschaftlichen Disziplinen stammen. Damit ist das Arbeitsprinzip GWA auch Werkzeug für die theoretische Klärung praktischer Zusammenhänge.
- Das Arbeitsprinzip GWA gibt aufgrund dieser Erkenntnisse die Aufsplitterung in methodische Bereiche auf und integriert Methoden der Sozialarbeit (Casework, Gruppenarbeit usw.), der Sozialforschung (z. B. Handlungsforschung) und des politischen Handelns (Öffentlichkeitsarbeit, Bürgerversammlungen etc.) in Strategien professionellen Handelns in sozialen Feldern.
- Mit ihren Analysen, Theorien und Strategien bezieht sich GWA auf ein ›Gemeinwesen‹, d. h. den Ort, wo die Menschen samt ihrer Probleme aufzufinden sind. Es geht um die Lebensverhältnisse und Lebenszusammenhänge der Menschen, wie diese sie selbst sehen (Lebensweltorientierung). GWA hat eine hohe Problemlösungskompetenz aufgrund ihrer lebensweltlichen Nähe zum Quartier. Als sozialräumliche Strategie, die sich auf die Lebenswelt der Menschen einlässt, kann sie genau die Probleme aufgreifen, die für die Menschen wichtig sind, und sie dort lösen helfen, wo sie von den Menschen bewältigt werden müssen. Dabei kümmert sich GWA prinzipiell um alle Probleme des Stadtteils und konzentriert sich nicht, wie oft Bürgerinitiativen, auf einen Punkt. Damit schafft sie Kontinuität, auch wenn es in dem einen oder anderen Fall Misserfolge gibt.
- Das Arbeitsprinzip GWA sieht seinen zentralen Aspekt in der Aktivierung der Menschen in ihrer Lebenswelt. Es will sie zu Subjekten auch politisch aktiven Lernens und Handelns machen, will selbst zu einer ›Handlungsstrategie für den sozialen Konflikt‹ (Hummel 1978: 175) werden. Das bedeutet allerdings, dass GWA die scheinbare Neutralität vieler GWA-Konzepte aufgibt und parteilich wird« (Oelschlägel 2013: 191).

Während Oelschlägel und andere begrifflich an »Gemeinwesenarbeit« festhielten, verwendeten Hinte und andere (Hinte/Metzger-Pregizer/Springer 1982) zunächst Begriffe wie »Stadtteilarbeit« oder »stadtteilbezogene Soziale Arbeit« und entwickelten ein »Fachkonzept«, das zur Anwendung in einigen Handlungsfeldern Sozialer Arbeit, wie beispielsweise der »Jugendhilfe« (Hinte/Treeß 2007), der »Offenen Jugendarbeit« (Deinet 2005) oder der »Hilfe zur Erziehung« (Peters/Koch 2004) weiter schriftlich ausgearbeitet wurde.

Im Laufe der 1990er Jahre erfuhr der Terminus »Stadtteilorientierung« eine Umformulierung in »Sozialraumorientierung«, verbunden mit zunehmender Verbreitung und Potential zu einem integrativen Handlungskonzept, mit Wirkungen über die Soziale Arbeit hinaus auch in andere Disziplinen.

Die Prinzipien stadtteilbezogener bzw. sozialraumorientierter Arbeit sind nach Hinte:

- der Wille bzw. die Interessen der leistungsberechtigten Menschen als Ausgangspunkt jeglicher Arbeit und nicht Wünsche oder Bedarfe;
- Vorrang aktivierender Arbeit vor betreuender Tätigkeit;
- personale und sozialräumliche Ressourcen spielen bei der Gestaltung von Arrangements eine entscheidende Rolle;
- Aktivitäten sind immer zielgruppen- und bereichsübergreifend angelegt;
- Vernetzung und Integration verschiedener sozialen Dienste sind Grundlage einer nachhaltig wirksamen Sozialen Arbeit (Hinte in: Hinte/Lüttringhaus/Oelschlägel 2007: 9).

Zwischenzeitlich wird Gemeinwesenarbeit nicht nur in Stadtteilen und Quartieren eingesetzt, die zu »Problemgebieten« geworden sind, sondern bereits in neu aufzubauenden Stadtteilen zur Förderung des sozialen Lebens und zur Vermeidung von Problemkonstellationen implementiert (Maier/Sommerfeld 2005)[8]. Gegen Ende der 1990er Jahre hat sich in der Fachwelt der Begriff »Stadtteil- oder Quartiermanagement« entwickelt und im Laufe der 2000er Jahre verbreitet. Dabei geht es um die Beantwortung der Fragen, wer und wie für die Entwicklung von Stadtteilen bzw. Quartieren verantwortlich sein soll und kann (Alisch 1998). Grimm, Hinte und Litges (2004) legten mit ihrer Publikation »Quartiermanagement. Eine kommunale Strategie für benachteiligte Wohngebiete« einen Vorschlag zur Systematisierung der sehr inkonsistent verwendeten Begrifflichkeiten von »Stadtteil-/Quartiermanagement«, »Gemeinwesen-/Stadtteilarbeit« vor. Hintergrund für die Management-Orientierung waren u. a. Stadtentwicklungsprogramme wie das Bund-Länder-Programm »Soziale Stadt« (2019) und der Trend zu neueren Steuerungsmodellen der öffentlichen Verwaltung (Becker 2014: 109ff.). In deren Rahmen spielen sowohl die verwaltungsinterne Koordination der Kommunalpolitik als auch die »Akzentverschiebung kommunaler Leitbilder« (Hinte/Lüttringhaus/Oelschlägel 2007: 179) von der Kunden- zur Bürgerorientierung eine Rolle (Becker 2/2016).

Zwischenzeitlich ist die Implementation von Quartiermanagement unter Einsatz von Fachkräften Sozialer Arbeit auch im Rahmen von Projekten der Wohnungswirtschaft feststellbar. Neben den klassischen Aufgaben des Beschwerdemanagements und der Wohnberatung stehen dabei auch allgemeine Sozialberatung, Konfliktmoderation sowie Anregungen zu und Organisation von gemeinsamen Aktivitäten der Bewohner*innen, bis hin zur Initiierung von sozialen Netzwerken gegenseitiger Hilfe bei der Betreuung von Kindern, alten Menschen oder

---

8 Maier/Sommerfeld beschreiben die Implementation von Gemeinwesenarbeit in einem in den 1990er Jahren neu entstehenden Stadtteil »Freiburg Rieselfeld«. Auch in dem als Konversionsprojekt ab Mitte der 1990er Jahre entstandenen neuen Stadtteil »Vauban«, der heute als Vorzeige-Stadtteil der »Green-City« Freiburg zu globaler Bekanntheit gelangte, wurde Gemeinwesenarbeit unter dem Begriff »Quartierarbeit« quasi prophylaktisch implementiert (Frey 2010).

Menschen mit Behinderungen, auf der Liste der Tätigkeitsbeschreibung von Gemeinwesenarbeiter*innen im Dienste von kommunalen Wohnungsgesellschaften oder Wohnungsgenossenschaften.[9]

## 4.2 Begriffsklärung (Gemeinwesen, Quartier, Gemeinwesenarbeit)

In der Darstellung der Historie sowie der Entwicklungslinien gebietsbezogener Sozialer Arbeit, wurden bereits eine Vielzahl einschlägiger Begriffe und deren Varianten erwähnt, ohne jedoch auf deren Unklarheiten, Brisanz oder Strittigkeit näherer einzugehen. Dies soll in diesem zweiten Abschnitt nachgeholt werden, weil für das Verständnis eines Handlungsfeldes professioneller Sozialer Arbeit die Grundlage eines fachlichen »state of the art« als notwendige Bedingung erachtet wird. In der Einleitung und dem ersten Abschnitt wurde der Gegenstandsbereich, das hier zu betrachtende Handlungsfeld Sozialer Arbeit zunächst, mit »gebietsbezogener Sozialer Arbeit« umschrieben und unter Berücksichtigung historischer Wurzeln, unter Verwendung des Begriffs Gemeinwesen als »Soziale Arbeit in und mit Gemeinwesen« bezeichnet. Diese Begriffe sind zunächst als vorläufige Arbeitsbegriffe zu verstehen, die durch die folgenden Ausführungen problematisiert, diskutiert und für die Verwendung in diesem Band definiert werden.

### 4.2.1 Gemeinwesen

Der Begriff »Gemeinwesen« wird im deutschen Sprachgebrauch sowohl für Gebietskörperschaften des Staatswesens (Nation, Kommune, Gemeinde) als auch für Personalverbände[10] benutzt (Duden 1995). Begrifflich ist mit »Gemeinwesen« nach demokratiepolitischem Verständnis das ›Wesen des (All-)Gemeinen‹, also aller körperschaftlich miteinander verbundenen Menschen gemeint, womit der öffentliche, politische Rahmen angesprochen ist. Ein »Gemeinwesen« kann also so unterschiedliche territorial begrenzte und politisch verfasste Einheiten umfassen wie ein gesamtes Staatswesen, ein Bundesland, eine Kommune oder ein Teil einer Kommune. Das fachliche Verständnis von Gemeinwesen aus der Perspektive der Sozialen Arbeit wird im »Handbuch Gemeinwesenarbeit« folgendermaßen expliziert:

---

9 Siehe Quellenverzeichnis unter BauVereinBreisgau, Wohnbau Lörrach, Wohnbau Weil a. R.
10 Personen, die durch Verwandtschafts- oder Rechtsbeziehungen körperschaftlich miteinander verbunden sind.

»Mit Gemeinwesen bezeichnen wir einen sozialen Zusammenhang von Menschen, der über einen territorialen Bezug (Stadtteil, Nachbarschaft), Interessen und funktionale Zusammenhänge (Organisationen, Wohnen, Arbeit, Freizeit) oder kategoriale Zugehörigkeit (Geschlecht, Ethnie, Alter) vermittelt ist bzw. darüber definiert wird« (Stövesand u. a. 2013: 16).

In dieser Definition finden sich, mit dem territorialen Bezug, der Betonung funktionaler Zusammenhänge sowie kategorialer Zugehörigkeiten von Menschen, Merkmale, die in der Sozialen Arbeit auch für Gemeinwesen*arbeit* reklamiert werden. Anders als rein territoriale oder geografische Gebietsbeschreibungen wie Stadtbezirk, Stadtteil, Stadtviertel impliziert der Begriff Gemeinwesen einen sozialen und politischen Zusammenhang von Menschen, die in einem (gewissen) Territorium leben. Ebenso wenig wie Individuen und Gesellschaft (Elias 1991) unabhängig voneinander existieren, können Raum und Soziales zwar getrennt betrachtet, aber nicht getrennt voneinander verstanden werden, worauf im Folgenden noch näher einzugehen sein wird. Auch im Handbuch GWA wird mit der Feststellung »Gemeinwesen ist gleichzeitig Handlungsraum [administrativ begrenztes Gebiet von Dorf bis Staat; der Verf.] und Sozialgefüge« (Stövesand u. a. 2013: 24) einerseits die Bedeutung des Gebietsbezuges bestätigt und gleichzeitig mit der Aussage »Raum ist demnach immer schon Sozialraum« (Stövesand u. a. 2013: 25) auf die Verbindung zwischen materieller und sozialer Bedeutung von Raum hingewiesen.

## 4.2.2 Gemeinwesen als Territorium: Stadt/Stadtteil/Stadtviertel

Die Begrifflichkeiten für die territoriale Eingrenzung von Gemeinwesen sind sowohl in der Praxis als auch in der Fachliteratur sehr heterogen. Die Problematik der Begriffsverwendung besteht u. a. darin, dass die Eingrenzung von Stadtteilen und Stadtvierteln meist auf amtlichen statistischen Bezirken (z. B. Wahlbezirke, Schulbezirke, Planbezirke, Programmgebiete etc.) beruhen, die nicht immer deckungsgleich sind und nicht mit der Einschätzung und Definition des unmittelbaren sozialen und räumlichen Lebensumfeldes der Bevölkerung übereinstimmen müssen. Verwaltungsbezirke in Großstädten sind, nach ihrer Bevölkerungszahl, oft größer als eine deutsche Mittelstadt (20.000–100.000 Einwohner) und Stadtteile in Großstädten können, gemessen an der Bevölkerungszahl, der Größenordnung einer Kleinstadt (5.000–20.000Tsd. Einwohner) entsprechen (Statistisches Jahrbuch 1999: 63).

Deshalb werden im Rahmen dieses Beitrages Stadtteile und Stadtviertel als administrative Territorien verstanden, deren Raumabgrenzungen zu Planungs- und Organisationszwecken vorwiegend nach statistischen und geografischen Indikatoren erfolgen.

## 4.2.3 Quartier/e

Als »Quartiere« werden in diesem Kapitel gesellschaftliche Räume betrachtet, die sowohl von baulich-materiellen Strukturen als auch von gesellschaftlichen Handlungsstrukturen sowie Interaktionsprozessen beeinflusst und geprägt werden und von der Bevölkerung nach ihren räumlichen und sozialen Dimensionen als relativ überschaubar empfunden werden.

Im Gegensatz zu den nach territorialen (Plangebiete, Verwaltungsbezirke, Stadtteile etc.) oder funktionalen (Wahl-, Schulbezirke, Postleitzahlbereiche etc.) Kriterien erfolgenden Begrenzungen von und in Kommunen, lassen sich »Quartiere« als subjektiv konstruierte soziale Räume verstehen, die mit unterschiedlichen Zuschreibungen an Bedeutungen und Begrenzungen seitens der Bevölkerung verbunden sind. Das Leben der Menschen spielt sich schließlich nicht nur in ihrem Wohnbereich und ihrer Nachbarschaft ab, je nach Interessen und Mobilität gehören ganz unterschiedliche »Aktionsräume«[11] zur individuell-subjektiven Lebenswelt. Quartiere können und müssen demnach nicht deckungsgleich mit amtlichen Gebietszuordnungen sein, sondern bilden quasi eine empirische Zuordnung ab, die z. B. durch die informellen Begriffe wie »Kiez« in Berlin, »Veedel« in Norddeutschland oder »Grätzel« in Österreich unterstrichen wird. Während in Deutschland »Quartier« in einem älteren Verständnis für einen Schlafplatz (»das Quartier bereiten«) verwendet und in neuerem Sprachgebrauch für Bauobjekte (Marketingbegriff zur Investoren-/Käuferwerbung) verwendet wird, gilt das »Quartier« im schweizerischen und französischen Sprachgebrauch, auch in der Bevölkerung, eher als Stadtviertel und wird entsprechend benutzt.

## 4.2.4 Gemeinwesenarbeit

»Gemeinwesenarbeit« wurde in der Vergangenheit sehr unterschiedlich verstanden und definiert (Zur Übersicht vgl. Galuske 2007: 99ff.). Wie im ersten Abschnitt zu den geschichtlichen Hintergründen bereits beschrieben, hat sich im deutschsprachigen Raum »Gemeinwesenarbeit« als Fachbegriff Sozialer Arbeit im Laufe von mehr als 150 Jahren entwickelt. In den Niederlanden setzte sich der Begriff »Opbouwwerk« durch, im englischsprachigen Raum wird dagegen von »Communitywork«, mit den Differenzierungen in »Community Organization« und »Community Development« gesprochen, während es im französischen Sprachgebrauch keine genaue Entsprechung zum Begriff »Gemeinwesenarbeit« gibt und sich daher die Umschreibung »travaille social sur le commun« (Becker 2015: 93) anbietet.

---

11 Unter »Aktionsräumen« werden hier Territorien geografisch feststellbarer Orte verstanden, an denen Menschen vorwiegend ihre diversen Aktivitäten (wie schlafen, arbeiten, einkaufen, vergnügen, Freunde treffen etc.) ausüben.

Mit dem Begriff »Gemeinwesenarbeit« war in seiner historischen Entwicklung zunächst eine Methode, dann ein Arbeitsfeld und schließlich ein Arbeitsprinzip verbunden. Kennzeichnend für GWA ist dabei, dass der Fokus nicht auf einem Individuum oder einer Kleingruppe liegt, »sondern in einem großflächigeren *sozialen Netzwerk* [Hervorhebung i. O.], das territorial (Stadtteil, Nachbarschaft, Gemeinde, Wohnblock, Straßenzug), kategorial (bestimmte ethnisch, geschlechtsspezifisch, altersbedingt abgrenzbare Bevölkerungsgruppen), und/oder funktional (d. h. im Hinblick auf bestimmte inhaltlich bestimmbare Problemlagen wie Wohnen, Bildung etc.) abgrenzbar« ist (Galuske 2007: 101). Wie aus der dargestellten historischen Entwicklung durchgängig erkennbar, bezieht sich GWA meist auf eine *territoriale* Einheit (Stadtteil, Stadtviertel oder kleinere Gemeinde). In den Anfangszeiten der Settlementbewegung waren Armen- oder sog. »Elendsviertel« die Einsatzgebiete der GWA. Pionierinnen der Sozialen Arbeit, wie Alice Salomon oder Marie Baum, haben schon früh die Notwendigkeit des Einbezugs des sozialen und räumlichen Umfeldes hilfebedürftiger Menschen für die Bearbeitung und Bewältigung sozialer Probleme erkannt und gefordert.

In den Großwohnsiedlungen der Nachkriegszeit wurde, als diese, auf dem Planungsmodell Le Corbusiers (1957) basierenden Trabantenstädte, im Laufe der 1980er Jahre sowohl baulich renovierungsbedürftig als auch infrastrukturell vernachlässigt waren und sich zunehmend sozial entmischt bzw. homogenisiert hatten, GWA für die sog. »sozialen Brennpunkte« oder »benachteiligten Wohngebiete« eingesetzt. Im Rahmen der sozialen Stadtentwicklungsprogramme wie »Soziale Stadt« (2008) werden »Gebiete mit besonderem Erneuerungs- bzw. Entwicklungsbedarf« ausgewiesen und administrativ festgelegt.

In den 1970er Jahren führten in Deutschland Forderungen nach Einmischung Sozialer Arbeit und Beteiligung von Bürger*innen an der Stadtplanung dazu, dass mehr Beteiligungsrechte im Baugesetzbuch aufgenommen wurden (Becker 2008: 444). Die Relevanz einer territorialen Perspektive Sozialer Arbeit für die Beurteilung und (präventive und korrektive) Bearbeitung sozialer Probleme, ergibt sich grundsätzlich aus der empirisch beobachtbaren Tatsache, dass sich globale, nationale und regionale Entwicklungen je nach gesellschaftlicher Bewältigungsstrategie mehr oder weniger auf lokaler Ebene in Form räumlicher Konzentrationen abbilden können. Gesellschaftliche Polarisierungs- und Spaltungsprozesse können zu räumlichen Konzentrationserscheinungen führen, die sich in wahrnehmbaren »Verlierer-« und »Gewinnerräumen« abzeichnen (Becker 2008). Erkenntnisse über Wirkungen räumlich-baulicher Strukturen auf Nutzungsqualitäten von territorial bestimmbaren Räumen und die Zusammensetzung der Bevölkerung in solchen Räumen, belegen die Bedeutung räumlich-baulicher Gestaltung von Siedlungsräumen (Farwick 2004). Nahräumliche Infrastruktur ist insbesondere für entfernungssensible Menschen, z. B. mit körperlichen oder finanziellen Mobilitätseinschränkungen, mitentscheidend für deren ökonomische, kulturelle und soziale Teilhabechance am gesellschaftlichen Leben. Gelegenheiten für soziale Kontakte beeinflussen die Bewältigungsmöglichkeiten von Menschen in schwierigen Lebenslagen. Die genannten Wirkungen und Effekte der »sozialwirksamen Raumstruktur« und »negativer Ortseffekte« werden in der Fachwelt nicht widerspruchslos geteilt, sondern mit Verweis auf unklare Ursache-Wirkungs-Zusammenhänge in Frage gestellt (Ziegler 2011). Für die Untersuchung der komplexen Zusammenhänge zwischen gesellschaftlichen Entwicklungen und deren möglichen Auswirkungen in territorial bestimmbaren Räumen auf lokaler Ebene scheinen eindimensionale Ursache-Wirkungs-Vermutungen weder als Beleg noch als Gegenbeweis für (negative) »Ortseffekte« geeignet.

In Bezug auf die territoriale Perspektive von GWA wird auch Kritik an der »(Re)Territorialisierung des Sozialen« (Kessl/Otto 2007) geübt, d. h. an dem Versuch, die Lösung sozialer Probleme in Gebieten mit benachteiligter Bevölkerung zu verorten, obwohl dort die geringsten Ressourcen zur Lösung vorhanden sind. Damit wird nicht nur die Annahme kritisiert, soziale Probleme ließen sich an ihren Erscheinungsbildern und Auswirkungen kurieren, sondern es wird auch eine Governance-Strategie angeprangert, die den ohnehin belasteten und benachteiligten Menschen die Lösung von Problemen, die sie nicht verursacht haben, aufbürdet und ihren Lebensraum obendrein auch noch als Problemgebiet stigmatisiert. Allerdings erweckt die Kritik an der »(Re)Territorialisierung des Sozialen« den Eindruck, eine territoriale Perspektive an sich sei das Problem und nicht die Fokussierung auf Problemgebiete bei gleichzeitiger Ausblendung der (Mit-)Verantwortung von (Stadt-)Gebieten mit guter Ausstattung an räumlichen und sozialen Ressourcen. Deshalb ist eine gesamtstädtische Betrachtung sozialer und räumlicher Aspekte im Rahmen einer integrierten (disziplin- und ressortübergreifenden) Stadt- und Quartierentwicklung angeraten, die die gesamte Stadt mit all ihren (Stadt-)Teilen und Quartieren und nicht nur die sog. Problemgebiete in den Blick nimmt und bearbeitet (entwickelt).

Nach den o. g. einschlägigen Definitionen sind »Gemeinwesen« (Stövesand u. a. 2013: 16) bzw. »soziale Netzwerke« (Galuske 2007: 101) neben territorial-geografischen Merkmalen auch nach funktionalen und/oder kategorialen Kriterien abgrenzbar. Von *funktionaler* Ausrichtung wird gesprochen, wenn Aufgaben wie die Verbesserung der Verkehrs- (Straßenführung, -lärm, ÖPNV-Angebot etc.), Versorgungs- (Einkaufsmöglichkeiten, Gesundheitsdienstleistungen etc.) oder sozialen Infrastruktur, Arbeitsmöglichkeiten oder die Wohnsituation der Bevölkerung (Bausanierung, Miethöhen etc.) im Vordergrund stehen. *Kategoriale* Zugehörigkeit wird in der Fachliteratur verstanden als Arbeit mit Menschen unterschiedlicher personenbezogener Merkmale, wie z. B. Geschlecht, Ethnie, Alter etc.

Dieses Verständnis von GWA und deren Differenzierung nach territorialer, funktionaler und kategorialer Ausrichtung widerspricht gewissermaßen den o. g. Merkmalen des »Arbeitsprinzips GWA« nach Oelschlägel, wonach sich GWA ganzheitlich und themenübergreifend »um alle Probleme des Stadtteils [kümmert] und (…) sich nicht auf einen Punkt« konzentriert (2013: 191). Auch nach den Prinzipien stadtteilbezogener bzw. sozialraumbezogener Arbeit nach Hinte sind »Aktivitäten (…) immer zielgruppen- und bereichsübergreifend angelegt« (2007: 9). Dementsprechend wäre strenggenommen eine (kategoriale) Ausrichtung auf eine bestimmte »Zielgruppe« oder eine Konzentration auf einen bestimmten funktionalen Zusammenhang wie z. B. »Wohnen« mit den o. g. Prinzipien ganzheitlicher, Themen und Zielgruppen übergreifender Arbeit von GWA unvereinbar. Dieser Widerspruch wird auch im Handbuch GWA nicht aufgelöst, wenn beispielsweise nach der Aufzählung der als »Handlungs*ebenen*« bezeichneten Differenzierung in territoriale, funktionale und kategoriale GWA festgestellt wird, GWA arbeite »jedoch häufig eher zielgruppenübergreifend, themenbezogen und fallunspezifisch« (Stövesand u. a. 2013: 22). Wenn GWA, wie im Handbuch, als ein ganzheitliches, themen- und zielgruppenübergreifendes Konzept verstanden werden soll, kann dieses Konzept weder auf einen Gebietsbezug verzichten, noch sich ausschließlich auf eine Funktion oder Kategorie von Menschen als Adressat*innen beschränken. Auflösen ließe sich dieser Widerspruch, wenn klar getrennt würde zwischen einem Konzept *für* GWA und GWA *als* Arbeitsfeld. Während ein Konzept *für* GWA auf Basis theoretisch und empirisch fundiertem Erklärungswissen die Gesamtheit programmatischer Aussagen, Handlungsprinzipien und Arbeitsweisen bereitstellen muss, kann GWA *als* Arbeitsfeld Schwerpunkte je nach situativer Gegebenheit und Interessen der Bevölkerung territoriale, funktionale und kategoriale Schwerpunkte setzen, die jedoch grundsätzlich veränderbar sein und stets reflektiert und angepasst werden müssten.

Neben der territorialen, funktionalen und kategorialen Ausrichtung von GWA gelten die unterschiedlichen politischen Zielrichtungen, auch »Ansätze« genannt, sowie deren entsprechender Methodeneinsatz ebenfalls als charakteristische Merkmale von GWA. In Theorie und Praxis variierten die Zielsetzungen und der Einsatz von Methoden stark nach der jeweiligen politischen Ausrichtung zwischen Ansätzen konservativer Systemerhaltung (wohlfahrtsstaatliche/integrative GWA), evolutionärer (katalytische/aktivierende GWA) oder revolutionärer Systemveränderung (aggressive GWA) (Galuske 2007: 101–106). Stövesand u. a. problematisieren ebenfalls die Wirkungen der beiden politisch gegensätzlichen (sozialrevolutionären und konfliktorientierten vs. systemerhaltend-harmonisierenden) Ansätze der GWA in der Vergangenheit. Weil marxistisch ausgerichtete Theorieansätze in der Praxis auf konfrontative, skandalisierende Techniken setzten, seien die subjektiven Bedürfnisse und Probleme der betroffenen Menschen tendenziell missachtet oder vernachlässigt worden. Auf Seiten der konservativen und heute eher pragmatisch-manageriellen Ansätze würden die benachteiligenden gesellschaftlichen Strukturen und Prozesse ignoriert und wirkten in ihren Interventionsformen und Techniken ausschließlich kollektiv-kooperativ und konsensorientiert (Stövesand u. a. 2013: 19f.). In beiden Beschreibungen wird der Eindruck vermittelt, der Einsatz von Methoden und Techniken wäre ausschließlich von der politischen Haltung der Professionellen abhängig und nicht auch eine Frage der sozialen Konfliktlage, d. h. der Kooperationsbereitschaft der beteiligten Akteure einerseits und des Willens zur Veränderung dieser andererseits sowie der Entscheidung von Professionellen bezüglich der Parteilichkeit für bestimmte Bevölkerungsteile oder Themen.

Einen breiten Konsens in der Fachwelt scheint es bezüglich der für GWA konstituierenden Merkmale zu geben. Die Festschreibung gesellschaftlich konstatierter Missstände und sozialer Konflikte als Ausgangspunkt von GWA scheint insofern ergänzungsbedürftig, als damit nicht ausschließlich reaktive Arbeit im Sinne der Skandalisierung und Bearbeitung offenkundiger und latenter Konflikte und Missstände, sondern auch prospektive Arbeit zur Vermeidung von Missständen zu verstehen wäre. Dass Probleme stets im Kontext lokaler, regionaler oder gesamtgesellschaftlicher Rahmenbedingungen und Ursachen gesehen werden, gehört ebenso zum »state of the art« der Profession Soziale Arbeit wie die Kooperation und Koordination lokaler Akteure, die trägerübergreifende Vernetzung von Diensten und Einrichtungen sowie die Beteiligung und Aktivitätsunterstützung der Bevölkerung und die Methodenintegration. Weniger Konsens gab und gibt es in der Scientific Community bezüglich der Verwendung und Einordnung der Begrifflichkeiten rund um Gemeinwesenarbeit und Sozialraumorientierung. Neben immer noch bestehenden akademischen Uneinigkeiten zur Unterscheidung von Konzept und Methode (Geißler/Hege 2007; Galuske 2007; Spiegel 2008; Kreft/Müller 2010; Heiner 2010) in der Sozialen Arbeit, gibt es Beschreibungen von GWA als Arbeitsprinzip, Arbeitsfeld, Methode oder Konzept, die mit anderen Begriffen, wie Fach- oder Handlungskonzept Sozialraumorientierung, Sozialraumarbeit oder Quartiermanagement/-arbeit, um die ›Lufthoheit‹ über den Schreibtischen und Lehrsälen sowie um die Dominanz in den einschlägigen Publikationsdiskursen zu konkurrieren scheinen.

Stövesand u. a. (2013) haben in ihrem Handbuch den Versuch unternommen, die unterschiedlichen Verständnisse und Zielrichtungen der GWA unter Berücksichtigung der historischen Entwicklung und der Rezeption in der Fachliteratur zu systematisieren, und schlagen vor, GWA als grundlegendes übergreifendes Konzept Sozialer Arbeit zu verstehen. GWA wird demnach als eigenes Konzept Sozialer Arbeit deklariert, das von einer generellen Grundorientierung auf Individuen ausgehend »die Entwicklung gemeinsamer Handlungsfähigkeit und kollektives Empowerment bezüglich der Gestaltung bzw. Veränderung von infrastrukturellen, politischen und sozialen Lebensbedingungen fördert« (Stövesand u. a. 2013: 16).

Mit Verweis auf die von Geißler/Hege (2007) entwickelte Unterscheidung von Konzepten, Methoden und Techniken, bezeichnen Stövesand u. a. (2013) die von Boulet, Kraus und Oelschlägel (1980) als »Arbeitsprinzip« beschriebene GWA als übergreifendes »Konzept«. GWA wird nach Stövesand u. a. nicht nur als »vielfältiges Konzept«, sondern gleichzeitig auch als »Handlungsfeld« bezeichnet, »insofern es Einrichtungen und Projekte gibt, die explizit Konzepte der GWA anwenden« (2013: 21). In der Verwendung des Plurals »Konzepte der GWA« wird eine weitere Unschärfe des Konzeptbegriffs der Herausgeber*innen des Handbuch GWA deutlich, die einerseits GWA als eigenständiges Konzept Sozialer Arbeit bezeichnen und gleichzeitig einräumen, dass es mehrere Konzepte der GWA gibt und GWA ebenfalls als Handlungsfeld zu verstehen sei.

Im Handbuch Gemeinwesenarbeit lautet die Definition von GWA folgendermaßen:

> »Gemeinwesenarbeit richtet sich ganzheitlich auf die Lebenszusammenhänge von Menschen. Ziel ist die Verbesserung von materiellen (z. B. Wohnraum, Existenzsicherung), infrastrukturellen (z. B. Verkehrsanbindung, Einkaufsmöglichkeiten, Grünflächen) und immateriellen (z. B. Qualität sozialer Beziehungen, Partizipation, Kultur) Bedingungen unter maßgeblicher Einbeziehung der Betroffenen.
>
> GWA integriert die Bearbeitung individueller und struktureller Aspekte in sozialräumlicher Perspektive. Sie fördert Handlungsfähigkeit und Selbstorganisation im Sinne von kollektivem Empowerment sowie den Aufbau von Netzwerken und Kooperations-

strukturen. GWA ist somit immer sowohl Bildungsarbeit als auch sozial- bzw. lokalpolitisch ausgerichtet« (Stövesand u. a. 2013: 21).

## Begriffsverwendung von Gemeinwesenarbeit (GWA) in diesem Beitrag

GWA wird im Rahmen dieser Publikation nicht als Konzept, sondern als Handlungsfeld Sozialer Arbeit »*in* und *mit* Gemeinwesen« verstanden. Dabei bezieht sich die Bezeichnung »*in* Gemeinwesen« auf die oben erwähnte Bedeutung von Gemeinwesen als territorial und politisch begrenzte Gebietskörperschaft[12] (Kommune, Gemeinde, Teile von Kommunen/Gemeinden), während die Bezeichnung »*mit* Gemeinwesen« auf die Bedeutung von Gemeinwesen als ›Personalverband‹[13] miteinander in anderer Verbindung stehender Menschen rekurriert. Mit »Handlungsfeld« Sozialer Arbeit wird ein fachlicher Kontext bezeichnet, der durch soziale Lebens- und Problemlagen von Menschen, entsprechende Erklärungs- und Handlungstheorien, sozialrechtliche, sozialpolitische und organisationelle Rahmenbedingungen sowie spezifische Handlungskonzepte und Methoden gekennzeichnet ist (vgl. die Einleitung in diesem Band). GWA lässt sich mit der o. g. Definition als »Handlungsfeld Sozialer Arbeit *in* und *mit* Gemeinwesen« deutlich unterscheiden von anderen Handlungsfeldern Sozialer Arbeit (wie z. B. der Suchthilfe) die zwar *in* Gemeinwesen (territorial verstanden) mit ihren Einrichtungen und Diensten verortet sind, jedoch nicht den Anspruch haben, gleichzeitig und zwingend auch *mit* dem Gemeinwesen (als Personenverband verstanden) zu arbeiten. Unter Berücksichtigung der oben erwähnten Breite des Begriffs Gemeinwesen als Gebietskörperschaft und Personalverband (Nation, Land, Kreis, Stadt etc.) ergibt sich die praktische Notwendigkeit das »Handlungsfeld Sozialer Arbeit *in* und *mit* Gemeinwesen« entsprechend der jeweiligen Zuständigkeit und Ausrichtung auf ein konkretes »Gemeinwesen«, sei es eine Stadt, eine Gemeinde, ein amtlicher Stadtbezirk (▶ Kap 2.2) oder ein Quartier (▶ Kap 2.3) zu spezifizieren. Dementsprechend wird im weiteren Verlauf der Erläuterung dieses »Handlungsfeldes Sozialer Arbeit *in* und *mit* Gemeinwesen« auf den Bereich der Stadt- und Quartierentwicklung fokussiert werden. Ausführungen zu konkreten Einsatzbereichen und Tätigkeitsfeldern (Quartiereinrichtungen, Stadtteilbüros, MGHs etc.) von GWA finden sich in Becker (2016: Kap. 4–6).

## 4.2.5 Sozial-Raum-Orientierung

In der Fachliteratur Sozialer Arbeit war in den letzten Jahrzehnten (von Brülle/ Marschall 1981 über Kessel u. a. 2005 bis Noack 2015) verstärkt von »Sozialraum«

---

12 Gebietskörperschaften umfassen die in einem bestimmten Territorium ansässigen Bewohner*innen.
13 Personalverbände erfassen alle Personen, die durch bestimmte Eigenschaften, Verwandtschafts- oder Rechtsbeziehungen körperschaftlich miteinander verbunden sind.

oder »Sozialräumen« die Rede. In der 5. Auflage des »Wörterbuch Soziale Arbeit« von Kreft/Mielenz (2005) findet sich »Sozialraumorientierung« erstmals als Stichwort im Sachregister, ebenso in Galuskes Methodenbuch ab der 7. Auflage 2007. Kessel u. a. (2005) hatten sich mit ihrem »Handbuch Sozialraum« vorgenommen, die sozialpolitischen, stadtplanerischen, stadtsoziologischen, sozialgeografischen und sozialpädagogischen Debatten zu durchqueren und erstellten daraus eine umfangreiche Sammlung von Beiträgen unterschiedlicher Autor*innen zu Ihrer Ausgangsthese, »Sozialräume stellen immer komplexe Zusammenhänge kultureller, historischer und territorialer Dimensionen dar« (Kessl u. a. 2005: 5). Andere Autor*innen haben Methoden für den Sozialraum (Deinet 2009) zusammengestellt, »Wege zu einer veränderten Praxis« (Budde u. a. 2006) aufgezeigt oder »Schlüsselwerke der Sozialraumforschung« (Kessl/Reutlinger 2008) gesammelt und publiziert.

In der Formulierung aus dem Handbuch GWA »GWA integriert die Bearbeitung individueller und struktureller Aspekte in *sozialräumlicher Perspektive*« [Hervorhebung der Verf.] (Stövesand u. a. 2013: 21; zweiter Satz obigen Zitats) wird auf eine grundlegende Orientierung (*sozialräumliche Perspektive*) hingewiesen, die als programmatischer Aspekt eines Konzeptes (hier *Sozialraumorientierung*) verstanden werden kann. Auch Oelschlägels Definition von GWA als »*sozialräumliche Strategie*, [Hervorhebung der Verf.] die sich ganzheitlich auf den Stadtteil« (2005: 259) richtet, lässt sich als Hinweis auf Sozialraumorientierung als Konzept lesen. Folgerichtig, konstatieren Stövesand u. a., »bleibt es richtig, dass *die Konzepte von GWA* [Hervorhebung der Verf.] als sozialräumliche Soziale Arbeit bezeichnet werden können« (2013: 28), vermeiden aber die Verwendung des Begriffs »Sozialraumorientierung« als Konzepttitel und vermuten, »dass die Ablösung eines GWA-Konzeptes durch ein Fachkonzept Sozialraumorientierung (Hinte 2007) vor dem Hintergrund der oben dargestellten Situation kein Gewinn zu sein scheint« (Stövesand u. a. 2013: 28). Mit dem Begriff »Sozialraumorientierung« tun sich die Herausgeber*innen des Handbuch GWA offensichtlich schwer, »[n]icht zuletzt aufgrund der vorherrschenden Verkürzung des Sozialraumbegriffs auf einen von der Verwaltung bestimmten geografischen Raum und die sich immer deutlicher abzeichnende Funktionalisierung der Sozialraumorientierung zur Einsparung öffentlicher Ausgaben, vor allem der Kinder- und Jugendhilfe« (Stövesand u. a. 2013: 28).

Ein Handlungskonzept, das die o. g. Kritikpunkte aufnimmt und konstruktiv erweitert, wäre allerdings ein Gewinn für die Soziale Arbeit, weil damit auch begrifflich zwischen Sozialraumorientierung als Handlungs*konzept* und GWA als Handlungs*feld* Sozialer Arbeit differenziert werden könnte. Auf dem Weg dahin bietet das Handbuch Gemeinwesenarbeit mit seiner umfänglichen Aufarbeitung der Geschichte und Entwicklung sowie seinen Meilensteinen und Positionierungen eine wichtige und wertvolle Grundlage. Zwar gibt es derzeit noch kein einheitliches »Handlungskonzept Sozialraumorientierung« in der Fachwelt, jedoch eine gemeinsame Grundlage mit unterschiedlichen Akzentsetzungen.

Neben dem von Hinte und Treeß entwickelten »Fachkonzept Sozialraumorientierung« (2007), das erklärtermaßen auf Offenheit für weitere Entwicklungen und lokale Situationen angelegt ist, haben Früchtel, Cyprian und Budde

(2007) mit ihrem »SONI-Schema« einen integrierenden Ansatz vorgelegt, der verschiedene Ebenen (Management, politische Steuerung etc.) Arbeitsfelder, Maximen (z. B. Effizienz, soziale Gerechtigkeit, lernende Organisation) und Konzepte Sozialer Arbeit (wie Lebenswelt-, Ressourcen-, Managementorientierung) verknüpft und durch eine schematische Darstellung veranschaulicht. Seit der Vorlage des »Fachkonzept Sozialraumorientierung« (Hinte/Trees 2007) gibt es immer wieder Ansätze zur Weiterentwicklung dieses schwerpunktmäßig auf die Kinder- und Jugendhilfe bezogenen Konzepts, wie beispielsweise von Noack (2015), der sich auch intensiv mit der Kritik am »Fachkonzept Sozialraumorientierung« auseinandersetzt. Noack schlägt einen »Mittelweg« zwischen subjektorientiertem Verständnis sozialer Lebenswelten einerseits und der eher territorialen Planungsperspektive von »Systemakteuren« aus Politik und Verwaltung andererseits vor. Den Vorteil dieses Mittelwegs sieht er, aus handlungsorientierter Perspektive, in der Differenzierung nach »Planungsräumen« (territorial-)raumbezogener Steuerung sowie individuellen »Lebensräumen«, zu verstehen als Gesamtheit der räumlichen Dimensionen einer individuellen Lebenswelt. »Sozialräume« will Noack als Schnittfläche sich überlappender individueller »Lebensräume« verstanden wissen. Die Verbindung beider Perspektiven herzustellen, erklärt er zur vermittelnden oder intermediären Aufgabe Sozialer Arbeit. Auf dem Weg zu einem handlungsfeldübergreifenden Konzept Sozialer Arbeit verfolgt Schönig »das Ziel, durch eine einheitliche Terminologie und Auffassung von ›Sozialraumorientierung‹ einen Überblick zu den zentralen Fragen, Theorien und Methoden zu geben« (2008: 10), und bezieht sich dabei auf das Verständnis von »Sozialraumorientierung als Handlungskonzept Sozialer Arbeit« von Becker (2006). Von Kessl und Reutlinger wurde mit »Sozialraumarbeit« der bereits vorhandenen Begriffsvielfalt eine weitere Variante hinzugefügt. Sie möchten darunter eine professionelle Perspektive verstanden wissen, die auf der Basis einer reflexiven Haltung »kontinuierlich mit der Bearbeitung der Aufgabe konfrontiert ist, sich einer entsprechenden herrschaftskritischen Reflexion stellen und sich auf dieser Basis fachlich positionieren zu müssen« (2013: 137). Von Wohlfahrt u. a. (2003, 2005) wird eine allgemeine Euphorie bezüglich der Sozialraumorientierung konstatiert und als »Verschleierungsrhetorik« des Sozialstaatsabbaus kritisiert. Gegen den Vorwurf der Missachtung und Abschaffung individueller Rechtsansprüche durch Sozialraumbudgets argumentieren Budde/Früchtel/Hinte (2006) und belegen dies durch bundesweite praktische Beispiele als Wege zu einer veränderten Praxis.

Einer grundsätzlichen Revision sozialraumbezogener Sozialer Arbeit unterzog Gabriele Bingel (2011) die Entwicklung sozialraumorientierter Sozialer Arbeit, von der Settlementbewegung über sämtliche Varianten der GWA bis zum Quartiermanagement, in historischer Perspektive bis zum Ende des 20. Jahrhunderts. Dabei kommt sie zum Ergebnis, der Sozialraumdiskurs sei der Versuch, die Diskrepanz zwischen hehren sozialen Visionen Sozialer Arbeit und ihrem begrenzten Handlungsrepertoire zu deren Verwirklichung zu verringern. Die Attraktivität des »Sozialraums« gründe auf der scheinbar idealen Möglichkeit der Verbindung von Lebensweltlichem und Gesellschaftlichem. Das Dilemma, sozial benachteiligte Menschen grundsätzlich als bewältigungsfähige und zu autonomer Lebensbewältigung fähige Menschen und Adressat*innen Sozialer Arbeit zu betrachten und damit aber gleichzeitig den Einfluss sozialstruktureller (Lebens-)Bedingungen zu relativieren, würde im sozialräumlichen Diskurs dadurch aufzulösen versucht, dass Gesellschaft grundsätzlich als gestaltbar und veränderbar betrachtet und dargestellt wird, während gleichzeitig subjektbezogene Strategien wie Bildung, Begleitung oder auch Disziplinierung zur Anwendung kämen.

Dem ist entgegen zu halten, dass genau aufgrund beider o. g. Faktoren die Unterstützung für sozial benachteiligte Menschen einzufordern und im gesellschaftlichen Auftrag zu praktizieren ist. Denn benachteiligte Bevölkerung wird gerade durch sozialstrukturelle Bedingungen daran gehindert, ihre vorhandenen Ressourcen und Potentiale zu nutzen und zu erweitern. Soziale Arbeit geht dem soziale Ungleichheit nivellierenden Programm des aktivierenden Bürgerstaats dann nicht auf den Leim, wenn Aktivierung als Aktivitätsermöglichung und -unterstützung (Noack 2015) für sozial benachteiligte Bevölkerung als gesellschaftliche Aufgabe angesehen und praktiziert wird und die Verantwortung dafür nicht den Betroffenen zugewiesen wird. Die Thematisierung sozialer Benachteiligung muss nicht in »paternalistische Bedürfnisinterpretation« und »bevormundende Kontrolle ungünstiger Lebensstile in Sozialräumen« abdriften, wenn sie auf der Basis vertrauensvoller, lebensweltorientierter Arbeit mit den Betroffenen geschieht und deren Themen und Problemsicht aufnimmt. Dennoch sind Stigmatisierungseffekte und Insuffizienzgefühle bei den Betroffenen zwar unerwünschte aber nie ganz auszuschließende Effekte, deren Auftreten auch mit der Balance der Problemdefinitionen von Betroffenen und Fachkräften Sozialer Arbeit zu tun hat.

Bingel (2011) gründet ihre Argumentationsfigur auf der problematischen Fokussierung des Gegenstands Sozialer Arbeit, der »Lösung« sozialer Probleme. Dies stellt eine unzulässige Engführung der einschlägigen disziplinären Gegenstandsbeschreibung Sozialer Arbeit dar, die von Engelke (2004) als »Bewältigung sozialer Probleme« identifiziert wird. Mit dem Anspruch der »Lösung sozialer Probleme« wird eine utopische Grundlage professioneller Aufgabenbeschreibung angenommen, deren Verwirklichung von vornherein als uneinlösbar erscheinen muss. »Bewältigung sozialer Probleme« beinhaltet dagegen Aufgaben, die sich auf der Basis interdisziplinären Erklärungs- und Handlungswissens professionell wirkungsvoll bearbeiten lassen. Auch Bingels Darstellung des gesellschaftlichen Auftrages Sozialer Arbeit als »Vermittlung zwischen Individuum und Gesellschaft« geht von einem zwar in den Sozialwissenschaften gängigen aber nicht zwingenden Verständnis sozialer Prozesse aus. Mit dem Begriff der »Figuration« bezeichnet Elias (1970) Verflechtungsbeziehungen wechselseitig aufeinander angewiesener, weil voneinander abhängiger Menschen, deren Interdependenzgeflecht insgesamt als Gesellschaft verstanden wird. Gesellschaft besteht also durch und aus Beziehungen zwischen Individuen, womit kein Gegensatz zwischen Gesellschaft und Individuen besteht. Zum dritten geht Bingel (2011) von einem absoluten Integrationsbegriff aus, der eine vollständige Teilhabe aller Gesellschaftsmitglieder an deren sozialen Gütern impliziert. Vollständige Integration ist in Gesellschaften, die sich angesichts wechselnder Machtpotentiale menschlicher

Beziehungen ständig wandeln, schlicht unmöglich; sie wird ständig neu austariert. Wenn der Auftrag Sozialer Arbeit in der Bewältigung sozialer Probleme besteht und Gesellschaft als Interdependenzgeflecht gegenseitig voneinander abhängiger Menschen gesehen wird, kann Soziale Arbeit als vermittelnde oder intermediäre (Fehren 2008) Instanz insofern wirksam werden, als sie die Analyse der Verteilung von Machtpotentialen und gesellschaftlichen Gütern und Chancen, deren Thematisierung und Skandalisierung unter Verweis auf proklamierte, gesetzlich verankerte Ansprüche und Diskrepanzen zur empirischen Wirklichkeit sowie die Entwicklung von Angeboten professioneller, theoretisch und empirisch fundierter Interventionen und deren Einsatz als ihre Aufgabe annimmt. Grundlagen und Verständnis von Sozialraum und der fachlichen Orientierung Sozialer Arbeit an sozial und räumlich strukturierten Prozessen werden in den folgenden Abschnitten noch weiter ausgeführt und vertieft (vgl. auch Becker 2016).

## 4.3 Sozialraumorientierung – ein interdisziplinäres Handlungskonzept Sozialer Arbeit

In einem »Handlungskonzept Sozialraumorientierung« kann auf der Basis theoretisch und empirisch fundierten Erklärungswissens der programmatische Aspekt einer sozialräumlichen Perspektive die Orientierung geben und Ziele, Inhalte und Methoden in einen konsistenten Zusammenhang bringen, woraus sich Handlungsprinzipien und Arbeitsweisen ableiten lassen.

### 4.3.1 Handlungskonzept, Methoden und Techniken

Nach Geißler und Hege (2007: 20) bezeichnet ›Konzept‹ ein »Handlungsmodell, in welchem die Ziele, die Inhalte, die Methoden und die Verfahren in einen sinnhaften Zusammenhang gebracht sind. Dieser Sinn stellt sich im Ausweis der Begründungen und Rechtfertigungen dar«. Handlungskonzepte zielen vorwiegend auf Erklärungswissen und beinhalten hierzu theoretisch begründete, plausible, erforschbare und überprüfbare Erklärungen für soziale Prozesse. Auf der Basis dieses Erkenntnisgewinns lassen sich Entscheidungen über Veränderungsbedarfe treffen, entsprechende konzeptionelle Ziele bestimmen und zur Zielerreichung geeignete Methoden auswählen. Konzepte erhalten durch den Einbezug geeigneter Methoden und Techniken und der damit verbundenen systematischen Vorgehensweisen zur Zielerreichung einen Handlungsbezug und werden somit zu *Handlungs*konzepten. Handlungskonzepte betonen einen programmatischen Aspekt (wie z. B. Lebenswelt, Ressourcen, Sozialraum, Management etc.), aus dem sich Handlungsprinzipien und Arbeitsweisen ableiten lassen. Handlungskonzepte fassen also grundlegende Ansatzpunkte einer Disziplin (hier Soziale Arbeit) theoriegeleitet zusammen und beinhalten mit der Betonung eines bestimmten programmatischen Aspektes eine spezifische Sichtweise. Nach engerem Verständnis bezeichnen ›Methoden‹ zunächst ein planmäßiges Vorgehen zur Zielerreichung. Im Rahmen eines Handlungskonzeptes sind Methoden jedoch nicht ›zielneutral‹, sondern abhängig von und passend zu den, im Rahmen eines jeweiligen Handlungskonzeptes, gewonnen Erkenntnissen über theoretisch und empirisch begründete Zusammenhänge auszuwählen und zu kombinieren. Methoden sind im Vergleich zu Konzepten weniger komplex, legen den Schwerpunkt eher auf den Aspekt der Vorgehensweise, also auf Handlungen, und bedienen sich dabei eines Sets an geeigneten Verfahren und/oder Techniken. Dementsprechend können Methoden keine starren Handlungsanleitungen sein, die sich zur Bearbeitung jedweder Probleme eignen, sondern Methoden sind situationsbezogen, offen und reflexiv auf die Eigenarten und Besonderheiten sozialer Probleme und Menschen anzupassen. ›Techniken‹ wiederum sind als erprobte, standardisierte Verhaltensmuster zu verstehen, deren Wirksamkeit mit hoher Wahrscheinlichkeit vorhersagbar sind, und dienen der Bearbeitung und Realisierung von Methoden (Galuske 2007: 24ff.). Methoden und Techniken können für unterschiedliche Handlungskonzepte geeignet sein und angewandt werden. Für das jeweilige Handlungskonzept können hingegen nur bestimmte Sets an Methoden und Techniken geeignet sein. Für das Handlungsfeld der Sozialen Arbeit in und mit Gemeinwesen findet sich in Becker (2014) eine zusammenfassende Übersicht sowie die Beschreibung der Sozialraumanalyse als zentrale Methode der Analyse und Erschließung von Strukturen und Prozessen in Gemeinden, Stadtteilen und Quartieren.

## 4.3.2 Sozialraum

›Sozialraum‹ steht, nach obiger Definition von Handlungskonzepten, für den programmatischen Aspekt des Handlungskonzepts Sozialraumorientierung und wird deshalb zunächst begrifflich und inhaltlich expliziert. Mit der Aufgabe, Raum begrifflich zu fassen und dessen Bedeutung für Menschen zu erklären, beschäftigten sich Wissenschaftler*innen aus unterschiedlichen Blickwinkeln und unterschiedlichen Disziplinen. So wies Durkheim (1903) bereits auf den Zusammenhang zwischen sozialer Struktur menschlichen Zusammenlebens und deren räumlicher Konstitution hin, ging jedoch von direkten kausalen Zusammenhängen zwischen Sozialstruktur und Raumstruktur aus, wodurch wiederum die Sozialstruktur reproduziert würde (Konau 1977). Georg Simmels (1908) Nachdenken über die Zusammenhänge zwischen Raum, Zeit und Substanz führten ihn zu einem neueren Raumbegriff als synthetische Leistung des Menschen bzw. von Gesellschaften und damit auf den sozialen Ursprung des Raumbegriffs. Geprägt zwar von den newtonschen Vorstellungen eines absoluten Raums, geht auch Simmel von der Existenz des geografisch bestimmten Raumes aus, setzt diesen jedoch in Relation zu den sozialen Prozessen, durch die der geografische oder materielle Raum erst seine Bedeutung erhält. Die Chicagoer Schule der Soziologie (Park/Burgess/McKenzie u. a. 1925) interessierte sich speziell für die empirisch nachweisbaren Einflussfaktoren der räumlichen Organisation der Gesellschaft.

Hierfür wurden Städte und Stadtteile als Territorien der Lokalisierung sozialer Ordnungen untersucht. Damit war eine Fokussierung auf quasi naturgesetzlich determinierte Anordnungen von Menschen in geografischen Räumen verbunden, die der von Simmel bereits aufgezeigten Komplexität von Wechselwirkungen zwischen sozialen Strukturen und Prozessen in raum-zeitlicher Perspektive nicht gerecht wurden. Aus der Perspektive der mikrosoziologischen Phänomenologie (Schütz 1932) wird der subjektive Sinn sozialen Handelns in seiner Bezogenheit auf Situationen, Orte und Anlässe des Handelns als »lebensweltliche« Phänomene begrifflich festgehalten und ethnomethodologisch untersucht. Auch die auf Goffmann (1969) zurückgehende Interaktionsforschung macht den räumlichen Charakter sozialer Phänomene und damit deren vielfältige Beziehungen deutlich. Henri Lefèbvre sorgte in den 1970er Jahren für eine Wiederbelebung der theoretischen Debatte um Raum. In seiner kapitalismuskritischen Schrift »Die Produktion des städtischen Raums« entwickelt Lefèbvre (1977) einen relationalen Raumbegriff, der zwischen sozialem und physischem Raum unterscheidet. Raum wird nach Lefèbvre von jeder Gesellschaft in spezifischer Weise produziert. Dies geschieht z. B. durch die »räumliche Praxis«, also der (Re-)Produktion von Raum durch die Aktivität der Wahrnehmung des Raums bzw. raumbezogene Verhaltensweisen. Mit der »Repräsentation von Raum« verbindet Lefèbvre die Konzeptualisierung von Raum durch Ideen z. B. von Architekt*innen, Planer*innen oder Künstler*innen, die dem Raum eine kognitive Bedeutung und Lesart verleihen. Praxis und (Re-)Präsentation des Raumes durchdringen einander und werden beeinflusst durch die gesellschaftliche Ordnung, die im Kapitalismus beispielsweise mit der Entfremdung des Handelns einhergehe. Den dritten Aspekt der Produktion von Raum sieht Lefèbvre im »Raum der Repräsentationen«, womit die Bedeutung von Symbolen für die Raumbestimmung gemeint ist. Damit verwirft Lefèbvre das Verständnis von Raum als Behälter oder absolutem Raum und will die Vielgestaltigkeit und Relationalität von Raum deutlich machen, ohne einen klaren Raumbegriff anbieten zu können.

Dieter Läpple (1991) griff die Diskussion um Raum in Deutschland wieder auf, indem er, im Gegensatz zu der bis dahin für die stadtsoziologische Forschung dominierenden sozialökologisch orientierten »Kölner Schule« um Jürgen Friedrichs (1977), die Verwendung von »Behälterkonzepten« kritisierte und stattdessen folgende vier Komponenten einer Raummatrix formulierte:

1. gesellschaftliche Verhältnisse als materielle Erscheinungsform,
2. gesellschaftliche Interaktions- und Handlungsstrukturen,
3. institutionalisiertes und normatives Regulationssystem,
4. räumliches Zeichen-, Symbol- und Repräsentationssystem.

Mit dieser Differenzierung machte er deutlich, dass Raum theoretisch rekonstruierbar und gesellschaftlich konstituiert wird, womit quasi eine Verständigungsnotwendigkeit über die jeweilige Bedeutung von Raum entsteht.

Martina Löw (2001) hat den raumsoziologischen Diskurs ein Jahrzehnt später weitergeführt und präzisiert, indem sie auf die Unterschiede der mit den Begriffen »Behälterraum« und »Beziehungsraum« verbundenen Konzepte hinwies.

Demnach wird unter einem »Behälterraum« ein Gefäß (z. B. Saal oder Stadtteil) verstanden, das aus dem Blickwinkel von außen nach innen betrachtet mit Gegenständen, Menschen oder Eigenschaften (beispielsweise Möbel, Menschen, Gerüche etc. in einem Saal bzw. Gebäude, Straßen, Plätze, Menschen und Lärm in einem Stadtteil) gefüllt sein kann. Beim »Beziehungsraum« wird, von innen nach außen betrachtet, ausgehend von den »Gegenständen« (z. B. Menschen, Aktionen, physische Körper, Organisationen, Regeln, Weltbilder) das Ergebnis der Beziehungen zwischen diesen »Gegenständen« beschrieben. Zur Darstellung der Vielschichtigkeit und Vielgestaltigkeit der Dynamik von Räumen verwendet Löw den Begriff der (An-)Ordnung von Lebewesen und sozialen Gütern an Orten. Diese Schreibweise in Klammern soll verdeutlichen, dass Räume gleichermaßen auf der Anordnungspraxis und auf gesellschaftlichen Ordnungen beruhen. Räumliche Strukturen würden demnach durch, in Räume eingeschriebene, Regeln konstituiert und durch Ressourcen gesichert. Löw schlägt vor, von einer durch die Relation zwischen Strukturen und Prozessen geprägten doppelten Konstituiertheit von Raum auszugehen. Zur Analyse von Raumkonstitutionen brauche es demzufolge Kenntnisse der »Bausteine« (soziale Güter und Menschen) und deren Beziehungen untereinander. Hilfreich hierzu sei nach Löw ein Rahmenkonzept unter Verwendung eines »Raum-Zeit-Relativs«, womit im Forschungsprozess der Ausgangspunkt wahlweise auf den »Bausteinen« oder den Beziehungen liegen kann, solange beide Perspektiven einbezogen werden. Im ersten Fall, der vorrangigen Betrachtung der Strukturen, sind für Operationalisierungen die materielle Gestalt, das soziale Handeln, die normative Regulation und die kulturellen Ausdrücke zu beachten. Aus dem Blickwinkel des Herstellungsprozesses von Raum sind nach Löw die beiden Prozesse »Syntheseleistung« und »Spacing« zu unterscheiden. »Syntheseleistung« meint das Schaffen von Räumen durch die Verknüpfung der Raumelemente (soziale Güter und Lebewesen) durch Menschen über Wahrnehmungs-, Erinnerungs- und Imaginationsprozesse. Unter »Spacing« wird der zweite Konstitutionsvorgang, das Platzieren von sozialen Gütern und Menschen und deren symbolischer Markierung, durch die deren Zusammenspiel kenntlich gemacht wird, verstanden. »Syntheseleistung« und »Spacing« geschehen im Alltag der Konstitution von Raum gleichzeitig. Löw geht »(analytisch) von einem sozialen Raum aus, der gekennzeichnet ist durch materielle und symbolische Komponenten« (2001: 15). Räume sind für Löw, aufgrund der in hierarchisch organisierten Gesellschaften meist ungleichen und unterschiedlichen Bevölkerungsteile begünstigenden bzw. benachteiligenden Verteilung, oft Gegenstand sozialer Auseinandersetzungen. »Verfügungsmöglichkeiten über Geld [ökonomisches Kapital wie Einkommen], Zeugnis [Kulturelles Kapital, wie Bildung], Rang [Status] und Assoziationen [Inklusion/Exklusion; Soziales Kapital] sind ausschlaggebend, um (An)Ordnungen durchsetzen zu können, so wie umgekehrt die Verfügungsmöglichkeit über Räume zur Ressource werden kann« (Löw 2001: 272)[14].

Schroer (2006) verweist auf die etymologische Herkunft des Raumbegriffs von »räumen/abräumen/Platz schaffen« und erklärt damit die Bedeutung des ›Raum-

---

14  Einfügungen in [Klammern] der Verf., mit Bezug zu Kapitalarten nach Bourdieu (1983).

Schaffens‹ als sozialen Prozess. Mit Blick auf die historische Entwicklung der Rezeption des Begriffes konstatiert Schroer eine Veränderung von absoluten (Aristoteles, Newton, Kant) über relativistische (Leibniz, Einstein) zu relationalen Raum-Verständnissen (Elias, Lefèbvre, Löw). Schroer sieht »die besondere Bedeutung Simmels für eine Soziologie des Raums darin, dass er sowohl die strukturelle Seite des Raums betont als auch die Hervorbringung des Raums durch menschliche Aktivitäten« (2006: 78). Das Verdienst der Literaturwissenschaftler um Dünne und Günzel (2006) ist es, eine interdisziplinäre Übersicht der Theorien zu Raum erstellt und dabei eine wertvolle Sammlung von Originaltexten vom 17. Jahrhundert bis in die Gegenwart zusammengestellt und kommentiert zu haben.

Die oben aufgeführten raumtheoretischen Überlegungen sind für Soziale Arbeit deshalb besonders relevant, weil dadurch klar wird, dass Räume von unterschiedlichen Bevölkerungsteilen unterschiedlich erlebt, erfahren und bestimmt werden. Wenn mit den Raumkonstitutionen auch Chancen auf Zugang und Ausschluss von Raum einhergehen, wie von Martina Löw (2001) beschrieben, muss die Konstitution von Raum als Gegenstand sozialer Aushandlungsprozesse und sozialer Konflikte im Allgemeinen sowie sozialer Benachteiligung im Besonderen betrachtet werden. So lassen sich beispielsweise Nutzungskonflikte, die aufgrund vorhandener Interessenlagen und gesellschaftlicher Machtverhältnisse entstehen, als aushandelbare gesellschaftliche Prozesse zur Bearbeitung sozialer Probleme verstehen. Als Beispiel zur weiteren Veranschaulichung der empirischen Bedeutung der Raumtheorie eignet sich die Publikation von Emmenegger und Litscher (2011). Darin werden, in Auseinandersetzung mit öffentlichen Räumen, unterschiedliche Kontexte aus multidisziplinären Perspektiven beleuchtet und mit Beispielen von Forschungsprojekten aus der Schweiz belegt.

### Begriffsverwendung Sozialraum in diesem Beitrag

Als Ergebnis der obigen begrifflichen und theoretischen Explikation wird »Sozialraum« im Rahmen des hier vorzustellenden »Handlungskonzept Sozialraumorientierung« als sozial und räumlich strukturierter Kontext verstanden, der von Menschen und ihren Vergesellschaftungen unterschiedlich konstruiert, produziert und interpretiert wird, und zu dem Menschen in unterschiedlichen Relationen (Aufenthalt, Begegnung, Interaktion, Zugehörigkeit etc.) stehen. Nähere Ausführungen zu Sozialraumorientierung als Handlungskonzept Sozialer Arbeit finden sich in Becker (2016, Kap. 4).

## 4.3.3   Sozialraumorientierung – ein Handlungskonzept

Mit dem Begriffspaar Sozialraum-Orientierung wird deutlich gemacht, dass das hier zu beschreibende »Handlungskonzept Sozialraumorientierung« eine bestimmte Ausrichtung hat und die Perspektive auf den programmatischen Aspekt »Sozialraum« in oben beschriebener Bedeutung richtet. Diese spezifische Sichtweise bietet Orientierung im Sinne einer konzeptionellen Ausrichtung des Handelns (s. o. zu »Handlungskonzept«) auf soziale und räumliche Zusammenhänge. Grundlage dieser Orientierung ist die Beschäftigung mit der sozialen Konstitution und Konstruktion von Räumen sowie deren unterschiedliche Bedeutungszuschreibungen und gesellschaftliche Bedingtheiten. Dabei genügt es nicht, um die soziale Bedingtheit der Konstitution und Konstruktion von Raum, entsprechend der oben beschriebenen Raumtheorien, zu wissen, sondern zur Orientierung bedarf es ebenfalls der Kenntnis und des Verstehens unterschiedlicher Raumdefinitionen gesellschaftlicher Akteure (Institutionen und Bevölkerung) und deren zugrundeliegenden Interessen. Ganz gleich, ob es sich um ein für behördliche Planungsräume übliches territoriales Raumverständnis oder um Milieu bedingt unterschiedliche Aktionsräume von Bevölkerungsteilen handelt, lassen sich die jeweiligen Prozesse des »Raum schaffens« (Schroer 2006) bzw. der »(An)Ordnung von sozialen Gütern und Lebewesen« (Löw 2001) sowie der sozialen »Syntheseleistungen« nach charakteristischen Merkmalen untersuchen.

Mit dem Raumverständnis und -begriff sind auch sozialpolitische Diskurse über den »Umbau des Sozialstaats«, vom »Welfare-State« zum »Workfare-State« und vom »versorgenden« zum »aktivierenden« Staat verbunden (Dahme/Wohlfahrt 2003). In deren Rahmen wird die Verantwortung für soziale Probleme und deren Bewältigung tendenziell auf die lokale Ebene und schwerpunkmäßig auf das Individuum, den Bürger verlagert, wobei sich der Staat aus der Verantwortung zurückziehen und die Entwicklung den Marktmechanismen überlassen soll (Giddens 1998). In diesem Zusammenhang ist die dezentrale *räumlich-territoriale* Orientierung an lokalen Steuerungseinheiten (Stadt, Gemeinde, Quartier) und die *sozialpolitische* Orientierung an selbstverantwortlichen Individuen und leistungsfähigen Gemeinschaften (Nachbarschaft, Bürgerengagement, Kommunitarismus, vgl. Etzioni 1998) zu hinterfragen und mit den Verursachungsgründen und Bewältigungsbedingungen sozialer Probleme zu konfrontieren.

### 4.3.4 Sozialraumorientierung – ein interdisziplinäres Handlungskonzept

Das Handlungskonzept Sozialraumorientierung beinhaltet die analytische Auseinandersetzung mit Raum in seiner gesellschaftlichen Bedingtheit aus historischer und sozialkultureller Perspektive (Dünne/Günzel 2006). Um sozialräumliche Prozesse erkennen und verstehen zu können, sind theoretische Grundlagen aus unterschiedlichen »menschenwissenschaftlichen« Disziplinen (Elias 1970) zu berücksichtigen und nach möglichen Erklärbeiträgen zu überprüfen. Von der Sozialgeografie, deren Gegenstand der sozial angeeignete und gestaltete Raum (z. B. Werlen 2008; Lichtenberger 1998) ist, werden Erkenntnisse über soziale Gestaltungsprozesse räumlich-materieller Lebensbedingungen ergänzt. Hintergründe und Wechselwirkungen zwischen menschlichen Lebensweisen und deren räumlichen Formen, wie z. B. sesshafte oder nomadische Siedlungsweisen oder die Entwicklung von Städten und Dörfern, sind Gegenstand der Raum- und Stadtsoziologie, von deren Arbeiten Erkenntnisse über Vergemeinschaftung und Vergesellschaftung in ihren sozialräumlichen Dimensionen gewonnen werden können (Tönnies 1887; Sombart 1931; Simmel 1908; u. a.). Fragen der ökonomischen Organisation, also der Wirtschaftsweise von Gesellschaften, sind ebenfalls Gegenstand soziologischer und sozialpolitischer Theorien, die Erklärungen zu sozialräumlichen Aspekten der Erbringung und Verteilung gesellschaftlicher Güter bieten (Engels 1845; Marx/Engels 1872; Sombart 1902; Weber 1922; u. a.). Der sozialökologische Ansatz der Chicagoer Schule (Park/Burgess/McKenzie 1925) und deren deutsche Variante, der »Kölner Schule« (Friedrichs 1977), bietet Erklärungen der sozialen und räumlichen Organisation der Gesellschaft aus einer (sozial-)ökologischen Betrachtung der kollektiven Interaktionen von Individuen mit ihrer Umwelt. Sie erklären Selektionsprozesse mit den Prinzipien einer marktorientierten und ohne staatliche Eingriffe sich überlassenen (Stadt-)Entwicklung in wirtschaftsliberal organisierten Gesellschaften. Voraussetzungen und Konsequenzen menschlichen Zusammenlebens auf engem Raum, sind Gegenstand sozialpsychologischer Betrachtungen, aus sehr unterschiedlichen Perspektiven (Simmel 1903; Elias 1937,1965; Sennet 1974; Beck 1986; Etzioni 1996; u. a.) und bieten für ein sozialräumliches Handlungskonzept wichtige theoretische Grundlagen zum analytischen Verständnis sozialer Prozesse der gesellschaftlichen Inklusion und Exklusion. Stadtsoziologische Erkenntnisse zur Dynamik globaler (Stadt-)Entwicklungen (Sassen 1991; Berking 2002), zum Vergleich globaler und europäischer Stadtmodelle (Häußermann 2001; Kaelble 2001), zu wesentlichen Merkmalen urbaner Lebensform (Wirth 1938; Herlyn 1974; Prigge 1987), zum Spannungsverhältnis von Privatheit und Öffentlichkeit (Bahrdt 1961) sowie zu den Kontroversen über Wirkungen von Homogenität und Heterogenität in Wohngebieten (Gans 1974; Heitmeyer/Dollase/Backes 1998; Häußermann/ Oswald 1997; u. a.) sind wesentliche Grundlagen zum Verständnis gesellschaftlicher Entwicklungen und den diesbezüglichen sozialpolitischen Diskursen. Die räumlich-materiellen Rahmenbedingungen und deren Gestaltung sind Gegenstand von Stadtgeografie (Christaller 1933; Hofmeister 1999; u. a.), Architektur (Benevolo 2007; Hoffmann-Axthelm 1993; u. a.) und Stadtplanung (Streich 2011; u. a.) und geben Auskunft über Einflussfaktoren, Ideen, Möglichkeiten und Grenzen der räumlich-baulichen Gestaltung menschlicher Siedlungen wie Städten und Gemeinden.

## 4.3.5 Anforderungen Sozialer Arbeit nach dem Handlungskonzept Sozialraumorientierung

Ziele Sozialer Arbeit in und mit Gemeinwesen beziehen sich auf Erhalt und Schaffung menschenwürdiger Lebensbedingungen in sozialräumlichen Kontexten, im Sinne der dort lebenden Menschen, insbesondere aber auf die Verbesserung der Lebensqualität in benachteiligten Lebenswelten. Zentrale Aufgabe der Sozialen Arbeit in und mit Gemeinwesen ist die »Gestaltung von Lebenswelten« und nicht die »Befriedigung von Kundenbedürfnissen« (Becker 2013). Menschen in Stadtteil oder Quartier sind keine Kund*innen, sondern Bürger*innen mit Rechten und Pflichten, unterschiedlichen Ressourcen, Erfahrungen und

Kompetenzen, sind Betroffene und Akteure und zugleich mehr oder weniger anerkannte Expert*innen ihres Lebensumfeldes (Hinte/Lüttringhaus/Oelschlägel 2007: 130ff.). Die Gestaltung von Lebenswelten erfordert sowohl die Verankerung der Sozialen Arbeit in Stadtteil oder Quartier als auch die Arbeit auf anderen Steuerungsebenen und wird damit wichtiger Teil sozialer Stadt- und Quartierentwicklung. Dort ist danach zu fragen, wie eine Stadt und ihre Quartiere so gestaltet werden können, dass sie den Interessen ihrer älter und bunter werdenden Bevölkerung gerecht werden und für eine vielfältige Bevölkerung von Jung und Alt, Einheimischen und Zugereisten, Armen und Reichen, Kindern und Erwachsenen attraktiv, sozial gerecht, wirtschaftlich leistungsfähig und ökologisch nachhaltig sind oder werden.

Die Fokussierung auf ein Handlungsfeld beruht auf dem diesem Band zugrundeliegenden »Freiburger Modell der Handlungsfeldorientierung« und bedeutet, die aktuellen Bedingungen und Entwicklungen in bestimmten Handlungsfeldern der Sozialen Arbeit in den Blick zu nehmen und die daraus abzuleitenden Aktionen und Interventionen professioneller Sozialer Arbeit in Bezug zu den jeweils passenden Handlungskonzepten und Methoden zu entwickeln. Das Handlungskonzept Sozialraumorientierung wird also auf die handlungsfeldspezifischen Charakteristika von Aufgabenstellungen, Rechtsgrundlagen, Governance, Trägerlandschaften und Situationen von Stadt- und Quartierentwicklung bezogen. Auf der Grundlage des dreidimensionalen Kompetenzbegriffs, wie er im Europäischen Qualifikationsrahmen (EQR)[15] definiert wird, spielen sowohl theoriebegründete Handlungskonzepte als auch die Methoden der Sozialen Arbeit eine wichtige Rolle beim Kompetenzerwerb durch Kenntnisse, Fertigkeiten und Haltungen. Die Kombination von Wissensbeständen aus Bezugswissenschaften und Erkenntnissen der Wissenschaft Soziale Arbeit (Erklärungswissen), mit Kenntnissen und Fähigkeiten der Entwicklung und Anwendung von Methoden (Handlungswissen und Analyse-/Synthese-/Kritikfähigkeit), bildet auf der Grundlage von Wertorientierungen und Haltungen die Basis der Ausbildung spezifischer Handlungskompetenzen Sozialer Arbeit.

Das Handlungsfeld Sozialer Arbeit in und mit Gemeinwesen erfordert spezifische Kenntnisse sowie ein differenziertes Verständnis sozialer Probleme. Dafür braucht es eine Verständigung über gesellschaftliche Strukturen und Prozesse, die problematische Lebenslagen produzieren können. Grundlage dafür sind Fähigkeiten, gesellschaftliche Rahmenbedingungen wie demografische, ökonomische, politische und ökologische Strukturen und Prozesse analysieren und kritisch interpretieren zu können. Im Einzelnen geht es darum, wesentliche demografische Trends (wie Bevölkerungswachstum und -schrumpfung, Bevölkerungsmigration, Bevölkerungsalterung), ökonomische Entwicklungen (wie Globalisierung, Tertiarisierung, Polarisierung von Regionen, Stadtgesellschaften, Arbeitsmarkt und interkommunaler Wettbewerb), politische Veränderungen (wie z. B. »unternehmerische Stadtpolitik«) und deren gesellschaftliche Auswirkungen zu kennen und

---

15 Der Europäische Qualifikationsrahmen für lebenslanges Lernen (EQR) (englisch: European Qualifications Framework, EQF) ist eine Initiative der Europäischen Union (EU), der berufliche Qualifikationen und Kompetenzen in Europa vergleichbarer machen soll.

diese vor dem Hintergrund entsprechender Theorien erklären sowie Interventionen im Rahmen staatlicher Sozial-/Wohlfahrtsregime konzipieren und bewerten zu können. Darüber hinaus gilt es, die politischen, rechtlichen und institutionellen Rahmenbedingungen für effektive Interventionen Sozialer Arbeit analysieren, bewerten und, auf lokale Gegebenheiten übertragen, nutzen zu können. Das Wissen um individuelle Lebenslagen, aber auch sozialpsychologische und soziologische Erkenntnisse über menschliche Lebensformen und Milieus sind hilfreich, um Beteiligungs- und Aktivierungsprozesse in und mit Gemeinwesen entwickeln, initiieren und durchführen zu können, die den betroffenen Menschen, unter Einbezug ihrer Interessen und Fähigkeiten, mehr Handlungsoptionen eröffnen und ihre Selbstwirksamkeitserfahrungen erweitern. Sich als Fachkräfte weniger als ›Problemlöser*innen‹, sondern eher als ›Unterstützer*innen‹ von Potentialen und Interessen, die teilweise bereits vorhanden, aber noch nicht zur Geltung gekommen sind, zu verstehen, ist dabei Teil der professionellen Haltung. Der Aufbau einer professionsbezogenen Identität wird durch eine Verständigung über die Geschichte und die Entwicklungsphasen des Handlungsfeldes ermöglicht und gefördert. Dazu ist die Reflexion des beruflichen Selbstverständnisses und der Wertvorstellungen, an denen sich das berufliche Engagement orientiert, erforderlich. Die eigene Rolle als Gemeinwesenarbeiter*innen, Quartiermanager*innen oder sozialraumorientierte Sozialarbeiter*innen in anderen Handlungsfeldern definieren und gegenüber Kolleg*innen der eigenen und anderer Berufsgruppen/Professionen sowie Adressat*innen verständlich darzustellen, gehört zu den professionellen Kompetenzen. Dies impliziert, die für Soziale Arbeit im Handlungsfeld Sozialer Arbeit in und mit Gemeinwesen wesentlichen Handlungskonzepte (wie Sozialraum-, Lebenswelt-, Ressourcen-, Managementorientierung) und Methoden (wie z. B. Empowerment, Netzwerkarbeit, Bürgerbeteiligung, Streetwork, Projektarbeit, Sozialstrukturanalyse, Sozialraumanalyse etc.) kennen und situations- und personengerecht anwenden zu können. Dazu sind Fähigkeiten erforderlich, für das Handlungsfeld wichtige wissenschaftliche Erkenntnisse recherchieren, analysieren, interpretieren und anwenden zu können. Neben Sozialstruktur- und Sozialraumanalysen sind weitere Methoden und Instrumente der Aktionsforschung (wie z. B. die aktivierende Befragung) zu kennen und konzipieren, durchführen und auswerten zu können.

Der überwiegende Teil der Interventionen im Handlungsfeld Sozialer Arbeit in und mit Gemeinwesen wird in Kooperation mit Institutionen, Verbänden und Vereinigungen organisiert. Für die Bearbeitung sozialer Probleme sind in diesem Kontext unterschiedliche institutionelle und disziplinäre Perspektiven relevant. Zur Akquise und Durchführung von Projekten ist der institutionellen Vernetzung besondere Bedeutung beizumessen. Fachkräfte Sozialer Arbeit können Kommunikations- und Arbeitsformen konzipieren, die lokale Akteure und Bevölkerung miteinander in Verbindung bringen, um die Belange des Quartiers auf den Ebenen Quartier-Kommune-Region zu positionieren. Sie können Projekte initiieren und durchführen, auswerten und öffentlichkeitswirksam darstellen. Sie können interdisziplinär, mit Angehörigen anderer Professionen, ›auf gleicher Augenhöhe‹ zusammenarbeiten und dabei mit unterschiedlichen Hierarchiestrukturen umgehen.

Sowohl für die verschiedenen Beteiligungs- und Aktivierungsformen als auch für die Präsentation von Projekten und deren Ergebnissen werden grundlegende medienpädagogische Handlungs-, Ausdrucks- und Kommunikationskompetenzen für den Interaktionsprozess mit Einzelnen und Gruppen gebraucht. Fachkräfte sind in der Lage, Zusammenhänge übersichtlich und anschaulich zu visualisieren und dabei auch ein größeres Publikum einzubeziehen. Sie kennen Moderationstechniken für Großgruppen und Beteiligungsformen, die unterschiedliche Bildungsstände und Erfahrungen von Bürger*innen mit Beteiligungsformen berücksichtigen, und sind in der Lage, diese situations- und personenadäquat zu konzipieren und einzusetzen. Am Beispiel eines Quartierentwicklungsprojektes werden im folgenden Abschnitt die o. g. Anforderungen veranschaulicht und erläutert.

## 4.4 Soziale Arbeit in und mit Gemeinwesen am Beispiel eines Quartierentwicklungsprojektes

### Ausgangssituation

Ein Stadtteil (ca. 4.000 Einwohner*innen), der im Norden an das Zentrum einer Stadt mit knapp 60.000 Einwohner*innen angrenzt, entstanden um die Wende vom 19. zum 20. Jahrhundert.

Wir sind als Gemeinwesenarbeiter*in im dortigen Stadtteilzentrum tätig. Der Begriff Stadtteilzentrum zeigt an, dass wir nicht für die gesamte Stadt, sondern nur für einen Teil dieser Stadt zuständig sind.

Unsere Rolle ist die einer Koordinator*in für Aktivitäten innerhalb des Quartiers, auch in Bezug auf Organisationen im Stadtteil bzw. mit Stadtteilbezug und in erster Linie als Ansprechpartner*in für die Bevölkerung des Stadtteils (Bewohner*innen und solche, die sich dort zu anderen Zwecken wie z. B. Arbeit, Freizeit, Kultur etc. aufhalten).

Wir stehen vor der Herausforderung, uns zunächst ein Bild des Stadtteils, dessen Strukturen (geografisch, räumlich, baulich, sozial etc.) und Prozesse (z. B. Kommunikationsnetze, Interessengruppen, politische Gruppierungen, bürgerschaftliche Aktivitäten, Nachbarschaftskontakte etc.) zu verschaffen.

### Raumstrukturanalyse

In der folgenden Abbildung sehen wir einen Ausschnitt aus dem amtlichen Stadtplan unserer Stadt, der den betreffenden Stadtteil abbildet (▶ Abb. 4.1). Dort lässt sich eine räumliche Einteilung nach Stadtteilen (120) und Stadtvierteln (1–5) erkennen (vgl. Legende).

## Aufgabe

Wir versuchen diesen Stadtplan zu lesen, um etwas über die Begrenzung des
Stadtteiles herauszufinden.

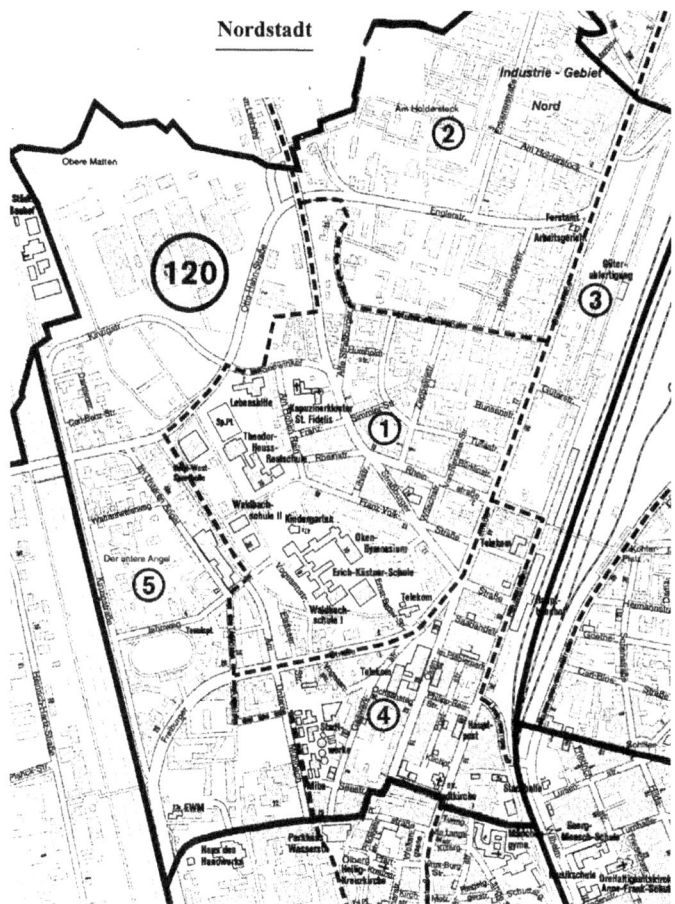

**Abb. 4.1:** Stadtteil und Stadtviertel sowie Verkehrswege, eigene Bearbeitung Becker,
2012

## Ergebnis

Der Stadtteil 120 wird im Westen durch einen Fluss, im Norden durch die
Grenze des Industriegebietes Nord, im Osten durch die Bahnlinie mit ICE-
und Güterverkehr, im Südosten durch die Stadtmauer der historischen Alt-
stadt und im Südwesten durch zwei Quartierstraßen begrenzt (▶ Abb. 4.1).

Der Stadtteil wird von zwei Bundesstraßen durchquert, die teilweise auf einer Straße gebündelt verläuft und sich in der Stadtteilmitte in nördlicher und nordwestlicher Richtung verzweigt. Drei kleinere Parkanlagen befinden sich an der Verzweigung beider Bundesstraßen im Bereich der Gründungsbebauung sowie südlich und gegenüber dem Bahnhof. Größere öffentliche Grünflächen sind im Bereich des Schulzentrums und an der westlichen Stadtteilgrenze entlang von Fluss und Gewerbebach zu finden.

### Aufgabe

Nun ist unsere fachliche Einschätzung dazu gefragt, welche Bedeutung die markierten Linien der obigen Abbildung (▶ Abb. 4.1), also die Grenzlinien für die Bevölkerung in diesen Stadtvierteln in Bezug auf deren Quartierdefinition haben könnten (zum Quartierbegriff s. o.).

### Ergebnis

Der Stadtteil hat durch den Fluss im Westen und die Bahnlinie im Osten zwar zwei klare räumliche Abgrenzungen, doch fehlen diese im Süden zur Stadtmitte hin, wodurch der Stadtteil von der Bevölkerung kaum als räumlich abgeschlossenes Quartier wahrgenommen werden kann. Die zwei Bundesstraßen, die den Stadtteil wie Schneisen durchschneiden, könnten in der Bevölkerung, insbesondere für Kleinkinder, Familien und ältere Menschen, als starke Trennlinie und Barriere innerhalb des Stadtteiles wirken, was die Erfahrung der Abgeschlossenheit eines Quartiers eher unwahrscheinlich macht.

(Weitere Ausführungen hierzu in Becker 2014: 46–60).

### Aufgabe:

Betrachten wir nun die Anlage von Gebäuden, Straßen und Wegeführung in diesem Gebiet. Aus der Lage und Anordnung der Gebäude, Plätze, Straßen und Wegeführung lassen sich Hypothesen über die Gelegenheiten andere Menschen zu treffen, sich zu begegnen und die Wahrscheinlichkeit eines räumlichen Zentrums in diesem Gebiet aufstellen. Folgende Erkenntnisse von Vertreter*innen aus Stadtsoziologie und Stadtplanung bezüglich der räumlichen Voraussetzungen für Gelegenheiten menschlicher Begegnung in städtischen Kontexten sind uns dabei hilfreich.

### Fachliche Grundlagen

Andreas Feldtkeller (1994) und Jane Jacobs (1963) beschreiben die Zusammenhänge baulicher Anordnung von Straßen und Gebäuden und betonen die Bedeutung von Baudichte und Konzentration von Wegeverbindungen zu bestimmten

Zentren/Nutzungen wie Verkehrs-, Einkaufs-, Bildungs-, Arbeitsgelegenheiten, die eine Belebung, damit eine Erhöhung des Sicherheitsempfindens sowie der ökonomischen Rentabilität der angebotenen Dienstleistungen sichern können. Die Stadtsoziologischen Annahmen dazu fußen u. a. auf Erkenntnissen von Hans Paul Bahrdt (1961) und Louis Wirth (1974) zur Wirkung von belebten Straßen und Plätzen sowie deren öffentlichen bzw. privaten Charakter.

### Ergebnis

Aus der Anlage von Straßen, Gebäuden und Plätzen lässt sich kein eindeutiges räumliches Zentrum identifizieren. Zwar laufen einige Straßen im Stadtviertel 1 in der Mitte des Stadtteils auf einander zu, doch die Tatsache, dass diese Straße den Status einer Bundesstraße hat, lässt auf eine relativ hohe Frequentierung durch den fahrenden Verkehr schließen, was für Fußgänger eher ein Hindernis darstellt. Qualifizierte Aussagen zur möglichen Belebung lassen sich erst treffen, wenn mehr Informationen über die bauliche Nutzung der Gebäude, die Infrastruktur und die Bevölkerungsstruktur verwertet werden können.

## Baustrukturanalyse

### Aufgabe

Bau-/Gründungsalter eines Gebietes können, angesichts der typischen Stadtplanung der Entstehungszeit, grundsätzliche Konsequenzen für Baustruktur und Qualität der Bebauung, dessen wirtschaftliche Rentabilität und Entwicklung über die Jahre haben.

(Literaturhinweis: Becker 2014: 34–45)

### Ergebnis

Aus Unterlagen der städtischen Bauabteilung, über die Gründung der Bebauung, geht hervor, dass ein Teil des Gebietes (Stadtviertel 4 und Teile von 1) um die Jahrhundertwende vom 19. zum 20. Jahrhundert erbaut wurde. Teile des Stadtviertels 1 wurden in der Zwischenkriegszeit erbaut. In der Nachkriegszeit wurden Gewerbe- (5) und Industrieflächen (2) ausgewiesen. In den 1970er und 1980 Jahren, kam weitere Wohnbebauung hinzu.

Die *Baustruktur* ist geprägt von einer Mischung ehemaliger gehobener Bürgerhäuser der Gründerzeit, kleineren Ein- und Mehrfamilienhäusern der Zwischenkriegszeit und großen Wohnblocks der Nachkriegszeit. Neben Wohnbebauung gibt es Gewerbe- und Industriegebiete sowie Parks und Grünanlagen. Für den gesamten Stadtteil gibt es mehrere Bebauungspläne, für die jeweiligen Gebiete sind unterschiedliche Nutzungszwecke eingetragen (▶ Abb. 4.2).

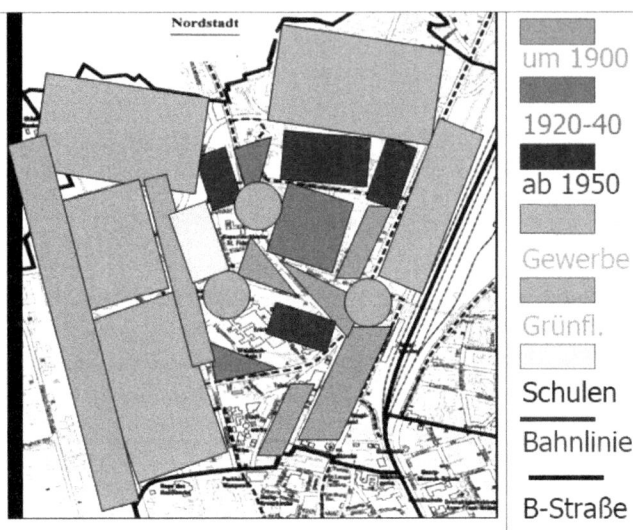

**Abb. 4.2:** Bauliche Nutzung und Gebäudestruktur, eigene Bearbeitung Becker 2012

Die *Infrastruktur* bietet eine gute Versorgung mit Schulen, Geschäften, Verkehrsverbindungen, (Kirchen-)Räumen, sozialen Einrichtungen wie z. B. einem Kinderhaus, das auf eine Elterninitiative zurückgeht, einem Bürgerverein und einer durch die Kommune eingerichteten Stadtteilkonferenz, zu der sich Vertreter aller Organisationen im Stadtteil halbjährlich treffen.

Die *Bevölkerungsstruktur* ist gemischt aus Einheimischen und Zuwanderern, größtenteils mittleren Alters. Es gibt eine große Gruppe recht langjähriger Bewohner und eine beachtliche Gruppe erst kurzzeitiger Bewohner. Der Stadtteil hat allerdings einen negativen »*Binnenwanderungssaldo*« (Differenz zwischen Zugezogenen und Weggezogenen aus/in anderen Stadtteilen innerhalb derselben Stadt), denn viele Zugezogene ziehen nach ein paar Jahren von hier in andere Stadtteile.

## Wanderungsbewegungen

Aus den Daten der statistischen Erhebungen des Einwohnermeldeamtes erfahren wir, dass der Stadtteil in den letzten 30 Jahren einen positiven »*Außenwanderungssaldo*« (Differenz zwischen Zugezogenen und Weggezogenen aus/in anderen Städten) aber einen negativen »*Binnenwanderungssaldo*« vorzuweisen hatte. Der Anteil jüngerer bis mittlerer Altersgruppen ist vergleichsweise hoch, Kinder und Jugendliche sind durchschnittlich vertreten, ältere Menschen eher unterdurchschnittlich.

## Migration und Zuwanderung

In der folgenden Tabelle ist der Anteil an Bewohner*innen mit ausländischer Staatsbürgerschaft zu sehen (▶ Tab. 4.1). Doppelstaatsbürgerschaften kommen hier vorwiegend in Kombination der deutschen und einer osteuropäischen Staatsbürgerschaft vor.

**Tab. 4.1:** Staatsbürgerschaft »nichtdeutsch«, eigene Bearbeitung Becker, 2012

| Stadtteile | Stadtviertel | | | | | Gesamt |
|---|---|---|---|---|---|---|
| **Nordwest** | 1201 | 1202 | 1203 | 1204 | 1205 | 120 |
| Anzahl | 394 | 7 | | 257 | 56 | 714 |
| Anteil | 16 % | 4,8 % | | 19,6 % | 21,2 % | 17,1 % |
| **Kernstadt** | | | | | | |
| Anzahl | | | | | | 4543 |
| Anteil | | | | | | 13,4 % |

## Zwischenfazit

Der Stadtteil Nordstadt ist aufgrund seiner frühen Bebauung von verschiedenen Epochen der Stadtentwicklung geprägt, was sich auf die Bau-, Nutzungs- und Infrastruktur auswirkt. Die Wohnbebauung ist relativ dicht, mit großer Mischung der Baualter und durch die unterschiedlichen Bebauungspläne auch differenziert. Entsprechend vielseitig sind die Nutzungsmöglichkeiten wie Wohnen, Arbeiten, Einkaufen, Vergnügen. Infolgedessen wird der Stadtteil wahrscheinlich von mehr und unterschiedlichen Menschen, zu verschiedenen Zeiten bevölkert als dort wohnen. Dem entspricht eine gute Ausstattung an privater Infrastruktur.

Aus stadtsoziologischer Perspektive bietet der Stadtteil also gute Voraussetzungen für ein funktionierendes und lebendiges Gemeinwesen.

(Literaturhinweis: Becker 2016: 57–88)

## Problemdefinition(en)

Wenn wir mit Ernst Engelke (2004) den Gegenstand Sozialer Arbeit in der Vermeidung und Bewältigung sozialer Probleme sehen, stellt sich die Frage nach den Problemen und Herausforderungen, die sich in diesem Stadtteil stellen.

Klassische Stadtplanung richtet den Fokus auf ihr Ressort, die bauliche Stadterneuerung und betrachtet Probleme auf der Basis ihrer Kompetenz und Zuständigkeit. Folgerichtig werden von der Stadtplanung ein *Verkehrsproblem*: Zwei Bundesstraßen führen direkt durch den Stadtteil und ein *Renditeproblem der Immobilieneigentümer*: Nachholbedarf an baulicher Renovierung, erkannt.

Die sozialpolitische Perspektive der Stadtentwicklung ist hingegen auf bestimmte »*Sozialindikatoren*« wie Ausländeranteil, Sozialhilfequote, Arbeitslosenquote, Fluktuation, erhöhter Hauptschüleranteil, Anteil kinderloser und kleiner Haushalte gerichtet und sieht dort potentielle soziale Probleme.

Aus der Bevölkerung selbst gibt es andere Problemdefinitionen, die durch eine repräsentative Bevölkerungsbefragung ermittelt werden konnten (vgl. Becker 2008). Wohnungslose alkoholisierte Menschen mit Hunden, die sich im Stadtteilpark aufhielten und ein fehlendes Stadtteilzentrum, die es in anderen Stadtteilen längst gibt (*Prestige des Stadtteils*).

## Vernetzung

### Aufgabe

Nachdem wir den Stadtteil, in dem wir tätig sind, nach dessen Strukturen analysiert haben, stellen wir uns die Frage, welche Prozesse der Kommunikation und Kooperation es hier gibt. Wir möchten die »Akteure« im Gebiet kennen lernen.

### Ergebnis

Wir erfahren, dass es außer den evangelischen und katholischen Kirchengemeinden auch einen alevitischen Kulturverein gibt, der Räume im Stadtteil nutzt. Außerdem gibt es seit 40 Jahren einen Bürgerverein, der sich die Entwicklung des Stadtteils zu eigen macht und auch Feste und Ausflugsfahrten für Bewohner*innen des Stadtteils organisiert. Diese und andere Organisationen aus dem Stadtteil treffen sich zwei bis dreimal pro Jahr in der sog. »Stadtteilkonferenz«, zu der Vertreter der Stadtverwaltung einladen und diese auch moderieren.

In Zukunft werden wir als Gemeinwesenarbeiter*in im Stadtteil diese Stadtteilkonferenz moderieren und alle bisherigen sowie neue Organisationen und Initiativen von Bürger*innen im Stadtteil sowie bei Bedarf auch Vertreter*innen aus verschiedenen Abteilungen der Stadtverwaltung sowie anderer Behörden dazu einladen.

(Weiterführende Literatur zu Methoden und Techniken der Vernetzung: Becker 2014; Bauer/Otto 2005; Fuhse/Mützel 2010; Romppel 2003; Stegbauer 2008)

## Projektentwicklung

Nicht durch Zusammenarbeit der Ressorts Stadtplanung und Stadtentwicklung, sondern bezeichnenderweise auf Initiative der Stadtteilkonferenz, wurde vor einiger Zeit von der Kommune eine Projektgruppe aus städtischen Bediensteten, sozialen Einrichtungen und Bürger*innen im Stadtteil installiert, mit dem Auftrag ein integriertes Stadtteilentwicklungskonzept zu erarbeiten.

Ziele dieses Konzeptes waren städtebauliche und soziale Infrastrukturverbesserungen sowie die Förderung des sozialen und kulturellen Lebens. Die Finanzierung wurde möglich durch Aufnahme in das Bund-Länder-Programm »Soziale Stadt«.

(Weiterführende Literatur zu Projektarbeit/-management: Frey 2002; Herzog 2008; Hesseler 2007)

## Projektablauf

In offenen Arbeitsgruppen wurden Vorschläge zu verschiedenen Themenbereichen entwickelt. Bewohner*innen waren an diesem Prozess nur in geringer Zahl eingebunden. An der breiten Bevölkerung ging die Arbeit vorbei, mit der Folge, dass die Umsetzung der Vorschläge kaum nachhaltige Wirkung gehabt hätte.

Dennoch wirkte die Projektarbeit insofern integrativ, als mehrere behördliche und soziale Organisationen und einige Bürger*innen aus dem Stadtteil an einen Tisch gebracht wurden.

Die gewählte Form (*Arbeitsgruppen*) stieß in Punkto Bevölkerungsbeteiligung allerdings ihre Grenzen.

## Projektmodifikation

Als Reaktion auf die ersten Erfahrungen wurden sowohl Organisationsstrukturen als auch angewandte Methoden modifiziert: Externe Berater einer Hochschule übernahmen die Moderation des Prozesses. Eine Lenkungsgruppe aus Projektleitung, Gemeinwesenarbeitsteam und externen Beratern der Hochschule wurden eingesetzt, die den Prozess steuern sollten. Als Projektleitung fungierte ein Tandem aus den städtischen Abteilungen der Bauplanung und der Sozialplanung. Zur verwaltungsinternen Koordination entstand eine Koordinationsgruppe aus Vertretern aller kommunalen Ämter und Dienststellen. Zur Förderung des Beteiligungsprozesses und zur Unterstützung der Bürger*innen wurde ein Gemeinwesenarbeitsteam aus dem Leiter des Kinderhauses und einer zusätzlich eingestellten Gemeinwesenarbeiter*in (unserer Arbeitsstelle) eingesetzt. Die Stadtteilkonferenz wurde um die Projektleitung und weitere Verwaltungsvertreter, die je nach Bedarf eingeladen werden erweitert.

127

## Modifikation der Methoden

Um die Erkenntnisgrundlage über das soziale Leben im Stadtteil zu verbreitern, regen wir an eine »*Sozialraumanalyse*« durchzuführen. Die Arbeitsgruppen werden weitergeführt, weil wir trotz der geringen Beteiligung bildungsferner Bevölkerungsteile, die engagierten Menschen nicht enttäuschen, sondern weiterhin einbeziehen wollen.

Die Beteiligung bisher unterrepräsentierter Bürger*innen wollen wir in Erweiterung des Methodenspektrums, durch die Methode »*Planen am Modell*« mit Bürgerforen und Modellbauphasen erreichen, bei dem Bürger*innen ein Modell des Stadtteils mit integrierten Veränderungsvorschlägen bauen (vgl. Maier/Sommerfeld 2006). Mit der Einrichtung eines Stadtteilladens, als Treffpunkt verschiedener Initiativen, wollen wir die Realisierung aufkommender Ideen und Aktivitäten unterstützen, indem wir ihnen im wahrsten Sinne des Wortes »*Raum*« geben. Die Zusammenführung der Arbeitsgruppenergebnisse und des Beteiligungsprozesses »*Planen am Modell*« ist eine weitere Maßnahme zur Vernetzung der verschiedenen Akteure und Aktivitäten.

## Wirkungen von Methodenintegration

Durch starken Aufgabenbezug und flexiblen Umgang mit wechselnder Aufgabenstellung gelang folgende Methodenintegration:

| Aufgaben | Methoden/Techniken |
|---|---|
| Bürgerbeteiligung | Runde Tische |
| *über* | Arbeitsgruppen |
| Beratung *und* | Bürgerforen |
| Planung *zu* | Planen am Modell |
| Qualifizierung/Bildung | Mikroprojekte |
| Forschung/Evaluation | Bedarfserhebung, Befragung, Sozialraumanalyse |
| Management | Lenkungsgruppe, Projektleitung, »Begleitausschuss« |

Quelle: Becker eigene Bearbeitung 2012

## Wirkungen von Vernetzung

Durch die projektorientierte Kooperation entstand eine Vernetzung der beteiligten Behörden, Behördenteile und sozialen Organisationen, zwischen Kommunal-, Landes- und Bundesbehörden, zwischen technischen, administrativen und psychosozialen Berufsgruppen und zwischen unterschiedlichen Teilen der Bevölkerung.

### Ergebnisse und Umsetzung

Im weiteren Verlauf passiert genau das, was eigentlich intendiert war, denn die Bürger\*innen beteiligen sich rege, bauen, entwickeln Vorschläge und diskutieren diese sehr ausführlich bei mehreren Bürgerforen und in einer abschließenden öffentlichen Stadtteilkonferenz.

Mit einer *Sozialstrukturanalyse* (vgl. Riege/Schubert 2005; Becker 2014) und der *Befragung der Bevölkerung* (vgl. Kromrey 1998; Becker 2008) werden im Stadtteil Erkenntnisse gewonnen, die zu Projektvorschlägen führen, die bislang nicht berücksichtigt worden waren.

So stellt sich heraus, dass Bewohner\*innen mit Migrationshintergrund bislang an den verschiedenen Beteiligungsprozessen nicht zum Zuge kommen. Diese reklamieren einen starken bildungs-, qualifizierungs- und Betreuungsbedarf für sich bzw. ihre Kinder. Weniger bildungsorientierte und bislang unbeteiligte Bürger\*innen sind interessiert an praktisch handwerklichen Aktivitäten, bei denen sie sich auch selbst engagieren wollen. Wegen mangelnder Beteiligung von Unternehmen und Betrieben waren bislang konkrete Einstiegshilfen ins Berufsleben nicht als Mikroprojekte vertreten. Deshalb wird geplant, mit den örtlichen Firmen und Geschäften Kontakt aufzunehmen und Schnupperpraktika für Schüler\*innen und arbeitslose Jugendliche anzubieten. Um Schüler\*innen Zuverdienstmöglichkeiten zu verschaffen, wird vorgeschlagen, einen Cateringdienst im örtlichen Schulzentrum zu installieren, als Service für örtliche Vereine, schulische Veranstaltungen und Firmen im Quartier.

Die erarbeiteten Ergebnisse wurden zu Vorlagen für den Gemeinderat komprimiert und von diesem teilweise als Aufträge an die Verwaltung beschlossen.

# Literatur

AKS (Arbeitskreis Kritische Sozialarbeiter Berlin) (1974): Gemeinwesenarbeit als Ideologie und soziale Kontrolle: ein Beitrag zur Sozialarbeit im Stadtteilbereich. In: AG GWA der Victor-Gollancz-Stiftung (Hrsg.): Reader zur Theorie und Strategie von Gemeinwesenarbeit. Frankfurt/Main, S. 48–63.

Alinsky, S. D. (1973): Leidenschaft für den Nächsten. Gelnhausen/Berlin: Burckhardthaus-Verlag.

Alinsky, S. D. (1974): Die Stunde der Radikalen. Freiburg: Christophorus-Verlag.

Alisch, M. (Hrsg.; 1998): Stadtteilmanagement. Voraussetzungen und Chancen für die soziale Stadt. Opladen: Leske + Budrich.

Bahrdt, H. P. (1961): Die moderne Großstadt. Hamburg: Rowohlts deutsche Enzyklopädie.

Bauer, P./Otto, U. (Hrsg.; 2005): Institutionelle Netzwerke in Steuerungs- und Kooperationsperspektive. Bd. 2. Tübingen.

Bauverein Breisgau. http://quartierstreff.de/verein/quartierstreff-46.php (Zugriff: 08.07.2015)

Beck, U. (1986): Risikogesellschaft. Auf dem Weg in eine andere Moderne. Frankfurt/Main: Suhrkamp.

Becker, M. (2016): GWA-Personalbemessung. Orientierungshilfe zur Personalbemessung professioneller Sozialer Arbeit im Handlungsfeld der Stadtteil- und Quartierentwicklung. Konstanz: Hartung-Gorre Verlag.

Becker, M. (2/2016): Das Ende der »Bürgerkommune« oder ein Recht auf Stadt. In: Drilling, M./Oehler, P. (Hrsg.): Soziale Stadtentwicklung und Gemeinwesenarbeit in der Sozialen Arbeit. Stuttgart: Kohlhammer, S. 221–236.

Becker, M. (2015): Le travail social sur le commun – une pratique a fait ses preuves en Allemagne! In: Muller, Béatrice/Michon, Bruno/Somot, Blandine: Les controverses du travail social en France et en Allemagne. Par-delà les idées recues. Paris: L'Harmattan, S. 93–112.

Becker, M. (2014): Soziale Stadtentwicklung und Gemeinwesenarbeit in der Sozialen Arbeit. Stuttgart: Kohlhammer.

Becker, M. (2013): Das Ende der ›Bürgerkommune‹ oder ein Recht auf Stadt. In: Drilling, M./Oehler, P.(Hrsg.): Soziale Arbeit und Stadtentwicklung. Forschungsperspektiven, Handlungsfelder, Herausforderungen. Wiesbaden: Springer VS, S. 289–304.

Becker, M. (2008): Lebensqualität im Stadtquartier. Einflussfaktoren, Wirkungen und Handlungsmöglichkeiten, Saarbrücken: VDM-Verlag.

Becker, M. (2006): Sozialraumorientierung als Handlungskonzept Sozialer Arbeit. In: Theorie und Praxis der Sozialen Arbeit, 57, Heft 4, S. 30–36.

Benevolo, L. (2007): Die Geschichte der Stadt. 9. Aufl. Frankfurt/Main: Campus.

Berking, H. (2002): Städte im Globalisierungsdiskurs. Hrsg. von Helmuth Berking und Richard Faber. Würzburg: Königshausen und Neumann.

Bingel, G. (2011): Sozialraumorientierung revisited. Geschichte, Funktion und Theorie sozialraumbezogener Arbeit. Wiesbaden: VS-Verlag.

Boer, J. (1970): Gemeinwesenarbeit. Einführung in Theorie und Praxis. Stuttgart: Enke.

Bourdieu, P. (1983): Ökonomisches Kapital, kulturelles Kapital, soziales Kapital. In: Kreckel, R. (Hrsg.), Soziale Ungleichheiten, Soziale Welt, Sonderband 2, S. 183–198.

Boulet, J. J./Krauss, E. J./Oelschlägel, D. (1980): Gemeinwesenarbeit als Arbeitsprinzip. Eine Grundlegung. Bielefeld: AJZ.

Brülle, H./Marschall, A. (1981): Sozialarbeit im Stadtteil – der soziale Raum als Strukturprinzip kommunaler Sozialarbeit. In: Neue Praxis, Sonderheft 6, S. 82–92.

Budde, W./Früchtel, F./Hinte, W. (Hrsg.) (2006): Sozialraumorientierung. Wege zu einer veränderten Praxis, Wiesbaden: VS-Verlag.

Christaller, W. (1933): Die zentralen Orte in Süddeutschland. Eine ökonomisch-geografische Untersuchung über die Gesetzmäßigkeiten der Verbreitung und Entwicklung der Siedlungen mit städtischen Funktionen. Jena.

Dahme, H.-J./Wohlfahrt, N. (2003): Aktivierungspolitik und Umbau des Sozialstaates. Gesellschaftliche Modernisierung durch angebotsorientierte Sozialpolitik. In: Wohlfahrt, N./Dahme, H.-J./Otto, H.-U./Trube, A. (Hrsg.): Soziale Arbeit für den aktivierenden Staat. Opladen, S. 75–100.

Deinet, U. (2009): Methodenbuch Sozialraum. Wiesbaden: VS-Verlag.

Deinet, U. (2005): Sozialräumliche Jugendarbeit. Grundlagen, Methoden und Praxiskonzepte, Wiesbaden: VS-Verlag.

Duden (1995): Ethymologisches Wörterbuch des Deutschen. München.

Dünne, J./Günzel, St. (Hrsg.; 2006): Raumtheorie. Grundlagentexte aus Philosophie und Kulturwissenschaften. Frankfurt/Main: Suhrkamp.

Durkheim, E. (1903): Schriften zur Soziologie der Erkenntnis. Frankfurt/Main.

Eggemann, M./Hering, S. (Hrsg.) (1999): Wegbereiterinnen der modernen Sozialarbeit. Texte und Biographien zur Entwicklung der Wohlfahrtspflege. Weinheim/München.

Elias, N. (1991): Die Gesellschaft der Individuen. Hrsg. von Schröter, Michael. Frankfurt/Main: Suhrkamp.

Elias, N. (1937/1976): Über den Prozess der Zivilisation. Soziogenetische und psychogenetische Untersuchungen. Bd. 1: Wandlungen des Verhaltens in den weltlichen Oberschichten des Abendlandes. Bd. 2: Wandlungen der Gesellschaft. Entwurf zu einer Theorie der Zivilisation. Frankfurt/Main: Suhrkamp; Erstausgabe: Gräfenhainichen 1937.

Elias, N. (1970): Was ist Soziologie? München: Juventa Verlag.

Elias, N./Scotson, J. L. (1965/1993): Etablierte und Außenseiter. Frankfurt/Main: Suhrkamp. Erstausgabe: The Established and the Outsiders. A Sociological Enquiry into Community Problems. London.

Emmenegger, B./Litscher, M. (Hrsg.; 2011): Perspektiven zu öffentlichen Räumen. Theoretische und praxisbezogene Beiträge aus der Stadtforschung. Luzern: Interact Verlag.

Engelke, E. (2004): Die Wissenschaft Soziale Arbeit. Werdegang und Grundlagen. 2. Aufl., Freiburg: Lambertus.

Engels, F. (1845): Die Lage der arbeitenden Klasse in England. Leipzig: Otto Wigand.

Etzioni, A. (1998): Die Entdeckung des Gemeinwesens. Ansprüche, Verantwortlichkeiten und das Programm des Kommunitarismus. Frankfurt/Main: Fischer (Deutsche Ausgabe).

Etzioni, A. (1996): The New Golden Rule. Community and Morality in a Demokratic Society; New York: Basic Books.

Farwick, A. (2004): »Segregierte Armut: Zum Einfluss städtischer Wohnquartiere auf die Dauer von Armutslagen«. In: Häußermann, H./Kronauer, M./Siebel, W. (Hrsg.): »An den Rändern der Städte«. Frankfurt/Main: edition Suhrkamp, S. 286–314.

Fehren, O. (2008): Wer organisiert das Gemeinwesen? Zivilgesellschaftliche Perspektiven sozialer Arbeit als intermediärer Instanz. Berlin: edition sigma.

Feldtkeller, A. (1994): Die zweckentfremdete Stadt. Wider die Zerstörung des öffentlichen Raumes, Frankfurt/Main/New York: Campus.

Frey, W. (Hrsg.; 2010): Germany Freiburg – Green City. Approaches to Sustainable Urban Development. Freiburg.

Frey, K. (2002): Die Projektmethode. Weinheim/Basel.

Friedländer, W. (1962): Gemeinschaftsplanung und Gemeinschaftsentwicklung in den USA. In: Neues Beginnen, S. 81–84.

Friedrichs, J. (1977): Stadtanalyse. Soziale und räumliche Organisation der Gesellschaft. Reinbek bei Hamburg: Rowohlt.

Früchtel, F./Cyprian, G./Budde, W. (2007a): Sozialer Raum und Soziale Arbeit. Textbook: Theoretische Grundlagen. Wiesbaden: VS-Verlag.

Früchtel, F./Cyprian, G./Budde, W. (2007b): Sozialer Raum und Soziale Arbeit. Fieldbook: Methoden und Techniken. Wiesbaden: VS-Verlag.

Fuhse, J./Mützel, S. (2010): Relationale Soziologie. Zur kulturellen Wende der Netzwerkforschung. Wiesbaden: VS-Verlag.

Galuske, M. (2007): Methoden Sozialer Arbeit. Eine Einführung. Weinheim/München: Juventa.

Gans, H. J. (1974): Die ausgewogene Gemeinde. Homogenität und Heterogenität in Wohngebieten. In: Ulfert Herlyn (Hrsg.), Stadt- und Sozialstruktur. München: Nymphenburger Verlag, S. 187–208.

Geißler, K./Hege, M. (2007): Konzepte sozialpädagogischen Handelns. Weinheim/München: Juventa.

Giddens, A. (1998): The Third Way. Cambridge.

Goffmann, E. (1969): Wir alle spielen Theater. Die Selbstdarstellung im Alltag. München: Piper.

Graf, P. (1976): Konzepte und Konflikte projektorientierten Studiums – Am Beispiel vierjähriger Erfahrungen des Projektes ›Balan-Büro‹. In: Bianchi/Grübling/Raiser/Rüsch u. a.: Gemeinwesenarbeit. Projektstudium und soziale Praxis. In: Neue Praxis 6, Sonderheft, S. 38–53.

Grimm, G./Hinte, W./Litges, G. (2004): Quartiermanagement. Eine kommunale Strategie für benachteiligte Wohngebiete. Berlin: edition sigma.

Gronemeyer, R./Bahr, H.-E. (Hrsg.) (1977): Nachbarschaft im Neubaublock. Empirische Untersuchungen zur Gemeinwesenarbeit, theoretische Studien zur Wohnsituation. Weinheim/Basel: Beltz.

Häußermann, H. (2001): Neues aus der Stadtforschung. Ein altes Modell mit Zukunft? Die europäische Stadt. In: Leviathan, 2, S. 237–255.

Häußermann, H./Oswald, I. (1997): Stadtentwicklung und Zuwanderung. In: Leviathan, Sonderband 17, S. 9–29.

Heiner, M. (2010): Soziale Arbeit als Beruf. Fälle – Felder – Fähigkeiten. München/Basel: Reinhardt.

Heitmeyer, W./Dollase, R./Backes, O. (Hrsg.) (1998): Die Krise der Städte: Analysen zu den Folgen desintegrativer Stadtentwicklung für das ethnisch-kulturelle Zusammenleben. Frankfurt/Main.

Herlyn, U. (Hrsg.) (1974): Stadt- und Sozialstruktur. München: Nymphenburger Verlag.

Herzog, B. O. (2008): Technik der Projektarbeit. Handbuch für Projektleiter und Consultants. München: Oldenbourg.

Hesseler, M. (2007): Projektmanagement. Wissensbausteine für die erfolgreiche Projektarbeit. München: Vahlen.

Hinte, W./Lüttringhaus, M./Oelschlägel, D. (2007): Grundlagen und Standards der Gemeinwesenarbeit. München/Weinheim: Juventa.

Hinte, W./Treeß, H. (2007): Sozialraumorientierung in der Jugendhilfe. Theoretische Grundlagen, Handlungsprinzipien und Praxisbeispiele einer kooperativ-integrativen Pädagogik. Weinheim/München: Juventa.

Hinte, W./Metzger-Pregizer, G./Springer, W. (1982): Stadtteilbezogene Soziale Arbeit. In: Neue Praxis, 4.

Hoffmann-Axthelm, D. (1993): Die dritte Stadt. Bausteine eines neuen Gründungsvertrages. Frankfurt/Main: Suhrkamp.

Hofmeister, B. (1999): Stadtgeografie. 7. Aufl. Braunschweig.

Hubbertz, K.-P. (1984): Gemeinwesenarbeit in Neubauvierteln. Ansätze zu einem integrativen Handlungsmodell. Münster: Lit-Verlag.

Jacobs, J. (1963): Tod und Leben großer amerikanischer Städte. Ullstein.

Kaelble, H. (2001): Die Besonderheiten der europäischen Stadt im 20. Jahrhundert. In: Leviathan, 2, S. 256–274.

Kessl, F./Reutlinger, Ch. (2013): Sozialraumarbeit. In: Stövesand, S./Stoik, Ch./Troxler, U. (Hrsg.) (2013): Handbuch Gemeinwesenarbeit. Traditionen und Positionen, Konzepte und Methoden; Opladen/Berlin/Toronto: Budrich, S. 128–140.

Kessl, F./Reutlinger, Ch. (Hrsg.) (2008): Schlüsselwerke der Sozialraumforschung. Traditionslinien in Text und Kontexten. Wiesbaden: VS-Verlag.

Kessl, F./Otto, H.-U. (Hrsg.; 2007): Territorialisierung des Sozialen. Regieren über Soziale Nahräume. Opladen/Farmington Hills: Budrich.

Kessl, F./Reutlinger, Ch./Maurer, A./Frey, O. (Hrsg.) (2005): Handbuch Sozialraum. Wiesbaden: VS-Verlag.

Konau, E. (1977): Raum und soziales Handeln. Studien zu einer vernachlässigten Dimension soziologischer Theoriebildung. Göttingen.

Kraus, H. (1951): Amerikanische Methoden der Gemeinschaftshilfe – Community Organization for Social Welfare. In: Soziale Welt, S. 184–192.

Kreft, D./Mielenz, I. (2005): Wörterbuch Soziale Arbeit. Aufgaben, Praxisfelder, Begriffe und Methoden der Sozialarbeit und Sozialpädagogik. Weinheim/München.

Kreft, D./Müller, C. W. (Hrsg.) (2010): Methodenlehre in der Sozialen Arbeit. München: Reinhardt.

Läpple, D. (1991): Essay über den Raum. Für ein gesellschaftswissenschaftliches Raumkonzept. In: Häußermann u. a. (Hrsg.): Stadt und Raum. Pfaffenweiler, S. 157–207.

Lattke, H. (1955): Soziale Arbeit und Erziehung. Ihre Ziele, Methoden und psychologischen Grundlagen. Freiburg.

Le Corbusier (1957): An die Studenten. Die »Charte D'Athènes«, Reinbek.

Lefèbvre, H. (1977): Die Produktion des städtischen Raums. In: Arch+, Themenheft Nr. 34.

Lichtenberger, E. (1998): Stadtgeografie. Begriffe, Konzepte, Modelle, Prozesse. In: Lichtenberger, E.: Stadtgeografie; Reihe Studienbücher der Geografie. 3. Aufl. Stuttgart: Teubner.

Löw, M. (2001): Raumsoziologie. Frankfurt/Main: Suhrkamp.

Maier, K./Sommerfeld, P. (2005): Inszenierung des Sozialen im Wohnquartier. Darstellung, Evaluation und Ertrag des Projekts Quartiersaufbau Rieselfeld. Freiburg: Verlag FEL.

Marx, K./Engels, F. (Hrsg.) (1872): »Der Volksstaat«; Leipzig.

Mayer-Kulenkampff, L. (1962): Gemeinschaftsplanung in Gemeinden als Methode der Sozialarbeit. Ein Überblick über Community Organization und Community Development. In: Neues Beginnen, S. 17–19.

Mesle, K. (1978): Praxis der Gemeinwesenarbeit heute. Heidelberg: Quelle und Meyer.

Müller, C. W. (2009): Wie helfen zum Beruf wurde. Eine Methodengeschichte der Sozialen Arbeit. Weinheim/München: Juventa.

Müller, C. W. (1971): Die Rezeption der Gemeinwesenarbeit in Deutschland. In: Müller, C. W./Nimmermann, P. (Hrsg.): Stadtplanung und Gemeinwesenarbeit. Texte und Dokumente. München: Juventa, S. 228–240.

Müller, W. (1972): Zum derzeitigen Stand der Gemeinwesenarbeit. In: Gemeindeaufbau und Gemeinwesenarbeit. Bilanz 71 der Evangelischen Gemeinde Heerstraße Nord, Berlin. Gelnhausen/Berlin, S. 84 –96.

Noack, M. (2015): Kompendium Sozialraumorientierung. Geschichte, theoretische Grundlagen, Methoden und kritische Positionen. Weinheim/Basel: Beltz Juventa.

Odierna, S. (Hrsg.; 2004): Gemeinwesenarbeit. Entwicklungslinien und Handlungsfelder. München: AG-SPAK-Bücher.

Oelschlägel, D. (2013): Geschichte der Gemeinwesenarbeit in Deutschland. In: Stövesand u. a. (Hrsg.): Handbuch Gemeinwesenarbeit. Traditionen und Positionen, Konzepte und Methoden. Opladen/Berlin/Toronto: Budrich, S. 181–202.

Oelschlägel, D. (2005): Repolitisierung der Gemeinwesenarbeit. In: Störch, K. (Hrsg.): Soziale Arbeit in der Krise. Perspektiven fortschrittlicher Sozialarbeit. Hamburg: VSA, S. 259–277.

Oelschlägel, D. (1989): Gemeinwesenarbeit im Wandel 1969–1989. Expertise für das Institut für Soziale und Kulturelle Arbeit (ISKA) in Nürnberg. Düsseldorf: Universität/Gesamthochschule.

Park, R./Burgess, E. W./McKenzie, R. D. (1925): The City. Chicago: University Press.

Peters, F./Koch, J. (Hrsg.) (2004): Integrierte erzieherische Hilfen. Flexibilität, Integration und Sozialraumbezug in der Jugendhilfe. Weinheim/München: Juventa.

Prigge, W. (Hrsg.) (1987): Die Materialität des Städtischen. Berlin-Boston: Birkhäuser.

Riege, M./Schubert, H. (Hrsg.) (2005/2): Sozialraumanalyse. Grundlagen – Methoden – Praxis. Wiesbaden: VS-Verlag.

Romppel, J. (2003): Netzwerke sozialer Arbeit zwischen Selbstorganisation und Organisation am Beispiel der Kinder- und Jugendhilfe. Freiburg: Lambertus.

Ross, M. G. (1968): Gemeinwesenarbeit Theorie – Prinzipien – Praxis. Freiburg: Lambertus.

Sassen, S. (1991): The Global City. New York/London/Tokyo. Princeton, NJ: Princeton University Press

Schönig, W. (2008): Sozialraumorientierung. Grundlagen und Handlungsansätze. Schwalbach: Wochenschauverlag.

Schroer, M. (2006): Räume, Orte, Grenzen. Auf dem Weg zu einer Soziologie des Raums. Frankfurt/Main: Suhrkamp.

Schütz, A. (1932): Der sinnhafte Aufbau der sozialen Welt. Eine Einleitung in die Verstehende Soziologie. Wien: Springer.

Sennett, R. (1974/1983): Erstausgabe: The Fall of Public Man. New York: Alfred A. Knopf Inc. Verfall und Ende des öffentlichen Lebens. Die Tyrannei der Intimität. Berlin: Taschenbuchverlag.

Simmel, G. (1908/1992): Soziologie. Untersuchungen über die Formen der Vergesellschaftung; Erstausgabe, Leipzig: Duncker & Humblot. Georg-Simmel Gesammelte Werke; Kapitel IX: Der Raum und die räumlichen Ordnungen der Gesellschaft. Frankfurt/Main: Suhrkamp, S. 687–790.

Simmel, G. (1903/2006): Die Großstädte und das Geistesleben. Frankfurt/Main: Suhrkamp. Erstausgabe in: Petermann, Th. V. (Hrsg.; 1903): Die Großstadt. Vorträge und Aufsätze zur Städteausstellung. Jahrbuch der Gehe-Stiftung zu Dresden. Bd. IX, S. 185–206.

Sombart, W. (1902): »Der moderne Kapitalismus. Historisch-systematische Darstellung des gesamteuropäischen Wirtschaftslebens von seinen Anfängen bis zur Gegenwart«. 2 Bde. Leipzig: Duncker + Humblot.

Sombart, W. (1931): »Städtische Siedlung, Stadt«. In: Vierkant, A. (Hrsg.): Handwörterbuch der Soziologie; Stuttgart: Ferdinand Enke, S. 527–533.

Soziale Stadt (2019). https://www.staedtebaufoerderung.info/StBauF/DE/Programm/Soziale Stadt/soziale_stadt_node.html;jsessionid=A6DEE74BE24A26811D390E01ADC96642.live 11291 (Zugriff: 08.02.2019)

Soziale Stadt (2008): Bund-Länder-Programm für Stadtteile mit besonderem Entwicklungsbedarf – die soziale Stadt. Bundesministerium für Bau Verkehr und Stadtentwicklung; Statusbericht.

Spiegel, H. von (2008): Methodisches Handeln in der Sozialen Arbeit. München/Basel: Reinhardt.

Statistisches Jahrbuch (1999), Statistisches Bundesamt (Hrsg.), Wiesbaden.

Stegbauer, Ch. (Hrsg.) (2008): Netzwerkanalyse und Netzwerktheorie. Ein neues Paradigma in den Sozialwissenschaften. Wiesbaden: VS-Verlag.

Steinmeyer, F.-J. (1969): Gemeinwesenarbeit als integrierender Akzent der Sozialarbeit. In: Blätter der Wohlfahrtspflege.

Stövesand, S./Stoik, Ch./Troxler, U. (Hrsg.) (2013): Handbuch Gemeinwesenarbeit. Traditionen und Positionen, Konzepte und Methoden. Opladen/Berlin/Toronto: Budrich.

Streich, B. (2011): Stadtplanung in der Wissensgesellschaft. Ein Handbuch. 2. Aufl. Wiesbaden: VS-Verlag.

Thole, W./Galuske, M./Gängler, H. (Hrsg.) (1998): KlassikerInnen der Sozialen Arbeit Sozialpädagogische Texte aus zwei Jahrhunderten – ein Lesebuch. Neuwied.

Tönnies, F. (1887): »Gemeinschaft und Gesellschaft. Abhandlung des Communismus und des Socialismus als empirischer Culturformen«. Leipzig: Fues.

Victor-Gollancz-Stiftung, Arbeitsgruppe Gemeinwesenarbeit (Hrsg.) (1974): Reader zur Theorie und Strategie der Gemeinwesenarbeit. Frankfurt/Main: »Materialien zur Jugend- und Sozialarbeit 8«.

Victor-Gollancz-Stiftung, Arbeitsgruppe Gemeinwesenarbeit (Hrsg.) (1972): Gemeinwesenarbeit in der BRD, Praxis und Ausbildung 1971/72. Frankfurt/Main »Materialien zur Jugend- und Sozialarbeit 4«.

Vogel, M. R./Oel, P. (1966): Gemeinde und Gemeinschaftshandeln. Zur Analyse der Begriffe Community Organization und Community Development. Stuttgart.

Weber, M. (1922): Wirtschaft und Gesellschaft. Weber, M. (Hrsg.); Tübingen: Mohr.

Wendt, W. R. (1989): Gemeinwesenarbeit. Ein Kapitel zu ihrer Entwicklung und zu ihrem gegenwärtigen Stand. In: Kirsten E./Friese, P. (1989): Milieuarbeit. Grundlagen präventiver Sozialarbeit im lokalen Gemeinwesen. Stuttgart: Enke.

Werlen, B. (2008): Sozialgeografie. Bern/Stuttgart/Wien: Hauptverlag.

Wirth, L. (1938/1974): Urbanität als Lebensform. In: Herlyn, U. (Hrsg.): Stadt- und Sozialstruktur. München: Nymphenburger Verlag. Erstausgabe: Wirth, L. (1938): Urbanism as a Way of Life. In: American Journal of Sociology, XLIV.

Wohlfahrt, N./Dahme, H.-J. (2005): Recht und Finanzierung. In: Kessel, F. u. a. (Hrsg.): Handbuch Sozialraum. Wiesbaden, S. 263278.

Wohlfahrt, N./Dahme, H.-J./Otto, H.-U./Trube, A. (Hrsg.; 2003): Soziale Arbeit für den aktivierenden Staat. Opladen.

Wohnbau Lörrach. http://www.wohnbau-loerrach.de/de/Lebendige-Wohnquartiere (Zugriff 08.07.2015)

Wohnbau Weil am Rhein. http://www.wohnbau-weil.de/?gid=7&content=detail&eid=22 (Zugriff: 08.09.2016)

Ziegler, H. (2011): Gemeinwesenarbeit. in: Dahme, H.-J./Wohlfahrt, N. (Hrsg.): Handbuch Kommunale Sozialpolitik. Wiesbaden: VS-Verlag, S. 330–344.

# 5 Handlungsfeld Soziale Arbeit und Migration: Migration nach Deutschland und ihre Herausforderung für die Soziale Arbeit

*Nausikaa Schirilla*

Was hat Migration, was haben Migrant*innen mit sozialer Arbeit zu tun? Zunächst einmal gar nichts. Soziale Arbeit zielt darauf ab, zur Lösung sozialer Probleme beizutragen und die Lebens- und Gestaltungsmöglichkeiten von Menschen zu verbessern. Jemand wer migriert hat nicht per se ein Problem und stellt auch nicht notwendigerweise ein soziales Problem dar – ganz im Gegenteil. Folgen wir Migrationstheorien, so sind es in den verschiedensten Teilen der Welt eher die Fitteren, die migrieren; diejenigen, die schon über ein gewisses soziales Kapital verfügen, gezielt eine Verbesserung ihrer Lebensumstände suchen und sich aktiv auf die Suche nach dem besseren Leben begeben (vgl. Pries 2005).

Migrant*innen sind Gegenstand sozialer Arbeit, sofern sie marginalisiert sind, benachteiligt oder diskriminiert werden (Hamburger 2001). Migration ist auch Gegenstand Sozialer Arbeit, insofern Gesellschaft oder Politik nicht adäquat auf Zuwanderung reagieren.

## 5.1 Deutschland als Einwanderungsland

Generell wird mit Migration die dauerhafte Verlagerung des Wohnsitzes in ein anderes Land bezeichnet. Migrant*innen, also Menschen mit Migrationshintergrund (oder Migrationsgeschichte, wie manche sagen), werden vom Statistischen Bundesamt definiert als Personen, die entweder selbst oder von denen ein Elternteil nach Deutschland zugewandert ist. 2017 hatten in Deutschland 23,6 % der Bevölkerung einen Migrationshintergrund (http://www.bpb.de/nachschlagen/zahlen-und-fakten/soziale-situation-in-deutschland/61646/migrationshintergrund-i), also fast ein Viertel der Gesellschaft. Von diesen hat ungefähr die knappe Hälfte einen deutschen und die andere Hälfte einen ausländischen Pass (ebd.). Menschen mit Migrationshintergrund leben jedoch ungleichmäßig über die Regionen Deutschlands verteilt – in vielen Regionen der neuen Bundesländer ist der Anteil mit max. 6 % wesentlich geringer als in den großen Ballungsräumen wie Rhein-Main Gebiet oder Stuttgart mit bis über 40 %. Auch sind diese Personen über die Altersstufen ungleich verteilt, mehr jüngere und weniger ältere – so haben inzwischen über 35 % der Kinder unter fünf Jahren einen Migrationshintergrund (näheres vgl. 11. Bericht 2016).

Die größte Gruppe der Migrant*innen sind die Arbeitsmigrant*innen, ihre Familien und Nachkommen, die Ende der 50er Jahre bis 1973 aus den Ländern Südeuropas, der Türkei und Nordafrika gezielt angeworben wurden. Die ersten Jahrzehnte der Arbeitsmigration waren von Seiten der deutschen Wirtschaft und Politik, aber auch von vielen Migrant*innen selbst als ein vorübergehender Zustand geplant worden (vgl. Bade 2004). Zwar wurde der Erwerb der deutschen Sprache gefördert, aber er war nicht systematisch organisiert, auch lagen Weiterqualifikation und Orientierung auf dem Arbeitsmarkt gänzlich in der Hand der Betroffenen.

Weitere Gruppen unter Migrant*innen sind die (Spät-)Aussiedler*innen bzw. ihre Angehörigen. Diese sind Nachkommen von Deutschen, die vor mehreren hunderten Jahren nach Osteuropa bzw. Russland ausgewandert sind und dort eine deutsche Identität bewahrt und einen Anspruch auf einen deutschen Pass haben. Sie kamen in großen Gruppen in den 80er Jahren aus Mittel- und Osteuropa und in den 90er bis heute aus den Ländern der ehemaligen Sowjetunion. Viele verloren die Möglichkeiten, deutsche Kultur zu pflegen, sprechen die Sprache nicht mehr und haben sich mit der vor Ort ansässigen russischen Bevölkerung vermischt.

Bereits seit Ende des zweiten Weltkriegs, in den 1980er und 1990er und in den vergangenen Jahren sind auch viele Flüchtlinge auf der Suche nach Schutz vor Verfolgung und Bürgerkrieg eingewandert und stellen vor allem mit der Flüchtlingszuwanderung 2015/16 eine weitere große Migrationsgruppe dar. Aktuell stellt aber die größte Gruppe der Neuwanderer die EU-Bürger dar, die von der Freizügigkeit Gebrauch machen und längerfristig, zirkulär oder saisonbedingt in Deutschland arbeiten und leben.

Erwähnt werden muss auch die Gruppe von Migrant*innen, die ohne Aufenthaltstitel in Deutschland leben, die sog. Illegalen oder Papierlosen. Sie arbeiten im Baugewerbe, Gastronomie, Landwirtschaft und in der Prostitution. Es gibt hier verschiedene Modelle, manche leben schon seit Jahren illegal im Lande, andere pendeln und nutzen Touristenvisa oder Freizügigkeit, dass sie nicht illegal aufhältig sind, aber dennoch illegal arbeiten – dies ist in der häuslichen Pflege oft der Fall. So bilden sich neue Migrationsformen, oft eine Pendelmigration, heraus.

Die meisten Migrant*innen halten sich schon sehr lange in Deutschland auf und betrachten sich als Teil dieser Gesellschaft. Zugleich heiraten viele Zugewanderte oder junge Menschen aus Familien mit Migrationsgeschichte einen Ehepartner aus dem Herkunftsland, so dass es immer wieder Familien gibt, in denen zumindest ein Partner nicht so lange hier ist.

Migrant*innen sind mit dem Ausländerrecht einem eigenen Recht unterworfen – der Rechtsstatus spielt eine entscheidende Rolle. EU-Bürger*innen beispielsweise verfügen über Freizügigkeit, für alle Drittstaatler regelt das Aufenthaltsgesetz den Aufenthaltsrechtsstatus. Der Rechtsstatus von Flüchtlingen ist im Asylgesetz geregelt. Asylsuchende erhalten eine befristete Aufenthaltsgestattung, dürfen in den ersten drei Monaten nicht arbeiten und haben nur dann Anspruch auf Integrationshilfen wie z.B. Deutschkurse, wenn sie aus einem Land mit hoher Anerkennungsquote kommen. Sie haben Ansprüche auf eine materielle Existenzsicherung nach dem Asylbewerberleistungsgesetz (AsylbLG), die unter der Grundsicherung liegt und auch in Naturalien, Gemeinschaftsverpflegung oder Einkaufsgutscheinen ›ausbezahlt‹ werden kann. Zu den Besonderheiten des AsylbLG gehört ferner eine Gesundheitsversorgung, die nur eine grundlegende Versorgung bietet. Zu den weiteren Einschränkungen für Asylsuchende gehört, dass, wenn sie aus einem sog. sicheren Herkunftsland kommen, gar nicht arbeiten dürfen und das ganze Asylverfahren über in einer Massenunterkunft, den Erstaufnahmeeinrichtungen, bleiben müssen. Viele Flüchtlinge sind auch nur geduldet, wenn sie keinen Aufenthaltstitel erhalten haben und aus verschiedenen Gründen nicht abgeschoben werden können. Eine Duldung ist kein Aufenthaltstitel, sie bedeutet nur die vorübergehende Aussetzung der Abschiebung.

## 5.2    Soziale Folgen

Die sozialen Folgen der Migration sind vielfältig. Da für die Arbeitsmigrant*innen Integration nicht vorgesehen war und kein systematisch geförderter Deutschspracherwerb erfolgte, richteten sich viele selbstorganisiert ein, andere bauten auf die Rückkehroption oder lebten lange am Rande der Gesellschaft. Die geringeren formalen Qualifikationen, der Strukturwandel weg von der Produktion hin zur Dienstleistungsgesellschaft, die Beschäftigung in krisenanfälligen Branchen und die mangelnde Anerkennung ausländischer Abschlüsse und Qualifikationen prägen die soziale und wirtschaftliche Situation. Diese ist deutlich schlechter als die Lage der Mehrheitsbevölkerung, die Armutsgefährdung ist deutlich höher, der Anteil der Langzeitarbeitslosen höher, das Arbeitslosigkeitsrisiko und die Altersarmut (vgl. 11. Bericht 2016). Eine Folge der Arbeitslosigkeit ist auch die Kinderarmut von Kindern aus Migrantenfamilien. Die Nettohaushaltseinkommen von Personen mit Migrationshintergrund liegen signifikant unter den durchschnittlichen Nettoeinkommen der Mehrheitsbevölkerung. Eine Ursache für diese soziale Benachteiligung liegt auch in Diskriminierung von Seiten der Arbeitgeber bei Einstellung und Berufsaufstieg.

Ein wichtiges Thema ist auch die schlechte Bildungsbilanz von Zuwandererkindern. Kinder und Jugendliche mit Migrationshintergrund sind in den verschiedenen Sektoren des Bildungswesens ungleich vertreten (vgl. Diefenbach 2010). Der Migrantenanteil in den Sonder- und Förderschulen ist relativ groß. Während ca. 70 % der deutschen Schulabgänger*innen einen mittleren oder höheren Abschluss erzielen, gilt dies nur für gut 40 % der ausländischen Jugendlichen, und eine ganz besondere Herausforderung stellt die Tatsache dar, dass ca. 15 % der Migrantenjugendlichen eines Jahrgangs die Schule ohne einen formalen Schulabschluss verlassen und auch viele mit Abschluss keine Lehrstelle finden. Das deutsche Schulsystem hat – auch wegen rigiden Trennung seiner Säulen – nicht angemessen auf die neue Vielfalt in der Bevölkerung reagiert.

Auch gibt es immer Hinweise dafür, dass Diskriminierung für diese Phänomene als ursächlich zu bezeichnen ist (vgl. BIBB 2018; Hamburger 2005), sowohl was Schule, als auch was Ausbildungs- und Arbeitsmarktintegration betrifft. Diskriminierung prägt auch Erfahrungen aller Migrantengruppen mit dem Wohnungsmarkt. Rechtliche Dimensionen wie z. B. lange Zeiten der Aufenthaltsunsicherheit oder mangelnde aufenthaltsrechtliche Perspektiven geben diesen Problemen – z. B. Bildungsintegration der Kinder – eine eigene Prägung.

Folgen der sozialen und politischen Reaktionen auf Zuwanderung bestehen auch darin, dass sich Migrantengruppen stark selber halfen und eigene Netzwerke ausbildeten (Weiss 2005). Diese Faktoren, spezifische ethnische und soziale Loyalitäten und die Wohnungspolitik führen dazu, dass es in manchen Stadtteilen zu einer verstärkten ethnischen sozialräumlichen Segregation gekommen ist. Diese ist aber meist auch eine Armutssegregation (vgl. Häußermann 2007). Dabei ist zu beachten, dass die Stadtteile mit hohem Migrantenanteil ethnisch durchmischt sind. Soziale Segregation und Diskriminierung führen auch dazu, dass in manchen Migrantenfamilien Generationenkonflikte Formen annehmen können, die zu unüberbrückbaren Erwartungen und harten Auseinandersetzungen führen, vor allem was Geschlechterverhältnisse und Lebensentwürfe von Jugendlichen betrifft.

Ferner ist in Deutschland mittlerweile eine Vielfalt an Religionen und Kulturen Realität, die für manche anregend und attraktiv, für andere aber neu und gewöhnungsbedürftig ist. Das Bildungssystem, die sozialen Dienste und das Gesundheitssystem hat sich auf diese neue Vielfalt noch nicht richtig eingestellt. In vielen Bereichen haben Migrant*innen schlechtere Zugangsmöglichkeiten. So wissen wir, das der Zugang von Migrant*innen zum Gesundheitswesen schlechter ist (Razum 2008), vor allem was Diagnose und Prävention betrifft. Soziale Dienste wie beispielsweise in der Jugendhilfe werden durchaus in Anspruch genommen, aber nicht so stark im präventiven Bereich wie beispielsweise Erziehungsberatung (vgl. Teuber 2004).

## 5.3 Herausforderungen

Inwiefern sind dies Herausforderungen für die Soziale Arbeit? Dabei sind die verschiedenen Zielsetzungen sozialer Arbeit zu unterscheiden (DBSH 2010: 13ff.).

Was die Dimensionen Teilhabe, Möglichkeiten der Lebensgestaltung und soziale Gerechtigkeit betrifft, so ist soziale Arbeit hier gefordert, größtmögliche Teilhabe am Erwerbsleben, an sozialen Partizipationsmöglichkeiten, an verbesserter Gesundheitsversorgung, an Chancen des Bildungsaufstiegs etc. zu schaffen. Dabei sind die Bedingungen, die zu geringerer Teilhabe führen, sozialer, kultureller, aber auch politischer und rechtlicher Art. Es handelt sich stets um Ensembles von ineinander verschlungenen Faktoren, die einen mehrdimensionalen Blick erfordern und mit dem Hinweis auf eine Dimension – etwa die interkulturelle oder die rechtliche alleine – nicht auflösbar sind (vgl. Polat 2017, Schirilla 2016).

Aber es geht auch um die Prävention und Lösung sozialer Probleme. Die Situation vieler Migrantengruppen und insbesondere von Jugendlichen ohne Chancen auf eine Berufsperspektive weisen auf spezifische Problemlagen und ein erhöhtes Risiko für soziale Exklusion hin. Strukturelle Arbeitslosigkeit und Langzeitarbeitslosigkeit verlangen nach Lösungen, die über die materielle Sicherung hinausgehen. Viele Bereiche der sozialen Arbeit, wie die Altenhilfe, die Suchthilfe, die Straffälligenhilfe etc. sind mit einer zunehmenden sozialen und ethnischen Vielfalt konfrontiert. Dabei können die Klient*innen mit Migrationshintergrund sehr unterschiedlich sein – die Jugendhilfe ist u. a. sowohl mit dem Phänomen unbegleiteter minderjähriger Flüchtlinge konfrontiert wie auch mit Scheidungsfamilien und verhaltensauffälligen Jugendlichen aus Migrationsfamilien als auch mit dem Anspruch, Mädchen vor Zwangsverheiratungen zu schützen.

Vor einer besonderen Herausforderung steht die Altenhilfe. Die Generation der ersten Arbeitsmigrant*innen wird langsam alt. Diese haben jahrzehntelang hart gearbeitet, einige von ihnen waren in den letzten Jahren auch arbeitslos oder sind krank, sprechen schlecht oder wenig Deutsch. Ihre Rückkehrperspektive erweist sich im Alter als Rückkehrillusion. Sie bleiben in Deutschland, weil ihre Familie hier ist und sie hier auch eine Heimat gefunden haben, oder weil sie krank sind und die gesundheitliche Versorgung hier besser ist. Dietzel – Papakyriakou (1993), zeigte schon früh, ältere Migrant*innen können im Alter einfach verstärkt ein Bedürfnis danach haben, unter sich zu sein, die Muttersprache zu sprechen und in der Freizeit kulturell geprägte Interessen zu verfolgen. Die Bereitstellung entsprechender niedrigschwelliger kostengünstiger Begegnungs- und Bildungsmöglichkeiten ist eine Herausforderung an die deutsche Altenhilfe ebenso wie die Herausforderungen, die das Wohnen und die Pflege im Alter beinhalten. Andererseits ist aber auch eine Herausforderung für die Soziale Arbeit, in die Mehrheitsgesellschaft hineinzuwirken, damit diese Migrantengruppen als Teil dieser Gesellschaft anerkannt werden (vgl. Bundesamt 2012).

Dies gilt auch bezüglich aller Migrantengruppen: Die Beförderung interkulturellen Lernens, der Abbau diskriminierender und rassistischer Stereotypen, Antidiskriminierungsarbeit und die Unterstützung der Mehrheitsbevölkerung im Umgang mit der neuen Vielfalt sind ebenso wichtige Herausforderungen für die Soziale Arbeit wie die Arbeit mit den Migrant*innen selbst.

Geflüchtete und Flüchtlingsschutz betreffen Soziale Arbeit in ihrer Dimension der sozialen Problemlösung aber auch in ihrer menschenrechtlichen Dimension (vgl. Bröse/Faas/Stauber 2018). Die Versorgung und Begleitung von Asylsuchenden wie auch die Integration in Arbeit und Wohnung der Anerkannten obliegt den Kommunen. Eine besondere Herausforderung stellen Geduldete dar, Familien, die schon seit vielen Jahren hier leben, deren Kinder hier geboren sind und nur eine Heimat kennen. Auch sind die soziale und rechtliche Situation von Flüchtlingen mit den angesichts der eingangs geschilderten Einschränkungen sowie die Abschiebung von länger hier lebenden aus menschenrechtlicher Perspektive sehr fragwürdig. Diese menschenrechtlichen Perspektiven, die auch die gesundheitliche Versorgung, soziale Unterstützung und den Bildungszugang für Illegale umfassen, stellen eine Basis für die Tätigkeit vieler Aktionsgruppen und vieler Akteure der Kirchen und der Wohlfahrtsverbände dar.

Die zentrale Herausforderung im Handlungsfeld Migration besteht nun darin, dass Angebote der Sozialen Arbeit, die auf genannten Problemlagen abzielen, Migrant*innen oft gar nicht erreichen. Unabhängig davon, mit welchem Auftrag handelt, spielt sich die Arbeit mit Migrant*innen in einem besonderen Kontext ab. Es handelt sich um eine sehr heterogene Gruppe, die sich trotz ihrer Vielfalt auszeichnen kann durch einen oder mehrere der folgenden Faktoren:

- einen eigenen Rechtsstatus,
- die Sozialisation in anderen Kulturen und Gesellschaften, anderen Wohlfahrts-systemen, Bildungssystemen etc.,
- unabhängig von Bildung, Qualifikation und Migrationsmotiv ist Neu-Zuge-wanderten in der Regel die Sprache fremd und sie kennen die hiesigen Struk-turen nicht,
- die Erfahrungen von Rassismus und Diskriminierung in allen Bereichen des privaten sozialen und professionellen Lebens,
- kulturell differente Organisations- und Lebensformen, die die ohnehin existie-rende Pluralität moderner Gesellschaften um weitere bereichern, wie z. B.
  - Mehrsprachigkeit und die Beheimatung in verschiedenen Welten,
  - transnational organisierte Familien,
  - Bedeutung von Familie und Kindern,
  - Wichtigkeit von Kommunikation und Netzwerken,
  - Relevanz von Religion(en).

Diese Charakteristika stellen Tendenzen dar, *den* Migranten gibt es nicht – bereits der 6. Familienbericht betonte, und *die* Migrantenfamilie existiert nicht (vgl. Bun-desministerium 2000).

Immer wieder wird die Soziale Arbeit mit Migrant*innen als interkulturelle Soziale Arbeit bezeichnet. Aus der Schilderung der Herausforderungen ist aber deutlich geworden, dass die Problemlagen nicht als kulturelle zu analysieren sind, dass sich vielmehr soziale, politische, rechtliche und kulturelle Faktoren ver-mischen. Daher wird eine Reduktion der Erklärungsversuche durch kulturelle Aspekte zu Recht als eine Kulturalisierung sozialer Probleme kritisiert (vgl. Hamburger 2009). Auch stellt eine Gegenüberstellung von Migrant*innen und Mehrheitsbevölkerung eine in manchen Hinsichten willkürliche Unterscheidung dar (z. B. bezüglich von Jugendkulturen), die das Anderssein der Migranten her-vorhebt (vgl. Mecheril 2010)[1]. Dennoch zeigen sich immer wieder Gemeinsam-keiten in der Situation von Migrant*innen und es zeigt sich auch die Relevanz kultureller Aspekte. Es handelt sich bei den geschilderten Problemlagen um viel-fältige Konstellationen, die mit der individuellen Biografie einer Person, der Mi-grationsgeschichte, der sozialen Situation, dem Geschlecht, der Herkunftskultur, Recht und Politik im Zusammenhang stehen. Eine Verkürzung auf eine kulturel-le Dimension allein ist nicht zulässig, die interkulturelle Dimension ist eine unter vielen. Und genau hierin liegt die eigentliche Herausforderung an die Soziale Ar-

---

1  Mecheril spricht von Migrant*innen und »Migrationsanderen«.

beit durch Migration: Notwendig ist ein multiperspektivischer Blick – Migrant*-innen sind ›anders‹ *und sie sind es nicht*.[2]

## 5.4 Migrationsspezifische Dienste und deren methodische Ansätze

2005 trat das Zuwanderungsgesetz in Kraft und seitdem sind Integrationsmaß-nahmen gesetzlich vorgeschrieben. Die Integrationskurse sind Pflicht für Neuzu-wanderer aus Drittländern, auch schon länger hier lebende Migrant*innen und die EU-Bürger können diese Kurse auch in Anspruch nehmen (vgl. Frings/Tieß-ler-Marenda 2017). Das Erlernen der deutschen Sprache wird ermöglicht, unter-stützt, aber auch erzwungen. Migrant*innen mit befristetem Aufenthalt haben mit aufenthaltsrechtlichen Konsequenzen zu rechnen, wenn sie den Integrations-kurs nicht in Anspruch nehmen oder abbrechen. Begleitend zu den Integrations-kursen ist vom Gesetzgeber eine Migrationsberatung vorgesehen, die den Integra-tionsprozess begleiten, befördern und steuern soll. Die Migrationsberatung für Erwachsene (MBE) wird von den Wohlfahrtsverbänden in Auftrag des Bundes durchgeführt, daher verfügen die großen Wohlfahrtsverbände wie auch viele klei-ne Bildungsträger und Beratungsstellen über migrationsspezifische Dienste, deren Schwerpunkt in der Beratung liegt. Parallel dazu finanziert das BMFSFJ einen Jugendmigrationsdienst (JMD) – die Angebote für Jugendliche bis zum Alter von 27 Jahren nach dem gleichen Muster schaffen (s. www.jugendmigrationsdienste.de).

Für dieses Aufgabenfeld, das vom für Zuwanderung zuständigen Bundesin-nenministerium finanziert wird, hat das Bundesamt für Migration und Flüchtlin-ge (BAMF) eine konzeptionelle Steuerungsfunktion[3] und schreibt folgendes Kon-zept vor:

> »Unterstützungsbedarf ermitteln – Förderplan entwickeln – Maßnahmen umsetzen – Hauptberufliche Migrationsberater ermitteln auf der Grundlage eines professionellen Fallmanagements den individuellen Unterstützungsbedarf der Zuwanderer. Anschlie-ßend entwickeln Berater und Zuwanderer gemeinsam einen Förderplan. Dabei wird der Zuwanderer auf einer festgelegten Zeitschiene aktiv in die Umsetzung der vereinbarten Integrationsmaßnahmen eingebunden (www.bamf.de/integration/Migrationsberatung).

---

2   Dass die Kategorie der Differenz geradezu das Fundament der sozialen Arbeit darstellt, hat u. a. Fabian Lamp an verschiedenen Differenzlagen in der Geschichte der sozialen Arbeit verdeutlicht (Lamp 2007).
3   Vgl. Aufenthaltsgesetz § 75 Nr. 9 in Verbindung mit § 45 Satz 1, siehe www.bamf.de/integration/migrationsberatung, Stand 25.09.2010.

Die Konzeption orientiert sich an der Methode des Case Managements, diese umfasst:

- Sondierungsgespräch,
- individuelle Sozial- und Kompetenzanalyse,
- Erstellung eines Integrations- und Förderungsplans,
- Sicherstellung der Umsetzung des Förderplans,
- Abschluss und Überprüfung einer Integrationsvereinbarung.

In ähnliche Richtungen gehen Beratungsangebote für neu zugewanderte Flüchtlinge, die mit dem Integrationsgesetz von 2016 und zahlreichen Landesgesetzen geschaffen wurden.

Es stellt für Soziale Arbeit mit Migrant*innen einen großen Fortschritt dar, dass eine Beratungsstruktur gesetzlich verankert und damit auch finanziert wird. Die Methode des Case Management hat zudem den Vorteil, dass hier vernetzt und zielorientiert gearbeitet wird (vgl. Wendt 2010). Aber es sei hier kritisch angefragt, ob Soziale Arbeit so gut beraten ist, methodische Vorgaben direkt vom Gesetzgeber und Geldgeber zu erhalten. Zudem ist das Integrationsverständnis, das in dem geschilderten Konzept zum Ausdruck kommt, sehr davon geprägt, dass Integration eine Leistung ist, die nur Zugewanderte zu erbringen haben, die Anteile der Mehrheitsgesellschaft werden nicht thematisiert. Es wird auch unterstellt, als sei Integration ein formalisierbarer und schrittweise steuerbarer Prozess. Die Erfahrungen aus der Praxis und viele Erfahrungsberichte von integrierten Migrant*innen (vgl. Lange 2009) zeigen, dass Integrationsprozesse von vielen Faktoren, von Zufällen, von Personen, von Konstellationen und Bedingungen abhängen, die nicht so klar steuerbar sind. In der Praxis der Migrationsberatung besteht der Beratungsbedarf der Klient*innen nicht in der Integrationsfrage. Migrant*innen kommen mit Anliegen wie Familienzusammenführung, soziale Sicherung, Arbeitssuche, Suche nach Kindergartenplätzen, Erziehungsprobleme, Probleme mit Behörden u. a. (vgl. Beratungsstatistik 2005 des Migrationsdienstes der Caritas). In der Beratung neu zugewanderter Flüchtlinge stehen Fragen der Anerkennung der in der Heimat erworbenen Abschlüsse, Qualifizierung, Wohnungssuche und Kontakte zu Deutschen im Vordergrund (vgl. Bröse 2018). Um diese Aufgaben bewältigen zu können, ist die anwaltschaftliche Vertretung ebenso wichtig wie ein systematisches Vorgehen. Die Fachkräfte stehen in der aktuellen Situation in einem Zwiespalt: sie müssen die gesetzlichen Vorgaben erfüllen und (dennoch) den Bedürfnissen der Klient*innen gerecht werden.

Diese Gratwanderung gestaltet sich sehr unterschiedlich und ist auch von lokalen Gegebenheiten abhängig. Die Gratwanderung zu bewältigen, stellt die aktuelle Herausforderung in der Arbeit der Migrationsberatung dar. Eine gelungene Gratwanderung könnte so aussehen:

*Der Fall*: Herr H. aus Serbien, 45 Jahre alt, arbeitet mit einem Dreijahresvertrag als Koch bei einer Restaurantkette in Stuttgart und ist seit einem Jahr mit einer (befristeten) Aufenthaltserlaubnis in Deutschland. Seine Frau und die Kinder, ein Mädchen von acht und ein Junge von 14 Jahren waren bislang in

Serbien. Der Junge hat dort den Schulbesuch abgebrochen – Herr H. möchte nun Frau und Kinder nachholen und seinen Aufenthalt absichern. Die Frau möchte arbeiten. Die Frau spricht etwas Deutsch, der Mann spricht flüssig aber sehr fehlerhaft Deutsch. Was kann die Migrationsberatung hier leisten?

*Vorbedingung*: Zunächst einmal muss Herr H. überhaupt die Migrationsberatung aufsuchen und zwar rechtzeitig, wenn seine Familie kommt und nicht nach zwei Jahren, wenn Probleme gravierend geworden sind. Er muss von der Migrationsberatung erfahren. Das setzt voraus: die Migrationsberatungsstelle ist gut vernetzt und bei vielen Stellen, auch z. B. in Cafés, oder bei Kulturvereinen bekannt. Weitere Vorbedingung dieses Prozesses ist, Herr H. muss sich verständigen können – entweder findet die Beratung in schlechtem Deutsch statt oder es gibt einen unabhängigen Dolmetscher oder einen muttersprachlichen Mitarbeiter.

*Beratungsprozess*: In der Phase der Sondierung und Bestandsaufnahme ist nun wichtig, dass alle Facetten der Situation, Wünsche und Probleme zur Sprache kommen, dafür sind der Aufbau einer guten Beziehung und eine umfassende Bestandsaufnahme sehr wichtig. Die Kinder müssen in Schulen untergebracht werden, für den Jungen muss eine besondere Maßnahme zum Sicherstellen des Schulabschlusses gefunden werden, die Kinder können an den Jugendmigrationsdienst verwiesen werden. Aber beide Dienste müssen in Kontakt bleiben, weil sonst Vater und Sohn gegenläufig arbeiten können.

Beide Eltern müssen – wenn sie in Deutschland bleiben wollen, einen Integrationskurs machen. Dies ist die rechtliche Situation, Herr H. sieht das aber gar nicht ein, weil in seiner Küche ohnehin nur serbisch und italienisch gesprochen wird. Vielleicht siegt das fachliche Argument, dass mit Deutschkenntnissen der Kontakt zu den Lehrern des schwierigen Sohnes und der vielversprechenden Tochter sich auch positiv auf den durchaus erwünschten Schulerfolg auswirken würde. Der Prozess kann durch die Auswahl eines passenden, nicht allzu zeitraubenden Integrationskurs abgesichert werden. Was den Deutscherwerb der Mutter betrifft, so ist die Erleichterung der Arbeitssuche mit Deutschkenntnissen das zentrale Argument.

*Zielvorgaben und Assessment*: Trotz Eingehen auf die persönliche Situation werden klare Termine vereinbart, bis wann der Integrationskurs begonnen und eine Rücksprache mit dem JMD vorgenommen wird.

Weitere migrationsspezifische Dienste stellen die Flüchtlingssozialdienste und ihre Erweiterungen dar. Asylsuchende, die in Gemeinschaftsunterkünften wohnen, werden von diesen Diensten betreut, die in kommunaler Trägerschaft sind oder auch in den Händen der Wohlfahrtsverbände. Ihre Ausstattung und Konzeptionen hängen sehr stark von den Kommunen ab. Vom Gesetzgeber sind keine Integrationsmaßnahmen für Asylsuchende vorgesehen, außer wenn diese aus Ländern mit einer hohen Anerkennungsquote kommen (wie z. B. Syrien, Irak, Iran im Jahre 2018). Das bedeutet, dass andere Asylsuchende oft jahrelang in Erstaufnahmeeinrichtungen oder in Wohnheimen mit vielen Einschränkungen und mit einer großen belastenden Unsicherheit leben, ob sie hierbleiben können. Vor allem in Anschluss an die Flüchtlingszuwanderung 2015/16 hat sich eine sehr engagierte Unterstützungskultur auf ehrenamtlicher Basis herausgebildet. Deutschkurse, soziale Aktivitäten, Öffentlichkeitsarbeit und Mentoren- und Tandemangebote ergänzen die Beratungsangebote der Flüchtlingsdienste und stellen die Fachkräfte vor die Herausforderung, qualifiziert mit den Ehrenamtlichen zusammenzuarbeiten (Karakayali 2018).

In der Flüchtlingsarbeit stößt sowohl die ehrenamtliche als auch die hauptamtliche Soziale Arbeit an Grenzen. Es sind die Grenzen der gesetzlichen Bestimmungen und der Politik. Sollen Verbesserungen für Menschen, die vor Verfolgung und Bürgerkrieg, Repression und Perspektivlosigkeit geflohen sind und sich eine neue Lebensperspektive aufbauen wollen, realisiert werden, so muss Flüchtlingsarbeit politisch werden. Die Arbeit ist einerseits Einzelberatung, sie muss sich aber auch vernetzen, muss den Stadtteil und engagierte Öffentlichkeit einbeziehen. Dies gilt besonders dann, wenn es darum, Menschen vor Abschiebung und gewaltsamer Rückführung zu schützen. Hier sind die auch die Grenzen zwischen sozialer Arbeit und politischen Engagement fließend. Dass dies gelingen kann, zeigen beispielsweise Fälle des erfolgreichen Kirchenasyls (vgl. www.kirchenasyl.de) oder folgender Fall:

Familie D ist eine Familie aus dem Kosovo und lebte 2013 seit zwölf Jahren in Freiburg in einem Flüchtlingswohnheim in Freiburg im Breisgau. Sie war wegen Übergriffen auf Roma-Familien aus dem Kosovo geflohen. Die Familie hatte fünf Kinder, die alle in Deutschland geboren waren, zum Teil schon in die Schule gingen. Der Asylantrag der Eltern und auch alle Klagen waren lange abgelehnt, wegen der andauernden ethnischen Spannungen im Kosovo hatten sie aber eine Duldung erhalten, die alle sechs Monate verlängert werden musste. Arbeiten durften beide jahrelang nicht, beide Eltern sprachen kaum Deutsch. Die Duldung wurde nach der Unabhängigkeit des Kosovo nicht verlängert, Familie D. hatte eine Ausreiseaufforderung erhalten und stand vor der Abschiebung.

Nun gab es aber 2012/13 für Geduldete eine Bleiberechtsregelung, sie konnten eine vorläufige Aufenthaltserlaubnis erhalten, u. a. mit folgenden Bedingungen: wenn sie sich selbst finanzierten, deutsch sprachen, ausreichend Wohnraum hatten, die Kinder integriert waren. Diese Bedingungen hatte die Familie damals nicht alle erfüllt und sie lebten mit der Abschiebeandrohung. Ein Helferkreis vermittelte die Familie kurz vor der Abschiebung in eine lokale Kirchengemeinde ins Kirchenasyl. Asyl in der Kirche bedeutet einen vorläufigen, rechtlich nicht gesicherten, de facto Schutz vor Abschiebung, bringt aber noch keinen Aufenthaltstitel.

Daher begann nun ein Interventionsprozess von Seiten des Helferkreises und der Sozialarbeiter*innen im Flüchtlingssozialdienst, der sich auf das gesamte Gemeinwesen bezog und darauf zielte, einerseits mit einem Antrag an die Härtefallkommission des Landes zu erreichen, dass die Familie vorläufig bleiben konnte, und anderseits durch gezielte Maßnahmen die Voraussetzun-

gen dafür zu schaffen, dass die Familie einen Aufenthaltstitel erhielt. Beide Eltern mussten Deutsch lernen und zugleich nach Arbeit suchen, um die Unabhängigkeit von staatlichen Transferzahlungen sicherzustellen. Es mussten zusätzliche unterstützende Mentor*innen oder Tandempartner*innen, die den
Vater oder die Mutter begleiteten, gefunden werden. Die Eltern mussten parallel über geeignete Aushilfstätigkeiten oder einfache Berufstätigkeiten in den
Arbeitsprozess integriert werden. Dies konnte in dem idealtypischen Fall gelingen, da die Sozialarbeit im Gemeinwesen gut vernetzt war, sie in Stadt-
teilrunden, Jugendarbeitskreisen etc. präsent war und ihr Anliegen vortragen
konnte und da Kontakte zu Schlüsselpersonen im Gemeinwesen oder zu Vereinen bestanden. So wurde beispielsweise für die nicht schulpflichtigen Kinder ein Kindergarten gefunden, damit die Mutter arbeiten konnte, es wurden
ehrenamtliche Paten aus dem städtischen Ehrenamtsprojekt gewonnen, über
die Kirchengemeinde wurde eine Putzstelle für die Mutter vermittelt sowie
eine Aushilfstätigkeit als Gärtner für den Vater. Weitere Schritte waren eine
Integration des älteren Sohnes in den lokalen Fußballverein und ein Aufruf
im Mitteilungsblatt des Bürgervereins bezüglich der Wohnungssuche für die
Familie. Da die Familie mit Hilfe der Unterstützer*innen ihre Integrationsan-
strengungen glaubhaft machen konnte, wurde ihr Fall von der Härtefallkommission positiv beschieden, und sie erhielt einen Aufenthaltstitel und konnte
aus der Kirchengemeinde ausziehen.

## 5.5 Handlungskonzepte in der sozialen Arbeit mit Migrant*innen: Interkulturelle Kompetenz und Interkulturelle Öffnung

In vielen Handlungsfeldern der sozialen Arbeit sind Migrant*innen als Zielgruppe vorhanden. Ob wir nun auf die vorher angesprochenen Probleme und Handlungsfelder schauen – stets geht es darum, Migrant*innen den Zugang zu Angeboten der sozialen Arbeit zu erleichtern. Mit dem Konzept der Interkulturellen
Öffnung wird diese Richtung gedacht. Mit Interkultureller Öffnung ist eine aktuelle Strategie zur Veränderung der Angebots- und Personalstruktur sozialer
Dienste gemeint. Sie reagiert auf die Herausforderungen durch Migration und
zielt auf eine gleichberechtigte und bessere Nutzung aller Dienste durch Klien-
ten/innen mit Migrationshintergrund in allen Feldern der sozialen Arbeit (vgl.
Handschuck/Schröer 2011).

Der Ansatz geht von den bereits erwähnten Zugangsbarrieren zu der Inanspruchnahme von Regeldiensten durch Migrant*innen aus. Als Barrieren gelten u. a.:

- Mangel an Informationen,
- mangelnde Attraktivität der Angebote,
- Angst vor Diskriminierung,
- schlechte Erfahrungen mit Ämtern und Angst vor behördlichen Eingriffen allgemein.

Auch auf der Seite der Fachkräfte wurden Zugangsschranken zu einer besseren Nutzung der Dienste durch Menschen mit Migrationshintergrund konstatiert:

- vielfach Ressentiments,
- Kommunikationsprobleme,
- kulturelle Stereotypen,
- mangelnde Kompetenz und
- Angst vor Mehrbelastung.

Auch strukturelle Barrieren wie schlechte Arbeitsteilung und Konkurrenz um Mittel erschweren die Inanspruchnahme der Dienste. Der Abbau von Zugangsbarrieren und die Ausrichtung auf spezifische Bedürfnisse von Migrant*innen gelten als ein wichtiges Element Interkultureller Öffnung.

Zentrale Elemente oder Instrumente Interkultureller Öffnung sind Maßnahmen in der Personalentwicklung wie Fortbildungen (z. B. Interkulturelle Kompetenz), oder die Beschäftigung von Fachkräften mit Migrationshintergrund, daher stellt die Personalpolitik ein zentrales Feld dar. Eine weitere Möglichkeit stellt das Qualitätsmanagement dar – so können interkulturell orientierte Leitbilder und Zielvorgaben festgeschrieben werden. Ferner kann Organisationsentwicklung zur Gestaltung migrationssensibler Angebote und Umgestaltung von Strukturen beitragen. Dazu gehört auch die Vernetzung mit der Migrationssozialarbeit und Migrantenselbstorganisationen. Ganz zentral ist eine Veränderung der Öffentlichkeitsarbeit, beispielsweise die Werbung mit mehrsprachigen Flyern und Infoangeboten. Notwendig ist die Erhebung statistischer Daten und konsequentes Monitoring. Ein alternativer Zugang ist das »Diversity Management« – ein Ansatz aus der Personalentwicklung, der Vielfalt in Institutionen und Organisationen als Chance und Ressource und nicht als Problem sieht und diese produktiv einsetzen möchte. Für alle Ansätze gilt jedoch, dass der interkulturelle Öffnungsprozess von der Leitung gesteuert und mit Ressourcen ausgestattet und von den Mitarbeitenden getragen werden muss. Es ist ein Top-down- und Bottom-up-Prozess.

Mittlerweile fördern alle Wohlfahrtsverbände auf den verschiedenen Ebenen Projekte zur Interkulturellen Öffnung, auch in vielen Kommunen oder in der Altenhilfe wurde vieles geleistet, so haben schon viele verbände eine Charta zur kultursensiblen Altenhilfe unterzeichnet (vgl. Handreichung 2003). Interkulturelle Öffnung kann vielfache partizipative und klientenorientierte Veränderungsprozesse in Organisationen initiieren. Grenzen stellen oft die Barrieren des Lernens in Organisationen generell dar. Interkulturelle Öffnung löst jedoch keine Probleme von Gruppen mit beschränkten Rechten wie Flüchtlinge oder Illegale. Grundsätzlich ist kritisch zu konstatieren, dass eine gleichberechtigte Teilhabe von Migrant*innen am politischen und sozialen System durch eine Veränderung der sozialen Dienste allein nicht bewerkstelligt werden kann, dafür sind auch politische, rechtliche und strukturelle Änderungen notwendig.

Interkulturelle Öffnung ist kein eigener methodischer Ansatz, sondern zielt auf eine Veränderung der Angebote sozialer Dienste, damit diese stärker an die Lebenswelten und Bedürfnisse der Adressat*innen, hier der Migrant*innen, anknüpfen. Dies soll ein allen Bereichen Sozialer Arbeit dazu beitragen Exklusion zu vermeiden, Teilhabe zu ermöglichen und Rechte durchzusetzen. So können alle methodischen Ansätze, die auf ein niedrigschwelliges Arbeiten abzielen wie sozialraumorientierte Arbeit, gute Möglichkeiten für interkulturelle Öffnungsprozesse darstellen.

Die Ergänzung auf individuell professioneller Ebene stellt der Ansatz der Interkulturellen Kompetenz dar. Ich möchte besonders betonen, dass dies ein Teilaspekt ist – bei interkultureller Kompetenz geht es um professionelle Kompetenzen von individuellen Mitarbeitern. Der Umgang mit Migration und Vielfalt betrifft immer ganze Organisationen und hat immer auch eine gesellschaftliche Dimension. Diese kann und darf nicht auf eine individuelle Ebene reduziert werden.

Interkulturelle Kompetenz spezifiziert professionelles Handeln in der Einwanderungsgesellschaft. Das Konzept umschreibt ein Anforderungsprofil zum sensiblen und gleichberechtigten Umgang mit Klient*innen mit Migrationshintergrund. In der Fachdiskussion ist der Begriff sehr umstritten. Manche sind der Meinung, interkulturelle Kompetenz stelle eine eigenständige spezifische professionelle Kompetenz dar (vgl. Auernheimer 2013). Andere sind der Meinung, es geht um den Umgang mit sozialer Vielfalt generell (Hamburger 2009). Diese Positionen sind beeinflusst von der Einschätzung der Bedeutung ethnisch-kultureller Aspekte. Lange wurde das Verstehen von ›Fremden‹ und Kenntnisse der Herkunftskulturen auch für die Soziale Arbeit eingefordert. Eine starke Betonung von Fremdheit und kulturellen Differenzen kann allerdings Stereotypen verstärken, wird der Vielfalt der Lebensentwürfe von Migrant*innen nicht gerecht und vernachlässigt die erwähnte Multiperspektivität. Auch sind Kulturen keine statischen Einheiten, die es zu erkennen und zu respektieren gilt. Kulturen sind offene, flexible, dynamische und vielfältige Gebilde, die sich ständig verändern.[4] Interkulturelle Kompetenz stellt daher vor allem eine selbstreflexive Fähigkeit dar. Es ist meiner Meinung nach davon auszugehen, dass eine nicht auflösbare Spannung besteht zwischen der soziokulturellen Zugehörigkeit von Klient*innen bzw. ihrer gegebenenfalls fremdkulturellen Eigenlogik einerseits und ihren individuellen biografischen Besonderheiten und sozialen bzw. politischen Benachteiligungen andererseits. Für den Umgang mit dieser Ambivalenz gibt es keine Methode – hier geht es um eine immerwährende kritische Infragestellung von Wahrnehmungen, Deutungen und Kommunikationsformen. Der Verweis auf Fremdheit leugnet gemeinsame Betroffenheiten als Eltern, als Bewohner*innen

---

4  Daher wird auch zunehmend der Begriff transkulturell verwendet.

eines Stadtteils, als Kinder, als Jugendliche. Es grenzt aus, macht aus Mitbürger*-innen andere Bürger*innen. Ein Kind, das selber oder dessen Eltern aus Syrien kommen, isst vielleicht kein Schweinefleisch, geht am Opferfest Verwandte besuchen und spricht in der Familie arabisch, aber es ist in der Kindertagesstätte primär Kind.

Ich möchte dies an einem Fall verdeutlichen, den ich in verschiedenen Variationen auf Fortbildungen immer wieder höre:

> Ali ist ein 10-jähriger Junge türkischer Herkunft, der regelmäßig ins Kinder- und Jugendhaus geht und an der Hausaufgabenhilfe und weiteren Aktivitäten teilnimmt. Mittwochs ist Kochtag, und Ali kocht immer eifrig mit. An einem Mittwoch holt die Mutter, Hatice, Ali ab und sieht, dass ihr Sohn in der Kochgruppe mitmacht. Sie beschwert sich empört und lautstark bei den Fachkräften, dass Kochen doch nichts für Jungs sei und sie nicht wolle, dass Ali zu einem verweichlichten unsicheren Mann werde, wie es viele Deutsche seien. In ihrer Kultur sei das Männerbild anders und das Kochen können schließlich die Frauen besser. Wenn so etwas noch mal vorkäme, dürfte Ali nicht mehr ins Kinderhaus. Die pädagogischen Fachkräfte sehen sich in ihren emanzipatorischen Werten in Frage gestellt, sie halten daran fest, dass sie für eine Auflösung der Geschlechterrollen sind, dass diese Werte in der deutschen Gesellschaft und politischen Ordnung verankert sind und sehen Alis Mutter in einem Kulturgegensatz. Die kulturelle Deutung zeigt eine Frau, die an den patriarchalen Werten ihrer Herkunftskultur festhält, diese nicht in Frage stellen möchte und sich nicht integriert, indem sie die Werte der Einwanderungsgesellschaft nicht akzeptiert. Was wäre eine interkulturell kompetente Auflösung dieser Situation?
>
> Dazu gehört einerseits die selbstreflexive Ebene. Hier ist zu hinterfragen, welche Rolle das Insistieren auf ›unseren‹ emanzipatorischen Werten spielt – zu welchen Überlegenheitsgefühlen diese Anlass geben, mit welchen Stereotypen diese in Verbindung stehen. Eine kritische Hinterfragung muss diese Werteorientierung jedoch nicht auflösen. Eine nicht kulturalistische, sondern individuelle Betrachtung von Hatice bringt sie als Mutter in den Vordergrund, sie wird gesehen als die, die sich um ihren Sohn sorgt; sie möchte nicht, dass der lächerlich gemacht wird; sie möchte, dass er später in seine Rolle als Familienvater findet. Das Team realisiert diese Aspekte in der Teambesprechung und beschließt, auch mal mit den Jungen etwas alleine zu machen, aber am Kochen festzuhalten und dies zu kommunizieren. Die nicht kulturalistische Wahrnehmung der Mutter eröffnet dann ein weiteres Gespräch. Darin wird deutlich, wie die Fachkräfte die Mutter in ihren Sorgen ernstnehmen; sie zeigen, dass die Jungen auch unter sich ›jungenspezifischen‹ Aktivitäten unternehmen und dass andere muslimische Jungs auch mitkochen. Diese Betrachtung ist keine Garantie für eine Lösung, aber sie wird allen Beteiligten eher gerecht und bietet die Möglichkeit einer Auseinandersetzung.

In der Sozialen Arbeit mit Migrant*innen sind oft Methoden zu adaptieren und es gilt, Brücken zu schlagen. Soziale Arbeit im Handlungsfeld Migration kann aus dem vielfältigen Methodenrepertoire der sozialen Arbeit schöpfen – die Methoden werden jedoch kontextbezogen und klientenspezifisch adaptiert. Dies bedeutet immer eine selbstreflexive Auseinandersetzung mit kulturalistischen Stereotypen, spezifischen Exklusionsrisiken von Migrant*innen und interkulturellen Aspekten.

Auf der anderen Seite richtet sich Soziale Arbeit im Handlungsfeld Migration aber auf die Mehrheitsgesellschaft. Sie umfasst so auch Anti-Diskriminierungsarbeit und Rechtsextremismusprävention. Dazu gehören die verschiedenen pädagogischen Ansätze der Auseinandersetzung mit Vorurteilen und Rassismus wie der Anti-Bias-Ansatz oder rassismuskritische Migrationspädagogik, sowie die Antidiskriminierungsberatung (vgl. Landeszentrale 2017). Im Bereich der Rechtsextremismusprävention werden verschiedene Ansätze erprobt und weiterentwickelt wie die Stärkung von Selbst- und Sinneskompetenzen oder die Opferberatung. Alle diese Ansätze dürfen nicht in einer Nische verbleiben, sondern müssen als integraler Bestandteil eines Handlungsfelds Migration und Soziale Arbeit verstanden werden.

# Literatur

11. Bericht über die Lage der Ausländerinnen und Ausländer in Deutschland (2016), hrsg. Beauftragte der Bundesregierung für Migration, Flüchtlinge und Integration, Berlin: Bundesregierung.

Auernheimer, G. (Hrsg.) (2013): Interkulturelle Kompetenz und pädagogische Professionalität. 4. Aufl. Wiesbaden: VS-Verlag.

Bade, K. J./Oltmer, J. (2004): Normalfall Migration. Bonn: Bundeszentrale für politische Bildung.

Brose, J./Faas, S./Stauber, B. (Hrsg.) (2018): Flucht. Herausforderungen für Soziale Arbeit. Wiesbaden: VS-Verlag.

Bundesamt für Migration und Flüchtlinge (Hrsg.) (2012): Ältere Migrantinnen und Migranten. Entwicklungen, Lebenslagen, Perspektiven. Forschungsbericht 18 von Peter Schimany, Stefan/Rühl, Martin Kohls. Nürnberg: Bamf.

Bundesinstitut für Berufsbildung (BIBB) (2018): BIBB Report 6 – Übergang nicht studienberechtigter Schulabgänger/-innen mit Migrationshintergrund in vollqualifizierende Ausbildung. Bonn: BIBB.

Bundesministerium für Familie, Senioren, Frauen und Jugend (2000): Familien ausländischer Herkunft in Deutschland. 6. Familienbericht. Berlin: Bundesregierung.

DBSH (Hrsg.) (2009): Grundlagen der Arbeit des DBSH. Essen: DBSH.

Diefenbach, H. (2010): Kinder und Jugendliche aus Migrantenfamilien im deutschen Bildungssystem, Erklärungen und empirische Befunde. 3. Aufl. Wiesbaden: VS-Verlag.

Dietzel-Papakyriakou, M. (1993): Altern in der Migration: die Arbeitsmigranten vor dem Dilemma: zurückkehren oder bleiben? Stuttgart: Lucius & Lucius.

Frings, D./Tießler-Marenda, E. (2017): Ausländerrecht für Studium und Beratung. 4. Aufl., Frankfurt/Main: Fachhochschulverlag.

Hamburger, F. (Hrsg.) (2005): Migration und Bildung. Über das Verhältnis von Anerkennung und Zumutung in der Einwanderungsgesellschaft. Wiesbaden: VS-Verlag.

Hamburger, F. (2009): Abschied von der Interkulturellen Pädagogik, Weinheim/München: Juventa.

Hamburger, F. (2018): Migration. In: Otto, H.-U. u. a. (Hrsg.): Handbuch Soziale Arbeit – Grundlagen der Sozialarbeit und Sozialpädagogik. 6. Aufl. München: Reinhardt.

Handreichung zum Memorandum zur kultursensiblen Altenpflege (2003), hrsg. v. Arbeitskreis Charta für eine kultursensible Altenhilfe, Darmstadt, herunterladbar unter: Charta-Memorandum_komplett.pdf, Zugriff 21.02.20.

Handschuck, S./Schröer, H. (2011): Interkulturelle Orientierung und Öffnung: Theoretische Grundlagen und 50 Aktivitäten zur Umsetzung. München: ziel.

Häußermann, H. (2007): Behindert ethnische Segregation die Integration? In: Archiv für Wissenschaft und Praxis der sozialen Arbeit, 38, S. 46–57.

Karakayali, S. (2018): Ehrenamtliches Engagement für Geflüchtete in Deutschland. State-of-Research Papier 9. Internationales Konversionszentrum Bonn (BICC).

Lamp, F. (2007): Soziale Arbeit zwischen Umverteilung und Anerkennung. Der Umgang mit Differenz in der sozialpädagogischen Theorie und Praxis. Bielefeld: transcript.

Landeszentrale für politische Bildung Baden-Württemberg (Hrsg.) (2017): Dokumentation Gruppenbezogene Menschenfeindlichkeit und Rassismuskritik. Stuttgart: herunterladbar unter: https://www.lpb-bw.de/publikation3413, Zugriff 20.02.20.

Lange, D. (Hrsg.) (2009): Unsere Wirklichkeit ist anders: Migration und Alltag; Perspektiven politischer Bildung. Bonn: Bundeszentrale für politische Bildung.

Mecheril, P. (2010): Migrationspädagogik. Weinheim Basel: Beltz Juventa.

Polat, Ayse (Hrsg.) (2017): Migration und Soziale Arbeit. Stuttgart: Beltz Juventa.

Pries, L. (Hrsg.) (2005): Zwischen den Welten und amtlichen Zuschreibungen. Neue Formen und Herausforderungen der Arbeitsmigration im 21. Jahrhundert. Essen: klartext.

Razum, O./Saß, A.-Ch. (2008): Migration und Gesundheit : Schwerpunktbericht der Gesundheitsberichterstattung des Bundes/Robert-Koch-Institut. Berlin: RKI.

Teuber, Kristin (2004): Migrationssensible Hilfen zur Erziehung. Frankfurt/Main: Fachhochschulverlag.

Weiss, Karin (Hrsg.) (2005): SelbstHilfe : wie Migranten Netzwerke knüpfen und soziales Kapital. Freiburg: Lambertus.

Wendt, W. R. (2010): Case-Management im Sozial- und Gesundheitswesen: Eine Einführung. 5., überarb. Aufl. Freiburg: Lambertus.

# 6 Handlungsfeld Soziale Arbeit mit Familien

*Christian Roesler*

## 6.1 Familie heute

### 6.1.1 Von der Schwierigkeit der Definition von Familie und dem Wandel der Sichtweisen

Scheint zunächst klar, worauf sich das Handlungsfeld der Arbeit mit Familien bezieht, wird bei dem Versuch, Familie zu definieren, schnell die Verschwommenheit dieses Begriffes angesichts postmoderner Unübersichtlichkeit deutlich. In den unterschiedlichen Festlegungen des Begriffes »Familie« zeigen sich dabei die gesellschaftlichen Veränderungen der letzten Jahrzehnte sowie der Wandel im Verständnis. In den Familienberichten der Bundesregierung findet man schon in einem vergleichsweise kurzen historischen Zeitraum enorme Veränderungen. Spricht noch der erste Familienbericht 1968 von Familie als der »Gruppe, in der ein Ehepaar mit seinen Kindern zusammenlebt«, wird im zweiten Familienbericht 1975 schon der Aspekt der Ehe fallengelassen und nur noch von einem »Beziehungsgefüge eines Elternpaares mit einem oder mehreren eigenen Kindern (Kernfamilie)« gesprochen. Der dritte Familienbericht 1979 betrachtet Familie als eine »zwei Generationen umfassende Gruppe von Eltern und Kindern« und unterscheidet vollständige von unvollständigen Familien, 1986 ist Familie dann aber plötzlich eine »soziale Einheit von drei und mehr Generationen«. Die ehemalige Bundesfamilienministerin Ursula von der Leyen versuchte diesen gordischen Definitionsknoten mit der einfachen Formel zu durchschlagen: »Familie ist da, wo Kinder sind«. Einige Autoren bezeichnen es angesichts dieser Lage sogar als ein »Ding der Unmöglichkeit, Familie allgemeingültig zu definieren« (Bayerl 2006: 43). Zumindest können an jede dieser Definitionen verschiedene kritische Fragen gestellt werden: Ist eine Alleinerziehende mit Kind keine Familie? Endet Familie, wenn die Kinder ausziehen? Bezeichnet Familie die Kernfamilie oder nicht doch gerade den generationenübergreifenden Verband? Im Zeitalter hoher Scheidungsraten setzen sich Familien zudem neu zusammen und es entsteht die Frage, wo eine Familie endet und die andere beginnt – Scheidungskinder können demgemäß Mitglied in mehreren Familien sein.

Deutlich wird aber auch, dass es doch konstitutive Elemente gibt, die in den verschiedenen Definitionsversuchen immer wieder aufscheinen. Festzustellen ist, dass eine Partnerschaft von Eltern und das Vorhandensein von Kindern hauptsächliche Bestandteile von Familie sind. Die folgende Definition fasst solche konstitutiven Elemente zusammen und scheint damit auch heute einigermaßen konsensfähig:

> »Familie ist eine Gruppe von Menschen, die durch nahe und dauerhafte Beziehungen miteinander verbunden sind, die sich auf eine nachfolgende Generation hin orientiert und die einen erzieherischen und sozialisatorischen Kontext für die Entwicklung der Mitglieder bereitstellt« (Hofer u. a. 2002: 6).

## 6.1.2 Familie(nbilder) im Wandel

Die aufgeführten Schwierigkeiten beim Versuch, Familie heute zu definieren, sind letztlich auf die gewaltigen gesellschaftlichen Veränderungsprozesse in diesem Feld zurückzuführen, die auch nach wie vor anhalten. Allgemein wird heute vom »Wandel der Familie« gesprochen, in vielen sozialwissenschaftlichen Analysen wird dies auch als »Krise« oder »Zerfall« der Familie bezeichnet. Verschiedene historische und gesellschaftliche Veränderungsprozesse tragen zu dieser Entwicklung bei und sollen im Folgenden erläutert werden (Vgl. Peuckert 2008; Nave- Herz 2007).

### Demografische Veränderungen

Betrachtet man die statistische Entwicklung der Geburtenrate seit Gründung des deutschen Reiches 1871, so hat die epochalste Veränderung schon vor über 100 Jahren stattgefunden: Mit Einführung einer allgemeinen Rentenversicherung entfiel die Notwendigkeit, die Existenz im Alter über eine möglichst hohe Kinderzahl abzusichern – in der Folge fiel die Geburtenrate dramatisch. Je höher ein Land technisch industrialisiert ist, je eher werden dem Kind immaterielle Werte beigemessen, z. B. die Befriedigung emotionaler Bedürfnisse. Seit Mitte der 1960er Jahre ist die Geburtenrate soweit abgesunken, dass Demografen mittlerweile von einer schrumpfenden Bevölkerung in Deutschland ausgehen, was vielfältige Folgen für Gesellschaft und Politik hat: Stichworte »Überalterung« und »Pflegenotstand«, »Rentenproblem« usw.

### Wertewandel

Dem liegt ein grundlegender Wertewandel in der Gesellschaft zugrunde: von Pflicht- und Akzeptanzwertorientierungen zu Selbstwertorientierungen. In diesem Zusammenhang wird oft von einer Krise von Ehe und Familie gesprochen. Dabei ist zu beachten, dass es sich bei der sog. »traditionellen Familienform« um eine historisch einmalige Situation handelte, da nie eine Familienform so dominant war, wie in der Nachkriegszeit der 1950er und 1960er Jahre. Die moderne Kleinfamilie hatte sich beinahe universell durchgesetzt, es herrschte somit ein Zustand vor, der ungewöhnlich homogen war und diese Familienform als selbstverständliche Normallebensform voraussetzte (Institutionalisierung). Mit moderner Kleinfamilie ist die »selbst-ständige Haushaltsgemeinschaft eines Ehepaares mit seinen minderjährigen leiblichen Kindern« (Peuckert 2008: 9) gemeint. Mit der »Institution Ehe« ging auch die »Institution Elternschaft« einher. Historisch betrachtet ist diese Familienform keineswegs traditionell, vielmehr findet man vor 1900 ähnlich wie heute eine Vielzahl an Familienformen, u. a. Alleinerziehendenfamilien, Stieffamilien usw.; diese hatten jedoch andere Entstehungsbedingungen als heute, z. B. eine höhere Sterblichkeitsrate durch das damals nicht behandelbare Kindbettfieber u. a. (s. ausführlich Roesler 2015).

Aus soziologischer Sicht haben Prozesse der »Individualisierung«, der »Pluralisierung« und der Deinstitutionalisierung die gesellschaftliche Situation von Familie grundlegend gewandelt, die moderne Kleinfamilie ist heute nur noch eine von vielen möglichen Lebensformen. Als bedeutendster Aspekt der Deinstitutionalisierung gilt die »Auflösung und Entkoppelung des bürgerlichen Familienmusters« (Peuckert 2008: 29). Die bürgerliche Ehe- und Familienordnung wird unverbindlicher, die Verknüpfung von Ehe und Familie mit Liebe, gemeinsamem Haushalt, Monogamie und biologischer Elternschaft lockert sich: »Liebe kommt gut ohne Ehe aus und Ehe auch ohne Kinder: Überhaupt treten Ehe und Elternschaft deutlicher auseinander: Die ›pure‹ Ehe (ohne Kinder) wird ebenso zur Option wie die ›pure‹ Mutterschaft ohne Ehemann« (Peuckert 2008: 30). Deinstitutionalisierung bringt neue Freiheiten und eine Zunahme an Wahlmöglichkeiten mit sich (»Multioptionsgesellschaft«), woraus sich allerdings auch Verhaltensunsicherheiten ergeben können. Individualisierung bezeichnet dabei den Umstand, dass angesichts der abnehmenden Bindungskraft traditioneller Wertvorstellungen und Verhaltensnormen die Individuen ihre Lebensläufe und Identitäten eigenständig konstruieren dürfen, aber auch müssen. Dies führt zu der heute zu beobachtenden Pluralität an Lebens- und eben auch Familienformen.

Heute haben besonders kinderlose Lebensformen, wie z. B. nicht eheliche Lebensgemeinschaften und Alleinstehende an Bedeutung dazugewonnen. Aber auch die Struktur der bestehenden Familien hat sich verändert, womit besonders die Stieffamilien und Einelternfamilien gemeint sind (Hess/Starke 2017). Als Ursache gelten dafür heute u. a. die hohen Scheidungszahlen, woraus sich die neuen Familienformen häufig ergeben (Peuckert 2008; Nave-Herz 2007). Hinzu kommt, dass durch die gestiegenen Scheidungszahlen es immer mehr Menschen gibt, die wieder als zukünftige Partner in Frage kommen. Schließlich nimmt seit der Einführung der Legalisierung gleichgeschlechtlicher Partnerschaften auch hier die Zahl an sog. Regenbogenfamilien zu, d. h. gleichgeschlechtlicher Paare mit Kindern (Körner 2015).

Es ist allerdings zu beachten, dass trotz des beschriebenen Wertewandels und entgegen anderslautender medialer Darstellungen auch heute noch die Mehrzahl der Bevölkerung nach konventionellen Mustern lebt. Die hohe Scheidungsrate führt dabei nicht zwangsläufig zu einem Bedeutungsverlust der Ehe, es ist viel mehr festzustellen, dass Paare ihre Ehe auflösen, *weil* sie dieser eine hohe Bedeutung und Wichtigkeit zuordnen, auch in der Hoffnung auf eine spätere bessere Partnerschaft (Roesler 2018).

## Wandel der Eltern-Kind-Beziehung

Die allgemeine Entwicklung der Eltern-Kind-Beziehung kann man in einer wachsenden Kindorientierung, Verringerung von Kontrolle und einer Verstärkung von Emotionalität und Kommunikation beschreiben. Der psychologisch-emotionale Wert von Kindern hat sich erhöht, das Kind wird dementsprechend verändert wahrgenommen und behandelt. Zudem hat sich in der Familienforschung seit den 1990er Jahren eine Sicht auf die Eltern-Kind-Beziehungen entwickelt, welche die individuellen Rechte und Bedürfnisse des Kindes betont: das Kind wird als Akteur in eigener Sache konzeptualisiert. Die Erziehung in der Familie wird vor diesem Hintergrund als »Koproduktion von Eltern und Kindern« verstanden. Der Wandel in der Wahrnehmung von Kindern hat sich zudem in veränderten familien-rechtlichen Regelungen gezeigt, besonders im veränderten Kindschafts- und Sorgerecht (s. u.). Diese Regelungen orientieren sich an einem Leitbild, welches ein partnerschaftliches Verhältnis zwischen Eltern und Kindern in den Vordergrund stellt. Damit geht einher, dass der Begriff des Kindeswohls zentrale Bedeutung für die Gestaltung familiärer Beziehungen erhält (s. u.).

## Neue Sozialisationsbedingungen

Aufgrund der beschriebenen Entwicklungen wachsen heute die Mehrheit der Kinder in Ein- oder Zwei-Kinder-Familien auf. Dies und der beschriebene Wertewandel führen zwangsläufig zu neuen Sozialisationsbedingungen für Kinder. Die Funktion der Kinder in den Familien hat sich gewandelt ebenso wie das Selbstverständnis von Eltern: das Kind hat einen hohen Wert und ›darf nicht scheitern‹ mit der Folge einer Intensivierung von Beziehung; Erziehung findet informierter statt; es gibt neue Mutter- und Vaterrollen; immer mehr Leistungen müssen, vor allem von Seiten der Mütter, mobilisiert werden; aufgrund egalitärerer beruflicher Chancen entsteht ein Bedarf nach umfassender Fremdbetreuung von Kindern auch schon unter drei Jahren; usw. Es ist jedoch festzuhalten, dass angesichts der verschiedenen Lebensformen der Familie es keinen empirischen Beleg dafür gibt, dass Eltern aufgrund der Lebensform ihre Kinder schlechter erziehen würden; jedoch sind die verschiedenen Familienformen jeweils spezifischen Belastungen ausgesetzt (Tschöppe-Scheffler 2006).

## 6.1.3 Neue Familienformen: Stieffamilien und Einelternfamilien

Bei den Einelternfamilien handelt es sich in Deutschland vorwiegend um alleinerziehende Mütter, die entweder schon seit der Geburt des Kindes ledig und alleinlebend sind oder aber verwitwet oder durch Trennung/Scheidung in diesen Status gelangt sind. Allerdings nimmt der Anteil an Vätern unter den Alleinerziehenden seit Jahren kontinuierlich zu (Seiffge-Krenke 2016). Dieser Familientyp galt lange Zeit als »unvollständig« und wurde aus der Defizitperspektive heraus betrachtet. Mittlerweile gilt dies als kritisch, da zwar empirisch belegt ist, dass man bei mutter- bzw. vaterlos aufwachsenden Kindern mit Auffälligkeiten rechnen kann, in heutigen Einelternfamilien aber aufgrund des zunehmenden gemeinsamen Sorgerechts und unterschiedlicher praktischer besuchs-, Umgangs- und Sorgerechtsregelungen die Kinder in der Regel einen regelmäßigen Kontakt und eine anhaltende Bindungsbeziehung zum anderen Elternteil haben (Rauch-fleisch 1997; Peuckert 2008). Alleinerziehende sehen sich jedoch trotz gesell-schaftlicher Normalisierung spezifischen, vor allem wirtschaftlichen Belastungen ausgesetzt. Die Armutsquote Alleinerziehender ist ca. dreimal so hoch wie im Bundesdurchschnitt, was nachweislich einen schädigenden Einfluss auf die be-troffenen Kinder hat. Dies ist in den meisten Fällen bedingt durch die einge-schränkten Erwerbsmöglichkeiten dieser Eltern, was wiederum auf die Notwen-digkeit der Schaffung angemessener Betreuungsmöglichkeiten verweist. Darüber hinaus führt die Situation, bei Erziehungsfragen in der Regel auf sich allein ge-stellt zu sein (Alleinerziehende haben auch ein deutlich kleineres Unterstüt-zungsnetzwerk), häufig zu Überforderung, mit der Folge, dass bei Einelternfa-milien ein größerer Anteil von inadäquatem Erziehungsverhalten vorkommt (Vetter u. a. 2004). Hinzu kommen Probleme bei Konflikten zwischen getrenn-ten Eltern (s. u.). Gerade in dieser Lebensform sind Eltern also auf Unterstüt-zung angewiesen (Funcke/Hildenbrand 2009).

Die Stieffamilie ist historisch keine neue Familienform, entstand früher aber in der Regel durch Verwitwung, während sie heute durch Scheidung und an-schließende neue Partnerschaften der Eltern entsteht. Ein oder beide Elternteile bringen Kinder in die neue Familienform mit, zusätzlich können gemeinsame Kinder hinzukommen. Generell lässt sich sagen, dass Patchworkfamilien vor hohe Herausforderungen gestellt sind, als da wären: Akzeptanz des neuen Part-ners durch die Kinder, Loyalitätsprobleme und Rollenunsicherheiten bei allen Familienmitgliedern, Notwendigkeit der Abstimmung mit außerhalb der Familie lebenden Elternteilen u. a. m. Patchworkfamilien haben ein nicht auflösbares Strukturproblem im Vergleich zu konventionellen Familien in der Tatsache, dass sie aufgrund von Eltern-Kind-Beziehungen, die von außen in die Familie hinein-reichen, ihre Grenzen nach außen nie klar definieren können. Die damit verbun-denen Anforderungen an Flexibilität, Kommunikationsfähigkeit usw. machen professionelle Beratung für solche Familien fast unabdingbar (Funcke/Hilden-brand 2009; Krähenbühl 2007).

Schließlich sei hier noch die bislang seltene, aber im Wachsen begriffene Fa-milienform des gleichgeschlechtlichen Paares mit Kindern erwähnt (Funcke/Thorn 2009).

Abschließend lässt sich sagen: Auch wenn nicht von einem Verfall der Familie gesprochen werden kann, so muss man doch feststellen, dass Lebenswelten von Familien und Erziehungsmilieus sich voneinander entfernen und die verschiede-nen Familienformen sehr unterschiedliche Chancen, Ressourcen und Belastun-gen in sich tragen. In der Gruppe der hochbelasteten Familien treten häufig Un-terversorgungslagen auf, die spezifische Unterstützungen und Interventionen gerade auch aus der Sozialen Arbeit erforderlich machen.

## 6.2 Analyse- und Deutungskompetenz: Wie erkennt man Probleme von Familien?

In Bezug auf das Handlungsfeld Familie bedeutet Analyse- und Deutungskompetenz zum einen eine fundierte Kenntnis der oben dargestellten gesellschaftlichen Hintergründe und der sich daraus ergebenden Anforderungen an die Gestaltung von Familienleben heute. Darüber hinaus entstehen sozialarbeiterisch relevante Hilfebedarfe von Familien insbesondere an überindividuell auftretenden kritischen Übergängen im Familienzyklus (Schneewind 2010). Insofern braucht es auch eine Kenntnis der typischen Entwicklungsverläufe von Familie, wie sie im sog. Lebenszyklus der Familie mit seinen Phasen und kritischen Übergängen abgebildet ist.

### 6.2.1 Phasen, Übergänge und Krisen im Lebenszyklus der Familie als Ansatzpunkte für Hilfebedarfe und Interventionen

In der Tabelle unten sind zum einen die typischen Entwicklungsphasen und Übergänge im Lebenszyklus der Familie dargestellt als auch die in den jeweiligen Phasen typischerweise auftretenden Probleme (▶ Tab. 6.1). In der rechten Spalte sind die entsprechenden institutionellen Hilfeformen aufgeführt, die auf die Bearbeitung dieser Probleme ausgerichtet sind. Der Lebenszyklus der Familie beginnt hier damit, dass ein Paar sich zusammenfindet und ein Kind diese Paarbeziehung erweitert – insoweit wir hier der Definition von Familie folgen als dem Ort, wo Kinder sind. Entsprechend dem wachsenden Alter der Kinder und ihrer Entwicklungsphasen durchläuft die Familie verschiedene Phasen bis hin zum Auszug der Kinder und der Reorganisation des ›alten‹ Paares auf ein Leben ohne Kinder bzw. eine Orientierung auf eine dritte Generation der Enkel. Die jeweiligen Übergänge zwischen den Phasen können sich – auch regelmäßig – krisenhaft gestalten und bedürfen dann erheblicher Anpassungsleistungen durch die Familienmitglieder, die dann auch nicht selten versagen. Ein Beispiel für eine derartige Krise ist die Geburt des ersten Kindes, die den Übergang von der Zweisamkeit des Paares zu den Anforderungen der Elternschaft darstellt und eine kritische Herausforderung für die ›neugeborenen Eltern‹ bedeutet, was in Deutschland immer noch recht wenig bekannt ist.

Dieser Lebenszyklus der Familie stellt natürlich einen idealtypischen Phasenverlauf dar, der, wie oben ausgeführt, heutzutage an jedem Punkt durch Trennung/Scheidung der Eltern unterbrochen werden kann und häufig auch wird, woraus dann jeweils wieder eigene Problemstellungen und Unterstützungsbedarfe entstehen (s. u.). Auf die spezifischen Probleme und Hilfebedarfe neu sich zusammensetzender Familien bzw. auf Ein-Eltern-Familien wurde oben bereits eingegangen.

**Tab. 6.1:** Familienphasen, Problemfelder und Hilfeformen

| | Mögliche Probleme | Hilfen, Interventionen |
|---|---|---|
| Paarfindungsphase | Bindungsprobleme | Ehe-, Familien-, Lebensberatung |
| Ehe/Paar noch ohne Kinder | Paarbildung: Bindungsprobleme, Nähe-Distanz-Konflikte usw. Räumliche Trennung wg. Mobilität, Beruf Konflikt um Kinder-Entscheidung Ungewollte Kinderlosigkeit | Ehe-, Familien-, Lebensberatung Familienbildung: Gesprächstrainings für Paare Medizinische Beratung Adoptionsberatung |
| Schwangerschaft | Schwangerschaftskonflikt Komplikationen Behinderung des Kindes | Schwangerschaftskonfliktberatung Schwangerenberatung Beratung bei Pränataldiagnostik |
| Paar mit erstem Kind, Kleinkindphase | Probleme mit Veränderung der Paarbeziehung Entwicklungsprobleme des Säuglings/Kleinkinds Überforderung der Eltern | Schwangerenberatung (bis drei Jahre) Frühe Hilfen Sozialpädagogische Familienhilfe (SPFH) |
| Weitere Kinder, Kleinkindphase | Erziehungsprobleme Belastung/Überforderung der Eltern Vereinbarkeit Familie/Beruf Entwicklungsstörung bei Kind | Frühe Hilfen, SPFH Erziehungsberatung Familienbildungsangebote: Elterntrainings Frühförderung |
| Familie mit Vorschulkindern | Erziehungsprobleme | Erziehungsberatung, SPFH Familienbildungsangebote |
| Familie mit Schulkindern | Schul- und Leistungsprobleme Eltern-Kind-Konflikte | Schulsozialarbeit Erziehungsberatung Familientherapie/-beratung |
| Familie mit Jugendlichen | Pubertäts- und Adoleszenzkonflikte Probleme mit Suchtmitteln | Familien-/Erziehungsberatung Beratung für Jugendliche E-Mail- und Online-Beratung Sexualberatung und -pädagogik Sozialpädagogische Gruppenangebote Suchtberatung |
| Kinder gehen aus dem Haus | »Empty Nest« Ablösungsprobleme | Lebensberatung Beratung für Eltern und Jugendliche |
| ›Altes Paar‹ ohne Kinder | Generationenkonflikte (z.B. Erziehung der Enkel) Anpassungsprobleme der Paarbeziehung | Familientherapie/-beratung Paarberatung |

## 6.2.2 Kindeswohl und Kindeswohlgefährdung als zentrale Begründungskonzepte der Familienhilfe

Seit Ende der 1970er Jahre steht das Prinzip des Kindeswohls nun im Familienrecht im Mittelpunkt und ist zum wesentlichen Begründungsmerkmal für soziale Familienhilfen geworden. Es sei hier nur angemerkt, dass hinter dieser Entwicklung die zunehmende Bedeutung der Bindungstheorie (Brisch u. a. 2006, 2009; Grossmann/Grossmann 2004) für das Verständnis von familiären Beziehungen und die Einflussnahme auf diese steht.

## 6.2.3 Die sozialpädagogische Diagnose

Analyse und Deutung familiärer Problemsituationen und Hilfebedarfe bündeln sich in der sog. Sozialpädagogischen Diagnose (Schmidt 2007). Diese mündet in die konkrete Hilfeplanung, in der in jedem Fall auch die Dilemmata- und Entscheidungskompetenz der sozialen Fachkraft gefordert ist. Der Begriff Sozialpädagogische Diagnose beschreibt dabei keine feststehende Methodik, sondern ist eher ein Sammelbegriff für in der Sozialen Arbeit übliche Vorgehensweisen, sich einen diagnostischen Eindruck von einer Familie und ihrer Situation zu machen. So beschreibt Schmidt (2007) ein recht ausführliches Modell der Datensammlung, bei dem auf sieben Ebenen bzw. »Faktoren« die aktuellen Handlungsbedarfe anhand einer vierstufigen Bewertung (0 = Handlungsunmöglichkeit/akuter Handlungsbedarf, 1 = mangelhafte Situation, 2 = akzeptable Situation, 3 = zufriedenstellende Situation) eingeschätzt werden. Diese Faktoren beschreiben sieben Ebenen, die für Familienleben relevant sind: geografisch/soziologisch, ökonomisch, gesundheitlich, familiensoziologisch, Motivation, kognitive Fähigkeiten, emotionale Fähigkeiten. Andere Modelle (Schrapper 2004; Uhlendorff/Marthaler 2004) ergänzen dies um Aspekte der Entwicklung der Familie und Familiengeschichte. Insbesondere generationenübergreifende Aspekte der Familienproblematik lassen sich durch die Methode des Genogramms abbilden (Reich 2003). Dabei werden die Familienmitglieder und ihre Beziehungen über mindestens drei Generationen durch Symbole in einem zusammenhängenden Schema dargestellt. Generationenübergreifende Problemmuster wie z. B. Suchtproblematiken lassen sich so leichter erkennen. Die Arbeit von Harnach (2007) liefert eine sehr umfassende Übersicht über Heuristiken der Datensammlung in der Familiendiagnostik. Grundsätzlich gilt, dass Soziale Arbeit mit Familien immer auf Aktivierung der Selbsthilfekräfte der Klient*innen ausgerichtet ist; insofern sollte eine Betrachtung der Familie neben einer genauen Analyse der Probleme immer auch die vorhandenen Ressourcen der Familie in den Blick nehmen. Gerade an diesen letzteren lassen sich nämlich häufig Hilfepläne und Interventionen anknüpfen. Diese Betrachtung sollte dann immer in eine übergreifende Interpretation der Gesamtsituation und ihrer Bedingungszusammenhänge münden (für Beispiele s. Schmidt 2007; Harnach 2007).

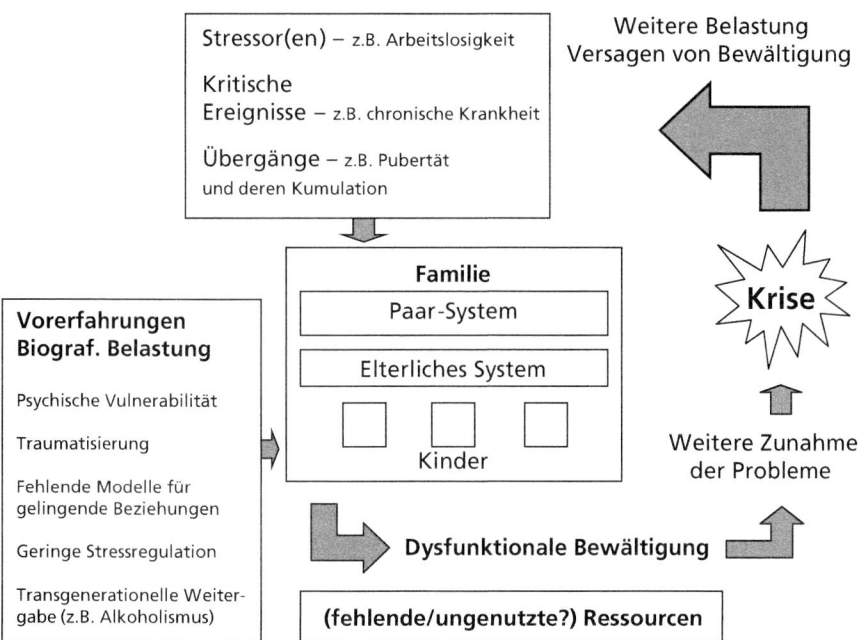

**Abb. 6.1:** Modell der Familienkrise

# 6.3 Institutionen und Interventionsformen

Wenn wir nun zu den Formen der Hilfe für Familien in der Sozialen Arbeit kommen, so müssen zunächst die Meso-Ebene der Organisationen bzw. Institutionen (z. B. Mehrgenerationenhaus) unterschieden werden von der Mikro-Ebene der klientenbezogenen Interventionen (z. B. Familientherapie). Andererseits ist diese Unterscheidung häufig theoretisch, während in der praktischen Arbeit beide Ebenen zusammenfließen. Zur besseren Unterscheidung der Ebenen sollen deshalb im folgenden zunächst Interventionsmethoden im engeren Sinne herausgegriffen werden, die für die Soziale Arbeit mit Familien besonders typisch sind.

## 6.3.1 Beratung

In den verschiedensten Kontexten der Sozialen Arbeit mit Familien kommen Methoden der Beratung zum Einsatz, insbesondere natürlich in der Familienberatung, Paar- und Erziehungsberatung, als auch in der Schwangeren- und Schwangerschaftskonfliktberatung. Beratung umfassend zu definieren erweist sich dabei als nicht einfach (vgl. Rausch u. a. 2008). Folgende Definition von Nestmann u. a.

(2004) scheint hier allgemein konsensfähig: »Beratung ist in ihrem Kern jene Form einer interventiven und präventiven helfenden Beziehung, in der ein Berater mittels sprachlicher Kommunikation und auf der Grundlage anregender und stützender Methoden innerhalb eines vergleichsweise kurzen Zeitraums versucht, bei einem desorientierten, inadäquat belasteten oder entlasteten Klienten einen auf kognitiv-emotionale Einsicht fundierten aktiven Lernprozess in Gang zu bringen, in dessen Verlauf seine Selbsthilfebereitschaft, seine Selbststeuerungsfähigkeit und seine Handlungskompetenz verbessert werden können« (2). Davon abgegrenzt werden muss Beratung im Sinne von Information/Auskunft, wie sie beispielsweise in der Allgemeinen Sozialberatung für Familien als Information über finanzielle Hilfen stattfindet.

## 6.3.2 Systemische Methoden/Familientherapie

Der Begriff »systemisch« stellt einen Sammelbegriff für eine Anzahl Methoden in der Arbeit mit Familien dar, denen eine bestimmte Art des Denkens und Handelns zugrunde liegt. Dieses Denkmodell gründet in der Familientherapie, die wiederum in der Mitte des letzten Jahrhunderts in den USA entstanden ist. Zentral ist dabei, die problembehafteten Klient*innen als Mitglieder eines zusammenhängenden Gefüges zu sehen, und die Probleme nicht in erster Linie als individuell, sondern als Ausdruck von Problemen und Konflikten der zusammenhängenden Gruppe bzw. Familie, kurz: des »Systems« zu betrachten. Dies bedeutet eine Abkehr von linearen Ursache-Wirkungs-Modellen hin zu einem zirkulären Modell, nach dem die Wirklichkeit eines Individuums untrennbar mit seiner Einschätzung des Kontextes verbunden ist. Hinzu kommt eine konstruktivistische Erkenntnishaltung, die sowohl die Sichtweisen der Familienmitglieder als auch die »Diagnosen« der Fachkräfte als Konstruktionen, d. h. als Interpretationen von Wirklichkeit betrachtet, die nicht Wahrheiten darstellen, sondern Versuche der Reduktion erlebter Komplexität. In der systemischen Herangehensweise werden die Klient*innen als die eigentlichen Experten ihrer Probleme angesehen. Die Fachkräfte verstehen sich nicht als Problemlöser, ihre Aufgabe besteht vielmehr darin gemeinsam mit den Klient*innen einen Rahmen zu schaffen, in dem das Problem bearbeitet und gelöst werden kann (Schlippe/ Schweitzer 2009). Zu den systemischen Methoden zählen bestimmte Fragetechniken, die weniger auf Informationserhalt abzielen, als vielmehr die fixierten Sichtweisen der Klienten auf ihre Probleme erschüttern und neue Sichtweisen ermöglichen sollen; weitere Methoden sind das Umdeuten (Reframing), Formen der grafischen (z. B. Genogramm) und physischen (z. B. Familienskulptur) Darstellung von Familienbeziehungen u. a. m. (s. Schlippe/Schweitzer 2009). In vielen Feldern der Sozialen Arbeit mit Familien (z. B. SPFH, s. u.) sind diese Methoden mittlerweile unverzichtbar und stellen eine zentrale Methodik der sozialen Fachkräfte dar.

### 6.3.3 Aufsuchende Hilfen

Ein zentrales Problem in der Sozialen Arbeit mit Problemfamilien ist, das diejenigen Familien, die am dringendsten Hilfe benötigen, häufig die Angebote z. B. von Beratungsstellen, die eine sog. Komm-Struktur haben, nicht wahrnehmen. Daher hat man in der Sozialen Arbeit schon frühzeitig erkannt, dass diese Familien nur dann mit entsprechenden Hilfsangeboten erreicht werden, wenn die Fachkräfte sie aktiv aufsuchen und unmittelbar im häuslichen Kontext mit der Familie arbeiten. Die klassische Hilfeform in diesem Bereich ist die Sozialpädagogische Familienhilfe, die als Hilfeform auch im SGB VIII festgeschrieben ist und deshalb weiter unten ausführlich erläutert wird.

### 6.3.4 Konfliktschlichtung/Mediation

Wie oben dargestellt, ist ein entscheidender Faktor im Wandel der Familie die mittlerweile hohe und weiter steigende Scheidungsrate in westlichen Gesellschaften. Wie schon ausgeführt wurde, setzen sich Familien nach Trennung/Scheidung vielfach neu zusammen. Mittlerweile kommt es dabei häufig zu Streitigkeiten zwischen den nach wie vor beiderseits erziehungsberechtigten Elternteilen um Sorge- und Umgangsrechtsfragen. In diesem Feld der Arbeit mit streitenden Eltern hat sich mittlerweile eine Form der Konfliktvermittlung etabliert, die als Mediation bezeichnet wird. Bei der Mediation wird in Sachkonflikten zwischen streitenden Parteien durch unparteiische Dritte, die Mediatoren, vermittelt. Diese unterstützen die Streitenden dabei, konstruktiv zu verhandeln und eigenständig einvernehmliche Lösungen für die Probleme zu erarbeiten (Haynes 1993; Montada/Kals 2007). Seit den 1980er Jahren hat sich die Trennungs- und Scheidungsmediation (oder auch Familienmediation) neben dem streitigen Verfahren in Deutschland als Möglichkeit etabliert, Paaren in Trennung/Scheidung dabei zu helfen, die entstehenden Sachfragen auf faire Weise zu lösen (Roesler 2018). Mediation zielt darauf ab, von den anfänglichen unvereinbaren Positionen der Parteien durch Untersuchung der dahinter stehenden Interessen und Bedürfnisse zu Lösungen zu kommen, die die Interessen beider in fairer Weise abbilden Der Ablauf des Mediationsverfahrens lässt sich in fünf Phasen gliedern: Das Arbeitsbündnis, die Erarbeitung der Themenbereiche, die Bearbeitung der Konfliktfelder durch Untersuchung der Interessen, das Sammeln von Optionen und Einigung sowie schließlich die rechtliche Gestaltung der erreichten Vereinbarung (Haynes 1993). In diesem Vertrag sollen die Bedürfnisse und Interessen beider Parteien entsprechend einfließen bzw. befriedigt werden. Es liegt auf der Hand, dass dieses Verfahren angesichts hoher Scheidungsraten und der Zunahme elterlicher Nachscheidungskonflikte in der Arbeit mit diesen Familien eine immer größere Bedeutung gewinnt.

**Eine Familie unter der Lupe**

In der folgenden Darstellung der Entwicklung einer Familie wird aufgezeigt, welche Interventionsmöglichkeiten für Soziale Arbeit an unterschiedlichen Stellen jeweils bestehen. Im Anschluss werden diese Hilfeformen ausführlicher beschrieben.

Pauls Mutter kam Anfang der 1990er Jahre als jugendliches Mädchen mit ihrer Familie im Rahmen der ersten Spätaussiedlerkontingente aus Russland nach Deutschland. Sie lernte hier rasch einen jungen Deutschen kennen und wurde noch vor Erreichen des 18. Lebensjahres ungewollt schwanger.

*(Schwangerenberatung)*
Der gerade 19-jährige werdende Vater ist strikt gegen das Austragen des Kindes und entzieht sich der Beziehung, indem er sich für zwölf Jahre bei der Bundeswehr verpflichtet.

*(Paarberatung im Rahmen der Erziehungsberatung)*
Die Eltern der Mutter zwingen sie aufgrund ihrer evangelikalen Orientierung zum Austragen des Kindes. Unmittelbar nach der Geburt fällt die Mutter in eine postpartale Depression, die nicht erkannt wird, vermutlich auch weil sie relativ isoliert lebt. Die Depression klingt zwar nach einigen Wochen wieder ab und ihre Eltern, bei denen sie nach wie vor lebt, können einiges in der Betreuung des Kindes auffangen, trotzdem hat sich dieses mit drei Monaten zu einem ausgeprägten Schreibaby entwickelt. Die junge Mutter gerät regelmäßig in Überforderungssituationen, bei denen sie das Kind zuweilen auch kräftig schüttelt oder aber schreien lässt und sich in ein anderes Zimmer zurückzieht.

*(Frühe Hilfen, aufsuchende Familienhilfe)*
*(Familienzentrum, Mehrgenerationenhaus, Familienbildungsangebote)*
Als Paul mit vier Jahren verspätet den Kindergarten besucht, fällt er hier durch Verhaltensprobleme auf.

*(Erziehungsberatung)*
Einige Monate nach seiner Einschulung beklagt sich Pauls Lehrerin bei seiner Mutter über Pauls Unruhe in der Klasse, er könne nicht fünf Minuten stillsitzen und störe immer wieder den Unterricht. Der Kinderarzt diagnostiziert daraufhin bei Paul ein Aufmerksamkeitsdefizit-Syndrom mit Hyperaktivität (ADHS) und verordnet Ritalin, womit Pauls Verhalten in der Schule sich deutlich bessert. Trotzdem schafft Paul es nur auf die Hauptschule. Hier kommt es in der 6. Klasse zu einem Eklat: Paul verprügelt einen anderen Jungen im Streit und schlägt so brutal zu, dass der andere für einen Tag ambulant in der Klinik behandelt werden muss. Pauls Klassenlehrer bestellt daraufhin die Mutter zu einem Elterngespräch (Pauls leiblicher Vater lebt in einem anderen Bundesland mit einer eigenen Familie und hat keinen Kontakt zu Paul) und erfährt von ihr, dass Paul »sehr traurig« sei, weil er keinen Kontakt mehr zu seinen Großeltern habe, nachdem sie dort ausgezogen sei. Sie habe einen neuen Part-

ner und der habe darauf bestanden, dass sie mit Paul zu ihm ziehe. Paul habe jetzt einen »richtigen Vater«, der ihn »sehr streng« erziehe, aber das sei auch nötig, weil Paul immer wieder über die Stränge schlage. Ihre Eltern seien gegen den Kontakt gewesen und sie besuche sie deshalb nur selten. Für Paul sei das natürlich schon eine große Veränderung, weil ihre Eltern sich immer um ihn gekümmert hatten, wenn sie arbeiten ging.

*(Elterntraining, Sozialpädagogische Familienhilfe, Kindeswohlgefährdung, Erziehungsberatung)*
Einige Jahre später hat Pauls Mutter ihren Partner geheiratet. Zwischen Paul und seinem Stiefvater ist der Konflikt eskaliert, Paul schlägt mittlerweile zurück, wenn der Stiefvater ihn prügelt oder die Mutter schlägt. Paul hat die Hauptschule ohne Abschluss verlassen. Er verbringt so viel Zeit wie möglich auf der Straße mit seinen Kumpels und kehrt teilweise auch nachts nicht nach Hause zurück. Wenn sie getrunken haben, »mischen sie gern auch mal andere Jugendliche auf«.

## 6.3.5 Schwangerschaftskonfliktberatung und Schwangerenberatung

Das Schwangerenberatungsgesetz hat zum Ziel, das Leben ungeborener Kinder durch Beratung der Mutter besser zu schützen, andererseits mit dem Leitsatz »Hilfe statt Strafe« im Rahmen einer ergebnisoffenen Pflichtberatung im Schwangerschaftskonflikt die Frau über die vorhandenen Hilfemöglichkeiten zu informieren. Darüber hinaus besteht ein Rechtsanspruch auf Beratung bis zum vollendeten dritten Lebensjahr des Kindes. Die psychosoziale Beratung im Schwangerschaftskonflikt stellt eine Mischung aus psychologischen, sozialpädagogischen, aber auch seelsorgerischen Methoden dar. Mit der Anwendung dieser spezifischen Methodik wird die Schwangere dazu befähigt, ihre Gesamtsituation besser zu überblicken und ihre Selbsthilfekräfte zu stärken, um dann eine eigenständige und persönlich verantwortete Lösung ihrer Konflikte und Probleme zu finden (Lammert u. a. 2002; Langsdorff 2000).

Die Kunst der Beraterin ist es, mit jeder Ratsuchenden eine vertrauensvolle und partnerschaftliche Beziehung aufzubauen, offen zu sein für die unterschiedlichsten Wertorientierungen und getroffene Entscheidungen der Frauen zu akzeptieren, auch wenn sie nicht den eigenen Wertvorstellungen entsprechen. Beraterinnen dürfen weder Partei beziehen, noch Beeinflussung auf die Frau ausüben. Sie bieten den Frauen Hilfen in jeder Phase des Schwangerschaftskonflikts an, zeigen Risiken, Möglichkeiten und Auswege auf und vermitteln spezifische Informationen, welche die betroffenen Frauen individuell, je nach Problemlage benötigen. Typische Themen der Beratung in der Schwangerenberatung:

1. Sexualaufklärung, Verhütung und Familienplanung
2. Familienfördernde Leistungen
3. Vorsorgeuntersuchungen bei Schwangerschaft und die Kosten der Entbindung

4. Soziale und wirtschaftliche Hilfen (z. B. Bundesstiftung »Mutter und Kind – Schutz des ungeborenen Lebens«)
5. Hilfs- und Fördermöglichkeiten vor und nach der Geburt eines möglicherweise behinderten Kindes
6. Die Methoden zur Durchführung eines Schwangerschaftsabbruchs, die physischen und psychischen Folgen und Risiken
7. Lösungsmöglichkeiten für psychosoziale Konflikte im Zusammenhang mit einer Schwangerschaft
8. Die rechtlichen und psychologischen Gesichtspunkte im Zusammenhang mit einer Adoption

**Familie unter der Lupe**

Bei der von uns betrachteten Familie hätte zum einen in der Frühphase der Schwangerschaft eine Schwangerschaftskonfliktberatung die werdende Mutter dabei unterstützen können, ihre persönliche Situation und Zukunftsplanung zu reflektieren und zu einer selbstverantworteten Entscheidung unabhängig von den Erwartungen der Eltern zu kommen. Darüber hinaus hätte sie umfassende Informationen zu finanziellen und anderen Hilfen erhalten können. Schließlich wäre sogar denkbar gewesen, den werdenden Vater zu diesen Gesprächen einzuladen, um die Möglichkeiten für eine gemeinsam gelebte Elternschaft auszuloten. All dies hätte sicherlich dazu beigetragen, den beiden noch sehr jungen Eltern den Übergang in die Elternschaft zu erleichtern und dies auch mit einem Autonom-Werden von der Ursprungsfamilie und deren Werten zu verbinden. Außerdem gilt: je früher in potentiell problematischen Entwicklungsverläufen professionelle Intervention stattfindet, desto eher können diese Verläufe noch verhindert oder zumindest abgemildert werden. So hätte man die werdende Mutter in unmittelbar an die Geburt anschließende Hilfen (Frühe Hilfen) weitervermitteln können.

## 6.3.6 Frühe Hilfen

Wie schon deutlich wurde, zeichnen sich problematische Verläufe von Familienentwicklungen meist schon recht frühzeitig, in unserem Beispiel gar vor der Geburt des ersten Kindes ab. Die aktuelle Ausrichtung der Sozialen Arbeit mit Familien zielt nach dem Prinzip Prävention darauf ab, möglichst frühzeitig zu intervenieren und so ungünstige Entwicklungen schon im Vorfeld zu verhindern (Hahlweg 2000). In den letzten Jahren hat sich hier ein breites Feld von Angeboten und Hilfen entwickelt, die unter dem Begriff »Frühe Hilfen« zusammengefasst werden (Lindner 2008).

Prävention findet in der Sozialen Arbeit mit Familien neben den schon genannten Frühen Hilfen insbesondere in der Form von Eltern- und Familienbildungsprogrammen statt. Beispielhaft für solche Familienbildungsangebote sollen im folgenden Elterntrainings dargestellt werden.

# 6.4 Familienbildung und Elterntrainings – Stärkung der Elternkompetenzen

Für eine gesunde und altersgemäße Entwicklung der Kinder sind die elterlichen Erziehungskompetenzen von entscheidender Bedeutung. Schutzfaktoren wie eine gute Beziehung zwischen Eltern und Kindern oder hohe Selbstwirksamkeitserwartung der Eltern können eine gesunde Entwicklung stärken. Im Zusammenwirken mit Risikofaktoren wie deprivierten Verhältnissen, schwierigem Temperament des Kindes etc. können Mängel in der elterlichen Erziehungskompetenz die Entwicklung des Kindes stark beeinträchtigen und in Extremfällen zu Kindeswohlgefährdung führen. Die Erkenntnis dieser Zusammenhänge hat in den letzten Jahren zur Entwicklung sog. Elterntrainings geführt, die darauf abzielen, die Erziehungskompetenz von Eltern zu stärken, im Grunde also Eltern entwicklungsförderliche Erziehungsmethoden beizubringen (Tschöpe-Scheffler 2006).

Erziehungskompetenz setzt sich hierbei aus unterschiedlichen Aspekten zusammen:

a) Selbstbezogene Kompetenz meint die Fähigkeit, sich Wissen in Bezug auf die Entwicklung von Kindern anzueignen und die eigenen Wertvorstellungen sowie das eigene Erziehungshandeln reflektieren zu können.
b) Bei den kindbezogenen Kompetenzen geht es um die elterliche Anpassungsfähigkeit an die Bedürfnisse und individuellen Entwicklungserfordernisse der Kinder, die Fähigkeit, Empathie und Zuneigung zu zeigen.
c) Kontextbezogene Kompetenz besteht darin, den Alltag des Kindes entsprechend dieser Ziele zu organisieren und positive Erfahrungen zu ermöglichen.
d) Handlungsbezogene Kompetenzen zeigen sich im Vertrauen in das eigene Handeln und in entsprechender Konsequenz, z. B. Abmachungen bei Regelverstößen einzuhalten, ebenso aber auch darin, den Kindern je nach Situation entsprechende Freiräume zu gewähren, um sie in ihrer Selbständigkeit zu fördern.

Aus dieser Aufzählung wird schon deutlich, welche komplexen Fähigkeiten Erziehungskompetenz voraussetzt.

Elterntrainings zielen auf Verbesserungen in den genannten Bereichen ab und arbeiten dabei auf unterschiedlichen Ebenen. Informationen über die Bedürfnisse des Kindes und dessen Entwicklung sind ein erster wichtiger Baustein. Des Weiteren werden konkrete Handlungsoptionen im Umgang mit dem Kind erarbeitet und danach erprobt. Damit der Transfer der neuen Handlungsweisen in den Alltag erleichtert werden kann, sollte während des Lernprozesses in der Elterngruppe ein ständiger Austausch erfolgen. Um ein Hineinzwängen in starre Regeln zu vermeiden, sollte genügend Raum zur Selbsterfahrung und Reflektion vorhanden sein. Da sich Probleme der Eltern selbst unbewusst negativ auf die Beziehung mit dem Kind auswirken, ist es ebenso eine Aufgabe der Elternbildung, deren Persönlichkeitsentwicklung anzuregen. Die Bildung funktionaler

Netzwerke von Eltern untereinander sind ein weiterer wichtiger Punkt der Erziehungsunterstützung (Romeike/Immelmann 2010).

Mittlerweile habe sich verschiedene Elterntrainings entwickelt und etabliert, die auf teilweise sehr unterschiedlichen Menschenbildern aufbauen, unterschiedliche Erziehungswerte und -ziele verfolgen und hierbei auch mit verschiedenen Methoden arbeiten. So legen manche Trainings großen Wert auf die Auseinandersetzung der Eltern mit ihren eigenen Kindheitsmustern und die Reflexion der aktuellen Erziehungsgewohnheiten. Zu diesen gehören beispielsweise das »Gordon-Familientraining«, »Starke Eltern-starke Kinder« (Frank 2010) oder KESS (Horst 2005), die als Grundlage Menschenbilder aus dem humanistischen oder tiefenpsychologischen Bereich haben und daher auch höhere Anforderungen an die Reflexionsfähigkeit der beteiligten Eltern stellen. Eher verhaltens- und lerntheoretisch fundierte Programme wie »Triple P« (Markie-Dadds u. a. 2003) dagegen vermitteln Eltern eher stark vorgegebene Erziehungswerte und legen die Betonung auf das konkrete Einüben dieser Methoden. Diese Variationsbreite stellt allerdings in der konkreten Familienbildungspraxis eher einen Vorteil dar, da so das Bildungsangebot auf die spezifischen Bedarfe unterschiedlicher Elterngruppen abgestimmt werden kann. Eltern lassen sich dahingehend unterscheiden, ob sie bisher keine auffälligen Probleme in der Erziehung hatten, ob schon unangemessenes Erziehungsverhalten vorliegt oder – ganz am anderen Ende des Spektrums – massive Familienprobleme gegebenenfalls sogar schon mit Kindeswohlgefährdung aufgrund von gewaltsamem Erziehungshandeln vorliegen. Gerade für letztere Gruppe kann es durchaus sinnvoll sein, ohne Reflexion der eigenen Entwicklungsgeschichte unmittelbar konstruktivere Verhaltensweisen einzuüben – häufig fehlt es gewalttätigen Eltern nämlich schlichtweg an Handlungsalternativen. Es lässt sich aber auch nicht leugnen, dass die existierenden Elterntrainings in einem Konkurrenzkampf auf einem gemeinsamen ›Markt‹ stehen und daher die Passung von Methode und Zielgruppe nicht immer sachlich begründet ist (für einen ausführlichen Vergleich vgl. Tschöppe-Scheffler 2006; Hees/Wahl 2006).

## 6.4.1  Erziehungsberatung

Erziehungsberatung ist zum einen eine spezifische Form der Beratung bei familiären Problemen, zum anderen in Deutschland fester Bestandteil der Kinder- und Jugendhilfe und entsprechend gesetzlich verankert (§ 28 SGB VIII): zur Erziehungsberatung haben Erziehungsberatungsstellen und andere Beratungsdienste, unter Zusammenwirken verschiedener Fachkräfte, Kinder, Jugendliche und Eltern bei der Bewältigung von Problemen zu unterstützen (vgl. Gastiger/Winkler 2008). Diese Beratung ist für die Klient*innen kostenneutral anzubieten, es besteht ein entsprechender Beratungsanspruch. Gefährdungen und Störungen der seelischen Entwicklung der Kinder und Jugendlichen werden abgeklärt und behandelt bzw. durch präventive Angebote (s. o. Familienbildung) abgewendet. Da Erziehungsprobleme häufig komplex und mehrdimensional sind, arbeitet in den Beratungsstellen immer ein Team aus Fachkräften verschiedener Professionen zusammen (Sozialarbeiter*innen, Psycholog*innen, Heilpädagog*innen, oft auch Ärzt*innen, Logopäd*innen, Jurist*innen u. a.). Die Beratungsangebote haben die Stärkung der elterlichen Kompetenz zum Ziel, damit diese eigenständige Lösungen finden. Damit zielt Erziehungsberatung auf die Erhöhung der Selbstwirksamkeit der Eltern und Kinder ab.

In der Erziehungsberatung kommen unterschiedliche Methoden zum Einsatz, die sich zumindest teilweise aus den unterschiedlichen Therapieschulen (tiefenpsychologisch, systemisch, humanistisch, verhaltenstherapeutisch usw.) speisen (Romeike/Immelmann 2010; Nestmann u. a. 2004). Die in diesem Bereich wirkenden Verbände (z. B. Bundeskonferenz für Erziehungsberatung) bieten eigene spezialisierte Ausbildungen für Erziehungsberatung an.

In den Beratungsstellen finden unterschiedliche Angebote statt: Beratung von Eltern als Erziehungsberatung im engeren Sinne, Beratung und Therapie für Kinder und Jugendliche, Familiengespräche, Gruppenangebote (z. B. für Eltern Pubertierender, Elterntrainings u. a.). Eine der eingesetzten Methoden, die videogestützte Erziehungsberatung, soll am Beispiel der Familie unter der Lupe erläutert werden.

## Familie unter der Lupe

Bei der von uns betrachteten Familie hätte spätestens zu dem Zeitpunkt, an dem Paul in der Schule auffiel, eine Erziehungsberatung der Mutter und ihres Partners, der ja sozusagen Stiefvaterfunktion für Paul übernimmt, stattfinden müssen. Im Zuge dessen hätte man den Eltern einen der oben beschriebenen Elternkurse anbieten können. Mittlerweile vermitteln viele Jugendämter in Deutschland Eltern, die aufgrund von Erziehungsproblemen dem Jugendamt bekannt werden, in entsprechende Elterntrainings, nicht selten sogar als verbindlicher Bestandteil von Hilfeplänen. Bei der von uns betrachteten Familie liegt allerdings eine komplexere Multiproblemsituation vor (Frühelternschaft, Stieffamilie, Migrationshintergrund, niedriger Bildungsstand, Gewalt in der Familie, Generationenkonflikt u. a.), die eine direktere Form der Intervention notwendig erscheinen lässt.

Eine solche direktere Beratungsform besteht in der videogestützten Erziehungsberatung nach der Marte-Meo-Methode (Bünder u. a. 2009). Der Name dieser von Maria Aarts in den Niederlanden entwickelten Methode des Video-Feedbacks an Eltern bezieht sich auf das lateinische »mars martis« und bezeichnet »etwas aus eigener Kraft erreichen«, macht also den auf Selbstwirksamkeit und die Ressourcen der Eltern ausgerichteten Ansatz deutlich. Nach einem Vorgespräch, in dem die Ausgangssituation der Familie, die Ziele und Erwartungen der Eltern erfasst werden, wird eine Videoaufnahme der Familie z. B. bei einer gemeinsamen Mahlzeit gemacht, d. h. zunächst nicht in einer problematischen Erziehungssituation. Diese Videoaufnahme von ca. 10 bis 15 Minuten wird dann in einer Videointeraktionsanalyse (VIA) gemeinsam mit den Eltern betrachtet, wobei in vier Schritten vorgegangen wird:

- Zunächst werden die Initiativen des Kindes analysiert, damit die Eltern eine Wahrnehmung für die Eigenimpulse des Kindes bekommen und diese als altersgemäß einschätzen lernen;
- als nächstes wird betrachtet, wie die Eltern auf die Initiativen des Kindes reagieren, um dann zu prüfen, ob dieses Elternverhalten einer förderlichen Kommunikation entspricht;
- zuletzt wird erarbeitet, welche Kommunikationselemente im Verhalten der Eltern noch fehlen, um die Eltern-Kind-Interaktion zu verbessern.

Der Marte-Meo-Ansatz beschreibt dabei fünf Elemente einer förderlichen Eltern-Kind-Kommunikation:

1. Die Eltern nehmen die Initiativen und Signale ihres Kindes wahr und interpretieren sie richtig.
2. Die Eltern wenden sich dem Kind zu und bestätigen es, d. h. signalisieren ihm, dass sie seine Signale wahrgenommen haben.
3. Die Eltern benennen das Tun des Kindes, d. h. geben den Initiativen und Signalen Worte, und sie benennen ihr eigenes Tun, z. B. kündigen sie an, was sie als Reaktion auf das Kind tun werden.
4. Die Eltern achten darauf, dass es in der Interaktion zu Wechselseitigkeit kommt, d. h., dass das Kind erlebt, dass es sich einbringen kann, aber auch, dass es einmal abwarten oder sich an initiativen der anderen beteiligen muss.
5. Eltern haben in der Familie die Funktion des Lenkens und Leitens, d. h., sie setzen Grenzen, stellen Regeln auf und geben den Rahmen vor (z. B. Bettgehzeiten), sie geben den Kindern Anleitung bei Neuem und schaffen so Ordnung, Kontinuität und Vorhersehbarkeit (Bünder u. a. 2009).

Generell zielt der Ansatz auf die Stärkung vorhandener Ressourcen und Fähigkeiten und vermeidet Kritik oder Zurechtweisung der Eltern.

### Familie unter der Lupe

Bei der von uns betrachteten Familie wird in der VIA dem Stiefvater von Paul zunächst zurückgemeldet, dass er seine Erwartungen an Paul und die Familienregeln sehr klar kommuniziert und dies für Paul auch nachvollziehbar ist. Allerdings zeigt sich, dass dem Stiefvater nur ein sehr geringes Verhaltensrepertoire zur Verfügung steht, sobald Paul eine Regel nicht einhält oder sich widersetzt, es dann hier sehr schnell zu einer Eskalation kommt, bei der der Stiefvater dann auch Schläge einsetzt. Dem Vater wird zunächst aufgezeigt, dass eine Ressource in der Beziehung zu Paul im gemeinsamen Fußballspielen schon vorhanden ist und es wird empfohlen, dies vermehrt zu tun, damit Paul überwiegend positive Erfahrungen mit seinem Stiefvater machen kann und dies die Beziehung verbessert. Auf dieser Grundlage wird Paul eher bereit sein, dem Stiefvater auch in anderen Bereichen zu folgen. Für den Fall, dass Paul bewusst gegen Regeln verstößt oder sich widersetzt, wird dem Vater vorgeschlagen, dass er angemessene, gewaltfreie Sanktionen vorher ankündigt und diese dann durchführt, z. B. Paul den abendlichen Fernsehkonsum kürzt.

## 6.4.2 Aufsuchende Familienhilfe: Die Sozialpädagogische Familienhilfe

Die Sozialpädagogische Familienhilfe (SPFH) ist ebenso wie die Erziehungsberatung eine im SGB VIII (§31) definierte Hilfeform:

>»Sozialpädagogische Familienhilfe soll durch intensive Betreuung und Begleitung Familien in ihren Erziehungsaufgaben, bei der Bewältigung von Alltagsproblemen, der Lösung von Konflikten und Krisen sowie im Kontakt mit Ämtern und Institutionen unterstützen und Hilfe zur Selbsthilfe geben. Sie ist in der Regel auf längere Dauer angelegt und erfordert die Mitarbeit der Familie« (Gastiger/Winkler 2008: 304).

Aus dieser Definition werden schon die wesentlichen Aspekte der SPFH deutlich: sie ist eine intensive und längerfristige (in der Regel auf 16 Monate angelegte) Maßnahme, bei der die soziale Fachkraft direkt in der Familie tätig wird und sie umfassend unterstützt, d. h. nicht nur Gespräche führt, sondern beispielsweise bei Ämtergängen begleitet bis hin zu praktischer Haushaltshilfe leistet; zugleich ist sie pragmatisch ausgerichtet und zielt auf die Wiederherstellung bzw. Aktivierung der Selbsthilfekräfte der Familie. Methodisch bedeutet dies, dass ein breites Spektrum ganz unterschiedlicher Methoden der Sozialen Arbeit hier zum Einsatz kommt: Beratung (z. B. Erziehungsberatung), systemische Methoden (z. B. Familiengespräche), sozialpädagogische Förderung (z. B. Hausaufgabenhilfe), Rechtsberatung und allgemeine Sozialberatung (z. B. Beantragung von Wohngeld), Strukturierung des Alltags, Förderung des Gesundheitsbewusstseins u. a. m. (Schmidt 2007; Hofgesang 2001).

Die SPFH wurde in Deutschland Ende der 1960er Jahre begründet mit der Forderung nach einer Reduzierung der Fremdplatzierung von Kindern und der Kritik am etablierten Heimwesen – unabhängig von den damit verbundenen höheren Kosten für den Sozialhilfeträger bedeutet Fremdunterbringung für die betroffenen Kinder immer auch eine Bindungsunterbrechung (s. o.), die es zu vermeiden gilt. Zugleich bestand und besteht auch heute noch ein Bedarf nach einer direkteren und intensiveren Betreuung von Familien, die nicht in der Lage sind, Dienste mit Komm-Struktur (z. B. Beratungsstellen) zu nutzen. Sie ist vor allem in Fällen drohender Deklassierung wegen mangelnder Ressourcen (Finanzen, Arbeit, Wohnung, Bildung, gesundheitliche und psychosoziale Probleme) angebracht. Insofern sind typische Zielgruppe einer SPFH sog. Multiproblemfamilien, die aufgrund der Vielzahl gleichzeitig vorliegender und miteinander verknüpfter Probleme und Notlagen mit der Bewältigung ihres Alltages überfordert sind. Die Vorteile einer SPFH gegenüber einer Herausnahme von Kindern aus der Familie liegen auf der Hand: der bisherige Lebensmittelpunkt des Kindes bleibt erhalten, die Familie und das nähere soziale Umfeld werden in die Hilfe mit einbezogen, so dass mit den Eltern an einer Veränderung gearbeitet werden kann, um die Maßnahme mittelfristig entbehrlich zu machen. Die SPFH ist schon von ihrem Grundgedanken her systemisch ausgerichtet, da sie das Kind nicht als isolierten Symptomträger, sondern vielmehr als eingebunden in den familiären Kontext betrachtet, den es als ganzen zu bearbeiten gilt. Insofern eignet sie sich als Institution besonders gut, um systemische Methoden der aufsuchenden Familientherapie als einer Methode der Sozialen Arbeit am Beispiel unserer Familie unter der Lupe zu beschreiben.

## 6.4.3 Aufsuchende Familientherapie

Das Konzept der aufsuchenden Familientherapie (Conen 2002) orientiert sich an der »Home-Based-Family Therapie« in den USA und stimmt diese gezielt auf die Arbeit mit sog. Multiproblemfamilien ab, ist damit also der SPFH sehr ähnlich:

> »Ziel der aufsuchenden Familientherapie ist es, zu Veränderungen im jeweiligen familiaren Interaktions- und Kommunikationssystem beizutragen, so dass vor allem die Eltern soweit stabilisiert sind, ihre elterliche Verantwortung wieder zu übernehmen, und zwar in solch einer Weise, dass staatliche Institutionen wie Jugendamt und Schule keine Interventionen mehr für notwendig erachten« (Conen 2002: 82).

In der konkreten Arbeit mit der Familie kommt insbesondere eine systemische Methode zum Tragen: Das Reflecting Team. Es geht dabei um eine angeleitete Reflexion durch mehrere zusätzlich anwesende Therapeuten, die im Beisein der Klienten über diese reflektieren (Schlippe/Schweitzer 2009). Die unterschiedlichen Betrachtungsweisen des Problems und die verschiedenen Argumente der Therapeut*innen werden in einem Dialog vor der Familie geäußert. Diese stellvertretende Reflexion blockiert problematische Verhaltensweisen der Familie und setzt Veränderungsprozesse in Gang. Anschließend wird in einer gemeinsamen Besprechung das von den Therapeuten Gehörte kommentiert und die Gedanken oder auch entstandenen Ideen der Familienmitglieder ausgetauscht. Des Weiteren werden typische systemische Fragetechniken eingesetzt: So kann z. B. die Frage nach den Gründen für das Beibehalten des Problems gestellt werden oder auch die Frage nach den positiven Aspekten des Problems für die Familie.

### Familie unter der Lupe

Unsere Familie hat über einen längeren Zeitraum Erziehungsberatung erhalten. Dabei wurde den Berater*innen deutlich, dass die Eltern diese Beratung nicht gut für sich nutzen können, weil die Vielzahl der vorliegenden Probleme Veränderungen verhindert. So mischen sich z. B. die Eltern von Pauls Mutter immer wieder in die Erziehung ein und machen erreichte Fortschritte zunichte, indem sie Pauls Mutter verunsichern, ob neue Verhaltensweisen wirklich nützlich sind. Daraufhin kommt es zum Streit zwischen Pauls Mutter und ihrem Partner, in deren Zuge er zum Teil auch gegenüber ihr gewalttätig wird. Hinzu kommen beengte Wohnverhältnisse, weil Pauls Mutter mit ihm zu ihrem Partner in dessen kleine Wohnung gezogen ist, die für diese Familie eindeutig zu klein ist. Die Fachkräfte in der Erziehungsberatung haben darüber hinaus den Verdacht eines Alkoholmissbrauchs bei Pauls Stiefvater. Die Beratungsstelle zieht daraufhin eine Fachkraft der SPFH zu einem Gespräch in der Stelle mit den Eltern hinzu, um das Angebot vorzustellen und gemeinsame Ziele abzustimmen. Bei dieser Auftragsklärung wird darauf geachtet, auch die geringsten Ressourcen der Familie herauszustellen, um den Blick der Familienmitglieder aufeinander zu verändern. Die Familien haben meist eine eher negative, defizitäre und abwertende Sichtweise auf sich und die anderen. Dieses System gilt es, durch das Wahrnehmen und Ansprechen von positiven Aspekten und der Orientierung an den Kompetenzen und Stärken, das ›Tragen einer rosa Brille‹ zu erschüttern (Conen 2002). So wird in unserem Falle das widerständige Verhalten von Paul als ein Versuch umgedeutet, die Familienbande zu seiner Großelterngeneration zu bewahren und zu würdigen. Man einigt sich in den Vorgesprächen schließlich u. a. auf das Ziel, dass Pauls Mutter sowohl die Verbindungen als auch die Grenzen ihrer eigenen Familie zu ihren Eltern neu festlegt.

In der eigentlichen Arbeitsphase der Familientherapie, die sich über mehrere Monate hinzieht und in der die Familientherapeuten die Familie ein bis zwei Mal pro Woche zuhause aufsuchen, werden nach entsprechender Vorbereitung auch Pauls Großeltern zu einer Sitzung eingeladen. In diesem Gespräch drückt Pauls Mutter ihren Eltern ihren Dank für deren Unterstützung bei Pauls Erziehung aus und macht anschließend deutlich, dass diese Phase ihres Lebens nun abgeschlossen sei und sie auf die Hilfe ihrer Eltern nur noch punktuell angewiesen sein werde, weil sie nun eine eigene Familie habe. Sie werde für die Pflege der Beziehung zwischen Paul und seinen Großeltern durch regelmäßige gegenseitige Besuche sorgen. Damit hat sie zum einen eine Grenze zu ihrer Herkunftsfamilie deutlich markiert und gleichzeitig Besorgnisse über einen möglichen Beziehungsabbruch ausgeräumt.

In der Abschlussphase der aufsuchenden Hilfe überlassen die Familientherapeut*innen der Familie zunehmend selbst die Findung von Lösungen für aktuelle Probleme, um deren gewachsene Bewältigungskompetenzen zugleich zu testen und zu stärken. Als Ergebnis der Familientherapie bleibt die Familie in verschiedene Helfersysteme dauerhaft eingebunden: Paul nutzt die sozialpädagogischen Angebote in seiner Schule, Pauls Mutter nutzt mit dem jüngeren Geschwister ein Angebot der Frühen Hilfen und Pauls Stiefvater hat begonnen, seine Alkoholproblematik in einer Suchtberatungsstelle zu bearbeiten.

# Literatur

Alberstötter, U. (2006): Wenn Eltern Krieg gegeneinander führen. Zu einer neuen Praxis der Beratungsarbeit mit hoch strittigen Eltern. In: M. Weber/H. Schilling (Hrsg.): Eskalierte Elternkonflikte. Weinheim/München: Juventa, S. 29–52.

Arbeitskreis Trennung- Scheidung im Landkreis Cochem- Zell. Cochemer Modell (2009). Aufgerufen am 15. Mai 2010. http://www.ak-cochem.de

Bayerl, M. (2006): Die Familie als gesellschaftliches Leitbild- Ein Beitrag zur Familienethik aus theologisch-ethischer Sicht. Würzburg: Echter Verlag.

Bröning, S. (2009): Kinder im Blick: Theoretische und empirische Grundlagen eines Gruppenangebotes für Familien in konfliktbelasteten Trennungssituationen. Münster: Waxmann.

Böhm, B./Scheuerer-Englisch, H. (2000): Neuere Ergebnisse der Scheidungsforschung. In:

Buchholz-Graf, W./Vergho, C. (Hrsg.): Beratung für Scheidungsfamilien. Weinheim: Juventa.

Brisch, K. H./Grossmann, K. E./Grossmann, K./Köhler, L. (Hrsg.) (2006): Bindung und seelische Entwicklungswege. Stuttgart: Klett-Cotta.

Brisch, K.-H./Hellbrügge, T. (2009): Wege zu sicheren Bindungen in Familie und Gesellschaft. Stuttgart: Klett-Cotta.

Bünder, P./Sirringhaus-Bünder, A./Helfer, A. (2009): Lehrbuch der Marte-Meo-Methode – Entwicklungsförderung mit Video-Unterstützung. Göttingen: Vandenhoeck & Ruprecht.

Conen, M.-L, (2002), Aufsuchende Familientherapie. In: Pfeifer-Schaupp, U. (Hrsg.): Systemische Praxis. Modelle – Konzepte – Perspektiven. Freiburg: Lambertus.

Dietrich, P. S./Fichtner, J./Halatcheva, M./Sandner, E./Weber, M./Deutsches Jugendinstitut (2010): Arbeit mit hochkonflikthaften Trennungs- und Scheidungsfamilien: Eine Handreichung für die Praxis. München.

Frank, S. (2010): Elternbildung – ein kompetenzstärkendes Angebot für Familien. Effektivität der Intervention: »Starke Eltern – starke Jugend«. München: Utz.

Fthenakis, W. E. (2008): Begleiteter Umgang von Kindern. Ein Handbuch für die Praxis. München: C. H. Beck.

Füchsle-Voigt, T./Gorges, M. (2008): Einige Daten zum Cochemer Modell. In: Zeitschrift für Kindschaftsrecht und Jugendhilfe, 6, S. 246–248.

Funcke, D./Hildenbrand, B. (2009): Unkonventionelle Familien in Beratung und Therapie. Heidelberg: Carl-Auer.

Funcke, D./Thorn, P. (2009): Die gleichgeschlechtliche Familie mit Kindern: Interdisziplinäre Beiträge zu einer neuen Lebensform. Bielefeld: transcript.

Gastiger, S./Winkler, J. (2008): Gesetzestexte für Soziale Arbeit, Studienausgabe 1 – Kinder-, Jugend- und Familienhilfe. Freiburg: Lambertus.

Grossmann, K./Grossmann, K. E. (2004): Bindungen – das Gefüge psychischer Sicherheit. Stuttgart: Klett-Cotta.

Hahlweg, K. u. a. (2000): Prävention von Paar- und Familienproblemen – eine nationale Aufgabe. In: Schneewind, K. A. (Hrsg.): Familienpsychologie im Aufwind. Göttingen: Hogrefe.

Harnach, V. (2007): Psychosoziale Diagnostik in der Jugendhilfe. Weinheim: Juventa.

Haynes, J. M. u. a. (1993): Scheidung ohne Verlierer. Mediation in der Praxis. München: Kösel.

Hees, K./Wahl, K. (Hrsg.) (2006): Helfen Super-Nanny und Co.? Ratlose Eltern – Herausforderung für die Elternbildung. Weinheim: Beltz.

Hess, T./Starke, C. (2017): Patchworkfamilien. Stuttgart: Kohlhammer.

Horst, C. u. a. (2005): KESS erziehen – Der Elternkurs. München: Knaur.

Hofer, M./Wild, E./Noack, P. (2002): Lehrbuch Familienbeziehungen- Eltern und Kinder in der Entwicklung. 2. Aufl. Göttingen: Hogrefe.

Hofgesang, B. (2001): Sozialpädagogische Familienhilfe. In: Otto, H.-U./Thiersch, H. (Hrsg.): Handbuch der Sozialarbeit/Sozialpädagogik. Neuwied: Kriftel.

Jaede, W./Wolf, J./Zeller-König, B. (1996): Gruppentraining mit Kindern aus Trennungs- und Scheidungsfamilien. Weinheim: Beltz, Psychologie Verl.-Union.

Jaede, W. (2006): Was Scheidungskindern Schutz gibt: wie sie unbeschädigt durch die Krise kommen. Freiburg: Herder.

Körner, K. (2015): Regenbogenfamilien. In: Schmidt, F. u. a. (Hrsg.): Selbstbestimmung und Anerkennung sexueller und geschlechtlicher Vielfalt. Wiesbaden: Springer.

Krabbe, H. (2004). Trennungs- und Scheidungsberatung. In: Nestmann, F./Engel, F./Sickendiek, U. (Hrsg.), Ansätze, Methoden und Felder, Das Handbuch der Beratung. Bd. 2. Tübingen: dgvt, S. 1041–1048.

Krähenbühl, V. u. a. (2007): Stieffamilien. Freiburg: Lambertus

Kriegel, K. (2006). Mediationspflicht? Über die Notwendigkeit einer Begleitung von Eltern bei Trennung und Scheidung. Jena: IKS.

Koritz, N. (2009). Das neue FamFG. München: C. H. Beck.

Lindner, E. (Hrsg.) (2008): Frühe Hilfen für Familien und soziale Frühwarnsysteme. Münster: Waxmann.

Montada, L./Kals, E. (2007) Mediation. Ein Lehrbuch auf psychologischer Grundlage. 2., vollst. überarb. Aufl. Weinheim/Basel: Beltz.

Markie-Dadds, C. u. a. (2003): Das Triple-P-Elternarbeitsbuch: der Ratgeber zur positiven Erziehung mit praktischen Übungen. Münster: Verl. für Psychotherapie.

McGoldrick, M./Gerson R. (2000): Genogramme in der Familienberatung, Bern; Göttingen: Huber.

Nestmann, F./Engel, F./Sickendiek, U. (Hrsg.) (2004): Handbuch der Beratung. Tübingen: dgvt.

Nave-Herz, R. (2007): Familie heute – Wandel der Familienstrukturen und Folgen für die Erziehung. Darmstadt: WBG.

Peuckert, R. (2008): Familienformen im sozialen Wandel. 7. Aufl. Wiesbaden: VS-Verlag.

Rauchfleisch, U. (1997): Alternative Familienformen. Eineltern, gleichgeschlechtliche Paare, Hausmänner. Göttingen: Vandenkoeck & Ruprecht.

Rausch, A./Hinz, A./Wagner, R. F. (2008): Modul Beratungspsychologie. Bad Heilbrunn: Klinkhardt.

Reich, G. u. a. (2003): Die Mehrgenerationenperspektive und das Genogramm. In: Cierpka, M. (Hrsg.): Handbuch der Familiendiagnostik. Heidelberg: Springer.

Ritscher, W. (2006): Einführung in die Soziale Arbeit mit Familien. Heidelberg: Auer.

Roesler, C. (2015): Psychosoziale Arbeit mit Familien. Stuttgart: Kohlhammer.

Roesler, C. (2018): Paarprobleme und Paartherapie – Theorien, Methoden, Forschung. Ein integratives Lehrbuch. Stuttgart: Kohlhammer.

Romeike, G./Immelmann, H. (2010): Eltern verstehen und stärken. Weinheim: Juventa.

Rudolph, J. (2007): Du bist mein Kind. Die »Cochemer Praxis« – Wege zu einem menschlicheren Familienrecht. Berlin: Schwarzkopf & Schwarzkopf.

Schlippe, A. v./Schweitzer, J. (2009): Systemische Interventionen. Göttingen: Vandehoeck & Ruprecht.

Schmidt, M. (2007): Sozialpädagogische Diagnose: Die SPFH und andere Angebote der Kinder- und Jugendhilfe. Niederle Media: Altenberge.

Schneewind, K. A. (2010). Familienpsychologie. 3., überarb. u. erw. Aufl. Stuttgart: Kohlhammer.

Schrapper, C. (2004): Sozialpädagogische Diagnostik und Fallverstehen in der Jugendhilfe. Weinheim: Juventa.

Seiffge-Krenke, I. (2016): Väter, Männer und kindliche Entwicklung. Heidelberg: Springer.

Tschöpe-Scheffler, S. (Hrsg.) (2006): Konzepte der Elternbildung – eine kritische Übersicht. Opladen: Budrich.

Uhlendorff, U./Marthaler, T. (2004): Sozialpädagogische Familiendiagnostik. In: Heiner, M. (Hrsg.): Diagnostik und Diagnosen in der Sozialen Arbeit. Berlin: Dt. Verein Eigenverlag.

Vetter, H.-R./Richter, G./Seil, K. (Hrsg.) (2004): Lebenslage Alleinerziehen. Theoretische Modelle und internationale Perspektiven. München: Mering.

Wallerstein, J. S. u. a. (2002): Scheidungsfolgen – Die Kinder tragen die Last. Eine Langzeitstudie über 25 Jahre.

Weber, M. (Hrsg.) (2006): Eskalierte Elternkonflikte. Beratungsarbeit im Interesse des Kindes bei hoch strittigen Trennungen. Weinheim: Juventa.

# 7 Handlungsfeld und Konzepte Sozialer Arbeit mit Jugendlichen und jungen Erwachsenen

*Jürgen E. Schwab*

## Sozialisation, Persönlichkeitsbildung und Konzeptionsentwicklung

Der Beitrag beschäftigt sich mit den Lebensphasen Jugend und junges Erwachsenensein auf Basis von Theoriekonzepten der Entwicklung, Persönlichkeitsbildung, sozialpädagogischen Aufgaben und Interventionen, die bilden und beraten. Ambulante Jugendhilfe und Formen der Erwachsenenbildung und Beratung sind mit Konzeptionen Thema. Ihr Ziel ist es (Erfahrungs-)Räume für meist informelles Lernen junger Menschen zu ermöglichen, um ihr Leben selbstbestimmt gestalten zu können. Leitende Fragen sind: Welche (Handlungs-)Konzepte, Interventionen und Konzeptionen lassen sich für berufliche Aufgaben von Sozialarbeiter*innen/Sozialpädagog*innen wie nutzen? Welche Beiträge aus Pädagogik, Didaktik, Sozial- und Entwicklungspsychologie und Gesellschaftsanalyse können dies unterstützen?

Die Handlungsfeldorientierung Sozialer Arbeit der Katholische Hochschule Freiburg setzt Felder mit sozialwissenschaftlicher Theorie und Intervention in Bezug. Die Entwicklung von Interventionen und Chancen von Konzeptionsarbeit wird mit Auslösern aufgezeigt. Didaktisch braucht dies einen Ansatz, der Herausforderungen im Feld anschlussfähig macht für eine reflexive Bearbeitung. Am Modell wird eine Fall- und Feldarbeit vorgestellt, die ein systematisches Arbeiten und exemplarisches Lernen ermöglicht. Das Vorgehen wird nach Kompetenzen anhand von Fragen diskursiv entwickelt. Professionelles Denken und Handeln ist reflexiv und kann an verdichteten sozialen Situationen mit typischen Akteuren und Strukturen erprobt werden. Schritte verbinden soziale Diagnose und Analyse sozialer Probleme mit Fachkompetenz und Feldwissen mit der Planung von Handeln und möglichen Evaluieren. Organisatorische Bedingungen im Feld, (gesetzliche) Aufgabe, eine reflexive Professionalität und Interventionskompetenz mit Konzeptionsentwicklung sind bedeutsame Perspektiven.

# 7.1 Sozialisation und Lernen als Selbstbildung

Soziale Arbeit mit Jugendlichen und jungen Erwachsenen orientiert sich an Fragen der Sozialisation in den Lebensphasen, an Bedürfnissen und Interessen junger Menschen. Sie sollen unterstützt werden ihre Potentiale zu entdecken und sich als Individuen mit Entscheidungen ihres Lebens in der Multioptionsgesellschaft zu orientieren (vgl. Gross 1994). Angebote und Räume als Gelegenheitsstrukturen fördern soziale Erfahrung, Selbstbewusstsein, Entscheidungsfähigkeit und die Entwicklung von Stärke und Resilienz. Dies geschieht zumeist alltagsorientiert und mit hohem Anteil der Selbstorganisation, um Selbstwirksamkeit erfahren zu können und daran individuelle Lebensperspektiven zu entfalten. Bildung, informell, nonformal wie formal, ist vor allem als Selbstbildung zu verstehen, die durch passende Anregung zu fördern ist (vgl. Forneck 2005; Overwien 2006: 39). Es geht um Lernen im Ausprobieren, um Potentiale zu entfalten. In der Ermöglichung erfolgreicher Sozialisation gilt es ein konstruktives Verhältnis zu fördern zwischen individueller Freiheit mit kreativer Entfaltung und sozialer Anpassung im Umgang mit gesellschaftlich akzeptablen Werten und Normen. Seit den 1970er Jahren hat ein tiefgreifender gesellschaftlicher Wandel von Werten der Lebensorientierung stattgefunden. Von Pflicht, Anpassung und sozialer Akzeptanz hat sich die Skala der Generationen hin zu Werten der individuellen Selbstentfaltung verändert. Um in dieser Gesellschaft leben und arbeiten zu können, ist es zentral soziale und emotionale Kompetenz zu erwerben. Dazu haben nicht alle Jugendlichen im gleichen Maß die Chance. Die pädagogische Ermutigung besteht darin Jugendliche und junge Erwachsene in der Bewältigung von Entwicklungsaufgaben mit Beziehungsangebot, Anregung, Empathie und orientierender Reflexion sowie Erfahrungsräumen konstruktiv zu begleiten (vgl. Schneider/Lindenberger 2012; Böhnisch 2012).

# 7.2 Lebensphase junger Erwachsener und Erwachsenenbildung

Die Lebensphase des jungen Erwachsenenseins kann bis zum Ende des dritten Lebensjahrzehnts dauern. Damit sind in der Phase mehrfach wichtige Entscheidungen zu treffen und Lebensoptionen zu wählen (vgl. Gross 1994). Es gilt Übergänge vom Jugendlich-Sein als Entwicklungsaufgaben zu bewältigen, u. a. Ablösung von Herkunftsfamilie, Entscheidungen in Ausbildung oder Studium, über Ausbildungs- ins Berufssystem eine finanzielle Unabhängigkeit erlangen, eine Geschlechtsrolle definieren und der Aufbau einer festen Partnerschaft (vgl. Konzepte der Entwicklungsaufgaben nach Havighurst 1948/1982; Dreher/Dreher 1985; Hurrelmann/Quenzel 2016). Alters- und Lebensphasen unterliegen kulturellen und gesellschaftlichen Standards und historischen Veränderungen. So kann es keine stabilen, eindeutigen Kriterien zur Festlegung der Altersphasen geben (vgl. Schneider/Lindenberger 2012: 260).

Als ein besonderes Handlungsfeld kann die Arbeit mit jungen Erwachsenen etwa ab 18 Jahre bis Ende 20 gelten. Angebote in der Kinder- und Jugendhilfe haben den Auftrag junge Eltern (zum Teil sogar noch minderjährige) zu unterstützen, um den Anforderungen, die an sie gestellt werden, gerecht werden zu können. In § 1 SGB VIII wird grundsätzlich der Anspruch formuliert Eltern und andere Erziehungsberechtigte bei der Erziehung zu beraten. Dazu treten im Handlungsfeld weitere nicht im SGB VIII abgebildete Felder mit andragogischen Angeboten. Die Erwachsenenbildung ist ein weites und differentes Feld, das u. a. Angebote der Aus-, Fort- und Weiterbildung umfasst. Diese Aufgaben können in Festanstellung oder als freiberufliche Referenten- und Kursleiter-Tätigkeit bei privatwirtschaftlichen, freien oder kommunalen Trägern und Organisationen ausgeübt werden, beispielsweise ein als freiberuflich Tätiger oder als Referent angestellter Erlebnispädagoge, der Kurse und Fortbildungen für Schulen, Organisationen oder Firmen organisiert, ein Kursleiter im betrieblichen Sozialdienst oder Gesundheitsprogramm wie im Fachbereich der Volkshochschule sowie die als Weiterbildnerin für Angebote im Elementarbereich tätige Sozialpädagogin. Allen diesen Tätigkeiten gemein ist neben der feldbezogenen Fachkompetenz eine Rollen- und Leitungskompetenz, um die Lernprozesse mit jungen Erwachsenen durchführen zu können. Dies bedeutet als Verantwortlicher organisationale und sozialräumliche Settings der Angebote didaktisch zu analysieren, etwa mit Formen der Verbindlichkeit, Zielen der Träger, typischen Erwartungen und Voraussetzungen der Teilnehmer*innen als Adressat*innen, Zeitstrukturen und passende Individual- und Gruppen-Angebote zu konzipieren und zu organisieren. Dazu tritt die professionelle Kompetenz für Netzwerk-Arbeit etwa in Fachkontakten, beruflichen Arbeitskreisen und die (Zusammen-)Arbeit in Teams, Organisationen und Institutionen.

## 7.3 Jugendhilfe im Handlungsfeld

Historisch als überholt kann die Bestimmung der Kinder- und Jugendhilfe von Gertrud Bäumer gelten, als »alles was Erziehung, aber nicht Schule und nicht Familie ist« (vgl. Bäumer 1929: 3, zitiert nach Thole/Galuske/Gängler 1998). Zunehmend haben sich seit 2007 zwischen den klassischen Säulen von Schule und Jugendhilfe neue, ergänzende Verbindungen in Formen wie dem Kinder- und Jugendschutz (SGB VIII § 7a) oder der Schulsozialarbeit entwickelt. Die Kinder- und Jugendhilfe spürt die Tragweite gesellschaftlicher Veränderung in Umbrüchen deutlich und mit neuen Aufgaben. Sie folgt gesetzlichen Aufträgen, die an aktuellen und unterschiedlichen Lebensbedingungen und Bedarfen von Kindern und Jugendlichen orientiert sind. Familien-, Lebens-, Ausbildungs- und Arbeitssituationen des Aufwachsens von Kindern und Jugendlichen differieren in Deutschland nach sozialer Lage erheblich. Je nach sozialer Herkunft sind Startchancen entsprechend unterschiedlich (vgl. Baumert 2001; BMFSFJ 2005). Gesellschaftliche Rahmenbedingungen und sozialpädagogische Angebote müssen mit ihrem Anspruch und dem Konzept der Lebensweltorientierung, wenn sie für mehr Chancengerechtigkeit sorgen sollen, den Veränderungen immer neu entsprechen (vgl. BMFSFJ 1990; Thiersch/Grunwald/Köngeter 2002; Grundwald/Thiersch 2004).

Kinder und Jugendliche haben Anspruch auf Unterstützung als Erziehung und Bildung, in privaten wie in öffentlichen Räumen. Das öffentliche Angebot der Beratung und Förderung der Kinder- und Jugendhilfe ist der Familie nachgeordnet und steht zur Verfügung, wenn sich Bedarf zur Unterstützung abzeichnet. Der 11. Kinder- und Jugendbericht weist darauf hin, dass die gesellschaftliche Beschleunigung des kulturellen und technischen Wandels entsprechende Kompetenzen zur Bewältigung erfordert. Damit sind nicht nur unmittelbar verwertbares Wissen oder berufsrelevante Kompetenzen gemeint, die Befähigung zur befriedigenden und verantwortungsvollen Lebensgestaltung ist eingeschlossen (vgl. BMFSFJ 2002; AGJ 2006; BMFSFJ 2017).

In §1 Abs. 1 des SGB VIII heißt es:

> »Jeder junge Mensch hat ein Recht auf Förderung seiner Entwicklung und auf Erziehung zu einer eigenverantwortlichen und gemeinschaftsfähigen Persönlichkeit.«

Die Kinder- und Jugendhilfe ist ergänzend oder ersetzend zur elterlichen Verantwortung tätig, wenn Eltern der Unterstützung bedürfen oder selbst nicht in der Lage sind, ihrem Erziehungsauftrag angemessen und ausreichend nachzukommen. Junge Menschen bis zur Vollendung des 27. Lebensjahres und ihre Familien stehen im Fokus der Aufgaben und Leistungen der Kinder- und Jugendhilfe. Neben beiden Kernaufgaben besteht der strukturelle Auftrag, zu guten Lebensbedingungen von Kindern und Jugendlichen beizutragen und »positive Lebensbedingungen für junge Menschen und ihre Familien sowie eine kinder- und familienfreundliche Umwelt zu erhalten oder zu schaffen« (SGB VIII Abs. 3 Satz 4). Erziehung und Entwicklung werden betont sowie günstige Lebensbedingungen, die wichtig sind für Bildung. Im § 2 werden Aufgaben der Jugendhilfe benannt.

Im SGB VIII (KJHG) werden für die Kinder- und Jugendhilfe Ziele, Aufträge, Angebote und Maßnahmen festgeschrieben, die als Leistungen zu erfüllen sind:

> »Junge Menschen in ihrer individuellen und sozialen Entwicklung zu fördern, Benachteiligungen zu vermeiden oder abzubauen, Eltern und andere Erziehungsberechtigte bei der Erziehung zu beraten und zu unterstützen, Kinder und Jugendliche vor Gefahren für ihr Wohl zu schützen, und dazu beizutragen positive Lebensbedingungen für junge Menschen und ihre Familien, so-

wie eine kinder- und familienfreundliche Umwelt zu erhalten und zu schaffen« (§ 1 SGB VIII).

Damit orientiert sich die Kinder- und Jugendhilfe am Ziel alle jungen Menschen zu unterstützen und das ihnen zustehende »Recht auf Förderung seiner Entwicklung und auf Erziehung zu einer eigenverantwortlichen und gemeinschaftsfähigen Persönlichkeit« (SGB VIII §1) einzulösen. Der Anspruch umfasst Hilfe und Unterstützung auf der individuellen und mikrosozialen Ebene wie Analyse und politische Arbeit, um Lebensbedingungen strukturell zu verbessern. Die Sicht auf mehrere Ebenen schlägt sich im geschilderten Ansatz der Fall- und Feldarbeit nieder. Allgemein wird im § 81 SGB VIII weiteres zur Zusammenarbeit der Träger und Stellen in der Kinder- und Jugendhilfe geregelt.

## 7.4 Handlungsfeld – Aufträge, Angebote, Konzepte und Grundlagen

Im Handlungsfeld »Soziale Arbeit mit Jugendlichen und jungen Erwachsenen« geht es um Theorie- und Handlungskonzepte, Konzeptionen vor Ort und Ansätze der Bildungs- und Beratungsarbeit mit Jugendlichen und jungen Erwachsenen bis Ende des dritten Lebensjahrzehnts. Dies umfasst zunächst Aufgaben und Dienste der Sozialen Arbeit die im SGB VIII, dem sog. Kinder- und Jugendhilfegesetz, bis zum Alter von 27 Jahren beschrieben sind. Im Fokus sind hier ambulante und aufsuchende Angebote der Bildung und Beratung, ergänzt um besondere Formen, etwa dem Ansatz Intensiv- oder Individualpädagogischer Hilfen (im Ausland). Dazu treten weitere Angebote der Erwachsenenbildung. Die Auswahl an Aufgaben und Konzeptionen orientiert sich daran, Formen und Fragen der Arbeit mit Jugendlichen und junge Erwachsene exemplarisch zugänglich zu machen. Wesentliche Kriterien der Auswahl sind Art und Aktualität der Aufgabe, der kooperative Zugang im Feld, die Sozialformen vom Individuum, sozialer Gruppe und Struktur mit Organisationen. Am einzelnen Angebot und Konzept wird die Bedeutung für Adressat*innen, die berufliche Rolle, die Art der Intervention und das spezifische eines Angebots in den Blick genommen.

Die gesellschaftliche Situation des öffentlichen und privaten Aufwachsens ist der Horizont, in dem sozialpädagogische Felder und ihre Angebote umrissen und mit gesetzlichen Aufträgen, Adressat*innen und Perspektiven beschrieben werden (vgl. BMSFJ 2017). Sozialpädagogische Angebote und Dienste in der Kinder- und Jugendhilfe sind vielfältig und vielgestaltig, wie die Adressat*innen selbst und ihre Lebensbedingungen (vgl. SGB VIII; Rätz-Heinisch/Schröer/Wolff 2009). Neben klassischen wie der Kinder- und Jugendarbeit mit einer Vielfalt unterschiedlicher Formen, u. a. Internationale Jugendarbeit, außerschulische Jugendbildungsarbeit, Jugendsozialarbeit (§ 13), sowie dem Erzieherischem Kinder- und Jugendschutz (§ 14), sind Angebote, wie Schulsozialarbeit neu hinzugekommen und stark ausgebaut worden. Ursache dafür sind gesellschaftliche Veränderungen, u. a. die stärkere Berufstätigkeit von Frauen, Anspruch der Vereinbarkeit von Familie und Beruf mit entsprechenden Aufträgen der Politik. Die Schulsozialarbeit ist bislang ohne eigenen Paragraphen im SGB VIII verblieben. Zu den neuen gesetzlichen Aufträgen zählt der Kinder- und Jugendschutz (§8a SGB VIII seit 2007). Neben traditionellen Angeboten haben sich seit der ersten Dekade der 2000er Jahren insbesondere schulbezogene Ansätze der Jugend-(Sozial-)Arbeit differenziert. Die Angebote setzen sozialpädagogische Aufträge um, die gesellschaftliche Veränderungen und soziale Probleme bearbeiten und Jugendliche in der Bewältigung ihrer Entwicklung unterstützen.

Jugendberatung und die Beratung von jungen Erwachsenen findet im Feld in sehr unterschiedlichen Maß und Formen neben Formaten der Bildungsarbeit, den Präventionsangeboten und Programmen statt, zum Teil als eigenständiges Angebot, zum Teil ergänzend und eher nebenbei. Themen können entwicklungstypische Lebens- und Entscheidungsberatung sein wie auch berufliche Fragen, Suizidgedanken oder der Ausstieg aus radikalen Szenen. Die Ebenen und Formen sind als Face-to-Face-Beratung (f2f), als Online, als Peer Counseling oder als Blended Counseling organisiert (Hörmann 2018). Beratung ist hier weiter zu unterscheiden nach dem Anlass, Thema, den Ebenen, zwischen Erstberatung zur Orientierung und Weitervermittlung und weiterführenden, längerfristigen Angeboten.

Im Handlungsfeld Soziale Arbeit mit Jugendlichen und jungen Erwachsene werden Angebote der Bildung, Beratung und Prävention, insbesondere der (ambulanten) Jugendhilfe und Erwachsenenbildung mit Aufträgen, Lebenswelten der Adressat*innen, gesellschaftlichen Veränderungen, Vor-Ort-Konzepten, beruflichen Anforderungen sowie politischen Bedarfen und organisatorischen Bedingungen zum Thema. Nach dem Kinder- und Jugendhilfegesetz (SGB VIII), sind dies

• Persönlichkeitsbildung (§ 1), Konzept der Entwicklungsaufgaben,
• Jugendarbeit und Jugendberatung (§§ 11,12), Streetwork,
• Jugendbildungsarbeit (§ 11), u. a. politische, internationale,
• Erzieherischer Kinder- und Jugendschutz (§ 14), u. a. Medien, (Cyber-)Mobbing,
• Jugendsozialarbeit (§ 13),
• Schulsozialarbeit (Bezüge in § 11, § 13),
• ambulante Erziehungshilfe mit sozialer Gruppenarbeit (§ 29),
• Individualpädagogische Hilfen (im Ausland) (§ 35),
• Missbrauch und Kinderschutz (§ 8a), Frühe Hilfen,
• Jugendhilfeplanung (§ 80).

Dazu treten im offenen Katalog nach Möglichkeit und Aktualität weitere Themen und (Handlungs-)Konzepte, wie

• Konzeptionsarbeit, u. a. Entwicklungszirkel, Systemisches Organigramm, Recherche und Wissensmanagement,

- (Handlungs-)Konzepte der Bildungs- und Präventionsarbeit, u. a. interaktive Didaktik, Moderation, Filmdidaktik, TZI, Peer Konzepte,
- Beratungs- und Präventionskonzepte am Beispiel Radikalisierung, (Cyber-) Mobbing, Suizidalität, Online Peer Counseling, Coaching,
- Bürgerschaftliches Engagement, Ehrenamt (Motive, Strukturen, …),
- Erwachsenenbildung, Angebote und Organisation,
- riskantes Verhalten, Extremismus, Radikalisierung (politisch, religiös),
- Handlungskonzepte, u. a. Erlebnispädagogik, Peer-Konzepte, Medien- und Sexualpädagogik, Sozialraumorientierung, Soziale Netzwerkarbeit,
- Angebote für minderjährige Mütter, Eltern (§§ 18, 19),
- Fragen professionellen Handelns, beruflicher Habitus und Rolle.

Es folgen nähere Blicke auf Felder mit den Aufgaben, Grundlagen, Handlungskonzepten, Besonderheiten und aktuellen Herausforderungen.

## 7.4.1 Jugendarbeit mit Jugendbildung

Die weit überwiegend von ehrenamtlich Engagierten getragene Kinder- und Jugendarbeit stellt ein besonderes Arbeitsfeld der Kinder- und Jugendhilfe dar. Eine trennscharfe Definition von Kinder- und Jugendarbeit existiert aufgrund ihrer Vielfalt nicht. Gleichwohl lässt sie sich als Feld jugendlicher (Selbst-)Sozialisation und Bildung beschreiben, in dem ein informelles Lernen stattfinden kann. Thole schreibt, das sie alle »außerschulischen und nicht ausschließlich berufsbildenden, vornehmlich pädagogisch gerahmten und organisierten öffentlichen, nicht-kommerziellen bildungs-, erlebnis- und erfahrungsbezogenen Sozialisationsfelder von freien und öffentlichen Trägern, Initiativen und Arbeitsgemeinschaften« umfasst (Thole 2000: 23). Kinder und Jugendliche können etwa ab acht Jahren freiwillig und selbstorganisiert, meist begleitet von ehrenamtlichen Leitern und Mitarbeitern, als Teilnehmer von Gruppen und Projekten ihren Interessen nachgehen (vgl. Schwab 2006). Jugendarbeit findet in der Freizeit statt und die klassische Gesellungsform der Gleichaltrigen-Gruppe hat zentrale und strukturbildende Bedeutung (vgl. Nörber 2003). Der Auftrag der Kinder- und Jugendarbeit wird im SGB VIII § 11 ausgeführt. Ziele und Grundlagen der Jugendarbeit sind dort beschrieben.

§11 Abs. 1: »Jungen Menschen sind die zur Förderung ihrer Entwicklung erforderlichen Angebote der Jugendarbeit zur Verfügung zu stellen. Sie sollen an den Interessen junger Menschen anknüpfen und von ihnen mitbestimmt und mitgestaltet werden, sie zur Selbstbestimmung befähigen und zu gesellschaftlicher Mitverantwortung und zu sozialen Engagement anregen und hinführen.

§11 Abs. 2 Angebotsformen: »(…) von freien zu öffentlichen Trägern, von Angeboten für Mitglieder (Jugendverbände) über Offene Jugendarbeit bis gemeinwesenorientierte Angeboten« (§11 SGBVIII). Bezogen auf Jugendarbeit wird Bildung als ein Schwerpunkt benannt: »Zu den Schwerpunkten der Jugendarbeit gehören: 1. außerschulische *Jugendbildung* mit allgemeiner, politischer, sozialer, gesundheitlicher, kultureller, naturkundlicher und technischer *Bildung*, (…)« (§ 11 Abs. 3).

## 7.4.2 Verbandliche Jugendarbeit

Die historische Entwicklung der verbandlichen Jugendarbeit ist eng verbunden mit der Entstehung der Lebensphase Jugend und dem bürgerlichen »Wandervogel« (Giesecke 1981). Verbandliche Jugendarbeit ist ein eigener § 12 im SGB VIII gewidmet, der ihre Bedeutung unterstreicht. Der klassische Ansatz der Jugendbünde sich selbst zu organisieren, ist deutlich hier zu erkennen: Jugendliche schließen sich zusammen, gehen ihren Interessen nach und vertreten sich nach außen. Die Wurzeln gehen auf die Jugendbewegung im Deutschen Kaiserreich zurück. Nach ersten Ansätzen im 19. Jahrhundert folgten in Jugendbewegung und »Wandervogel« impulsgebende Gruppierungen (vgl. Rätz-Heinisch u. a. 2009: 95). Der Bund des »Wandervogels«, gegründet von Lehrer Karl Fischer an einem Steglitzer Gymnasium 1901, gilt als Wurzel der Jugendarbeit. Er wollte schulfreie Zeit für gemeinsame Wanderungen und Fahrten im Rahmen der Gruppe erzieherisch nutzen. Die Selbstverpflichtung auf innere Freiheit und selbstbestimmte Werte wurde an die Stelle eines gesellschaftlichen Leitbilds vom gehorsamen Bürger und Untertan im Kaiserreich gesetzt. Verbandliche Jugendarbeit organisiert häufig weltanschauliche Gruppen und muss sich u. a. mit gesellschaftlichen Herausforderungen wie geringerer Bindungsbereitschaft in ihren Strukturen auseinandersetzen.

## 7.4.3 Offene Kinder- und Jugendarbeit (OKJA)

Die Vorläufer der Offenen Jugendarbeit reichen zurück bis zum Beginn des 20. Jahrhunderts. In den 1970er Jahren begann Offene Jugendarbeit mit sog. Teestuben, Offenen Treffs und Offenen Türen als eine Alternative und Konkurrenz zur etablierten verbandlichen Jugendarbeit zu werden (vgl. Hafeneger 2013). Ihre Angebote reichen vom Offenen Treff, als Raum- und Personalangebot insbesondere für benachteiligte Jugendliche, bis zur differenzierten Jugendkulturarbeit in großen Häusern mit Anmeldung zu Kursen und Projekten, die in der Lage sind, spezielle Adressatengruppen über Freizeitinteressen zu erreichen (vgl. Stegbaur/Schwab/Stegmann 1998; Hamburger 2011). Einrichtungsformen sind Häuser der Jugend, Jugendzentren, (selbstverwaltete) Jugendclubs, klassische Freizeitheime und Begegnungsstätten, pädagogisch betreute Spielplätze mit Bau- und Abenteuerspielplätzen und Angebote der Stadtranderholung (vgl. Deinet/Sturzenhecker 2013). In der Verbindung von Sach- und personalem Angebot schaffen es (Projekt-)Formen zumeist, Kinder und Jugendliche bis zum Alter von etwa

14 Jahren zu erreichen. Die Variationsbreite im kaum überschaubaren Feld reicht vom (Projekt-)Angebot, offenen Plätzen für Kinder bis zur mobilen, aufsuchenden Jugendsozialarbeit. Die Bezeichnungen und das konzeptionelle Verständnis einzelner Angebote werden regional recht unterschiedlich verwendet. In den letzten etwa 15 Jahren hat das Feld an politischer Beachtung und Bedeutung verloren, u. a. wegen aktueller Herausforderungen und neuen Regelungen zum Kinderschutz, Frühen Hilfen, dem starken Ausbau der Schulsozialarbeit sowie auch eigener Probleme innerhalb der Offenen Jugendarbeit.

## 7.5    Konkurrenz und Dauerkrise der Jugendarbeit

Neben der Erosion sozialer Milieus und abnehmender sozialer Bindungskräfte in der Gesellschaft sieht sich die Kinder- und Jugendarbeit seit den 1990er Jahren verstärkt dem Konkurrenzdruck von mehreren Seiten ausgesetzt, u. a. durch Zunahme alternativer, kommerzieller Angebote. Eine kommerzialisierte und erweiterte Angebotslandschaft mit privaten und öffentlich-kommunalen, kulturellen Institutionen wie Musikschulen und Volkshochschulen steht in Konkurrenz, um Gunst und Zeit der Jugendlichen. Die private Ausstattung des Mediensettings, das zur Verfügung steht, und die Zeit, die Jugendliche damit verbringen, hat sich deutlich ausgeweitet (Vollbrecht/Wegener 2010; Rösch 2019). Neben Konkurrenz ist auch die Imagefrage, besonders in der Offenen Jugendarbeit, zum belastenden Faktor geworden, ob es gelingt unterschiedliche Kinder- und Jugendliche zu erreichen. Dazu treten Strukturveränderungen: Die Ausweitung von Schul- und Betreuungszeiten, schulische Angebote wie AGs und Nachmittagsunterricht und Veränderungen der Berufswelt (u. a. Mobilität, Berufstätigkeit von Frauen) sowie verlängerte Ladenöffnungszeiten beschneiden klassische Räume für Jugendgruppen und ihre Projekte. Weder die Jugend- und Gruppenleiter*innen als ehrenamtliches Personal, noch Jugendliche als Adressat*innen ihrer Angebote, haben freie Zeitkorridore wie vor etwa 25 Jahren noch zur Verfügung. Sog. soziale Meiden und Betreuungsangebote verändern zeitliche Räume und machen es für die Jugendarbeit, die darauf angewiesen ist, dass Jugendliche gleichzeitig frei haben, erkennbar schwieriger. Jugendgruppen drängeln sich auf Freitagnachmittag und Samstag in Jugendräumen zusammen. Viele Jugendleiter studieren oder arbeiten und haben unter der Woche keine Zeit oder sind nicht vor Ort.

Die Expertise von Rauschenbach u. a. zur Situation der Kinder- und Jugendarbeit in Baden-Württemberg konstatiert, dass sich Jugendverbandsarbeit in einigen Verbänden zur Kinderarbeit entwickelt. Stark abnehmende Zahlen im Bereich der aktiven Jugendlichen über 16 Jahre wie der zunehmend jüngeren ehrenamtlichen Jugendleiter unter 15 Jahren zeigen in diese Richtung (vgl. Rauschenbach 2010: IV). Die Autoren sehen das Bildungspotenzial und die selbstbestimmten Aneignungsformen der Jugendverbandsarbeit »im Sinne eines ganzheitlichen Bildungskonzepts« als wichtige Ergänzungen zur formalen schulischen Bildung an (vgl. ebd.). Als Schlüsselfrage wird das Verhalten der Kinder- und Jugendarbeit zum Ausbau ganztägiger Bildungsangebote gesehen. Ihre Zukunft, so der Weckruf der DJI Studie, stehe auf dem Spiel (vgl. ebd.). Es wird auf eine Dauerstrukturkrise im mehrfachen Sinne hingewiesen: Schule ist weiter in den Nachmittag hineingewachsen. Berufstätige Eltern brauchen verlässliche Betreuungsangebote, was eine freiwillige und ehrenamtliche Struktur kaum sicherstellen kann, und verbandlich organisierte Teilnehmer*innen werden deutlich jünger. Der Anteil der Jugendlichen in der Gesellschaft insgesamt wird geringer und der Anteil von Jugendlichen mit Migrationshintergrund steigt deutlich. Mit welchen Angeboten, Strukturen und Profilmerkmalen kann sich die Jugendarbeit in Zukunft im veränderten Umfeld behaupten?

## 7.5.1 Bildung und informelles Lernen als Potential

Der besondere Bildungsbegriff der Kinder- und Jugendarbeit ist mit gesellschaftlichen Anforderungen und dem Bildungsbegriff der Schule zu diskutieren (vgl. Schwab 2006). Die Arbeitsgemeinschaft für Kinder- und Jugendhilfe (AGJ) hat in Handlungsempfehlungen dazu ein Verständnis von Bildung formuliert, das eine Grundlage darstellen kann, um spezielle Chancen herauszuarbeiten:

> »Bildung ist eine Lebensaufgabe, die nicht auf unmittelbar verwertbares Wissen oder berufsverwertbare Fertigkeiten zu reduzieren ist. Sie beinhaltet die Aneignung reflexiver und sozialer Kompetenzen, die es insbesondere ermöglichen, verantwortlich zu handeln und Gesellschaft mitzugestalten« (AGJ 2006).

Die Kinder- und Jugendarbeit bietet in ihrer eigensinnigen Struktur dazu besondere Chancen, die im spezifischen Setting des informellen Lernens mit der freiwilligen Übernahme von Verantwortung begründet sind. Sie kann in Projekten und Funktionen für engagierte Jugendliche Potentiale des selbstorganisierten Lernens realisieren. Wie Studien zu Bildung und informellem Lernen bei Jugendlichen und jungen Erwachsenen zeigen, ist sie, anders als Schule, in der Lage über das Setting des freiwilligen Engagements aktive gesellschaftliche Teilhabe zu fördern (vgl. Beucker/Bertram 2015; Auer 2011). Dies ist verbunden mit sozialen Lern- und Engagement-Erfahrungen, die in selbstverantwortlichen Funktionen realisiert werden können (vgl. Schwab 2006; Düx u. a. 2008). Die Ergebnisse weisen eine biografische Nachhaltigkeit aus, die sich in Bildungsbiografie, der Berufswahl und späterem gesellschaftlichen Engagement der befragten, ehemals in der Jugendarbeit tätigen jungen Erwachsenen niederschlagen. Der Transfer lebensweltlich angeeigneter Kompetenzen, sowohl im Privaten, u. a. in der Partnerschaft wie im Beruf, wird erkennbar. Die Alltagstauglichkeit des Lernens in der Jugendarbeit kann als Stärke betrachtet werden (Schwab 2006).

## 7.5.2 Entwicklungsbedarfe und Prinzipien

Da Jugendarbeit in der Freizeit und freiwillig stattfindet, ist sie u. a. durch die Entwicklungen unter erhöhten Veränderungsdruck geraten. Es ist erheblicher

Positionierungs- und Handlungsdruck entstanden. Die Entwicklungsbedarfe stellen einige bekannte Prinzipien in Frage. Das gilt auch für Strukturprinzipien, an denen viele Träger der Kinder- und Jugendarbeit Entwicklung, Durchführung und Begründung ihrer Angebote ausrichten. Wesentliche Prinzipien der Jugendarbeit sind

- selbstorganisierte Angebote mit Peer-Strukturen unter Bedingungen der Freiwilligkeit der Teilnehmer*innen,
- überwiegend ehrenamtliche Struktur der Betreuer*innen und Leitungen,
- gesellschaftliche Dienstleistung, die subsidiär erbracht wird,
- lebenswelt- und alltagsorientiert, mit eigenem Bildungsbegriff,
- soziales Lernen mit Erfahrung von Gruppe und Gemeinschaft,
- auf aktuelle Lebensbedingungen und Bedarfe von Kindern und Jugendlichen abzustimmende Angebote,
- sozialpädagogisch qualifizierte Begleitung und Angebote (Wissen und Qualifikationen),
- spezielles Handlungswissen, das zu Adressat*innen passen muss,
- grundsätzlich präventiv ausgerichtet,
- ressourcenorientierte Angebote (Personal, Räume, Finanzen etc.), die in der Regel auch Anspruch auf öffentliche Mittel haben (vgl. Schwab 2012).

Diese Prinzipien stellen wertvolle Orientierung und Potential dar, die zu aktuellen Veränderungen neu abzustimmen sind. Mehrere Strukturprinzipien stehen erkennbar im Widerspruch zu Anforderungen, etwa der Kooperation mit Schule. So wird das Prinzip der Freiwilligkeit im Bereich dauerhaft verankerter und verlässlicher Kooperationen mit Schule nicht zu halten sein (vgl. Bär/Lang/Wahl 2010). Ebenso kann das Prinzip der Ehrenamtlichkeit nicht ohne weiteres auf den Anspruch einer alltäglichen Verbindlichkeit im Sinne der Ansprüche von Eltern und Schule übertragen werden. Jugendarbeit muss sich zeitgemäß in einer mediatisierten Gesellschaft weiterentwickeln (Rösch 2019). Zu prüfen ist, welche Argumente mit gesellschaftlicher Akzeptanz Jugendarbeit sich zu eigen machen kann, um sich neu zu platzieren.

## 7.6 Die Jugendsozialarbeit

Einerseits gilt Jugendsozialarbeit als relativ junges Feld der Jugendhilfe, das berufsbezogene Erziehungs- und Bildungshilfen umfasst und das erst nach 1945 unter dem Eindruck der »arbeits-, berufs- und heimatlosen Jugend« entstanden ist (Jordan/Sengling 2000). Andererseits weist Gögercin zu Recht auf die Anfänge früher Initiativen und Einrichtungen zur Integration von jungen Menschen in der industriellen Revolution mit Beginn des 19. Jahrhunderts hin (Gögercin 1999: 22). Unter anderem ist die Gründung von katholischen Gesellenvereinen durch Breuer und Adolph Kolping in Elberfeld, 1846 Gründung des ersten Gesellenvereins durch Johann G. Brauer, 1847 wird Kolping zum Präses gewählt, zu nennen. Heute geht es in der Jugendsozialarbeit um gesellschaftliche und berufliche Integration junger Menschen am Übergang von Schule und Beruf. Jugendsozialarbeiter nehmen Orientierungs- und Anwaltsfunktionen in Beratung, Hilfen und Maßnahmen wahr. Für junge Menschen, die mit Benachteiligungen in die Gesellschaft starten, bieten sie Unterstützung an in verschiedenen Arbeitsgebieten:

- Jugendberufshilfe,
- Eingliederungshilfe für jugendliche Aussiedler,
- Jugendwohnen,
- Mädchensozialarbeit,
- Ausländerjugendsozialarbeit.

Im § 13 Abs. 1 führt das SGB VIII den Auftrag zur Jugendsozialarbeit aus. Bildung wird hier verstanden als ein Qualifikationsziel, um eine berufliche Zukunft zu realisieren: »Jungen Menschen, die zum Ausgleich sozialer Benachteiligungen oder zur Überwindung individueller Beeinträchtigungen in erhöhtem Maße auf Unterstützung angewiesen sind, sollen im Rahmen der Jugendhilfe sozialpädagogische Hilfen angeboten werden, die ihre schulische und berufliche Ausbildung, Eingliederung in die Arbeitswelt und ihre soziale Integration fördern« (§ 13 SGB VIII). Benachteiligte Jugendliche bedürfen einer intensiven Unterstützung, in der einzelne Förderleistungen zielgerichtet und modular aufeinander bezogen werden sollen. Die AGJ fordert dazu gesetzliche und strukturelle Änderungen, um die Schnittstellen zwischen den Rechtskreisen des SGB II, III und VIII zu klären (AGJ 2010). Diese Schnittstellen bilden eine große Hürde für junge Menschen mit besonderem Unterstützungsbedarf beim Übergang ins Erwerbsleben.

Die Methoden reichen von einzelfallbezogenen Methoden der Jugendberatung, Mediation, über gruppen- und sozialraumbezogene Methoden und Ansätze der Gemeinwesenarbeit. Die Jugendberufshilfe bezieht sich auf § 13 SGB VIII, geht aber über eine jugendhilfespezifische Orientierung deutlich hinaus. Sie stellt eine Kombination von Jugendhilfe, beruflicher Bildung und Arbeitsmarktpolitik dar, mit dem Ziel Integrationshilfe zu leisten (vgl. Jordan/Sengling 2000). Die zwischen Bildungs- und Beschäftigungssystem bestehende Kluft soll durch sog. Verbundsysteme überbrückt werden. Mit Kursen und Ausbildungen zwischen Schulen, Trägern der Jugendhilfe und Unternehmen der Wirtschaft werden Zugänge zum Berufsleben eröffnet. Unter anderem ihre Arbeitsmarktbezogenheit mit den Konjunkturzyklen, wie auch die veränderte Ausschreibungspraxis der Bundesagentur für Arbeit (BA) dynamisierten das Feld und führten in den letzten 10 Jahren zu relativ schnelllebigen Programmzyklen. Einige Folgen davon sind u. a. eine vergleichsweise instabile Träger-, Maßnahmen- und Angebotslandschaft und die Gefahr von Deprofessionalisierung, die durch kurzfristige Projektorientierung und hohen Kostendruck ausgelöst wurden. Auf dem Hintergrund der multikulturellen Zusammensetzung der Jugend in Deutschland gewinnt der Ansatz des Diversity Managements für kompetenzorientierte Programme an Bedeutung. Andererseits zeichnet sich mit dem demografischen Wandel in Deutschland mit weniger Jugendlichen ein Wettbewerb um Fach- und Nachwuchskräfte in der Wirtschaft ab, der zu verstärkten Anstrengungen der Förderung auf diesem Feld führen sollte. Die Fach- und Handwerksbetriebe klagen seit Jahren über Nachwuchsmangel.

## 7.7    Die Schulsozialarbeit

Schulsozialarbeit ist an der Schnittstelle zwischen Jugendhilfe und Schule angesiedelt. Sie kann als eine Wiedereinführung des sozialpädagogischen Gedankens in die Schule verstanden werden (vgl. Bäumer 1929 nach Engelke 2002). In den letzten 15 Jahren hat das Feld eine politische Aufwertung und quantitative Ausweitung erfahren. Eine Vielzahl landesweiter und kommunaler Programme wurde entwickelt und aufgelegt (vgl. Speck/Olk 2010: 7). In Baden-Württemberg allein hat sich die Zahl der Schulsozialarbeiterstellen, eingerechnet befristete Projektstellen, von etwa 400 inzwischen auf über 700 Stellen für Schulsozialarbeiter*innen 2011 nahezu verdoppelt (KVJS 2018). Die Entwicklung ist insofern erstaunlich, da das Feld nicht über eine eigene gesetzliche Grundlage eines Paragraphen im SGB VIII verfügt. Bezüge werden meist über § 13 sowie bei Ausführungen im Rahmen schulbezogener Jugendarbeit nach § 11 SGB VIII hergeleitet. Unter anderem bedingt dies die Interpretationsvielfalt der Aufgaben und Arbeitsformen von Schulsozialarbeit (Pötter 2018). Andererseits treiben zeitliche Ausdehnung von Schule und veränderte gesellschaftliche Bedarfe diese Entwicklung. Nach Handlungsmethoden, Adressat*innen und Anliegen teilt Schulsozialarbeit diese mit Jugendarbeit, Jugendberatung und Jugendsozialarbeit. Nach Konzeption, lokalen Erfordernissen und Ressourcen können Schwerpunkte im Bereich des sozialen Lernens, der individuellen Orientierung und Förderung, sowie der Arbeit an Bildungsbedingungen ausgebildet werden (vgl. Pötter 2018; Schwab 2012; Spiess/Pötter 2011; Bär/Lang/Wahl 2010). Die Förderung Sozialen Lernens kann durch Angebote sozialpädagogischer Gruppenarbeit, der Ausbildung von Multiplikatoren und Mentoren u. a. für Mediation und Konfliktlotsenprogramme und offene Angebote geschehen. Unter »individuelle Orientierung und Hilfe« lassen sich Angebote der sozialpädagogischen Beratung und Berufsorientierung zusammenfassen (Spiess/Pötter 2011). Im Bereich von Bildungsbedingungen sind Hilfen und Beratung von schulbezogenen Hilfen, Bildungshilfeplanung Kontakte zur Schule und Elternpartizipation zu finden.

Gleichwohl das Handlungsfeld wächst ist der empirische Forschungsstand bruchstückhaft (vgl. Speck/Olk 2010). Die Trägerstrukturen der Schulsozialarbeit sind sehr different. Sie reichen von Etablierung an und Kooperation mit Schule bis zu eigenen, innerschulischen Anstellungen. Im Rahmen sog. Regionaler Bildungslandschaften spielen Formen der Kooperationen zwischen Trägern der Jugendhilfe und Schulen, sowie die Etablierung und der Ausbau von Schulsozialarbeit eine wichtige Rolle. Das System Schule weist grundsätzliche Unterschiede zur Jugendhilfe in Auftrag und Organisation von Bildung auf (vgl. Schwab 2012).

Lehrer*innen werden zwei widersprüchliche Aufgaben zugewiesen: einerseits Jugendliche durch Bildung und Erziehung Kulturtechniken und spezifische Fähigkeiten zu vermitteln, andererseits über Zensuren zu selektieren und soziale Zukunftschancen damit zuzuteilen (Allokationsfunktion). Im deutschen Schulsystem scheint die Selektionsfunktion stärker ausgeprägt, wie Ergebnisse international vergleichender Bildungsforschung ausweisen (vgl. Tippelt, Schmidt 2010).

Die drei typischen Strukturmodelle der Schulsozialarbeit sind folgende: Der erste Typus konzentriert sich auf sozialpädagogische Betreuung und Freizeitgestaltung außerhalb des Unterrichts und im Sozialraum der Schule. Der zweite Typus ist auf Bedürfnisse und Problemlagen von Kindern und Jugendlichen mit sozialen Benachteiligungen oder individuellen Beeinträchtigungen ausgerichtet, u. a. Schulunlust, Schulverweigerung, aggressives Verhalten, Drogenprobleme. Der dritte Typus steht in der Tradition der lebensweltorientierten Sozialpädagogik und legt ein integriertes Konzept zugrunde, dass einzelfall- und gruppenbezogene Problemintervention mit offenen, präventiv ausgerichteten Freizeit- und Betreuungsangeboten verknüpft (vgl. Olk/Bathke/Hartnuß 2000).

Schule und Kinder- und Jugendhilfe sind zentrale Institutionen des »Aufwachsens in öffentlicher Verantwortung« (BMFSFJ 2002). Sie sind wie zwei ungleiche Geschwister, die sich um dieselben Heranwachsenden mit ihren Aufträgen zu Erziehung und Bildung kümmern. Als verschiedene Systeme weisen sie markante Ziel- und Strukturdifferenzen auf (vgl. Schwab 2012). Organisatorisch stehen sie als Systeme getrennt mit je eigenen gesetzlichen Regelungen nebeneinander. Jugendhilfe stellt ein spezialisiertes, von unterschiedlichen Trägern dezentral organisiertes Angebot zur Verfügung, das von Adressaten freiwillig in Anspruch genommen wird.

# 7.8    Konzeptionsentwicklung – Bedarfe und Chancen

Es zeichnen sich in allen genannten Bereichen im Handlungsfeld(-seminar) mehrfache Bedarfe an Weiter- und Neu-Entwicklung von Konzeptionen ab. Gesellschaftliche und gesetzliche Veränderungen, notwendige neue Kooperationen oder finanzielle Bedarfe sind häufig Gründe von außen. Dazu treten fachliche Bedarfe an Orientierung und fachlicher Legitimierung. Als Auslöser und Chancen für Konzeptionsentwicklungsarbeit sind besonders zu nennen:

- sichert und legitimiert professionelles Handeln und erhöht Fachlichkeit und Handlungssicherheit u. a. mit Strukturprinzipien;
- fördert Kommunikation und Klarheit nach innen und außen, intern in Organisation und Team, u. a. als Wissensmanagement, für (neue) Mitarbeiter*innen, nach außen zu Organisationen und (möglichen) Partnern in Netzwerken;

- schafft Ziel-Klarheit und ermöglicht Evaluation der Aktivität und des Handelns, ermöglicht (Nach-)Steuerung, u. a. mit Dimensionen der Planungs-, Prozess-, Konzept- und Ergebnisqualität;
- trägt entscheidend zu Organisations-Entwicklungsprozessen bei, u. a. Corporate Identity, Leitbild;
- wird/kann als Grundlage zu Projekt- und Finanzierungsanträgen genutzt werden.

Konzeptionen können Sozialarbeiter*innen/Sozialpädagog*innen im alltäglichen Handeln entlasten und ihre Handlungssicherheit erhöhen. Eine reflektierte Struktur kann dynamischen Verbindungen und Spannungsverhältnissen zwischen widersprüchlichen Aufträgen und Auftraggebern gerecht werden (vgl. doppeltes Mandat) (Nickolai/Schwab 2016). Handlungsorientierung Sozialer Arbeit bedeutet, Konzeptionen zu entwickeln, die Ziele und Aufträge, Anforderungen, Angebote, Adressat*innen, Interventionen, Kompetenzen der Mitarbeiter*innen und Ressourcen in einen sinnhaften, fachlichen Bezug setzen. Eine Konzeption muss Anlässen und unterschiedlichen Interessen Rechnung tragen. Der Konzeptionsbegriff der Jugendhilfe und Erwachsenenbildung soll mit Geißler/Hege und in einer »Ziel-Mittel-Logik« (vgl. Geißler/Hege 2007) skizziert werden und in Unterscheidung zu einem Handlungskonzept, etwa einem Peer-Konzept, Erlebnispädagogik, oder dem Theorie-Konzept, etwa der Lebensweltorientierung nach Thiersch, dem Bewältigungsansatz nach Böhnisch, verstanden werden. Konzeption wird hier mit Werner Thole als ein »Vor-Ort-Konzept« (Thole 2000) synonym zur Konzeption verstanden. Die Konzeption gilt als zeitlich befristeter Entwurf, der immer neu zu überprüfen und ggf. anzupassen ist. Ein »Vor-Ort-Konzept« umfasst die Ausgestaltung von Angeboten als sozialpädagogische Interventionen (ebd.). Es nimmt Bezug oder beschreibt das Handlungsfeld, Setting der Angebote, die Einrichtung und einen Arbeitsansatz als Theorie-Konzept mit Begründung. Relevante Ziele, Adressat*innen, zugrundeliegende Werte und das Menschenbild, gesellschaftliche Orientierungen, gesetzliche Normen und die Handlungsmethoden werden zueinander abgestimmt. Das Praxis- oder Vor-Ort-Konzept stellt auf eine konkrete räumlich-regionale Situation und die Adressat*innen vor Ort ab. Im Vor-Ort-Konzept sollten unter Berücksichtigung von Feld und Aufgabe Ebenen der Theorie und Intervention reflexiv berücksichtigt werden.

## 7.8.1 Konzeption entwickeln – analysieren, intervenieren und evaluieren

Jugendhilfe und Erwachsenenbildung, wie Soziale Arbeit generell, kann soziale Probleme, wie Armut, Arbeitslosigkeit oder Migration, die sie mit den Folgen bearbeitet, selbst ursächlich nicht lösen (vgl. Hamburger 2011; Sidler 2004; Rauschenbach 1999). Für eine erfolgreiche Bearbeitung problematischer Strukturen sind wirkmächtigere gesellschaftliche Systeme wie Politik, staatliche Institutionen und Wirtschaft gefragt. Soziale Arbeit kann Auswirkungen Sozialer Probleme bei Betroffenen und sozialen Gruppen durch Dienste und Leistungen lindern helfen. Sie kann Wege finden und beschreiten, um Angebote im Sinne einer Hilfe zur Selbsthilfe zu gestalten. Dazu ist es einerseits erforderlich, Nöte und Potentiale der Adressat*innen zu kennen und andererseits Hilfspotentiale passend abzugleichen. Für Handelnde und indirekt für Adressat*innen ist es ein Gewinn, wenn Probleme analysiert und passende Methoden dazu beschreibbar werden. Gefragt sind wechselseitige Übergänge von Tätigkeitsorientierung zur reflexiven, praxistauglichen Theorie. Konzeptionen stellen da explizite Entwürfe dar, wenn sie Theorie-Praxis-Verbindungen fachlich-theoretisch herstellen und Intervention im Feld beschreiben. Ein Vor-Ort-Konzept legitimiert zielgerichtetes Handeln. Das Ebenen-Modell kann in Verbindung mit dem Entwicklungszirkel einer Konzeptionsentwicklung zugrunde gelegt werden. Es unterstützt als Denk- und Arbeitshilfe Fall- und Feld-Situationen systematisch zu analysieren, sozialpädagogische Vor-Ort-Konzepte zu entwickeln und Alltagspraxis evaluierbar zu machen. Interventionen sollten mit Wirkungs- und Handlungszielen in Wirkungszusammenhängen beschrieben werden (vgl. Spiegel 2008). Personales und biografisches (Erfahrungs-)Wissen der Sozialarbeiter*innen/Sozialpädagog*innen und wissenschaftliche Modelle werden als reflexive Bezugspunkte in der Entwicklungsarbeit und Evaluation von Konzeptionen genutzt.

**Tab. 7.1:** Ebenen sozialpädagogischer Konzeptentwicklung

| Ebene | Angebote und Bearbeitungsformen |
|---|---|
| Makrosoziale Strukturen: staatliche Rahmung <br><br> • Bundesrepublik <br> • Bundesland | Staatliche Rahmung und Bedingungen durch das Handlungsfeld, die sozialpädagogische Aufgabe und Gesetze, u. a. Leistungsgesetze |
| Mesosoziale Strukturen: <br><br> • Träger <br> • Kommune <br> • Bezirk | Strukturen und Subsidiarität: Wirkungs- und Handlungsziele (nach Spiegel) mit strukturellen Rahmenbedingungen |
| Mikrosoziale Strukturen: <br><br> • Adressat*innen <br> • Mitarbeiter*innen | Adressat*innen und ihre Lebenswelt beschreiben, <br> Ziele professionellen Handelns <br> Kompetenzen der Mitarbeiter*innen, sowie Alltagswissen, Lebenserfahrung |
| Profession und wissenschaftliche Theorie: <br><br> • sozialpädagogische Kompetenzen <br> • ethische Orientierung | Theorien und Modelle, <br> Professionalität der Mitarbeiter*innen nach einem Kompetenzmodell <br> Werte und Haltungen |
| Handlungsmethoden und Intervention: direkte, indirekte und strukturelle Handlungsdimension | Angebote und Dienste, <br> Methoden |

Keinesfalls darf die Sicht Sozialer Arbeit und der Sozialarbeiter*innen/Sozialpädagog*innen sich auf personales, direktes Handeln mit Adressat*innen verkürzen. Der soziologisch-pädagogische Blick eröffnet weiteren analytischen Zugang zu sozialen Räumen und Strukturen als Bedingungen. Der typisch sozialpädagogische Gedanke durch und mit sozialer Gemeinschaft Individuen zu bilden, erfordert soziale Systeme als bedeutsame Strukturen für Individuen und ihre sozialen Interaktionen zu berücksichtigen (vgl. dazu Pestalozzi). Einfache Ursache-Wirkungs-Überlegungen und monokausale Ansätze müssen in komplexen sozialen Situationen, mit denen es Soziale Arbeit in der Regel zu tun hat, zu kurz greifen.

## 7.8.2 Handlungsmethoden und -konzepte

Handlungsmethoden lassen sich nach ihrem Ansatz in drei Kategorien denken und so als *direkte, indirekte oder strukturelle Methoden* begreifen (vgl. Galuske 1999). In der *direkten Arbeit*, in unmittelbarer sozialer Interaktion mit den Adressat*innen, spielen Handlungskonzepte wie Soziale Gruppenarbeit, Erlebnispädagogik oder Peer- und Mentoren-Systeme (Peer Education oder Counseling) eine wichtige Rolle.

- *Fall- und Feldarbeit unter der Lupe:* In der Fall- und Feldbeschreibung wird Beziehungsaufbau und die Pflege von Bindung und Sozialkontakten zwischen den Jugendlichen und mit Bezugspersonen und Sozialpädagog*innen wichtig. Beziehung, individuelle Beratung wie passende Gruppenangebote können Brückenfunktionen übernehmen zu anderen Angeboten außerhalb des sozialen Nahbereichs der Jugendlichen.
- *Indirekte Methoden*, die zweite Kategorie, setzt bei Personen im sozialen Nahbereich an. Im Fall sind dies etwa Familie und andere Bezugspersonen im Umfeld.
- Als dritte Methoden-Kategorie sind *strukturelle, professionsbezogene Methoden*, wie Kooperations- und Netzwerkarbeit, Konzeptionsentwicklung und Jugendhilfeplanung (vgl. Merchel 2002; Galuske 2009) relevant (vgl. Fall). Damit werden die strukturellen Bedingungen der Lebenswelt von Adressat*innen bearbeitbar.
- *Fall- und Feld:* In der Analyse und Arbeit an Feldbeschreibungen sollten unterschiedliche Ebenen zunächst angemessen analysiert und dann handlungsorientiert auch bedacht werden. Die zumeist erste, interaktive und personale Ebene darf nicht die indirekte und strukturelle Analyse als weitere mögliche Intervention überdecken und so aus dem Blick drängen.

# 7.9    Handlungsfelder und Methoden

Bedeutsame Faktoren für ein passgenaues methodisches Setting sind die Adressat*innen, der (gesetzliche) Auftrag, die beteiligten Akteure, die spezifische Rahmung der Lebenswelten und der Sozialpädagog*innen/Sozialarbeiter*innen selbst als agierende Person. Fragen dazu lauten etwa: Welche Adressat*innen nach Alter, Bildung, Geschlecht, Migrationshintergrund und kultureller Prägung sollen erreicht werden? Kommen diese freiwillig, als Teilnehmer*innen aus eigenem Interesse oder unter bestimmten Auflagen? Wer macht das Angebot mit welchem Ziel? Antworten darauf sind für Auswahl und Modifizierung von Methoden wesentlich. Bestehen zwischen Offener Jugendarbeit und Jugendsozialarbeit große Übereinstimmungen hinsichtlich von Adressat*innen und Ziel, sind auch Methoden kompatibel. Ist das Setting im Feld auf Freiwilligkeit und Selbstorganisation ausgerichtet, sind auch Methoden, etwa in Jugendverbandsarbeit und Jugendkulturarbeit, austauschbar. Dagegen kann es im gleichen Feld mit unterschiedlichen Adressat*innen und Bedingungen, etwa der Schulsozialarbeit, durchaus große Unterschiede in der Wahl von Methoden geben. Eine fachlich qualifizierte Methodenwahl abseits von Handlungsroutine ist für Sozialpädagog*innen nur reflexiv lösbar (vgl. Galuske 2009; Spiegel 2008).

## 7.9.1    Intervention – Methodenkompetenz und Konzeptionsentwicklung

Jugendhilfe und Erwachsenenbildung werden mit Lebenswelten der Adressat*innen, aktuellen Herausforderungen und Veränderungen sowie mit Vor-Ort-Konzepten und politischen, wie organisatorischen Bedingungen zum Thema. Spezielle Handlungskonzepte und Methoden, die nur zu einem Handlungsfeld der Sozialen Arbeit oder einer Lebensphase passen, gibt es nicht. Es ist vielmehr davon auszugehen, dass die Auswahl der Handlungskonzepte und Methoden, in der Arbeit mit unterschiedlichen Adressat*innen und zu anderen Aufgaben einsetzbar sind. Wie Galuske schreibt, sind professionelle Methoden allgemein gültig und überprüfbar (Galuske 2009). Sie brauchen in der Anwendung die aktive Anpassung an das Setting, die sozialen und personalen Verhältnisse und aktuelle Entwicklungen sowie konkrete Bedingungen (Galuske 2009). In Interventionsplanung und Konzeptionsentwicklung werden mit der Analyse von Sozialraum und (Netzwerk-)Strukturen (etwa mit dem systemischen Organigramm), die Schritte zu Planung, Intervention, Reflexion und Evaluation modellhaft erprobt. Einzelne Handlungskonzepte wie die Erlebnispädagogik (Michl 2015), Gruppenpädagogik (Stahl 2002), Ansätze der Peer Education (Nörber 2003) und die Themenzentrierte Interaktion nach Ruth Cohn (Langmaack/Braune-Krickau 2010) werden mit Hinweis auf weiterführende Quellen eingeführt. Eine Interventionskompetenz entsteht mit einer Auswahl an Methoden und Handlungskonzepten und kann in konzeptionelle Überlegungen eingebracht werden.

## 7.9.2 Didaktik der Handlungsfeldorientierung – Fall- und Feldarbeit

Im Setting von Hochschule und Studiengang ist das Prinzip der Handlungsfeldorientierung didaktisch verankert. Zur Aufgabe, beruflicher Rolle und komplexen Anforderungen soll am Fall, passend zu beruflichem Feld und Problem, recherchiert, analysiert, entwickelt und fiktiv gehandelt werden. Der Ansatz des problemlösenden Lernens mit aktiver Rolle und Selbstorganisation (in Peer Teams) entspricht einem aktiven Lernhabitus und ist schon Teil der Studieneingangsphase (vgl. StudPo B. A. Soziale Arbeit) (vgl. Rohr/den Ouden/Rottlaender 2016). Die besondere akademische Chance des B. A.-Studiums liegt in einer reflexiven, wissenschaftlichen Systematisierung der Analyse gesellschaftlicher Realitäten mit Lebenswelten, Sozialräumen und sozialen Problemen. Theoretische Modelle liefern da allgemeingültige Zugänge zu Verstehens-, Erklärungs- und Begründungswissen für Handeln. Dies regt an und erweitert Denk- und Handlungsräume. Für lehrende Personen an der Hochschule für Angewandte Wissenschaft bedeutet dies eine didaktische Aufgabe. Inwieweit »berufliche Praxen« mit wissenschaftlichem Wissen arbeiten und es unter alltäglichem Handlungsdruck nutzen, ist auch vielfältiger Anlass für Untersuchung und Fachdiskussionen. Wie Dewe im Konzept der reflexiven Professionalität bereits feststellt, ist bei dem Theorie-Praxis-Problem der Sozialen Arbeit mit Ernüchterungen zu rechnen, was die Anwendung und eine direkte Verwendbarkeit von wissenschaftlichem Wissen in der Praxis und Handlungsfeldern betrifft. Er warnt vor wissenschaftlich gedachter Planbarkeit, wo eine solche aufgrund von Komplexität und Eigenlogik im Feld sowie der organisationalen Einbindung der Akteure nicht zu generieren ist. Einen angemessenen Anspruch formuliert Dewe im reflexiven Umgang mit dem eigenen Wissen und Nichtwissen (vgl. Dewe 2009; Dewe 2012).

Das *Freiburger Studiengangsmodell der Handlungsfeldorientierung* setzt auf das Potential der Fall- und Feldarbeit als didaktischen Erprobungsraum, der reflexives Bedenken von analytisch-diagnostischen bis zu Interventions-Optionen in Schritten ermöglicht. Fallvignetten werden als orientierende Bezugspunkte zu typischen Situationen und Aufgaben in Handlungsfeldern verstanden. Am Ende des B. A. Soziale Arbeit wird im Fall- und Feldseminar mit Peers diskursiv gearbeitet und fachliches Vorgehen entwickelt. Grundlage dafür bilden im Studium erworbene Kompetenzen, u. a. Theoriewissen, reflektierter Praxiserfahrung (vgl. Rohr/den Ouden/Rottlaender 2016). Inspiriert von dichten Schilderungen nah an Herausforderungen im Feld und typischen beruflichen Praxen wird ein Probe-Denken-und-Handeln im Umgang mit Theorie initiiert. Es braucht kaum betont zu werden, dass der Prozess aktiver Erarbeitung, alleine und im Team, wie kritische Offenheit für unterschiedliche Bearbeitungen und Ansätze hier angemessen sind.

### 7.9.3 Handlungsfeldorientierung: Fachkompetenz, Erfahrungswissen plus Theorie

Um komplexe Situationen im Handlungsfeld systematisch zu analysieren und zu entschlüsseln, um Verhalten angemessen zu verstehen, braucht es den Bezug auf allgemeingültige Theorie und Modelle. Sie sollen systematisch in der Fall- und Feldarbeit genutzt werden, um strukturelle Bedingungen wie individuelles Verhalten erklären und verstehen zu können. Soziale Situationen und Verhalten von Individuen oder sozialen Gruppen fachlich zu verstehen und handeln zu können, bedeutet auch sozialwissenschaftliche Theorie zu verwenden (vgl. Stahl 2002). Geeignete Ansätze der Sozialen Arbeit können der Ansatz der Lebensweltorientierung von Thiersch/Rauschenbach (vgl. Thiersch/Grunwald/Köngeter 2002), der Bewältigungsansatz nach Böhnisch und das Modell der Strukturprinzipien von Schwab (Schwab 2020) sein. Die Lage im Feld der Sozialen Arbeit ist nicht einheitlich, in wie weit Träger, Einrichtungen oder ihre Mitarbeiter selbst dazu bereit und in der Lage sind, eine solche Arbeit in der Konzeptionsentwicklung zu leisten. Der Arbeits- und Handlungsdruck im beruflichen Alltag ist eine ernstzunehmende Belastung. Alleine kann er gleichwohl das beklagte Theoriedefizit Sozialer Arbeit im Feld kaum erklären. Wie bedeutsam Theorie als allgemeingültige Legitimationsbasis ist, wird etwa deutlich in Kooperationen, politischen (Außen-)Kontakten oder bei Projektanträgen, u. a. zur Finanzierung.

### 7.9.4 Diskursives Lernen – Modell der Fall- und Feldarbeit

Ziel von Fall- und Feldarbeit ist es, Erfahrungs- und Theorie-Wissen und erworbene Kompetenzen diskursiv zu erproben. Das soll in der Anwendung an Fall- und Feldbeschreibung mit realitätsnahen Als-ob-Situationen diskutiert werden. Verdichtete Fall- und Feldbeschreibungen bieten Einblicke in (politische, organisatorische) Strukturen, Sozialräume, in Gruppen und zu Personen. Sie weisen exemplarisch Bezüge aus zu Handlungsfeldern mit Akteuren, Personen und Organisationen und Adressat*innen. Strukturierende Fragen aus Sicht der Sozialen Arbeit führen die Bearbeitung einer realitätsnahen Feldstruktur und liefern Bezug zur Erprobung von Ansätzen und Prozessen des Verstehens und theoriegestützten Erklärens. Dies reicht bis zur Intervention und Entwicklung von Handlungskonzeptionen und möglicher Alternativen.

Fallarbeit an verdichteten Schilderungen ermöglicht so exemplarisches Lernen im fachlichen Diskurs von sozialer Diagnose und Analyse zur begründbaren Bearbeitung gesellschaftlicher Herausforderungen und sozialer Probleme. Im Handlungsfeld wird dies bezogen auf soziale Situationen und Lebenswelt von Jugendlichen und jungen Erwachsenen. Soziale Probleme vor Ort lassen sich mit wissenschaftlichen Modellen näher untersuchen. Das Vorgehen der Fallarbeit wird nach einem eigens entwickelten fünfstufigen Modell strukturiert. Am Fall werden nach fünf allgemeinen Dimensionen gegliedert, zentrale Kompetenzen für die Soziale Arbeit im »Als-ob-Handeln« aktualisiert und erprobt. Das professionelle Handeln wird an verdichteten Schilderungen typischer Situationen und

Strukturen aus dem sozialpädagogischen Feld thematisiert. Dies ermöglicht die transparente Analyse und Planung in Fachteams. In den aufeinander bezogenen Schritten wird am Fall die soziale Analyse und Diagnose, ein Bezug zu Fachwissen und Handlungsfeld, die Planung des Vorgehens, die Reflexion beruflicher Rolle und Aufgabe sowie rechtliche und organisatorische Grundlagen, modellhaft entwickelt. Das so strukturierte Vorgehen ermöglicht zunächst eine Steuerung der Arbeit und später auch die Evaluation des professionellen Handelns an relevanten Größen.

## 7.10 Berufliche Rolle und professionelles Handeln – Kompetenzorientierung

Um die Tätigkeit mit anspruchsvollen Aufgaben professionell und reflektiert betreiben zu können, braucht es eine theoretische und empirische Basis. Theorie kann als Hintergrund genutzt werden, um die Arbeit mit Adressat*innen, Jugendliche und junge Erwachsene daran zu planen, zu reflektieren und zu evaluieren. Dazu wird Bezug genommen werden auf ein Kompetenzmodell.

Professionalität drückt sich durch Reflexivität des Handelns zu allgemeinen Grundlagen und Theorie der Sozialen Arbeit aus (vgl. Thole 2012; Müller 2012; Dewe 2009). Arbeit am Fall kann intuitiv geschehen, was in einem nichtprofessionellen Status durchaus funktionieren kann. Um ein professionelles Vorgehen nachvollziehbar zu fördern, wird Arbeit an Fall und Feld systematisch und transparent organisiert. Dies geschieht an Kompetenzen, die strukturierende Impulse als Fragen zur Bearbeitung bieten (vgl. Schwab 2019a). Im Einzelnen sind dies fünf Kompetenzbereiche, die als bedeutsam gelten können:

1. eine Analyse und Deutungskompetenz,
2. eine Feld- und Fachkompetenz mit Handlungsfeld- und Fachwissen,
3. eine Interventions-Kompetenz, um Methoden zu wählen und konzeptionell zu planen,
4. eine professionelle personale und soziale Rollenkompetenz, um Aufgabe und fachliche Rolle angemessen zu gestalten und zu reflektieren – dies schließt Fragen nach Wirkungen und evaluativer Bewertung ein,
5. eine interdisziplinäre und operative Kompetenz, um organisatorische und rechtliche Grundlagen und Aspekte berücksichtigen zu können

Die Analyse und Deutungskompetenz wird in einer Fallbearbeitung am Anfang stehen, um einen Zugang zu gewinnen und eine erste Analyse und soziale Diagnose zu erstellen. Die Planung einer Intervention wird folgen. Diese Kompetenzen mit ihren Fragen sind nicht chronologisch festgelegt in einer Reihe zu bearbeiten. Sie können in wechselseitigen Überlegungen zirkulär verstanden werden.

- Zu 1): Um einen Überblick zu gewinnen, sollte zunächst eine soziale und strukturell-sozialräumliche Analyse und Diagnose (vgl. Soziale Diagnose nach Alice Salomon) unter Bezug zu Grundlagen der Sozialen Arbeit erstellt werden (vgl. Buttner u. a. 2018; Schwab 2020). Das Systemische Organigramm stellt hier eine ausgezeichnete Methode dar, um den Fall (Michael) und das Feld (Sozialraum Schiebenstadt, ▶ Kap. 7.11) zu analysieren und grafisch abzubilden. Mit Theoriewissen als Hintergrund werden tiefere Bedeutungen von sozialen und politischen Strukturen, Akteuren und Interaktionen erkennbar (vgl. Schwab 2018). Daran lassen sich Verständnisfragen und Einschätzungen diskutieren. Erfahrungs- und Praxiswissen ist ebenso wie Theoriewissen zu aktivieren, um Bedeutungen, Interaktionen und Verbindungen in sozialen Strukturen zu erschließen.
- Zu 2): Im Kompetenzbereich Feld- und Fachkompetenz ist Theorie und Fachwissen in den Blick zu nehmen, um sie als Modelle des Verstehens und Erklärens heranzuziehen. Handlungskonzepte und sozialwissenschaftliche Theoriekonzepte lassen sich bezogen auf den Fall nutzen. Mögliche sozialwissenschaftliche Ansätze sind etwa das Modell der Entwicklungsaufgaben, u. a. von Havighurst im frühen Entwurf (1948/1982), von Dreher/Dreher (1985) oder Hurrelmann/Quenzel (1986). Weitere Ansätze können Ansätze wie zur Sozialen Kommunikation nach Watzlawick u. a., die Sozial-Kognitive Theorie von Albert Bandura, die Theorie der Kognitiven Dissonanz von Leon Festinger oder der Coping Ansatz sein (vgl. Schneider/Lindenberger 2012: 260).
- Zu 3): Im nächsten Schritt geht es um die Interventions-Kompetenz, Methoden zu wählen und ein Vorgehen konzeptionell zu planen. Eine Intervention wird gesucht und vorgeschlagen, um fachlich angemessenes Vorgehen zu entwickeln, u. a. methodische und konzeptionelle Grundlagen, Einzelfallhilfe, Theorie- und Methodenwissen (Galuske 2009) und das Modell des Analyse- und Entwicklungszirkels (Schwab 2019a). In Überlegungen zur Wahl einer Handlungs-Methode stellen sich Fragen nach der gesellschaftlichen Rahmung des Aufwachsens der Adressat*innen, nach besonderen Bedingungen des Handlungsfelds und erforderliche Handlungskompetenzen der Sozialpädagog*innen/Sozialarbeiter*innen. Vorschläge und Ansätze der Intervention sind nach allgemeinen fachlichen Kriterien darauf abzustellen (vgl. Galuske 2009; Spiegel 2008).
- Zu 4): Im vierten Schritt geht es darum Anforderungen an die berufliche Rolle und Arbeit zu reflektieren. Eine professionelle personale und soziale Rollenkompetenz ist zu entwickeln, um Aufgabe und fachliche Rolle angemessen zu gestalten und zu reflektieren. Es gilt zu erkennen, welche Herausforderungen der Fall und die Situation im Feld an beruflich Tätige und ihre professionellen Kompetenzen stellt. Dies schließt Fragen der evaluativen Bewertung ein. Passend zu (Ausgangs-)Situation und Intervention sind Fragen von Veränderung und Wirkungen zu bedenken. Modelle dazu kommen u. a. aus dem Qualitätsmanagement (vgl. Schmid-Urban 2001).
- Zu 5): Im fünften Schritt stehen interdisziplinäre und operative Kompetenz im Vordergrund. Organisatorische Aspekte und rechtliche Grundlagen werden an der Fall- und Feldsituation zum Thema, u. a. zu SGB VIII, BGB, Aufga-

ben und Ansprüche, Ziel und Angebot der Kinder- und Jugendhilfe, etwa nach §§ 1, 8a, 11, 13, 14, 80.

Tab. 7.2: Kompetenzmodell

| Kompe-tenz | Analyse und Deutungskom-petenz | Feld- und Fachkompe-tenz | Interventions-Kompetenz | Rollen- und Evaluations-Kompetenz | Interdiszipli-näre Kompe-tenz |
|---|---|---|---|---|---|
| Theorie Grund-lage | Erfahrungs-wissen, sozialwissen-schaftliche Theorie, Soziale Arbeit | Handlungs-feld- und Fachwissen, Konzepte, Strukturen | Handlungs- und Metho-denwissen, Grundlagen konzeptionel-ler Arbeit | Reflexive Pro-fessionalität, berufliche Rolle, Wirkungs-modelle | Recht, Organisa-tionstheorie, sozialwissen-schaftliche Konzepte |
| Metho-den, Instru-ment | Systemisches Organigramm, Sozio- und Genogramm, Netzwerk-analyse | Konzeptio-nen, Prinzipien, Recherche | Gruppen- und Projektarbeit, Erlebnispäd-agogik, Peer Educa-tion, Beratung | Kompetenz-modell, Konzepte der Evaluation | SGB VIII, BGB, Ressourcen beschaffen, |

# 7.11    Fall- und Feldarbeit – am Beispiel

Eine Fall- und Feldschilderung bietet einen Analyse- und Diagnoserahmen, der sich mit Theorie, Fachwissen, Intervention und Methoden verbinden lässt. Dies bietet didaktisch einen experimentellen Raum, um daran Möglichkeiten zu dis-kutieren. Impulse als Fragen zur Auseinandersetzung lassen sich entlang der fünf Kompetenzbereiche strukturieren. Eine Aktualisierung von Wissen zur Fall- und Feldsituation, verbunden mit einer aktuellen Rechercheleistung und der Präsen-tation des Materials, ist Teil des Vorgehens. Am Beispiel der fiktiven »Schiebe-nstadt« wird eine sozialräumliche Situation mit dem Fall Michael verdichtet, die Lebenswelt von Adressat*innen und soziale wie organisatorische Strukturen exemplarisch eingefangen. An Alltag und beruflicher Praxis im Feld orientiert können Angebote der Jugendhilfe und Erwachsenenbildung zur Unterstützung diskutiert werden. Das folgende Fall- und Feldbeispiel wurde von Ulrich Leser und Jürgen E. Schwab entwickelt und wird in Auszügen wiedergegeben (Vers. 2019-04). Die Schilderung besteht idealtypisch aus zwei miteinander verschränk-ten Perspektiven. Einmal die systemisch strukturelle Ebene mit Aspekten wie Or-ganisation, Politik, Netzwerke und Gruppen und die individual- oder gruppen-pädagogische Ebene mit Michael. Einmal geht es um (kommunalen) Sozialraum, mit relevanten Strukturen und Angeboten, andererseits um einen Individualfall, hier mit dem Jugendlichen Michael.

## Schiebenstadt – Soziale Gruppenarbeit mit Michael (Auszüge)

Schiebenstadt, ist kreisangehörige Stadt, im Landkreis Schwarzwald-Rhein, mit rund 15.500 Einwohner. Etwa 3100 sind unter 18 Jahre alt. Man kennt sich hier über viele soziale Kontakte. Die Stadt ist untergliedert in Kernort und drei zugehörige Ortsteile. (...) Mittlerweile prägen mehrere große Betriebe in umliegenden Industriegebieten und das Neubaugebiet Rosswiese, mit vielen Kindern und Jugendlichen, darunter Spätaussiedler, das Ortsbild. (...) Die Anne-Frank-Werkrealschule ist Teil des Schulzentrums zwischen Unterdorf und Rosswiese. Neben der Werkrealschule, die zur Ganztagsschule umgestaltet wird (Klasse 5 bis 7 sind schon Ganztagesklassen), gibt es eine Grund- und eine Realschule sowie Betreuungsangebote, wie Hausaufgaben-Betreuung und Schüler-Hort. In direkter Nachbarschaft befinden sich ein Kinderhaus (Alter 1–6 Jahre), eine große Sportanlage (Sporthalle und -plätze, dazugehörige Funktionsgebäude) und ein großes Freizeitgelände mit Spielplatz, Skateranlage, Streethockey- und Bolzplatz. Das Sportareal dient vor allem Jugendlichen als Treffpunkt zum Toben.

In Schiebenstadt gibt es ein großes Angebot an Sportvereinen, Offene Kinder- und Jugendarbeit (OKJA) im kommunalen Jugendzentrum und Gruppen- und Projektarbeit vorwiegend in freier und kirchlicher Trägerschaft. (...) Jahrelang war die Kommunale Jugendarbeit mit zwei Stellen (eine 100 % und eine 50 %) etabliert und bei politischen Vertretern und Bevölkerung anerkannt. In den letzten Jahren gab es wiederholt Kritik an der Lage des Jugendzentrums, das im Unterdorf und damit weit weg von Schulzentrum und Sportareal liegt. Verbunden damit ist der wiederkehrende Ruf nach aufsuchender Arbeit (Streetwork). Hinzu kam der vehement öffentlich formulierte Bedarf an Schulsozialarbeit, der durch eine zusätzliche 70 % Stelle in Trägerschaft der Diakonie (Stelleninhaberin: Sozialpädagogin Frau Schulz) abgedeckt wurde. Seit der langjährige Jugendarbeiter und Stelleninhaber der 100 % Stelle im Jugendzentrum gegangen ist und es zu zwei weiteren Personalwechseln kam, ist die Jugendarbeitsstelle vakant. Damit schwindet der Rückhalt für die OKJA vor allem auch im Gemeinderat. Frau Jung, die andere Sozialpädagogin im Jugendzentrum, die mit 50 % Jugendarbeit macht, versucht ein Programm aufrechtzuerhalten.

Michael ist einer der Jugendlichen, die unter den Entwicklungen der letzten Monate sehr leidet. Jahrelang besuchte er regelmäßig die Angebote der kommunalen Jugendarbeit Schiebenstadt und kennt sie alle: das Kinderkino, die monatlichen Bastelangebote, das Ferienspielprogramm und seit seinem dreizehnten Geburtstag Anfang des Jahres nutzt er auch die Angebote im Jugendzentrum wie den Kinoabend, das gemeinsame Kochen, die Teenie-Disco, oder er geht zur ›offenen Tür‹, um zu kickern und Freunde zu treffen. (...) In der Schule ist es schon lange schwierig für Michael, der die 7. Klasse der Werkrealschule besucht. In Gruppen fällt es ihm schwer sich zu regulieren, vor allem wenn die Situation unübersichtlich ist, z. B. in der Pause oder wenn er sich ungerecht behandelt fühlt – was häufiger vorkommt. Bei Konflikten tickt er schnell aus, massive Beschimpfungen und Handgreiflichkeiten sind die Folge. (…) Michael unterstützt Frau Jung regelmäßig bei Angeboten. Sie schätzt seine zuverlässige Mitarbeit in der angespannten Situation der OKJA.

Schulsozialarbeiterin Frau Schulz hat schon mehrfach zu runden Tischen mit Michael, Klassenlehrerin Frau Kreil und seinen Eltern eingeladen. Hier wurde deutlich, dass die familiäre Situation zeitweise sehr belastend ist. (…) Zum erneuten runden Tisch lädt Frau Schulz einen Berater der psychologischen Beratungsstelle des Kreises ein, um zu überlegen, wie man Michael und seine Familie unterstützen könnte, damit er sich in Gruppen besser zurechtfindet und schulische Anforderungen bewältigen kann. Am Ende des Gesprächs wird vereinbart, dass zunächst Michael zu Gesprächen kommt, um den Berater besser kennenzulernen und eigene Verhaltensweisen zu reflektieren. Die Eltern sollen in die Beratungsstelle kommen, um ihre Paarthemen und Konflikte zu besprechen. (…)

Im Einzelkontakt mit Michael stellt sich heraus, dass er ein angenehmer, interessierter und witziger Gesprächspartner ist. Er kann sein Verhalten reflektieren (›Ich fahr halt schnell hoch!‹) und auch Handlungsalternativen für sich benennen. Allerdings gelingt ihm die Umsetzung im Alltag nur schwer. Sein Umfeld ist fast ausschließlich weiblich. Er hat kaum männliche Bezugspersonen, an denen er sich orientieren kann. Die Ausnahme ist Michaels unbeherrschter Vater, der in typischen Vater-Sohn-Konflikten regelmäßig Grenzen verletzt. Diese Konflikte sind auch von lautstarken Beschimpfungen und Handgreiflichkeiten geprägt. Als der Berater nachfragt, bestätigt Michael das, relativiert aber gleichzeitig als »nicht so schlimm«. Der Berater beabsichtigt Michael für die geplante soziale Gruppenarbeit mit Jungen in seinem Alter, dem sog. ›Club der Pubertisten‹ zu gewinnen. Es ist angedacht das Gruppenangebot erlebnispädagogisch auszurichten (…). Andererseits fragt sich der Berater, ob bei Michael eine Kindeswohlgefährdung vorliegt.

Aufgrund der unbefriedigenden Situation der Jugendarbeit findet sich das Thema »Zukunft der Kinder- und Jugendarbeit« auf der Tagesordnung des nächsten Jugendhilfeausschusses des Landkreises. Landrat Keller hat die beteiligten Träger der Kinder- und Jugendarbeit in Schiebenstadt angeschrieben und um ein Vorgespräch mit der Jugendamtsleitung gebeten.

Die fachliche Diskussion der Fall- und Feldbearbeitung führt zu begründbaren Deutungen, Analysen und sozialen Diagnosen, der Nutzung von Theorie und zu Möglichkeiten der Bearbeitung mit Handlungskonzepten und Methoden.

# 7.12 Handlungsfeldorientierung – berufliche Rolle und Aufgabe

Die sozialpädagogische Arbeit mit Jugendlichen und jungen Erwachsenen im Handlungsfeld ist anspruchsvoll und häufig herausfordernd. Fachliches (Erfahrungs-)Wissen, Theoriebezug und Haltung mit einer reflexiven Rollenkompetenz sind für Professionalität unverzichtbar (vgl. Dewe 2009). Personales Auftreten und die Persönlichkeit des Sozialpädagog*innen mit dem pädagogischen Bezug bleiben wesentlich, um Beziehung aufbauen zu können. Reflexion, Evaluation von Veränderung oder Wirkungen und die Planung des Vorgehens wird möglich mit klaren Strukturen. Dies erfordert Entscheidungen, wie entwickelt und bewältigt werden soll. Eine Konzeption unterstützt Transparenz im Vorgehen einer Einrichtung. Das Modell der Handlungsfeldorientierung bietet die Chance komplexe soziale Situationen und Herausforderungen systematisch und reflexiv mit Interventionen zu begegnen.

# Literatur

Abels, H./König, A. (2010): Sozialisation. Soziologische Antworten auf die Frage, wie wir werden, was wir sind, wie gesellschaftliche Ordnung möglich ist und wie Theorien der Gesellschaft und der Identität ineinander spielen. Wiesbaden: VS-Verlag.

Arbeitsgemeinschaft für Kinder- und Jugendhilfe (AGJ) (2010): Chancen für junge Menschen beim Übergang von Schule zu Beruf verbessern – Schnittstellenprobleme zwischen SGB II, III und VIII. http://www.agj.de/pdf/5/Schnittstellen.pdf (Zugriff: 29.09.2011)

Arbeitsgemeinschaft für Kinder- und Jugendhilfe (AGJ) (2006): Handlungsempfehlungen zur Kooperation von Jugendhilfe und Schule. http://www.agj.de/index.php?id1=5&id2=7& id3=0 (Zugriff: 20.08.2010)

Auer, M. (2011): Interessenorientierte Jugendarbeit: Orientierung an den Interessen Jugendlicher zwischen theoretischen und normativem Anspruch und der Wirklichkeit im sozialpädagogischen Alltag am Praxisbeispiel der kommunalen Jugendförderung Ludwigsburg. https://rds.ibs-bw.de/caritas/link/? id=337390983 (Zugriff: 03.02.2019)

Lück, H. (2019). Bandura, Albert. In: Wirtz, M. A. (Hrsg.), Dorsch – Lexikon der Psychologie. https://m.portal.hogrefe. com/dorsch/bandura-albert/ (Zugriff: 30.04.2019)

Baumann, Z. (2003): Flaneure, Spieler, Touristen. Essays zu postmodernen Lebensformen. Hamburg: Hamburger Edition.

Bär, I./Lang, E./Wahl, B. (2010): Jugendarbeit trifft Schule. Arbeitshilfe zur Kooperation. Kompl. überarb. u. erg. Neuaufl. Stuttgart Landesjugendring Baden-Württemberg. https://rds.ibs-bw.de/caritas/link/? id=337037442 (Zugriff: 01.03.2019)

Bäumer, G. (1929): Die historischen und sozialen Voraussetzungen der Sozialpädagogik und die Entwicklung ihrer Theorie. In: Thole, W./Galuske, M./Gängler, H. (Hrsg.) (1998): KlassikerInnen der Sozialen Arbeit. Sozialpädagogische Texte aus zwei Jahrhunderten – ein Lesebuch. Neuwied: Kriftel, S. 149–161.

Beucker, J./Bertram, B. (2015): Generation 2.0. Engagement und Bildung in der Jugendarbeit. Hannover Landesjugendring. Niedersachsen. https://rds.ibs-bw.de/caritas/link/? id=427561965 (Zugriff: 02.02.2019)

Beck, U. (1986): Risikogesellschaft. Auf dem Weg in eine andere Moderne. Frankfurt/Main: Suhrkamp.

Behnisch, M./Lotz, W./Maierhof, G. (2013): Soziale Gruppenarbeit mit Kindern und Jugendlichen. Theoretische Grundlage – methodische Konzeption – empirische Analyse. Beltz Juventa Weinheim und Basel.

BMFSFJ – Bundesministerium für Familie, Senioren, Frauen und Jugend (Hrsg.) (2017): Fünfzehnter Kinder- und Jugendbericht. Bericht über die Lebenssituation junger Menschen und die Leistungen der Kinder- und Jugendhilfe in Deutschland und Stellungnahme der Bundesregierung. Berlin. Drucksache des Deutschen Bundestages. https://www.bmfsfj.de/bmfsfj/service/publikationen/15-kinder-und-jugendbericht/115440 (Zugriff: 12.12.2018)

BMFSFJ – Bundesministerium für Familie, Senioren, Frauen und Jugend (Hrsg.) (2009): 13. Kinder- und Jugendbericht. Bericht über die Lebenssituation junger Menschen und die Leistungen der Kinder- und Jugendhilfe in Deutschland. Berlin. http://www.bmfsfj.de/doku/kjb/ (Zugriff: 22.07.2010)

BMFSFJ – Bundesministerium für Familie, Senioren, Frauen und Jugend (Hrsg.) (2005): 12. Kinder- und Jugendbericht. Bericht über die Lebenssituation junger Menschen und die Leistungen der Kinder- und Jugendhilfe in Deutschland. Bildung, Betreuung und Erziehung vor und neben der Schule. Berlin.

BMFSFJ – Bundesministerium für Familie, Senioren, Frauen und Jugend (Hrsg.) (2002): 11. Kinder- und Jugendbericht. Berlin.

BMFSFJ – Bundesministerium für Jugend, Familie, Frauen und Gesundheit (Hrsg.): 8. Jugendbericht. Bericht über Bestrebungen und Leistungen der Jugendhilfe. Bonn: Bonner Universitäts-Buchdruckerei 1990.

Böhnisch, Lothar (2012): Sozialpädagogik der Lebensalter. Eine Einführung. 6., überarb. Aufl. Weinheim/Basel: Beltz Juventa.

Buttner, P./Gahleitner, S./Hochuli Freund, U./Röh, D. (Hrsg.) (2018): Soziale Diagnose. Perspektiven und Konzepte für die Soziale Arbeit. Verlag des Deutschen Vereins für öffentliche und private Fürsorge.

Deinet, U./Sturzenhecker, B. (Hrsg.) (2013): Handbuch Offene Kinder- und Jugendarbeit. Wiesbaden: VS-Verlag.

Deinet, U./Krisch, R. (2011): Sozialräumliche Öffnung – ein gemeinsames Projekt von Jugendhilfe und Schule. In: Markowetz, R./Schwab, J. E.: Kooperation von Jugendhilfe und Schule. Inklusion und Chancengleichheit zwischen Anspruch und Wirklichkeit. Bad Heilbrunn: Klinkhardt.

Deutscher Verein für öffentliche und private Fürsorge e. V. (2009): Empfehlungen des Deutschen Vereins zur Weiterentwicklung kommunaler Bildungslandschaften. http://www.deutscher-verein.de/05-empfehlungen/empfehlungen_archiv/2009/pdf/DV%2019-09.pdf (Zugriff: 30.08.2011)

Deutscher Verein für öffentliche und private Fürsorge e. V. (2007): Diskussionspapier des Deutschen Vereins zum Aufbau Kommunaler Bildungslandschaften. http://www.je-na.de/fm/41/bildungslandschaften.pdf (Zugriff: 30.08.2011)

Dewe, B. (2009): Reflexive Professionalität: Maßgabe für Wissenstransfer und Theorie-Praxis Relationierung in der Sozialarbeit. In: Riegler, A.; Hojnik, S.; Posch, K. (Hrsg.): Soziale Arbeit zwischen Profession und Wissenschaft. Vermittlungsmöglichkeiten in der Fachhochschulausbildung. Springer VS Berlin, S. 47–63.

Dewe, B. (2012) Akademische Ausbildung in der Sozialen Arbeit – Vermittlung von Theorie und Praxis oder Relationierung von Wissen und Können im Spektrum von Wissenschaft, Organisation und Profession. In: Becker-Lenz, R./Busse S./Ehlert G./Müller-Hermann, S. (Hrsg.): Professionalität Sozialer Arbeit und Hochschule. Wiesbaden: VS-Verlag, S. 111–128.

Düx, W./Prein, G./Sass, E./Tully, C. J. (2008): Kompetenzerwerb im freiwilligen Engagement. Eine empirische Studie zum informellen Lernen im Jugendalter. Wiesbaden: VS-Verlag.

Engelke, E. (2002): Theorien der Sozialen Arbeit. Eine Einführung. 3. Aufl. Freiburg: Lambertus.

Fend, H. (2003): Entwicklungspsychologie des Jugendalters. Ein Lehrbuch für pädagogische und psychologische Berufe. 3. Aufl. Opladen: Leske + Budrich.

Forneck, Hermann J. (2005): Selbstlernumgebungen. Zur Didaktik des selbstsorgenden Lernens und ihrer Praxis. Hrsg. mit Klingovsky, U./Kossack, P.) Hohengehren: Schneider Verlag.

Galuske, M. (2009): Methoden der Sozialen Arbeit. Eine Einführung. 8. Aufl. Weinheim/München: Juventa.

Galuske, M. (1999): Methoden der Sozialen Arbeit. Eine Einführung. 8. Aufl. Weinheim/München: Juventa.

Geißler, K. A./Hege, M. (2007): Konzepte sozialpädagogischen Handelns. Ein Leitfaden für soziale Berufe. 11. Aufl. Weinheim/München: Juventa.

Giesecke, H. (1981): Vom Wandervogel zur Hitler-Jugend. München.

Gögercin, S. (1999): Jugendsozialarbeit. Eine Einführung. Freiburg: Lambertus.

Gross, P. (1994): Die Multioptionsgesellschaft. Frankfurt/Main: Suhrkamp.

Grunwald, K./Thiersch, H. (Hrsg.) (2004): Praxis Lebensweltorientierter Sozialer Arbeit. Handlungszugänge und Methoden in unterschiedlichen Arbeitsfeldern. München/Weinheim: Juventa.

Hamburger, F. (2011): Einführung in die Sozialpädagogik. 3., akt. Aufl. Stuttgart: Kohlhammer.

Jordan, E./Sengling, D. (2000): Kinder- und Jugendhilfe – Einführung in die Geschichte und Handlungsfelder, Organisationsformen und gesellschaftliche Problemlagen. Weinheim/München: Juventa.

Hafeneger, B. (2013): Geschichte der Offenen Kinder- und Jugendarbeit seit 1945. In: Handbuch Offene Kinder- und Jugendarbeit. Wiesbaden: VS-Verlag, S. 37–47.

Havighurst, R. J. (1948/1982): Developmental Tasks and Education. New York.

Henschel, A./Krüger, R./Schmitt, C./Stange W. (2008): Jugendhilfe und Schule. Handbuch für eine gelingende Kooperation. Wiesbaden: VS-Verlag.

Hörmann, M. (2018): Blended Counseling. Mediennutzung und Potentialeinschätzung in Handlungsfeldern der Sozialen Arbeit. In: Soziale Arbeit. Zeitschrift für soziale und sozialverwandte Gebiete, 67, S. 202–209.

Hurrelmann, K./Bauer, U. (2015): Einführung in die Sozialisationstheorie. Das Modell der produktiven Realitätsverarbeitung. 11. Aufl. Weinheim: Beltz.

Kooperationsverbund Schulsozialarbeit (2015): Schulsozialarbeit – Anforderungsprofil für einen Beruf der Sozialen Arbeit. 3., überarb. Aufl. Frankfurt. http://www.kv-schulsozial arbeit.de/Anforderungsprofil_Schulsozialarbeit_2015.pdf (Zugriff: 30.04.2019)

Kommunalverband Jugend und Soziales Baden-Württemberg (KVJS) (Hrsg.) (2018): Schulsozialarbeit in Baden-Württemberg. https://www.kvjs.de/fileadmin/publikationen/spezial/KVJS-Spezial-Schulsozialarbeit-R-05-Barrierefrei-X.pdf (Zugriff: 30.04.2019)

Kommunalverband Jugend und Soziales Baden-Württemberg (Hrsg.) (2012): WiKO. Wirkungsorientierung in der Jugendhilfe 2008–2011. Abschlussbericht des Projekts WIKO. Unter Mitarbeit von Schwab, J. E./Wegner-Steybe, N. u. a. Stuttgart.

Kommunalverband Jugend und Soziales Baden-Württemberg (Hrsg.) (2010): Kinder- und Jugendhilfe im demographischen Wandel. Zusammenfassung zentraler Ergebnisse der Berichterstattung 2010. Verfasser Ulrich Bürger. Stuttgart.

Langmaack, B./Braune-Krickau, M. (2010): Wie die Gruppe laufen lernt. Anregungen zum Planen und Leiten von Gruppen. Ein praktisches Lehrbuch. 8., vollst. überarb. Aufl. Weinheim, Basel: Beltz Juventa.

Markowetz, R./Schwab J. E. (2012): Die Zusammenarbeit von Jugendhilfe und Schule. Inklusion und Chancengerechtigkeit zwischen Anspruch und Wirklichkeit. Bad Heilbrunn/Obb: Klinkhardt.

Michl, W. (2015): Erlebnispädagogik. 3., aktualisierte Aufl. München: Reinhardt.

Nickolai, W./Schwab, J. E. (2016): Vom Doppel- zum Tripel-Mandat Sozialer Arbeit und dem professionellen Selbstverständnis von Sozialarbeitern im Strafvollzug. Forum Strafvollzug.

Merchel, J. (2002): Sozial- und Jugendhilfeplanung. In: Thole. W. (Hrsg.): Grundriss Soziale Arbeit. Wiesbaden: VS-Verlag, S. 603–631.

Nörber, Martin (2003): Peer Education. Bildung und Erziehung von Gleichaltrigen durch Gleichaltrige. Weinheim/Basel: Beltz.

Oerter, R./Dreher, E. (2008): Jugendalter. In: Oerter, R./Montada, L. (Hrsg.) Entwicklungspsychologie. 6. Aufl. Weinheim/Basel: Beltz.

Overwien, B. (2006): Informelles Lernen in der internationalen Diskussion. In: Rauschenbach, T./Düx, W./Sass, E. (Hrsg.): Informelles Lernen im Jugendalter – eine vernachlässigte Dimension in der Bildungsdebatte. Weinheim: Beltz, S. 35–62.

Pötter, N. (2018): Schulsozialarbeit. 2., akt. Aufl. Freiburg: Lambertus.

Rätz-Heinisch, R./Schröer, W./Wolff, M. (2009): Lehrbuch Kinder- und Jugendhilfe. Grundlagen, Handlungsfelder, Strukturen und Perspektiven. Weinheim/München: Juventa.

Rauschenbach, T. u. a. (2010): Lage und Zukunft der Kinder- und Jugendarbeit in Baden-Württemberg. Eine Expertise. Stuttgart: Ministerium für Arbeit und Sozialordnung, Familien und Senioren Baden-Württemberg.

Rauschenbach, T. (2009): Zukunftschance Bildung. Familie, Jugendhilfe und Schule in neuer Allianz. Weinheim/München: Juventa.

Rauschenbach, T./Düx, W./Sass, E. (2006): Informelles Lernen im Jugendalter. Vernachlässigte Dimensionen der Bildungsdebatte. München: Juventa.

Rösch, E. (2019): Jugendarbeit in einem mediatisierten Umfeld. Impulse für ein theoretisches Konzept. München: Juventa.

Rohr, D./den Ouden, H./Rottlaender, E.-M. (2016): Hochschuldidaktik im Fokus von Peer Learning und Beratung. Weinheim/Basel: Beltz Juventa.

Schmid-Urban, P. (2001): Sozialpolitische Anforderungen und fachliche Standards der Evaluation in der Sozialen Arbeit. In: Heil, K./Heiner, M./Feldmann, U. (Hrsg.) (2001): Evaluation Sozialer Arbeit. Eigenverlag des Deutschen Vereins f. öffentliche und private Fürsorge. Frankfurt/Main, S. 27–34.

Schneider, W./Lindenberger, U. (Hrsg.) (2012): Entwicklungspsychologie. 7. Aufl. Weinheim/Basel: Beltz.

Schwab, J. E. (2019a): Entwicklungs- und Analysezirkel. Ansatz der Konzeptionsentwicklung Unveröffentl. Skript. Sommersemester Kath. Hochschule Freiburg.

Schwab, J. E. (2020): Strukturprinzipien der Sozialen Arbeit. Unveröffentl. Skript. Sommersemester 2020 Kath. Hochschule Freiburg.

Schwab, J. E. (2018): Systemisches Organigramm. Unveröffentl. Skript. Wintersemester 2018/19 Kath. Hochschule Freiburg.

Schwab, J. E. (2012): Die Zusammenarbeit von Jugendarbeit und Schule. Bedarfe, Herausforderungen und konzeptionelle Entwicklung. In: Markowetz, R./Schwab J. E. (Hrsg.): Zusammenarbeit von Jugendhilfe und Schule. Inklusion und Chancengerechtigkeit zwischen Anspruch und Wirklichkeit. Bad Heilbrunn/Obb: Klinkhardt, S. 28–56.

Schwab, J. E./Wegner-Steybe, N. (2012): Kinderschutz Kooperation von Jugendhilfe und Gesundheitswesen am Standort Freiburg. In: Kommunalverband Jugend und Soziales Baden-Württemberg kvjs (Hrsg.): WiKO – Wirkungsorientierung in der Jugendhilfe 2008–2011. Abschluss-bericht des Projekts WIKO. Stuttgart.

Schwab, J./Stegbauer, C./Stegmann, M. (2000): Gesellschaftlicher Wandel und blinde Flecken traditioneller Jugendhilfe. In Dt. Jugend, 48., Heft 12, S. 519–528.

Schwab, J. E. (2006): Bildungseffekte ehrenamtlicher Tätigkeit in der Jugendarbeit. Dt. Jugend, 54, Heft 7/8., S. 320–328.

Siebert, H. (2012): Didaktisches Handeln in der Erwachsenenbildung. Didaktik aus konstruktivistischer Sicht. 7. Aufl. Augsburg: Ziel Verlag.

Speck, K./Olk, T. (Hrsg.) (2010): Forschung zur Schulsozialarbeit. Stand und Perspektiven. Weinheim/München: Juventa.

Spiegel, H. von (2018): Methodisches Handeln in der Sozialen Arbeit Grundlagen und Arbeitshilfen für die Praxis. 6. Aufl. München: Reinhardt.

Spiess, A./Pötter, N. (2011): Soziale Arbeit an Schulen – Einführung in die Schulsozialarbeit. Wiesbaden: VS-Verlag.

Stahl, E. (2002): Dynamik in Gruppen. Handbuch der Gruppenleitung. Weinheim/Basel: Beltz.

Stegbauer, C./Schwab, J./Stegmann, M. (1998): Blinde Flecken traditioneller Jugendhilfe. Eine empirische Studie zur Jugendhilfeplanung. Frankfurt/Main: Dipa Verlag.

Stegmann, M./Schwab, J. E.; (2012): Evaluieren und Forschen für die Soziale Arbeit. Ein Arbeits- und Studienbuch. Vollst. überarb. u. erw. Neuausgabe. Berlin: Eigenverlag Deutscher Verein für öffentliche und private Fürsorge e. V.

Thiersch, H./Grunwald, K./Köngeter, S. (2002): Lebensweltorientierte Soziale Arbeit. In: Thole, W. (Hrsg.): Grundriss Soziale Arbeit. Opladen: Leske + Budrich, S. 161–178.

Thole, W. (2012): Grundriss Soziale Arbeit. Ein einführendes Handbuch. Die Soziale Arbeit – Praxis, Theorie, Forschung und Ausbildung. 4. Aufl. Wiesbaden: VS-Verlag.

Thole, W. (2002): Grundriss Soziale Arbeit. Opladen: Leske + Budrich.

Thole, W. (2000): Kinder- und Jugendarbeit. Weinheim/München: Juventa.

Tippelt, R./Schmidt, B. (2010): Handbuch Bildungsforschung. 3. Aufl. Wiesbaden: VS-Verlag.

# 8 Handlungsfeld Soziale Arbeit mit verhaltensauffälligen und seelisch behinderten jungen Menschen

*Mone Welsche/Sabine Triska*

## 8.1 Einführung

Die pädagogische Arbeit mit verhaltensauffälligen und/oder seelisch behinderten jungen Menschen hat in der Geschichte der Sozialpädagogik eine lange Tradition. Demzufolge besteht an der Katholischen Hochschule Freiburg die Möglichkeit, einen Schwerpunkt im Studium der Sozialen Arbeit in dieses Handlungsfeld, in welchem vor allem die teil- und vollstationären Hilfen adressiert werden, zu legen. Für das Handlungsfeld sind verschiedene Studieninhalte, die über die allgemeinen Kenntnisse der Sozialen Arbeit hinausgehen, relevant. Die Inhalte stellen sich im groben Überblick, aufgegliedert in Grundlagenwissen und handlungsfeldbezogene sozialpädagogische Kenntnisse, wie folgt dar.

**Grundlagenwissen:**

- Darstellung der Geschichte der erzieherischen Hilfen
- Begriffsbestimmung der Zielgruppe
- Darstellung der Maßnahmen und Hilfeformen nach SGB VIII (§ 27ff.)
- Handlungsfeldspezifische Strukturmerkmale (Rahmenverträgen, Leistungsvereinbarungen und -beschreibungen, Entgeltvereinbarungen, Finanzierung, Fundraising)
- Klinische Kinder- und Jugendpsychologie (Ätiologie von Verhaltensstörungen und psychischer Erkrankungen, klinische Diagnostik, psychotherapeutische Ansätze)

**Handlungsfeldbezogene Kenntnisse:**

- Beziehungsgestaltung (z. B. Bezugserziehersystem, Lernen am Modell)
- Partizipation (z. B. Kinderrechte)
- Hilfeplanung (§ 36 SGB VIII) (z. B. Eltern- und Familienarbeit, systemische Perspektive Elternbeteiligung, sozialpädagogische Diagnose)
- Sozialpädagogische Gruppenarbeit als Methodik (z. B. Alltagspädagogik, Soziales Kompetenztraining)
- Medieneinsatz im Alltag (z. B. Bewegung und Sport, Kunst, Musik)
- Spezifische Kenntnisse (z. B. Traumapädagogik, kulturelle Vielfalt, veränderte Familienkonstellationen)

- Grenzbereiche der pädagogischen Arbeit (z. B. rechtssicheres Handeln, geschlossene Unterbringung)
- Schnittstellen (z. B. Kinder- und Jugendpsychiatrie, Jugendpolizei, Schule und Beruf)

In diesem Kapitel wird anhand eines Fallbeispiels aus der Heimerziehung, an dem sich exemplarisch einige besondere Kenntnisse und Kompetenzen, die für die Arbeit mit verhaltensauffälligen und seelisch behinderten Kindern und Jugendlichen notwendig sind, gut abbilden lassen, ein Einblick in das Handlungsfeld gegeben und notwendige Voraussetzungen, die im Rahmen des Studiums dieses Handlungsfeldes erlernt werden sollen, beispielhaft aufgegriffen.

Dem Fallbeispiel vorausgehend werden kurz die institutionellen Rahmenbedingungen und die verschiedenen Hilfeformen dargestellt und erläutert, um den Rahmen des Handlungsfeldes zu spezifizieren sowie eine Definition der Zielgruppe zu geben, bevor zwei Kompetenzbereiche, die von Bedeutung sind, anhand des Fallbeispiels erläutert werden. Eine kurze Zusammenfassung schließt den Einblick in dieses Handlungsfeld ab.

## 8.2 Rahmenbedingungen und Hilfeformen im Handlungsfeld

Kinder- und Jugendhilfe hat zum Ziel, auf konkrete individuelle, soziale und gesellschaftliche Situationen, die die Lebenslagen von jungen Menschen bestimmen, zu reagieren. Im SGB VIII werden unter der Überschrift »Recht auf Erziehung, Elternverantwortung, Jugendhilfe« Leitorientierungen und Zielsetzungen der Jugendhilfe definiert (§ 1 SGB VIII).

**Kasten 1:** Leitorientierungen und Zielsetzungen der Jugendhilfe

»Jugendhilfe soll zur Verwirklichung des Rechts nach Absatz 1 insbesondere

1. junge Menschen in ihrer individuellen und sozialen Entwicklung fördern und dazu beitragen, Benachteiligungen zu vermeiden oder abzubauen,
2. Eltern und andere Erziehungsberechtigte bei der Erziehung zu beraten und zu unterstützen,
3. Kinder und Jugendliche vor Gefahren für ihr Wohl schützen,
4. dazu beitragen, positive Lebensbedingungen für junge Menschen und ihre Familien sowie eine kinder- und familienfreundliche Umwelt zu erhalten oder zu schaffen« (§ 1 Abs. 3 SGB VIII).

Kann ein\*e Personensorgeberechtigte\*r aufgrund schwieriger Lebenssituationen eine dem Wohl des jungen Menschen entsprechende Erziehung nicht gewährleisten, hat er\*sie Anspruch auf »Hilfe zur Erziehung« (§ 27 SGB VIII). Hierzu können fachlich qualifizierte und differenzierte Leistungsangebote insbesondere nach Maßgabe der §§ 28-35 SGB VIII gewährt werden, wenn diese für die Entwicklung des jungen Menschen geeignet und notwendig sind. Durch das Wort »insbesondere« kommt zum Ausdruck, dass die im Gesetz aufgeführten Leistungsangebote nicht ausschließlich formuliert sind.

Die Angebote und Maßnahmen der erzieherischen Hilfen sind als Leistungsangebote zu verstehen, auf die bei Vorliegen entsprechender Voraussetzungen ein rechtlicher Anspruch besteht. Inanspruchnahme und konkrete Ausgestaltung der Hilfe richten sich nach dem erzieherischen Bedarf im Einzelfall und sind in Zusammenarbeit der Familie und den jungen Menschen mit den Fachkräften des Jugendamtes zu entwickeln und gestalten. Die Betroffenen und das engere soziale Umfeld sind in den Hilfeprozess und die Hilfeplanung einzubeziehen (§36 SGB VIII). Zwischen den einzelnen im SGB VIII genannten Hilfeformen besteht keine Rangfolge in dem Sinne, dass die Inanspruchnahme einer intensiveren Hilfe den vorherigen Einsatz einer weniger intensiven Hilfe voraussetzen würde (vgl. Münder u. a. 2009.).

Die verschiedenen Hilfeformen für Kinder, Jugendliche und Familien können von Anspruchsberechtigten A. der Hilfen zur Erziehung gem. § 27 SGB VIII (Personensorgeberechtigte) und B. der Hilfen zur Eingliederung von den betroffenen Kindern und Jugendlichen selbst (§ 35a SGB VIII). beantragt werden. Eine kurze Erläuterung der verschiedenen Hilfeformen gibt einen ersten Einblick in die Vielfältigkeit dieses Handlungsfeldes.

### A. Hilfen zur Erziehung

a) Erziehungsberatung (§ 28 SGB VIII)
Die Leistungen der Erziehungsberatung gehören zu den ambulanten Hilfen und unterstützen die Familien oder auch einzelne Mitglieder bei der Klärung von Problemen, die z. B. in Erziehungsfragen liegen können, als auch bei der Bewältigung von schwierigen Situationen, wie z. B. Scheidungen. In Erziehungsberatungsstellen arbeiten sowohl pädagogische als auch psychologische Fachkräfte. Im Hilfeangebot finden sich neben Einzel-, Eltern- oder Paargesprächen auch Einzel- oder Gruppenangebote für Kinder und Jugendliche mit verschiedenen methodischen Ansätzen und Schwerpunkten.

b) Soziale Gruppenarbeit (§ 29 SGB VIII)
Zielgruppe der sozialen Gruppenarbeit als ambulante Hilfeform sind in der Regel ältere Kinder und Jugendliche, die Unterstützung bei der Überwindung von Verhaltens- und Entwicklungsproblemen brauchen und von einem ambulanten Gruppensetting profitieren können. Insbesondere das Soziale Lernen in der Gruppe wird durch verschiedene methodische Ansätze gefördert. Dieses Angebot kann sowohl in Kursform als auch als fortlaufende Gruppe konzipiert sein. Soziale Gruppenarbeit wird auch als regelmäßiges Angebot im System Schule angeboten und sichert dort die schulische Integration.

c) Erziehungsbeistand, Betreuungshelfer (§ 30 SGB VIII)

Diese Hilfeform gehört zu den intensiven Formen der ambulanten Hilfen. Der Erziehungsbeistand und der Betreuungshelfer sollen die Kinder und Jugendlichen unterstützen, bestehende Entwicklungs-, familiäre oder soziale Probleme zu bewältigen. Diese Hilfeform ist in der Regel langfristig angelegt und hilft dem Kind oder Jugendlichen, sich zu verselbständigen ohne den Bezug zur Familie zu verlieren. Dabei kommt dem Erziehungsbeistand und Betreuungshelfer*in die Funktion zu, die familiäre Erziehung zu unterstützen oder zu ergänzen und das soziale Umfeld so weit wie möglich einzubeziehen.

d) Sozialpädagogische Familienhilfe (§ 31 SGB VIII)

Auch diese Form der Hilfe gehört zu den intensiven eher langfristig angelegten ambulanten Hilfen. Die Aufgabe des*der sozialpädagogischen Familienhelfers*in besteht in der Begleitung und Betreuung von Familien in Fragen der Erziehung, Unterstützung bei Konflikt- und Problembewältigungen verschiedenster Art, aber auch Hilfestellung im Kontakt zu Ämtern und Institutionen. Diese Hilfeform ist in besonderem Maße auf die Mitarbeit der ganzen Familie angewiesen. Der Fokus kann dabei sowohl auf der sozialpädagogischen als auch auf der therapeutischen Begleitung liegen.

e) Erziehung in einer Tagesgruppe (§ 32 SGB VIII)

Bei dieser Hilfeform handelt es sich um ein teilstationäres Angebot, d. h. die Kinder und Jugendlichen besuchen am Morgen die Schule und verbringen den Nachmittag und Teile der Ferien in der sozialpädagogisch betreuten Gruppe. Ihr Lebensmittelpunkt bleibt die Familie. Die Entwicklungsförderung der Kinder und Jugendlichen, insbesondere im Bereich des sozialen Lernens und der schulischen Entwicklung, steht im Mittelpunkt der Hilfeform. Durch die teilstationäre Hilfe besteht der Vorteil, pädagogische und auch therapeutische Hilfen zu bieten, ohne den Bezug zur Familie zu verlieren. Der Elternarbeit kommt ein weiterer wichtiger Stellenwert zu, da der Verbleib des Kindes oder Jugendlichen in der Familie das angestrebte Ziel darstellt.

f) Vollzeitpflege (§ 33 SGB VIII)

Bei dieser Hilfeform handelt es sich um eine stationäre Hilfe, die *in der Regel* von Laien erbracht wird. Je nach Bedarfslage besteht die Möglichkeit einer zeitlich begrenzten Unterbringung oder einer langfristig angelegten Perspektive in der Pflegefamilie. Grundsätzlich sollte versucht werden, mit der Herkunftsfamilie eine Perspektive zur Rückführung zu erarbeiten. Für besonders belastete und entwicklungsbeeinträchtigte Kinder und Jugendlichen sollten im Bedarfsfall geeignete und gut begleitete Pflegefamilien zur Verfügung stehen.

g) Heimerziehung, sonstige betreute Wohnform (§ 34 SGB VIII)

Auch diese Hilfeform gehört zu den stationären Hilfen. Die Förderung von Kindern und Jugendlichen innerhalb einer betreuten Wohnform soll durch eine Kombination von Alltagserleben, pädagogischen und therapeutischen Angeboten jungen Menschen bei der Bewältigung von Problemen helfen und sie in ihrer Entwicklung fördern. Sie soll mit ihren Möglichkeiten zur Verbesserung der Erziehungsbedingungen in der Herkunftsfamilie beitragen. Als perspektivische Zielvorstellung wird sowohl die Rückkehr in die Herkunftsfamilie, die Erziehung in einer anderen Familie oder, wenn beides nicht möglich oder nicht sinnvoll ist, die Vorbereitung auf die Selbständigkeit gesehen.

h) Intensive sozialpädagogische Einzelbetreuung (§ 35 SGB VIII)

Diese Form der Hilfen ist Jugendlichen vorbehalten, die einer besonderen intensiven sozialpädagogischen Unterstützung bedürfen, um ihr Leben eigenverantwortlich und sozial integriert gestalten zu lernen. Diese Hilfeform wird auf die Bedürfnisse des jeweiligen Jugendlichen zugeschnitten und kann unter bestimmten Umständen sowohl im Inland als auch im Ausland stattfinden. In der Regel wird diese Hilfeform nur für Jugendlichen gewählt, die bereits eine langjährige Historie nicht greifender Hilfemaßnahmen haben.

## B. Eingliederungshilfe seelisch behinderter Kinder und Jugendliche (§ 35a SGB VIII)

Wie bereits erwähnt, kann die Eingliederungshilfe, anders als die Hilfen zur Erziehung, von den Kindern und Jugendlichen selbst in Anspruch genommen werden. Die Voraussetzungen wie auch die verschiedenen Hilfeformen der Eingliederungshilfe sind im Kasten 2 definiert.

Die Höhe der Kosten für die Inanspruchnahme der ambulanten Maßnahmen erfolgt über eine vertragliche Vereinbarung der Träger der öffentlichen Jugendhilfe mit den Leistungserbringern (Träger der freien Jugendhilfe) und kann länderspezifisch unterschiedlich geregelt werden (§ 77 SGB VIII).

Die Finanzierung der teilstationären und stationären Hilfen zur Erziehung (§ 78a–g SGB VIII) basiert auf prospektiven Leistungsentgelten, die zwischen dem öffentlichen Jugendhilfeträger, dem Träger der Einrichtung und/oder seinem Verband auf Grundlage fachlicher Qualitätskriterien verhandelt werden. Die Leistungs- und Entgeltvereinbarung regelt verbindlich

1. Inhalt, Umfang und Qualität der Leistungsangebote (Leistungsvereinbarung),
2. differenzierte Entgelte für die Leistungsangebote und die betriebsnotwendigen Investitionen (Entgeltvereinbarung) und
3. Grundsätze und Maßstäbe für die Bewertung der Qualität der Leistungsangebote sowie über geeignete Maßnahmen zu ihrer Gewährleistung (Qualitätsentwicklungsvereinbarung) (§ 78b SGBVIII).

Falls keine Vereinbarung vorliegt, werden die Kosten der Maßnahme nur im begründeten Einzelfall und auf der Grundlage des Hilfeplans (§ 36 SGB VIII) übernommen.

Vereinbarungspartner für den Abschluss dieser verbindlichen Vereinbarungen sind der örtliche Jugendhilfeträger, in dessen Bereich die Einrichtung liegt. Die von diesem Träger abgeschlossenen Vereinbarungen sind für alle örtlichen Träger bindend (§ 78e SGB VIII).

Untersuchungen zu diesen Vereinbarungen zeigen, dass es in der Praxis inzwischen aussagekräftige, praktikable und transparente Entgelt-, Leistungs- und Qualitätsentwicklungsvereinbarungen gibt (vgl. Günder 2011; Macsenaere u. a. 2014). Die Beteiligung an der Diskussion um Weiterentwicklung und Optimierung von Qualitätsstandards ist zentraler Ausbildungsinhalt. Sie ist als Beitrag zur berufsethischen Verpflichtung zur Sicherstellung der bestmöglichen sozialpädagogischen Hilfen für junge Menschen und ihre Familien zu verstehen.

## 8.3 Definition der Zielgruppe

In diesem Handlungsfeld sprechen wir von verhaltensauffälligen und/oder seelisch behinderten Kindern und Jugendlichen, die aus unterschiedlichen Gründen Verhaltensauffälligkeiten zeigen oder an psychischen Erkrankungen leiden und sozialpädagogische Unterstützung benötigen.

Während die Definition »seelisch behinderte Kinder und Jugendliche« durch das SGB VIII geklärt ist (▶ Kasten 2), gibt es im SGB VIII keine detaillierte Beschreibung der Kinder und Jugendlichen, deren Personensorgeberechtigten die Hilfe zur Erziehung beantragen können. Den Beschreibungen der verschiedenen Hilfeformen (§§ 28–35 SGB VIII) ist zu entnehmen, dass es sich, je nach Hilfeform, sowohl um primär Familienorientierte Hilfen (z. B. Erziehungsberatung), die möglicherweise die Unterstützung der Eltern durch Hilfe bei der Klärung von Erziehungsfragen in den Mittelpunkt der Hilfe stellen, als auch individuumszentrierte Hilfen (z. B. Soziale Gruppenarbeit), bei denen das Kind und der Jugendliche und seine*ihre Probleme im Zentrum der Hilfe steht, handeln kann.

**Kasten 2:** Definition »seelisch behinderter Kinder und Jugendlicher« im SGB VIII

(1) Kinder oder Jugendliche haben Anspruch auf Eingliederungshilfe, wenn
  1. ihre seelische Gesundheit mit hoher Wahrscheinlichkeit länger als sechs Monate von dem für ihr Lebensalter typischen Zustand abweicht, und
  2. daher eine Teilhabe am Leben in der Gesellschaft beeinträchtigt ist oder eine solche Beeinträchtigung zu erwarten ist.
  Von einer seelischen Behinderung bedroht im Sinne dieses Buches sind Kinder oder Jugendliche, bei denen eine Beeinträchtigung ihrer Teilnahme am Leben in der Gesellschaft nach fachlicher Erkenntnis mit hoher Wahrscheinlichkeit zu erwarten ist. (…)
(1a) Hinsichtlich der Abweichung der seelischen Gesundheit nach Absatz 1 Satz 1 Nr. 1 hat der Träger der öffentlichen Jugendhilfe die Stellungnahme
  1. eines Arztes für Kinder- und Jugendpsychiatrie und Psychotherapie
  2. eines Kinder- und Jugendpsychotherapeuten oder
  3. eines Arztes oder eines psychologischen Psychotherapeuten, der über besondere Erfahrungen auf dem Gebiet seelische Störungen bei Kindern und Jugendlichen verfügt,
  einzuholen. Die Stellungnahme ist auf der Grundlage der Internationalen Klassifikation der Krankheiten in der vom Deutschen Institut

> für medizinische Dokumentation und Information herausgegebenen Fassung zu erstellen. Dabei ist auch darzulegen, ob die Abweichung Krankheitswert hat oder auf einer Krankheit beruht. (…)
>
> (2)  Die Hilfe wird nach dem Bedarf im Einzelfall
>   1. in ambulanter Form,
>   2. in Tageseinrichtungen für Kinder oder in anderen teilstationären Einrichtungen,
>   3. durch geeignete Pflegepersonen und
>   4. in Einrichtungen über Tag und Nacht sowie sonstige Wohnformen geleistet.

Kinder und Jugendliche, deren Eltern oder Personensorgeberechtigte die Hilfen zur Erziehung (§ 27 SGB VIII) in Anspruch nehmen, müssen nach SGB VIII nicht notwendigerweise verhaltensauffällig sein. Ausschlaggebend für den Anspruch nach SBG VIII ist, dass, wie im § 27 SGB VIII beschrieben, die »dem Wohl des Kindes oder des Jugendlichen entsprechende Erziehung nicht gewährleistet ist und die Hilfe für seine Entwicklung geeignet und notwendig ist.«

Allerdings finden sich in den Erläuterungen zu den Hilfen zur Erziehung im SGB VIII an verschiedenen Stellen Beschreibungen von Kindern und Jugendlichen mit Entwicklungs- und Verhaltensproblemen. Auch die Ergebnisse der JES Studie zur Klientel der untersuchten Hilfeformen beschreibt Kinder- und Jugendliche mit Problemen und Symptombelastungen verschiedenen Ausmaßes (s. Macsenaere 2006). Eine Beschreibung, die wir für das hier beschriebene Handlungsfeld in den Terminus ›verhaltensauffällige Kinder und Jugendliche‹ übersetzt haben.

Was bedeutet nun ›verhaltensauffällig‹ konkret? In der Fachliteratur gibt es Uneinigkeit über die Abgrenzung zwischen den Begriffen ›Verhaltensauffälligkeit‹, ›Verhaltensstörung‹ und ›Erziehungsschwierigkeiten‹, die häufig synonym verwendet werden (vgl. Hillenbrand 2008, Myschker/Stein 2018). Für die Arbeit mit der benannten Zielgruppe lehnen wir uns an die ausführliche Definition von Myschker und Stein an, auch wenn diese den Begriff der Verhaltensstörung wählen, während wir für die Beschreibung unseres Handlungsfeldes den Begriff ›verhaltensauffällig‹ bevorzugen, da dieser Begriff in der Kombination mit dem Terminus ›seelisch behindert‹ die Spannweite von auffälligen bis ernsthaft gestörten Verhalten zulässt, die uns im Kontext der Sozialen Arbeit häufig begegnet.

> »Verhaltensstörung ist ein von den zeit- und kulturspezifischen Erwartungsnormen abweichendes maladaptives Verhalten, das organogen und/oder milieureaktiv bedingt ist, wegen der Mehrdimensionalität, der Häufigkeit und des Schweregrades die Entwicklung-, Lern- und Arbeitsfähigkeit sowie das Interaktionsgeschehen in der Umwelt beeinträchtigt und ohne besondere pädagogisch-therapeutische Hilfe nicht oder nur unzureichend überwunden werden kann« (Myschker/Stein 2018: 56).

Myschker und Stein benennen in ihrer Definition eine Reihe von Merkmalen, die sowohl auf die möglichen Ursachen der Entstehung von Verhaltensstörungen eingehen, als auch die Auswirkungen der Verhaltensstörung verdeutlichen und die Notwendigkeit pädagogisch-therapeutischer Unterstützung betonen.

# 8.4 Sozialpädagogische Kompetenzen für das Handlungsfeld– eine Auswahl

In der Grundlagenliteratur zu den Methoden der Sozialen Arbeit werden die allgemeinen Kompetenzen, über die Studierende der Sozialen Arbeit zum Abschluss ihres Studiums verfügen sollen, ausführlich beschrieben (s. u. a. Spiegel 2018).

Für das hier beschriebene Handlungsfeld sind über die allgemeinen sozialpädagogischen Kompetenzen und Methodenkenntnisse hinaus spezielle Anforderungen relevant. Diese ergeben aus der Arbeit mit der Zielgruppe und den zugehörigen Kontexten, die, angelehnt an Spiegels Überblick zu den jeweiligen Kompetenzen, der »Dimension des Wissens« (2018: 84) und hier den Unterpunkten

- Erklärungswissen,
  - vor allem Kenntnisse arbeitsfeldspezifischer disziplinärer Wissensbestände, und
- Veränderungswissen,
  - vor allem Arbeitsfeldspezifische Erweiterungen des methodischen Repertoires,

zuzuordnen sind.

Das Beispiel des Mädchens ›Verena‹ und ihrer Familie beschreibt eine Fallgeschichte, wie sie oftmals in unserem Handlungsfeld vorkommt. Verena und ihre Mutter haben einen Termin mit einer Jugendamtsmitarbeiterin, weil Verena auf eigenen Wunsch wie auf Wunsch der Mutter nach einem kinder- und jugendpsychiatrischen Aufenthalt nicht mehr Zuhause wohnen möchte. Die Mutter beantragt Hilfen zur Erziehung.

Eine Studie von Günder (2011: 89) zur Untersuchung von Standardsituationen in der Heimerziehung zeigte, dass von 25 interviewten jungen Menschen zwischen 14 und 18 Jahren immerhin sieben vor der Heimunterbringung eine längere Zeit in einer Kinder- und Jugendpsychiatrie behandelt wurden. Heerkerens (2009: 479) betont mit Verweis auf entsprechend aussagekräftige empirische Untersuchungen die verhältnismäßig hohe Zahl von Kindern und Jugendlichen mit Verhaltensstörungen, die in betreuten Wohneinrichtungen leben. Die Untersuchung von Schmidt u. a. (2006) zeigte, dass in den Tagesgruppen und in den vollstationären Hilfen die Mehrzahl der Kinder und Jugendlichen eine sehr hohe Symptombelastung aufweisen, die als klinisch auffällig gilt, und auch die Ergebnisse der Jugendhilfe-Effekte-Studie belegten, dass insbesondere bei den Kindern und Jugendlichen, die in Tagesgruppen und im Heim betreut werden, hohe bis schwerste Problematik und Symptombelastung zu beobachten sind (Macsenaere 2006).

## Fallbeispiel Verena, Teil 1

### Auszüge aus der Anamnese

V. (16 Jahre) wohnt mit zwei jüngeren Halbgeschwistern (acht und zehn Jahre), ihrer Mutter und dem Partner ihrer Mutter zusammen. Sie hat keinen Kontakt zu ihrem leiblichen Vater, der die Familie vor zehn Jahren verlassen hat, es besteht auch keine Verbindung zu den Großeltern, mit denen die Mutter nach eigenen Angaben zerstritten sei. Die Mutter berichtet, dass V. ihren neuen Partner nie ›wirklich‹ akzeptiert habe und sich von ihm auch nichts sagen lasse. Mit den kleineren Geschwistern verstünde sie sich gut, würde sich Zuhause aber sehr viel zurückziehen und sie kaum unterstützen, was die Mutter allerdings von ihr erwarte. V. gehe auf eine Realschule, sie sei bis vor etwa einem Jahr eine unauffällige und unterdurchschnittlich bis durchschnittliche Schülerin gewesen. V. selbst berichtet, dass sie immer sehr viel habe lernen müssen und in der Schule nicht mehr mitgekommen sei, außerdem sei sie dort ›gemobbt‹ worden und habe ›sowieso keine Freunde‹. Ihr jetziger Ex-Freund, mit dem sie drei Monate zusammen gewesen sei, gehe in eine Parallelklasse, den wolle sie nie mehr sehen. Außerdem sei ihr Schulabschluss durch ihr häufiges Fehlen gefährdet und so würde es eh alles keinen Sinn mehr machen. V. ist eher schmal, beschreibt sich allerdings als ›zu fett‹. Sie berichtet über regelmäßige Brechattacken, die sie vor dem klinischen Aufenthalt gehabt habe. Das Erbrechen habe ihr geholfen, ›nicht noch dicker‹ zu werden. Jetzt würde sie aber nicht mehr brechen.

V.s Mutter und deren Partner arbeiten Vollzeit. Ihre Mutter äußert, dass sie V.s Probleme nicht nachvollziehen könne, sie fände ihre Reaktionen übertrieben und habe sich eher gewünscht, dass ihre große Tochter sie mehr unterstützen würde. V. war bis vor zwei Wochen für ca. vier Monate wegen Selbstverletzendem Verhalten und Suizidgedanken in einer kinder- und jugendpsychiatrischen Klinik.

### Auszüge aus dem Arztbrief

Psychodiagnostische Befunde:
Diagnosen (MAS nach ICD-10)

| | |
|---|---|
| Achse 1: | Klinisch-psychiatrisches Syndrom |
| | Leichte depressive Episode (ICD-10 F 32.0) |
| | Bulimia nervosa (F 50.2), |
| Achse 2: | Umschriebene Entwicklungsstörung |
| | Keine Diagnose |
| Achse 3: | Intelligenzniveau |
| | Leicht unterdurchschnittliche Intelligenz |
| Achse 4: | Körperliche Symptomatik |
| | Keine Diagnose |
| Achse 5: | 1.0 mangelnde Wärme der Eltern-Kind Beziehung |
| | 6.0 Verlust einer liebevollen Beziehung (Freund) |
| Achse 6: | 4.0 Ernsthafte soziale Beeinträchtigung in mindestens ein oder zwei Bereichen |

(wie z. B. erheblicher Mangel an Freunden, Unfähigkeit, mit neuen sozialen
Situationen zurecht zu kommen oder Schulbesuch nicht mehr möglich)

V.s intellektuelle Leistungsfähigkeit liegt in einem HAWIE-Gesamt IQ von 81 im Bereich leicht unterdurchschnittlicher Intelligenz. Sie zeigte eine leicht bessere, noch durchschnittliche Leistung im Verbalteil (V-IQ = 89), während ihre Leistungen im Handlungteil einem unterdurchschnittlichen Ergebnis entspricht (H-IQ = 78). Ein durchschnittliches Ergebnis erzielte V. im Index Arbeitsgedächtnis, wobei sie hinsichtlich der einfachen wie komplexen Wiedergabe auditiver Informationen durchschnittliche, im Bereich rechnerischen Denkens allerdings unterdurchschnittliche Leistungen zeigte.

Aus dem persönlichkeitsdiagnostischen Verfahren (Screening-Fragebogen YSR DIKJ; Depressionsinventar für Kinder und Jugendliche) entsteht der Eindruck einer depressiv-gehemmten Jugendlichen. Der leicht erhöhte Skalenwert im Screening-Fragebogen YSR für Items zur Erfassung ängstlicher und depressiver Züge verweist wie auch der erhöhte Gesamtwert des DIKJ auf eine mögliche klinisch relevante Störung.

### Klinikschule:
V. wurde während ihres Aufenthaltes in der Klinikschule im Gruppenunterricht beschult. Sie war eine freundliche, zurückhaltende Schülerin und in ihrem Verhalten angepasst. Sie beteiligte sich meist am Unterricht und war bemüht, die gestellten Aufgaben zu erfüllen.

### Therapeutische Maßnahmen:
V. wurde in das multimodale Therapiekonzept bestehend aus tiefenpsychologisch orientierten Einzel-, Gruppen- und Familiengesprächen, Sport- und Bewegungstherapie und soziotherapeutischen Angeboten auf der Gruppe integriert. Insbesondere von den bewegungsorientierten Angeboten profitierte sie sichtlich und nutzte diese, um ihre körperliche Anspannung zu regulieren und verschiedene Beziehungssituationen zu gestalten.

### Stationärer Verlauf:
V. ließ sich auf einen freiwilligen stationären Aufenthalt zur diagnostischen Abklärung der zunehmenden Verhaltensauffälligkeiten ein und wünschte therapeutische Unterstützung. Sie fand schnell Kontakt zu den Mitpatienten, ihr Verhalten gegenüber dem Pflegepersonal war angepasst und freundlich. Ziele der therapeutischen Interventionen waren die Distanzierung von Suizidalität und selbstverletzendem Verhalten, das Erlernen alternativer Konfliktbewältigungsmechanismen sowie die Verbesserung der intrafamiliären Kommunikationsstrukturen. In den Einzelgesprächen thematisierte V. wiederholt die konfliktreiche Beziehung zur Mutter, von der sie sich unverstanden und abgeschoben fühlte. Zu Beginn des stationären Aufenthaltes gestalteten sich die

Kontakte zur Km als sehr schwierig und führten zur weiteren psychisch-emotionalen Destabilisierung der Patientin, was sich im Verlauf der Behandlung positiv entwickelte.

Die Behandlung der auch während des Aufenthaltes immer wieder auftretenden bulimischen Attacken wurde durch ein verhaltenstherapeutisches Training aufgegriffen. Die Symptomatik verbesserte sich im Verlauf deutlich.

In den Familiengesprächen stellte sich heraus, dass V. sehr große Probleme mit ihrer Mutter hat, die für V. und ihr problematisches Verhalten zuhause wenig Verständnis zeigte und V. eher als Belastung erlebt.

**Empfehlung:**
Eine Fremdunterbringung wurde von der Klinik empfohlen und von V. favorisiert, auch Km stimmte zu. V. wurde zudem empfohlen, eine ambulante Psychotherapie zu machen.

## 8.4.1 Wissensbereich zur Schnittstelle der klinischen Kinder- und Jugendpsychologie und der Entwicklungspsychologie

Im Gespräch mit der zuständigen Jugendarbeitsmitarbeiterin, die nach einer gründlichen Analyse der Situation den Antrag auf Hilfen zur Erziehung unterstützt, entscheiden sich Verena und ihre Mutter für eine Wohngruppe (§ 34 SBG VIII). Für Gestaltung der Heimunterbringung sind im § 34 SGB VIII klare Zielformulierungen vorgegebenen (▶ Kasten 3).

**Kasten 3:** Zielformulierung § 34 SGB VIII zur Heimunterbringung

Hilfe zur Erziehung in einer Einrichtung über Tag und Nacht (Heimerziehung) oder in einer sonstigen betreuten Wohnform soll Kinder und Jugendliche durch eine Verbindung von Alltagserleben mit pädagogischen und therapeutischen Angeboten in ihrer Entwicklung fördern. Sie soll entsprechend dem Alter und Entwicklungsstand des Kindes oder des Jugendlichen sowie den Möglichkeiten der Verbesserung der Erziehungsbedingungen in der Herkunftsfamilie

1. eine Rückkehr in die Familie zu erreichen versuchen oder
2. die Erziehung in einer anderen Familie vorbereiten oder
3. eine auf längere Zeit angelegte Lebensform bieten und auf ein selbständiges Leben vorbereiten.

Jugendliche sollen in Fragen der Ausbildung und Beschäftigung sowie der allgemeinen Lebensführung beraten und unterstützt werden.

Nach der Definition liegt eine Aufgabe der Heimerziehung darin, die Entwicklungsförderung der Kinder und Jugendlichen zu unterstützen. Entwicklungsförderung kann nur stattfinden, wenn Kenntnisse darüber bestehen, wie die Ausgangssituation der jungen Menschen ist: Wie ist ihr Entwicklungsstand, inwieweit weicht der Entwicklungsstand von der Norm ab, in welchen Bereichen wird besondere Unterstützung gebraucht, wo gibt es Ressourcen?

Folgen wir Spiegels (2018) Differenzierung von typischen sozialpädagogischen Handlungsschritten, die auch in dem hier beschriebenen Handlungsfeld zum beruflichen Alltag gehören – Analyse der Rahmenbedingungen, Situations- oder Problemanalyse, Zielentwicklung, Planung, Evaluation – wird deutlich, dass Sozialpädagog*innen in diesem Handlungsfeld ein spezielles Grundlagenwissen brauchen, um sowohl die Analyse der Rahmenbedingungen, die Problemanalyse und als auch die Zielentwicklung auf fachlich fundierte Füße zu stellen.

Um die Geschichte von ›Verena‹ zu verstehen und eine sozialpädagogische Diagnose, die die Grundlage des Hilfeangebotes darstellt, vornehmen zu können, müssen Sozialpädagog*innen in diesem Feld über grundlegende Kenntnisse bezüglich der folgenden Themenkomplexe verfügen:

a) Kinder- und Jugendlichen spezifische Psychopathologie inkl. ätiologischer Modelle (d. h. der Entstehung von psychischen Auffälligkeiten oder Störungen) und zugehöriger Risikofaktoren,
b) diagnostischen Verfahren und inkl. Diagnoseschlüssel,
c) die wichtigsten psycho- und fachtherapeutischen Behandlungsansätze,
d) Kenntnisse entwicklungspsychologischer Grundlagen der Altersgruppe.

›Verena‹ wird eine leichte depressive Episode mit einer begleitenden bulimischen Symptomatik bescheinigt und nach dem internationalen Klassifikationssystem psychischer Störungen (ICD-10) diagnostiziert. Wie kann die Entstehung dieser Störungen erklärt werden? Was berechtigt diese Diagnose? Was gehört zu einem klinischen diagnostischen Prozess? Was ist ein ICD-Diagnose-Schlüssel? Wie ist der Verlauf einer solchen Erkrankung? Welche unterstützenden Maßnahmen sind hilfreich?

›Verena‹ ist ein jugendliches Mädchen, das mit den alterstypischen Entwicklungsaufgaben konfrontiert ist. Welche Entwicklungsaufgaben sind das? Reagieren Mädchen anders als Jungen? Was sind entwicklungsbedingte Stolpersteine? Was kann Verena helfen, die Entwicklungsaufgaben gut zu bewältigen? Diese und ähnliche Fragen sollten Sozialpädagog*innen nach dem Studium unseres Handlungsfeldes beantworten können. Im Folgenden werden entlang der Fallgeschichte einige Themenkomplexe aufgegriffen und dargestellt werden.

## Grundlagenwissen aus dem Bereich der klinischen Kinder- und Jugendpsychologie

### a) Ätiologie, Risikofaktoren, Diagnostik, Behandlungsansätze

Dem heutigen ätiologischen Verständnis zur Entstehung von Verhaltensstörungen liegt ein bio-psycho-soziales Modell zugrunde, d. h., es wird ein Zusammenwirken verschiedener Faktoren angenommen. Petermann spricht auch von einem »fallbezogenen Entwicklungs- und Erklärungsmodell« (2013: 20), das sich aus der Betrachtung der Anamnese ergibt. Analog zur Multidimensionalität der Ätiologie lassen sich die kindlichen Risikofaktoren in biologische, psychische und psychosoziale Risiken unterteilen (vgl. Schmidt/Göpel 2007). Für die einzelnen psychischen Erkrankungen werden allerdings auch spezielle Risikofaktoren benannt, wie sie z. B. für die Entstehung einer Depression im Jugendalter von Welsche (2008: 32) zusammengefasst wurden.

- Persönlichkeitsspezifische Faktoren, z. B. Konstitutionelle Disposition, schwache Coping-Strategien, negativer kognitiver Stil, dysfunktionale Regulation von Emotionen, genetische Disposition, Geschlecht, Fehlen von Sozialkompetenz, schlechte Erfahrungen in der frühen Kindheit
- Familiäre Faktoren, z. B. Probleme zwischen Eltern, dysfunktionaler Interaktionsstil, depressive Eltern, Trennung der Eltern oder Verlust von Eltern/Elternteil, unzureichende mütterliche Versorgung
- Umweltspezifische Faktoren, z. B. hohe Beanspruchung im Alltag/Schule, kritische Ereignisse, nicht ausreichend unterstützendes soziales Netz

Schauen wir ›Verenas‹ Geschichte an, dann finden wir verschiedene Hinweise, die die Entwicklung ihrer Verhaltensstörung begünstigt haben, z. B. die von Verena erlebte unzureichende mütterliche Versorgung, die Trennung der Eltern, das fehlende soziale Netz, sowohl im familiären Umfeld als auch zur Peergroup, die kritischen Ereignisse – hier als Trennung von ihrem Freund- und die möglicherweise zu hohe Beanspruchung in der Schule. Zusätzlich finden wir das weibliche Geschlecht als Risikofaktor, da Mädchen deutlich häufiger von depressiven Erkrankungen betroffen sind als Jungen (vgl. Groen/Petermann 2011). #

### b) Diagnostik

Neben den ätiologischen Kenntnissen, die es den Sozialpädagog*innen erleichtern, die Entstehung und möglicherweise auch die Aufrechterhaltung der Störung zu verstehen, brauchen pädagogische Fachkräfte in diesem Handlungsfeld grundlegende Informationen über die klinische Diagnostik, um Gutachten und Arztbriefe lesen und verstehen zu können.

Hier geht es im Kindes- und Jugendalter sowohl um Entwicklungsdiagnostik, deren Verfahren Aufschluss über den Entwicklungsstand in verschiedenen Bereichen der kognitiven, emotionalen und auch motorischen oder sprachlichen Entwicklung geben können, als auch um Psychodiagnostik, wie z. B. Abklärung psychischer Erkrankungen durch den Einsatz von Fragebögen, Diagnostische Interviews oder ähnliches und Kenntnisse der Leistungsdiagnostik, z. B. der Intelligenztestung (vertiefend hierzu s. Petermann 2013).

Die diagnostischen Klassifikationssysteme, wie dem im Beispiel benannten MAS nach ICD-10 geben Auskunft über die Kriterien der Eingruppierung psychischer Krankheiten. ›Verena‹ wurde eine leichte depressive Episode und eine Bulimia nervosa, im ICD-10 als F 32.0 und F 50.2 verschlüsselt, bescheinigt.

Die Voraussetzungen für die Diagnostik einer leichten depressiven Episode nach ICD-10 sind wie folgt festgelegt:

Die betroffene Person leidet bei den typischen leichten (F 32.0), mittelgradigen (F 32.1) oder schweren (F 32.2 und F 32.3) depressiven Episoden unter gedrückter Stimmung und einer Verminderung von Antrieb und Aktivität. Die Fähigkeit sich zu freuen, das Interesse und die Konzentration sind beeinträchtigt. Ausgeprägte Müdigkeit kann nach jeder kleinsten Anstrengung auftreten. Der Schlaf ist meist gestört, der Appetit vermindert. Selbstwertgefühl und Selbstvertrauen sind fast immer beeinträchtigt. Sogar bei der leichten Form kommen Schuldgefühle oder Gedanken über die eigene Wertlosigkeit vor. Die gedrückte Stimmung reagiert häufig nicht auf Lebensumstände und verändert sich über die Tage kaum, sie kann von sog. »somatischen« Symptomen begleitet werden wie Interessensverlust oder der Unfähigkeit sich zu freuen, Früherwachen, Morgentief, deutliche psychomotorische Hemmung, Agitiertheit, Appetit-, Gewichts- und Libidoverlust. Abhängig von Anzahl und Schwere der Symptome ist eine depressive Episode als leicht, mittelgradig oder schwer zu bezeichnen (Dilling u. a. 2011).

Bei einer leichten depressiven Episode sind die betroffenen Menschen zwar in ihrer Lebensgestaltung beeinträchtigt, allerdings sollten sie alltägliche Aktivitäten noch bewältigen können. Eine leichte depressive Episode wird dann diagnostiziert, wenn etwa zwei bis drei der o. g. Symptome über einen längeren Zeitraum zu beobachten sind. Der ICD-10 geht nicht auf die symptomatischen Besonderheiten depressiver Kinder und Jugendlichen ein, allerdings wird davon ausgegangen, dass das Erscheinungsbild bei einer depressiven Erkrankung im Jugendalter der Symptomatik des Erwachsenenalters sehr ähnlich ist.

Wie im Auszug des Arztbriefes zu sehen (▶ Fallbeispiel Verena, Teil 1), wird hier das Multiaxiale Klassifikationssystem (MAS) (Remschmidt/Schmidt 2012) nach dem ICD-10 eingesetzt, das durch den standardisierten Einbezug der somatischen Krankheitsgeschichte, der psychosozialen Bedingungen und der globalen Beurteilung der Anpassungsleistung eine umfassendere diagnostische Einschätzung abgibt, als es durch den alleinigen Einsatz der ICD Klassifikation möglich wäre.

## c) Behandlungsansätze

Im Arztbrief wird beschrieben, dass Verena während ihres stationären Aufenthaltes in der Klinik tiefenpsychologisch orientierte Einzel-, Gruppen- und Familiengespräche hatte und zusätzlich an Sport- und Bewegungstherapeutischen und soziotherapeutischen Angeboten teilnahm. Darüber hinaus erhielt sie ein verhaltenstherapeutisches Training zur Reduzierung ihrer bulimischen Symptomatik.

Basale Kenntnisse der psychotherapeutischen Schulen, Verhaltenstherapie, tiefenpsychologische, psychoanalytische und systemische Ansätze, der Pharmakotherapie wie auch der sog. Fachtherapien (Musik-, Kunst-, Bewegungstherapie etc.), die sehr häufig begleitend zu den Psychotherapien in den Kinder und Jugendpsychiatrien eingesetzt werden (vgl. Welsche u. a. 2007), sind für Sozialpädagog*innen in diesem Handlungsfeld wichtig, um einerseits die Erfahrungen des jungen Menschen mit den verschiedenen Therapieformen nachvollziehen zu können, und andererseits ihm beratend zur Seite stehen zu können. Nicht selten sind Bezugsbetreuer*innen für die Jugendlichen oder Kinder vertrauensvolle Ansprechpartner*innen, wenn es um die Wahl zukünftiger Therapien geht. Deshalb ist es wichtig, dass Studierende der Sozialen Arbeit für dieses Handlungsfeld über die Inhalte, grundlegenden Herangehensweisen aber auch die Wirksamkeit der Maßnahmen informiert sind.

›Verena‹ nahm an tiefenpsychologischen Einzelgesprächen, einem verhaltenstherapeutischen Training, sport- und bewegungstherapeutischen sowie soziotherapeutischen Angeboten teil. Als Kurzcharakteristika der verschiedenen Ansätze lässt sich herausstellen, dass die Einzelgespräche mit tiefenpsychologischer Fundierung in der Regel das Bewusst-werden unbewusster Verhaltensweisen und Konflikte in das Zentrum der Therapie stellt, während verhaltenstherapeutische Trainings auf lerntheoretischen Annahmen und Operationen basieren. Soziotherapeutische Angebote, häufig auch Milieutherapeutische Angebote genannt, werden verstanden als Aktivitäten, die im pädagogischen Gruppenalltag stattfinden und, abhängig von der jeweiligen Aktivität, eine Förderung von Kompetenzen zu verschiedenen Lebensbereichen zum Inhalt haben. Nach Denner (2007) werden sie auch verstanden als pädagogische Angebote zur Gestaltung und Strukturierung des Alltags.

Bewegungs- und sporttherapeutische Angebote für Kinder und Jugendliche hingegen setzen an der Körper- und Bewegungsebene an, um, je nach Möglichkeit des*r Patient*innen und Hintergrund des*r Therapeuten*in, sowohl auf psychologischer als auch physiologischer Ebene Entwicklung und Stabilisierung zu ermöglichen (vgl. Welsche 2011).

## Grundlagenwissen aus der systemischen Familienarbeit

Damit eine nachhaltige Entwicklung der Kinder und Jugendlichen gelingen kann, ist es notwendig, die systemischen Zusammenhänge und dabei insbesondere die Familienkonstellation und Familiendynamiken in den Blick zu nehmen. Nach Satir (2018) wirken in Familiensystemen insbesondere vier Kräfte, die die Funktionalität und damit auch die Dysfunktionalität beeinflussen: Selbstwert, Kommunikation, Regeln und die Verbindung zur Gesellschaft. Kinder und Jugendliche, die eine stationäre Maßnahme beginnen, bringen ihre Lebensgeschichte mit. Sie haben überdurchschnittlich oft Erfahrungen mit Problembelastungen im Herkunftssystem und den daraus entstandenen Erziehungsdefiziten.

»Kinder und Jugendliche in ihrer Entwicklung zu unterstützen, ohne sie von ihren Wurzeln abzuschneiden, heißt dann, sich aktiv auf ihre Familienwirklichkeit zu beziehen und sie bei der Verarbeitung von traumatischen Erfahrungen zu unterstützen« (Schindler 1999: 11).

Häufig sind bei einer Aufnahme nur Teilbereiche der individuellen Lebensgeschichte bekannt. Weitere Aspekte kommen in der Beziehungsarbeit und in der aktiven Gestaltung des pädagogischen Alltags zum Vorschein und können dann in einem geschützten Rahmen bearbeitet und neu bewertet werden.

Im Fall ›Verena‹ wird deutlich, dass sie mehrere biografische Brüche erlebt hat. Der Kontakt zu ihrem leiblichen Vater und zu den Großeltern ist abgebrochen und die neue Familienkonstellation wird von Verena nicht akzeptiert. Sowohl die Mutter als auch die Tochter fühlen sich nicht verstanden und es ist zu vermuten, dass zahlreiche emotionale Verletzungen stattgefunden haben und vielleicht noch immer stattfinden.

Studierende im Handlungsfeld sollten in der Lage sein, die Bedeutung des Systems Familie für die Entwicklung der Kinder und Jugendlichen zu erkennen und die Eltern im Sinne einer Erziehung- und Verantwortungsgemeinschaft in die Arbeit mit einzubeziehen.

## Grundlagenwissen aus dem Bereich Entwicklungspsychologie der Adoleszenz

Auch die Grundlagen der Entwicklungspsychologie für die Altersgruppe der Kinder und Jugendlichen ist wichtiges Grundwissen, um die jungen Menschen in der Bewältigung der jeweiligen Herausforderungen der Entwicklungsstufe unterstützen zu können.

Oerter und Dreher (2008) benennen die physische Reifung, gesellschaftliche Erwartungen und individuelle Zielsetzungen und Werte als Quellen für Entwicklungsaufgaben im Jugendalter. Nach Osten stellt »die Jugendzeit (…) mit ihren massiven körperlichen und seelischen Umbrüchen für jeden Menschen eine individuelle Herausforderung im Sinn einer ›normativen Neuorientierung‹ dar« (2000: 288). Auch Groen und Petermann (2011) schreiben dieser Zeit eine erhöhte Vulnerabilität zu, die durchaus zu der Entwicklung von Auffälligkeiten bei den Jugendlichen führen kann.

Eine Besonderheit des Jugendalters liegt sicherlich in den Stimmungsschwankungen, die häufig mit der Entwicklungsstufe der Adoleszenz assoziiert werden und die durch die Ähnlichkeit zu einzelnen Symptomen psychischer Störungen eine klare Trennung zwischen ›schlecht gelaunten‹ und im klinischen Sinne depressiven Jugendlichen durchaus erschweren kann. Die Psychopathologie des Kindes- und Jugendalters muss also immer im engen Zusammenhang zur Entwicklungspsychologie gesehen werden.

Im Fall von ›Verena‹ bilden sich einige der o. g. Entwicklungsaufgaben ab, mit denen sie offensichtlich zu kämpfen hat. ›Verena‹ scheint z. B. Probleme zu haben, sich mit ihrem veränderten Körper zu arrangieren. Sie erlebt sich als zu dick, obwohl sie normalgewichtig ist. Gerade jugendliche Mädchen tun sich häufig schwer, den ›neuen‹ Körper zu akzeptieren, und mit den Veränderungen, die die Pubertät mit sich bringt, zu Recht zu kommen (Flammer/Alsaker 2011).

Sozialpädagog*innen sollte klar sein, dass einige von ›Verenas‹ Problemen durchaus altersgerecht sind, dass sie allerdings aufgrund ihrer Verfassung und Situation mehr Unterstützung bei der Bewältigung der Entwicklungsaufgaben braucht, als andere Mädchen in ihrem Alter.

## 8.4.2 Wissens- und Kompetenzbereich zur Schnittstelle Bewegungs- und Sportpädagogik

Die Aufgabe der Entwicklungsförderung in der Heimerziehung wieder aufgreifend, stellt sich nun die Frage, wie diese Förderung im sozialpädagogischen Setting stattfinden kann. Nach Spiegels Struktur sprechen wir nun von der Planung der Entwicklungsförderung als nächsten Schritt. Neben allgemeinen sozialpädagogischen Kompetenzen (s. Spiegel 2018) besteht in der sozialpädagogischen Arbeit mit verhaltensauffälligen und seelisch behinderten jungen Menschen ein besonderer Bedarf an methodischem Wissen und Kompetenz. Im Studium dieses Handlungsfeldes wird auf verschiedene pädagogische Ansätze eingegangen, die zur methodischen Ausstattung von Sozialpädagog*innen gehören sollten, wenn sie mit der hier beschriebenen Klientel arbeiten.

In der Aufzählung zu Beginn dieses Kapitels, die lediglich eine Auswahl wichtiger Konzepte darstellt, haben wir eine Reihe pädagogischer Methoden aber auch die Zugänge über Medien, wie Bewegung, Sport, Kunst oder Musik, benannt. In diesem Kapitel greifen wir das Medium der Bewegung und der sportlichen Aktivitäten als eine jener Zugänge heraus, die eine lange Tradition in der Jugendhilfe haben (vgl. Hammer 2007) und vielfältige Ansatzmöglichkeiten bieten, um sozialpädagogische Ziele umzusetzen (Welsche 2018). Dabei ist festzuhalten, dass im Kontext der Hilfen zur Erziehung noch nicht von einer Methode gesprochen werden kann, auch wenn in der Literatur (s. z. B. Günder 2011) eine solche Zuordnung zu finden ist. Eine Methode setzt voraus, dass der Einsatz von Bewegung und sportlicher Aktivität auf die Adressat*innen, hier die Kinder und Jugendlichen in den Hilfen zur Erziehung, und auf die Erreichung festgelegter Ziele zugeschnitten ist, wovon konkrete Umsetzungs- und Handlungsempfehlungen abgeleitet werden. Bisher ist lediglich eine pragmatische Ausarbeitung methodischer Überlegungen für dieses Handlungsfeld erfolgt (s. Welsche 2018b). Wenngleich die Anknüpfung bewegungs- und sportorientierter Aktivitäten in der Jugendhilfe an sozialpädagogische Theorien oder Konzepte, wie z. B. die Lebensweltorientierung (Thiersch) erfolgt, fehlen bislang handlungstheoretische Entwürfe.

Mit Rückgriff auf Erkenntnisse aus der Bewegungs- und Sportpädagogik konkretisieren wie die Bedeutung bewegungs- und sportorientierte Angebote in diesem Handlungsfeld am Beispiel von ›Verena‹ anhand zweier wichtiger Erfahrungsbereiche:

### a) Körper- und Selbsterfahrung:
Aus entwicklungspsychologischer Sicht stellt die Veränderung des Körpers eine der großen Herausforderungen der Adoleszenz dar. Flammer und Alsaker beto-

nen, dass die körperlichen Veränderungen »die persönliche Situation des heranwachsenden Menschen (beeinflussen), in dem er seinen Körper und die Reaktionen anderer auf ihn auf ganz neue Art erfährt und diese neuen Erfahrungen in das bestehende Selbstkonzept integrieren muss« (2011: 72). Jugendliche, Mädchen wie Jungen, müssen ihren Körper neu kennenlernen und ihn akzeptieren, was nicht für alle Jugendliche unproblematisch ist. Gerade in der Adoleszenz beschäftigen sich viele Jugendliche sehr mit ihrem Äußeren, vergleichen sich mit anderen und dem aktuellen Schönheitsideal. Das körperbezogene Selbstkonzept ist integraler Bestandteil des allgemeinen Selbstkonzeptes (vgl. Alfermann/Wagner 2006). Insbesondere die Einstellung zum körperlichen Erscheinungsbild wirkt sich auf das Selbstkonzept aus. Demnach sollte die Entwicklung eines positiven Körperbildes und Körperkonzeptes in der Entwicklungsförderung von Jugendlichen eine wesentliche Rolle spielen. Dies ist gerade für unsere Zielgruppe wichtig, da viele Jugendliche mit Verhaltensauffälligkeiten oder psychischen Erkrankungen Schwierigkeiten in der konstruktiven Beziehungsgestaltung zu sich selbst zeigen (vgl. Welsche 2006). Durch und in bewegungs- und sportorientierten Angeboten lernen Jugendliche sich selbst und ihren Körper wahrzunehmen, ob in sportlich-funktionalen Aufwärmtrainings oder in dezidiert körperwahrnehmungsfokussierten Angeboten. Sie erhalten Unterstützung, ihren Körper als etwas Positives zu erleben und annehmen zu lernen als Teil ihres Selbst. Dies geschieht sowohl durch Angebote zur Stabilisierung der somatischen Basis, die es den Jugendlichen ermöglicht, sich als aktiv, kraftvoll, bewegungskompetent und leistungsfähig zu erleben, als auch durch Erfahrungen der Selbstwirksamkeit und des emotionalen Ausgleiches in und durch Bewegungsaktivitäten. Für Verena ist es wichtig, ihren Körper als etwas Positives zu erleben und zu lernen, die körperlichen Veränderungen, die mit der Pubertät einhergehen, zu akzeptieren und sich ›in sich selbst‹ zuhause zu fühlen.

## b) Sozialerfahrung

Mit verhaltensauffälligen und seelisch behinderten Kindern und Jugendlichen in Kontakt zu treten ist nicht immer ganz einfach. Kinder wählen altersbedingt oft eine spielerische, möglicherweise nonverbale Form der Beziehungsgestaltung zu Erwachsenen und können auf bewegte oder kreative Art besser ihre Wünsche und Probleme zeigen als aussprechen. Bei Jugendlichen zeigen sich weniger kognitiv-sprachliche Probleme in der Beziehungsgestaltung als zwischenmenschliche Themen wie Misstrauen gegenüber Erwachsenen, welche als Bestandteile ihrer Entwicklungsstufe gesehen werden können, die durch Ablösung von Erwachsenen, durch das ›nicht ganz Kind aber auch nicht ganz Erwachsen sein‹ geprägt ist. In bewegungs- und sportorientierten Angeboten lernen Jugendliche mit sich selbst und auch mit Anderen in Beziehung zu treten und diese Beziehung konstruktiv zu gestalten. Da sowohl bewegungs- als auch sportorientierte Angebote im Kontext der Sozialen Arbeit in der Regel als Gruppenaktivitäten konzipiert sind (anders als bewegungstherapeutische Interventionen, die sowohl im Einzel- als auch im Gruppensetting stattfinden können), können sich Jugendliche im Tun als Teil einer Gruppe erleben. Sei es im gemeinsamen Fußballspiel, im gemeinsamen Schwimmen, im Kletterangebot oder als Teilnehmerin an einer bewegungspädagogisch orientierten Mädchengruppe. Während sportliche Angebote oftmals schon ein relativ hohes Maß an Sozialkompetenz verlangen, z. B. das Fairplay im Mannschaftsport, bieten gerade bewegungsorientierte Angebote, die, je nach Angebot und Voraussetzungen der Teilnehmer*innen, die Möglichkeit zur Einzel-, Partner- oder Gruppenarbeit mit flexibleren Regeln geben und so auch Jugendliche erreichen, die mit dem Rahmen sportlicher Angebote überfordert wären, einen besonders förderlichen Rahmen.

Für Verena geben bewegungs- und sportorientierte Angebote die Möglichkeit, sich in verschiedenen Arten der Beziehungsgestaltung auszuprobieren, Kontakt zu Gleichaltrigen aufzunehmen und sich in Bewegung, Spiel und Sport als Teil einer Gruppe zu erleben.

### Fallbeispiel Verena, Teil 2

Verena wurde in einem Wohnheim für Jugendliche aufgenommen, in dem sie mit acht anderen jugendlichen Mädchen und Jungen in Vollzeit betreut wird. Verena hat eine Bezugsbetreuerin, die Sozialpädagogin Theresa Schmidt, die erste Ansprechpartnerin für Verenas Belange ist und sie in ihrem Alltag unterstützt.

In der Hilfeplanung wünscht sich Verena ein Angebot, das ihr ähnlich wie die Bewegungstherapie in der Klinik eine positive Körpererfahrung vermittelt, ihr die Möglichkeit gibt, sich auszupowern, wenn sie unter Anspannung steht, um so über Bewegung einen Ausgleich zu finden. Mit Verena wird besprochen, dass sie an einer bewegungsorientierten Mädchengruppe teilnimmt. Darüber hinaus erklärt ihr Frau Schmidt, dass zur Freizeitgestaltung in der Jugendwohngruppe bewegungs- und sportorientierte Angebote gehören, wie z. B. Klettern, Schwimmen gehen oder Fahrradtouren.

Für Studierende der Sozialen Arbeit mit dieser Zielgruppe bedeutet dies, dass sie innerhalb des Studiums Wissen um die Möglichkeiten, die der Einsatz von bewegungs- und sportorientierten Aktivitäten für verhaltensauffällige und seelisch behinderte junge Menschen erlangen sollen. Darüber hinaus werden praktische Erfahrungen vermittelt, um einerseits durch das direkte Erleben zu erfahren, welchen Wert solche Angebote haben können als auch bis zu einem gewissen Grad eine Handlungskompetenz zu entwickeln, die es ermöglicht, selbst bewegungs- und sportorientierte Angebote für die Zielgruppe zu konzipieren und durchzuführen.

# 8.5 Zusammenfassung

In diesem Kapitel wurden die Grundlagen des Studiums des Handlungsfeldes Soziale Arbeit mit verhaltensauffälligen und seelisch behinderten jungen Menschen vorgestellt. Nach einer kurzen Einführung, in der die Studieninhalte im tabellarischen Überblick dargestellt wurden, sind die verschiedenen Hilfen zur Erziehung beschrieben, um den Rahmen der Sozialen Arbeit mit dieser Klientel zu verdeutlichen. Angesichts der sozialpolitischen Diskussionen, der fachlichen Auseinandersetzung und der Kostenentwicklung werden leistungsbezogene Ausrichtungen und Qualitätsanforderungen thematisiert. Es folgte der Versuch einer Definition der Zielgruppe, bevor anhand einer Fallgeschichte zwei Wissens- und Kompetenzbereiche, die für das Handlungsfeld von Bedeutung sind, genauer erläutert wurden.

Die vielfältigen Veränderungen, Herausforderungen und Perspektiven dieses sozialpädagogischen Arbeitsfeldes führen zu immer wieder neuen Akzentsetzungen in Studium, Forschung und Lehre. Zentrale Aufgabe bleibt, durch theoriegeleitete und praxisnahe Studieninhalte einen Beitrag zu leisten, positive Lebensbedingungen für junge Menschen und ihre Familien sowie eine kinder- und familienfreundliche Umwelt zu erhalten oder zu schaffen.

# Literatur

Alfermann, D./Wagner, M. (2006): Allgemeines und physisches Selbstkonzept. In: Bös, K./Brehm, W. (Hrsg.): Handbuch Gesundheitssport. Schorndorf: Hofmann, S. 334–345.

Denner, S. (2007): Das System der Kinder- und Jugendpsychiatrie. In: Denner, S. (Hrsg.): Soziale Arbeit mit psychisch kranken Kindern und Jugendlichen. Stuttgart: Kohlhammer, S. 71–84.

Dilling, H./Mombour, W./Schmidt, M. H. (2011): Internationale Klassifikation psychischer Störungen. ICD-10 Kapitel V (F) Klinisch-diagnostische Leitlinien. 8. Aufl. Bern: Verlag Huber

Flammer, A./Alasker F. (2011): Entwicklungspsychologie der Adoleszenz. Die Erschließung innerer und äußerer Welten im Jugendalter. 4. Nachdruck. Bern: Huber.

Groen, G./Petermann, F. (2011): Depressive Kinder und Jugendliche. 2. Aufl. Göttingen: Hogrefe.

Günder, R. (2011): Praxis und Methoden der Heimerziehung. Freiburg: Herder.

Hammer, R. (2007): Bewegung, Spiel und Sport als bewährte Maßnahmen in der Kinder- und Jugendhilfe. In: motorik, 30, Heft 2, S. 58–62.

Heekerens, H.-P. (2009): Das Elend der Heimkinder. Unsere Jugend, 61, Heft 11/12, S. 477–489.

Hillenbrand, C. (2008): Einführung in die Pädagogik bei Verhaltensstörungen. 4. Aufl. München/Basel: Reinhardt.

Macsenaere, M/Esser, K./Knab, E./Hiller, St. (Hrsg.) (2014): Handbuch der Hilfen zur Erziehung. Freiburg: Lambertus.

Macsenaere, M. (2006): 10 Jahre Wirksamkeitsforschung der Kinder- und Jugendhilfe: Welche Befunde lassen sich daraus für die Psychomotorik gewinnen? In: motorik, 29, Heft. 4, S. 194–200.

Myschker, N./Stein. R. (2018): Verhaltensstörungen bei Kindern und Jugendlichen. Erscheinungsformen – Ursachen – Hilfreiche Maßnahmen. 8. Aufl. Stuttgart: Kohlhammer.

Oerter, R./Dreher, E. (2008): Jungendalter. In: Oerter, R./Montada, L. (Hrsg.) Entwicklungspsychologie. 6. Aufl. Weinheim/Basel: Beltz.

Osten, P. (2000): Die Anamnese der Psychotherapie. München: Reinhardt.

Petermann, F. (Hrsg.) (2013): Lehrbuch der klinischen Kinderpsychologie. 7. Aufl. Göttingen: Hogrefe.

Remschmidt, H./Schmidt. M.H. (Hrsg.) (2012): Multiaxiales Klassifikationsschema für psychische Störungen des Kindes- und Jugendalters nach ICD-10 der WHO. 6. Aufl. Bern: Huber.

Satir, V. (2018): Selbstwert und Kommunikation: Familientherapie für Berater und zur Selbsthilfe. 23. Aufl. Stuttgart: Klett-Cotta.

Schindler, H. (Hrsg.) (1999): Un-heimliches Heim. 2. Aufl. Dortmund: modernes lernen.

Schmid, M./Nützel, J./Fegert, J. M./Goldbeck, L. (2006): Wie unterscheiden sich Kinder aus Tagesgruppen von Kindern aus der stationären Jugendhilfe? In: Praxis der Kinderpsychologie und Kinderpsychiatrie 55, Heft 7, S. 545–558.

Schmidt, M. H./Göpel, C. (2007): Risikofaktoren – Coping und Verlaufsprinzipien psychischer Störungen. In: Herpertz-Dahlmann, B./Resch, F./Schulte-Markwort, M. J./ Warnke, A.: (Hrsg.): Entwicklungspsychiatrie: Biopsychologische Grundlagen und die Entwicklung psychischer Störungen. Stuttgart: Schattauer, S. 291–201.

Spiegel, H. von (2018): Methodisches Handeln in der Sozialen Arbeit Grundlagen und Arbeitshilfen für die Praxis. 6. Aufl. München: Reinhardt.

Welsche, M. (2006): Sherbornes Beziehungsorientierte Bewegungspädagogik als Baustein der klinisch-therapeutischen Arbeit mit Jugendlichen. In. Praxis der Psychomotorik 31, Heft 4, S. 225–233.

Welsche, M. (2018a): Zahlreiche förderliche Faktoren, bewegungs- und sportorientierte Aktivitäten in den Hilfen zur Erziehung. In: Blätter der Wohlfahrtspflege, 1, S. 19–21.

Welsche, M. (2018b): Sportorientierte Angebote in der teil- und vollstationären Jugendhilfe. Überlegungen zu grundlegenden Prinzipien der Durchführung. In: motorik, 41, Heft 1, S. 11–17.

Welsche, M. (2008): Die Analyse des Bewegungsverhaltens jugendlicher Mädchen mit depressiver Symptomatik: Eine explorative Bewegungsanalyse mit Vergleichsgruppe anhand der Laban Bewegungsanalyse. Dissertation. Universität Hamburg.

Welsche, M. (2011): Kinder- und Jugendpsychiatrie. In: Hölter, G. (Hrsg.): Bewegungstherapie bei psychischen Erkrankungen. Grundlagen und Anwendung. Köln: Deutscher Ärzte Verlag, S. 448–526.

Welsche, M./Stobbe, C./Romer, G./Hölter, G. (2007): Bewegungsdiagnostik und Bewegungstherapie in der Kinder- und Jugendpsychiatrie. In: Zeitschrift für Kinder- und Jugendpsychiatrie, 6, S. 435–455.

# 9 Soziale Arbeit im Handlungsfeld Sucht und Sozialpsychiatrie

*Jürgen Sehrig*

## 9.1 Geschichtlicher Hintergrund und Entwicklungen

Der Umgang mit berauschenden Mitteln gehörte schon immer zum religiösen und kulturellen Leben in Gesellschaften. In Industriegesellschaften entfallen häufig die Einbindungen dieser Mittel in Riten und Gebräuche, und der Konsum von berauschenden Mitteln dient der Leistungssteigerung, der individuellen Suche nach Rausch und Entspannung und wird in manchen Milieus zum Selbstzweck und Lebensinhalt.

Psychische Ausnahmezustände wurden in verschiedenen Kulturen als Besessenheit interpretiert, dem man nur mit drakonischen Maßnahmen beikommen könne. Im Lauf der Jahrhunderte entwickelte sich ein differenzierteres Verständnis von Krankheiten, man beschäftigte sich mit Diagnosen und suchte nach Ursachen und Behandlungsmöglichkeiten. In Deutschland entstanden stationäre Einrichtungen zur Behandlung, die aber oft den Charakter von Verwahranstalten mit Selbstversorgung und Arbeitszwang erhielten (Clausen/Eichenbrenner 2016: 14ff.).

Psychisch Kranke, Suchtkranke und Behinderte wurden zu »Ballastexistenzen« erklärt. Insbesondere nach dem Ersten Weltkrieg wurde in Deutschland der Umgang mit sog. »lebensunwertem Leben« diskutiert (ebd.: 18) und in der Zeit des Nationalsozialismus mit groß angelegten Zwangssterilisierungen (Eugenik) und Tötungsaktionen (Euthanasie) in aller Kälte und Gewalttätigkeit auf die Spitze getrieben.

Nach dem Ende des Zweiten Weltkriegs bestanden die verschiedenen Formen von Kliniken und Heilanstalten fort. Psychopharmaka hielten Einzug in die Behandlung. In den 1970er Jahren des vergangenen Jahrhunderts wurde in Europa, insbesondere in Italien, die stationäre Behandlung von Psychisch Kranken als Dauerisolierung und Dauerverwahrung gebrandmarkt. Die Bewegung der Anti-Psychiatrie forcierte die Schließung stationärer Anstalten für Psychisch Kranke. In Deutschland setzte sich im Gefolge dieser Diskussion zunehmend das Ziel einer gemeindenahen psychiatrischen Versorgung mit dem Primat von ambulanten und teilstationären Angeboten durch. Ambulante sozialpsychiatrische Dienste entstanden. Die emanzipatorische Idee eines gemeindenahen Verbunds, der die Psychiatrieerfahrenen aktiv in die Weiterentwicklung einbezieht, bestimmt heutzutage das Konzept einer Sozialen Psychiatrie (ebd.: 21ff.).

Im Suchtbereich markierte die Weltgesundheitsorganisation WHO mit der Definition von Sucht bzw. »Abhängigkeit« als Krankheit 1968 einen wichtigen

Einschnitt, denn im Gefolge dessen entstand in Deutschland ein dichtes Netz von Suchtberatungsstellen, die mit stationären Behandlungseinrichtungen kooperierten. Auch hier hat sich das Angebot im Hinblick auf verschiedene Formen von Abhängigkeit – seien es legale oder illegale Drogen oder sog. Verhaltenssüchte – zunehmend differenziert. Im Sinne einer Lebensweltorientierung in der Sozialen Arbeit (Frank 2017: 549ff.) wurden auch teilstationäre Angebote und flexiblere Behandlungszeiten eingeführt, um eine wohnortnahere Behandlung möglich zu machen.

## 9.2 Rahmenbedingungen Sozialer Arbeit

Das Feld der Hilfen für Psychisch Erkrankte und Suchtkranke wird von medizinisch-psychiatrischer Diagnostik und Therapie bestimmt. Die Internationale Klassifikation psychischer Störungen der WHO in der Fassung des ICD-10 befindet sich derzeit in Überarbeitung, das ebenfalls gebräuchliche amerikanische Diagnostische und Statistische Manual Psychischer Störungen wurde inzwischen in der Fassung des DSM-5 verabschiedet. Der ICD-11 wird einen fließenderen Übergang zwischen riskantem Konsum von Suchtmitteln und Abhängigkeit in der Diagnostik ermöglichen und weitere Suchtformen definieren. In vielen Fällen sind Doppeldiagnosen zu stellen, weil neben einer bestehenden Suchterkrankung gleichzeitig auch eine psychische Erkrankung (»Komorbidität«) vorliegt. In der Diagnostik und Behandlung hat sich das Biopsychosoziale Krankheitsmodell durchgesetzt (Möller/Laux 2013: 251), das in der Würdigung der psychischen und sozialen Faktoren der Sozialen Arbeit einen wichtigen Platz in der interdisziplinären Zusammenarbeit und Hilfe hat (Pauls 2013: 32). Insofern hat die ebenfalls von der WHO herausgegebene Internationale Klassifikation für Funktionsfähigkeit, Behinderung und Gesundheit (ICF), die die Wechselwirkung zwischen Person und ihren Kontextfaktoren in den Blick nimmt, große Bedeutung für die Herangehensweise der Sozialen Arbeit (Laging 2018: 155ff.).

Das Feld der Hilfe für Psychisch Erkrankte und Suchtkranke wird auch von einer Fülle von Rechtsfragen im Hinblick auf Strafrecht, Sozialrecht und viele andere Rechtsfelder bestimmt. Strafrecht (Schuldfähigkeit in §§ 19ff. StGB, Maßregelvollzug in §§ 61ff.), Betäubungsmittelrecht (BtMG) und Schweigepflicht (§ 203 StGB, Standesrecht, Beamtenrecht, Arbeitsrecht, Kirchenrecht, Sozialgeheimnis § 35 SGB I) bzw. Zeugnisverweigerungsrecht (§ 53 StPO) spielen in der sozialen Praxis eine große Rolle. So geht es sowohl um Sanktionierung von Straftaten (z. B. im BtMG) als auch um die Berücksichtigung von Krankheitswirkungen (z. B. die Einschätzung der Schuldfähigkeit) und um die Wahrung von Vertraulichkeit als unerlässliche Voraussetzung für Hilfe und Behandlung. O. g. Gesetze gelten bundesweit, zwangsweise Unterbringungen werden aber über landesspezifische Psychisch-Kranke-Hilfe-Gesetze bzw. Unterbringungsgesetze geregelt.

Soziale Arbeit für psychisch kranke und abhängigkeitskranke Menschen bewegt sich vor allem im Bereich der allgemeinen sozialen Hilfen und im ambulanten und stationären Gesundheitswesen. Sie ist Teil des Feldes der Klinischen Sozialarbeit als »integrierte[m] professionelle[m] Ansatz zur Verbesserung der psychosozialen Passung zwischen Klient- bzw. Klientsystem und Umwelt« (Pauls 2013: 17), d. h., Soziale Arbeit versteht sich hier als integrativer Teil eines psychotherapeutischen und soziotherapeutischen Behandlungskonzepts, das aber nach dem Psychotherapeutengesetz (PsychThG) in Deutschland jeweils unter der Verantwortung von Angehörigen von Heilberufen stehen muss.

Die Vielfalt des Hilfenetzes lässt sich unterteilen in mehr oder weniger niedrigschwellige Angebote zur *Kontaktaufnahme*, in Einrichtungen zur *Krisenintervention* (einschließlich Entgiftung im Suchtbereich), in *ambulante und stationäre Behandlung*, in Maßnahmen der *Wiedereingliederung* und in Angebote zur *Stabilisierung*.

## 9.3 Verbundsysteme in Sozialpsychiatrie und Suchtkrankenhilfe

**Tab. 9.1:** Sozialpsychiatrie und Suchtkrankenhilfe

|  | Sozialpsychiatrie | Suchtkrankenhilfe |
|---|---|---|
| **Kontakt** | Gesundheitsamt<br>Sozialpsychiatrischer Dienst<br>Tagesstätte/Clubangebote<br>Angehörige<br>Institutsambulanz Uniklinik<br>Telefonseelsorge<br>Psychiatrie-Erfahrene | Gesundheitsamt<br>Beratungsstelle<br>Kontaktladen<br>Angehörige<br>Niedergelassener Arzt,<br>Betriebssozialarbeit<br>Selbsthilfegruppe |
| **Krisenintervention** | Zum Teil geschlossene Akutstation im Zentrum für Psychiatrie: Einweisung nach Psychisch-Kranke-Hilfe-Gesetze der Länder | Entgiftung in:<br>Allgemeinkrankenhaus<br>Zentrum für Psychiatrie<br>Suchtfachklinik |
| **ambulante Behandlung** | Facharzt/Fachärztin für Psychiatrie<br>Psychotherapie<br>Soziotherapie | Beratungs- und Behandlungsstelle |
| **stationäre Behandlung** | Zentrum für Psychiatrie<br>Psychosomatische Klinik | Tagesklinik<br>Suchtfachklinik<br>Zentrum für Psychiatrie |
| **Wiedereingliederung** | Einrichtungen für medizinische und berufliche Rehabilitation für psychisch kranke Menschen (RPK)<br>Werkstatt für psychisch Kranke | ambulante oder stationäre Nachsorge<br>Adaption<br>Integrationsfachdienst |

**Tab. 9.1:** Sozialpsychiatrie und Suchtkrankenhilfe – Fortsetzung

|  | Sozialpsychiatrie | Suchtkrankenhilfe |
|---|---|---|
|  | Integrationsunternehmen Integrationsfachdienst |  |
| Stabilisierung | Sozialpsychiatrischer Dienst Pflegeheim Betreutes Wohnen Tagesstätte Selbsthilfegruppe Tagesstätte/Clubangebote Genesungsbegleiter*innen | Pflegeheim Betreutes Wohnen Notschlafstelle Selbsthilfegruppe Kontaktladen/Safer Use/Druckraum |

Stationäre Einrichtungen sind über staatliche, gemeinnützige und private Träger organisiert. Die Verbände der freien Wohlfahrtspflege, dabei oft kirchliche Träger, betreiben und gestalten viele Dienste und Angebote, seien es Beratungsstellen, Einrichtungen der Nachsorge (Bürkle 2004) u. a. m. Zum Teil engagieren sich hier auch Initiativen, Selbsthilfegruppen, lokale und regionale Trägervereine, leider oft nur in Form von zeitlich begrenzt finanzierten Projekten.

Um diese Vielfalt mit ihren ganz unterschiedlichen Berufsgruppen und Finanzierungsstrukturen – wie z. B. ausführlich bei Bosshard/Ebert/Lazarus (2013) beschrieben – zu koordinieren, werden im Suchtbereich Konzepte einer integrierten Versorgung (Baudis 2007) und im Bereich der Sozialpsychiatrie regionale Konzepte Gemeindepsychiatrischer Verbünde (Clausen/Eichenbrenner 2016: 23f.) geschaffen. Die Zuständigkeiten für die Kostenübernahme bei Behandlungsmaßnahmen sind durch entsprechende Rahmenvereinbarungen der Kostenträger geregelt.

# 9.4 Aktuelle Entwicklungen und Fragestellungen

Die Anstrengungen im Bereich der Suchtprävention in Deutschland tragen insofern Früchte, so dass bei Jugendlichen zwischen 12 und 17 Jahren sowohl der Nikotin- als auch der Alkoholkonsum deutlich zurückgegangen sind. Nichtsdestotrotz behält der Alkohol nach dem Nikotin weiterhin in Deutschland den Status einer legalen Volksdroge. Die Behandlung von Alkoholabhängigkeit macht den Löwenanteil an den stationären Behandlungen von Suchtproblemen aus. Der Konsum von Cannabis steigt seit 1998 stetig an, gleichzeitig liegen die Wirkstoffe in den Cannabis-Produkten inzwischen in deutlich konzentrierterer Form vor. Nach den Entwicklungen in Uruguay, Kanada, in einigen US-Bundesstaaten und zuletzt in Luxemburg nimmt auch in Deutschland die Diskussion um eine Legalisierung des Cannabiskonsums Fahrt auf.

Neue synthetische Drogen, die mit verhältnismäßig wenig Aufwand hergestellt werden können, drängen von Osteuropa herkommend auf den Markt. Aufgrund der hohen Komorbidität mit psychischen Störungen, die häufig mit gesteigerter Unruhe und aggressiver Spannung einhergehen, müssen sich die Fachkräfte in der Drogenarbeit auf neue Not- und Konfliktlagen bei ihrer Klientel einstellen.

Unter den nicht stofflich gebundenen Süchten weist die Computerspiel- und Internetabhängigkeit einen deutlichen Anstieg auf, insbesondere unter der Altersgruppe der 12- bis 17-Jährigen. Da diese Problematik noch nicht in den internationalen Klassifikationssystemen als Krankheit berücksichtigt wurde, sind die Möglichkeiten der Behandlung bei zunehmendem Problemdruck immer noch sehr eingeschränkt (Wölfling u. a. 2013: 26f.)

In Deutschland begehen ca. 10.000 Menschen jährlich Suizid, der Anteil der Männer liegt um ein Dreifaches höher als der der Frauen. Hintergrund sind zu einem Großteil psychische Erkrankungen, häufig Depressionen. Die allgemeine 12-Monatsprävalenz für psychische Erkrankungen (einschließlich der Abhängigkeitserkrankungen) liegt in Deutschland relativ stabil bei etwas weniger als 30 %, vorrangig handelt es sich hier um Angststörungen, gefolgt von affektiven Störungen und Suchtproblematiken. Beinahe die Hälfte aller Betroffenen weist dabei mehr als eine der Erkrankungen auf (DGPPN 2018: 9ff.).

## 9.5 Charakteristische methodische Herausforderungen

Mit der Entwicklung einer akzeptierenden Haltung in der Drogenarbeit wurden in den 1980er Jahren Angebote und Einrichtungen wie Kontaktläden, Notschlafstellen u. Ä. geschaffen, die Drogenabhängige zumindest in ihrer Sucht stabilisieren, Gesundheitsrisiken und HIV-Infektionsrisiken eindämmen und allgemeine Überlebenshilfen im Sinne einer Schadensminimierung (Harm Reduction) anbieten sollten. In diesem Zusammenhang wurden Ansätze von *Streetwork, niederschwelliger Drogenarbeit* und *aufsuchender Hilfen* z. B. im Strafvollzug entwickelt und ausgebaut. Die Vermittlung von rechtlichen, finanziellen und sozialen Hilfen ist sowohl in der Suchtkrankenhilfe als auch in der Psychiatrie wichtiger Bestandteil der *Sozialen Einzelhilfe* im Kliniksozialdienst, in der Suchtberatungsstelle, im Sozialpsychiatrischen Dienst, aber auch in der betrieblichen Sozialberatung.

*Sozialtherapeutische Beratung* als zentraler Bestandteil einer Klinischen Sozialarbeit beinhaltet »Interventionen, die sich auf innerpsychische Veränderungen, auf Veränderungen der Umwelt sowie auf Modifikationen der Interaktionsprozesse zwischen Person und Umwelt beziehen« (Pauls/Stockmann 2013: 17). Dementsprechend bedient sich eine *psychosoziale Diagnostik* einerseits der international gültigen Klassifikationssysteme und bezieht darüber hinaus aber Biografiediagnostik und Lebensweltdiagnostik mit ein (Gahleitner/Pauls 2014: 68).

*Motivationsarbeit:* Gerade im Feld der Hilfen für Suchtkranke und Psychisch Erkrankte stehen unterschiedliche Erwartungen und Problemdefinitionen im Raum. So haben Menschen aus dem näheren Umfeld häufig ein ausgeprägteres Problemverständnis als der*die Betroffene selbst. Im Bereich der Drogenarbeit wird zum Teil durchaus offensiv die Position vertreten, dass der Konsum von illegalen Drogen eine autonome Entscheidung der Konsumierenden sei und damit auch von der Gesellschaft respektiert werden müsse (Unterkofler 2009). Für die Soziale Arbeit bedeutet dies, dass man sich in der Gestaltung von Hilfe und Unterstützung zwischen zwei Extrempolen bewegt:

- Auf der einen Seite gilt es, *vom Bestehenden auszugehen*, Sichtweisen und Entscheidungen der Klient*innen anzunehmen, Widerstände zu respektieren, Notlagen zu lindern und für ein Leben in Würde zu sorgen. Die professionelle Fachkraft stellt dabei keine Bedingungen für die Hilfe.
- Auf der anderen Seite gibt es aber auch Situationen, in denen ein *Eingriff von außen* angezeigt ist, sei es durch Forderungen oder Konfrontationen, im Extremfall durch Machteingriff bei Selbst- oder Fremdgefährdung. Die professionelle Fachkraft muss hier Transparenz über eigene Pflichten und die eigene Rolle herstellen. Es sollten im Hilfeprozess zumindest Wahlmöglichkeiten innerhalb des Unverhandelbaren geschaffen werden.
- Geht es aber um Veränderung, liegt der Königsweg in der psychosozialen Beratung darin, die *Eigenkräfte des Betroffenen zu wecken*. In einem Kontinuum zwischen den beiden o. g. Extrempolen müssen einerseits die Sichtweisen der Betroffenen angenommen und Widerstände respektiert werden, andererseits muss der Blick der Betroffenen in der Beratung immer wieder auf eigene Problemsichten, Ambivalenzen und Veränderungsimpulse gerichtet und dabei Widersprüche und Dilemmata bewusst gemacht werden. Miller und Rollnick benennen diesen Beratungsstil der *Motivierenden Gesprächsführung* als »geleitenden« Kommunikationsstil im Unterschied zu einem »folgenden« bzw. »lenkenden« Kommunikationsstil (Miller/Rollnick 2015: 18f.).

*Soziale und sozialtherapeutische Gruppenarbeit* sind integraler Bestandteil von Beratung, Psychoedukation und Behandlung in Offenen Treffs, Tagesstätten, Beratungsstellen, Rehakliniken, &#x000DC;bergangseinrichtungen, Nachsorgeeinrichtungen und bei Freizeitangeboten. Mit entsprechender, von den Rentenversicherungsträgern anerkannter Zusatzausbildung in Sozialtherapie sind Sozialarbeiter*innen in den ambulanten und stationären Einrichtungen der Suchtkrankenhilfe im psychotherapeutischen Setting tätig (Pauls 2013: 295ff.). Bei der Wahl der Behandlungsangebote gilt der Grundsatz des Vorrangs der ambulanten, wohnortnahen Hilfe.

In der Suchtprävention finden Methoden *sozialraumorientierter Gemeinwesenarbeit* und *Netzwerkarbeit* Anwendung (Sting/Blum 2003), z. B. beim Aufbau einer Festkultur im öffentlichen Leben eines Gemeinwesens. Organisatorisch schlägt sich die sozialräumliche Sicht in der Bildung kommunaler Arbeitskreise, aber auch in Verbundlösungen zur integrierten Versorgung im Suchtbereich (Baudis 2007) und in der gemeindenahen Sozialen Psychiatrie nieder. Soziale Arbeit muss hier die verschiedenen Interessen, die Bedarfslagen der Betroffenen und der anbietenden Hilfeträger koordinieren. Im Sinne des Empowerment- und Teilhabegedankens geht es darum, Betroffenen im Netzwerk Gehör mit ihren Anliegen zu verschaffen, Missständen abzuhelfen und Partizipation bei Planung und Umsetzung von Maßnahmen zu verwirklichen. Dies wäre Ausdruck eines umfassenderen Verständnisses von Genesung bzw. »Recovery« (Clausen/Eichenbrenner 2016: 41f.).

Sommerfeld u.a. kritisieren am klassischen Case Management, dass hier die Koordination von verschiedenen Hilfen im Vordergrund stehe und dies letztlich zu einer Abkoppelung von der Sozialen Arbeit geführt habe. Nun gehe es darum, die klaren Prozessschritte des Case Management (Assessment, Planung, Durchführung, Monitoring, Evaluation bzw. Re-Assessment) wieder mit sozialarbeiterischen Konzepten (z.B. Partizipation, Empowerment, Interprofessionalität) und Methoden (z.B. psychosoziale Beratung, soziale Netzwerkarbeit) zu einem *sozialtherapeutischen Case Management* als einer »Kernmethodik klinischer Sozialer Arbeit« zu verbinden (Sommerfeld u.a. 2016: 217ff.).

Die Komplexität von Problemstellungen und Möglichkeiten der sozialarbeiterischen Intervention werden ersichtlich an folgendem Fallbeispiel.

# 9.6 Exemplarischer Fall Tobi M.

### Aktennotiz Drogenberatungsstelle vom 11. Februar

Tobi M. kommt erstmals in die Drogenberatungsstelle (DROBS) in Freiburg. Er erzählt, dass er von seiner Bewährungshelferin Frau L. geschickt worden sei und sich hierfür eine Bescheinigung ausstellen lassen solle.

Herr M. gibt an, 22 Jahre alt und vor zwei Jahren zu einer Bewährungsstrafe verurteilt worden zu sein. Er sei wegen des Handels mit Betäubungsmitteln (Cannabis) zu einer Haftstrafe von zwölf Monaten verurteilt worden. Diese sei auf drei Jahre zur Bewährung ausgesetzt.

Angesprochen auf sein eigenes Anliegen am Gespräch in der Beratungsstelle gibt Herr M. an, dass er in letzter Zeit angefangen habe, Heroin zu rauchen. Dies mache ihm Sorgen, und er wisse nicht genau, ob er hiervon schon körperlich abhängig sei. Ich bescheinige Herrn M. das Gespräch für Frau L.

### Aktennotiz vom 18. Februar

Herr M. kommt zum vereinbarten Termin. Im Laufe des ca. einstündigen Gesprächs erzählt er aus seiner Biografie:

Er sei als drittes von acht Kindern seiner Eltern in Freiburg geboren. Seine Kindheit sei durch räumliche Enge, bedingt durch die vielen Geschwister, geprägt gewesen. Nach wie vor lebten seine Eltern mit fünf seiner Geschwister in einer kleinen Drei-Zimmer-Wohnung. Sein Vater sei als LKW-Fahrer immer viel unterwegs gewesen und die Mutter habe sich um die Kinder und den Haushalt gekümmert.

Bei seinen Geschwistern und den Eltern sei ihm keine Abhängigkeitserkrankung bekannt. Zu seiner Familie habe er mittlerweile wieder einen recht guten Kontakt, vor allem die Beziehung zu seiner Mutter habe sich im Laufe des letzten Jahres verbessert und sie träfen sich nun wieder regelmäßig.

Mit 16 Jahren sei er von zu Hause ausgezogen. Er habe ca. im zwölften Lebensjahr erstmals Cannabis konsumiert. Ab dem vierzehnten Lebensjahr sei dieser Konsum sehr regelmäßig geworden, fast täglich, auch während der Schule. Seinen Hauptschulabschluss habe er leider nicht geschafft. Im 14. Lebensjahr sei bei ihm ADHS diagnostiziert worden, die verschriebenen Medikamente habe er aber nur ein halbes Jahr lang genommen. Zu dieser Zeit habe er mit Freunden angefangen, kleinere Diebstähle zu organisieren. Im Zuge dessen habe er im Alter von achtzehn Jahren erstmals eine einjährige Jugendstrafe wegen verschiedener Eigentumsdelikte verbüßen müssen.

Angesprochen auf seinen sonstigen Drogengebrauch gibt er an, mit verschiedenen Substanzen wie z. B. Ecstasy, LSD oder Amphetaminen eine Zeit lang experimentiert, diese aber nie regelmäßig über einen längeren Zeitraum genommen zu haben. Seit ca. einem viertel Jahr nehme er immer mal wieder Heroin, ca. ein bis zweimal die Woche, dazu konsumiere er täglich Cannabis.

Herr M. gibt darüber hinaus an, im Alter von 20 Jahren für ca. vier Wochen im Zentrum für Psychiatrie gewesen zu sein. Es sei ihm in dieser Phase nicht gut gegangen, er habe eine richtige Lebenskrise gehabt und sogar an Selbstmord gedacht. Danach habe er bis vor einem dreiviertel Jahr von seinem Arzt Dr. M. Antidepressiva verschrieben bekommen, welche er auf eigene Verantwortung abgesetzt habe.

Im Alter von 21 Jahren sei er Vater eines Sohnes (Nico) geworden. Von der Mutter habe er sich ein halbes Jahr nach der Geburt getrennt, sie seien von Anfang an mit ihrer Beziehung und dem Neugeborenen überfordert gewesen. Mittlerweile werde Nico von der Mutter seiner Ex-Freundin und ihr selbst versorgt. Er sehe seinen Sohn selten, was ihn sehr belaste. Er wünsche sich, den Kontakt wieder zu intensivieren.

### Aktennotiz DROBS vom 25. Februar

Herr M. erscheint pünktlich zum vereinbarten Termin. Das Gespräch dreht sich zunächst um seinen derzeitigen Konsum von illegalen Drogen. Er spricht selbst seinen Cannabisgebrauch an und reflektiert diesen zum Teil kritisch in Bezug auf die Wirkungsweisen bzw. Folgen, welche er für sich damit verbindet.

Er erwähnt, dass er sich »bekifft« kaum mehr unter Menschen traue; selbst wenn er nur im Bus sitze, habe er das Gefühl, alle würden ihn »anstarren«. Seine Post würde er gar nicht mehr öffnen, weil er Angst vor schlechten Nachrichten habe. Oftmals bliebe er bis nachmittags im Bett, fühle sich antriebsarm und unmotiviert, etwas zu unternehmen. Im Laufe der Jahre habe er sich immer mehr sozial isoliert, viele Freunde seien längerfristig auf andere Drogen umgestiegen. Zwei seiner besten Jugendfreunde hätten im Laufe des exzessiven Konsums verschiedener Drogen eine Psychose entwickelt und sich später selbst getötet. Dies würde ihn immer noch sehr belasten.

Andererseits würde er die Wirkung des Cannabis auch sehr schätzen. Es beruhige ihn, er sei dann nicht so zappelig, könne gut einschlafen und stehe nicht so unter Spannung. Als er einmal eine Woche nichts zu rauchen gehabt habe, sei er zunehmend gereizt und genervt gewesen und habe unter starken Schlafstörungen gelitten. Ferner beunruhige ihn, dass er kaum noch Appetit habe. Wenn er etwas zu sich nehme, bekomme er oft Brechreiz, und er glaube, er leide an Untergewicht.

Angesprochen auf seine Ziele bezüglich seines Drogengebrauchs gibt er an, den Cannabiskonsum reduzieren/kontrollieren bzw. evtl. ganz beenden zu wollen. Im Moment rauche er allerdings von morgens bis abends. Heroin habe er in der letzten Woche nicht mehr konsumiert und wolle dies auch nicht mehr tun.

Ich kläre Herrn M. über verschiedene Möglichkeiten des ambulanten sowie stationären Drogenhilfesystems seine Ziele betreffend auf. Bis zur Klärung über die weitere Vorgehensweise vereinbaren wir, uns einmal wöchentlich zu einem Gespräch zu treffen.

### Aktennotiz DROBS 2. März

Herr M erscheint nicht zum vereinbarten Termin.

### Aktennotiz DROBS 14. April

Herr M. erscheint in der offenen Sprechstunde. Er erzählt, dass er nunmehr seit vier Wochen nichts mehr gekifft und auch sonst keine Drogen zu sich genommen habe. Diese Zeit sei alles andere als einfach gewesen. Am Anfang sei er total aggressiv gewesen und habe seine halbe Wohnungseinrichtung demoliert. Etwa nach einer Woche sei es ihm langsam besser gegangen, und mittlerweile fühle er sich auch schon einigermaßen gut.

### Aktennotiz DROBS 18. April

Herr M. erscheint zum vereinbarten Termin. Das Gespräch dreht sich zunächst um die Beendigung des Cannabiskonsums. Die Vor- und Nachteile des Konsums bzw. der Einstellung desselben werden diskutiert.

Ich schlage Herrn M. vor, »Realize it« – ein Programm zur Regulierung des Cannabiskonsums – in unserer Einrichtung wahrzunehmen. Hierzu würden wir uns mindestens zu fünf Terminen über zehn Wochen treffen und dann weiter entscheiden, wie wir mit der Beratung fortfahren würden. Herr M. gibt an, dies wahrnehmen zu wollen.

### Aktennotiz DROBS 1. Mai

Herr M. erscheint zum vereinbarten Termin. Er wirkt sehr aufgelöst und zeigt mir zunächst ein Schreiben der Staatsanwaltschaft Freiburg, in dem er beschuldigt wird, im letzten Jahr mehrmals mit Cannabisprodukten Handel getrieben zu haben. Hierbei gehe es insgesamt um eine Menge von ca. 300g. Die Anzeige komme seiner Meinung nach aufgrund einer Aussage eines Bekannten zustande, welcher vor ca. einem halben Jahr verhaftet worden sei und seitdem in Untersuchungshaft sitze. Er selbst habe von dieser Person mehrmals etwas erworben.

Jedenfalls habe er total Angst, dass seine Bewährungsstrafe widerrufen werden könne und das gerade jetzt, wo er doch mit dem Kiffen aufgehört habe und er sich auch sonst endlich mal wieder um seine Angelegenheiten kümmere. In den letzten beiden Wochen habe er seine ganze Post sortiert und wolle sich jetzt endlich um die offen stehenden Schulden kümmern. Er habe bei der Jugendagentur zwecks Arbeit nachgefragt und sich auch im Fitnessstudio angemeldet, und dann sei gestern dieser Brief gekommen.

Wir vereinbaren, dass sich Herr M. mit Rechtsanwalt J. in Verbindung setzt, welcher ihn schon in früheren Angelegenheiten vertreten hat. Ich lasse mir eine Schweigepflichtsentbindung für Herrn J. geben. Es wird ein weiterer Termin für die kommende Woche vereinbart, an dem mit dem Programm »Realize it« begonnen werden soll.

### Aktennotiz Telefonat mit Rechtsanwalt J., 2. Mai

Absprache mit Anwalt J. Dieser gibt zu verstehen, dass es durchaus kritisch ausgehen könne, was eine mögliche Haftstrafe betrifft. In jedem Fall solle M. bis zur ausstehenden Hauptverhandlung in drei Monaten auch seitens der DROBS auf alles vorbereitet sein und Termine wahrnehmen.

(Wir danken Marc Funke von der DROBS Freiburg für diesen realen, anonymisierten Fall aus der Praxis.)

## 9.7 Fallbearbeitung Tobi M.

Das Vorgehen in der Fallbearbeitung orientiert sich an drei Grundschritten: Ausgehend von einer Situationsanalyse nimmt man eine Einordnung der Problemlage vor. Dies bildet die Grundlage der sozialarbeiterischen Interventionsplanung.

## 9.7.1 Problemwahrnehmungen

Die beteiligten Akteur*innen und Institutionen sehen die Problematik von M. aus unterschiedlichen Sichten: Der Klient selbst steht unter Bewährung. Er sieht sich dem Druck der Bewährungshelferin ausgesetzt, die auf die Einhaltung von Bewährungsauflagen dringt. M. selbst weiß um die Problematik seines Cannabiskonsums und sucht nach Klarheit über das Ausmaß seiner Heroinabhängigkeit. Ansonsten benennt er Antriebsarmut, Isolation, Unruhe und Schulden als Teil seiner Problematik. Die Staatsanwaltschaft ermittelt wegen Handels mit illegalen Drogen und Verstößen gegen das BtMG. Dies ist in Zusammenhang mit der Verurteilung wegen diverser Eigentumsdelikte in der Vorgeschichte und der bestehenden Bewährung zu sehen. Für den Rechtsanwalt geht es darum, in der anstehenden Hauptverhandlung die Verurteilung zu einer Haftstrafe zu vermeiden. Bei der Jugendagentur ist M. als arbeitssuchend gemeldet.

## 9.7.2 Auftragsklärung

Die Zuständigkeit zur Hilfe ist für die Drogenberaterin/den Drogenberater gegeben, denn Einrichtungen der Drogenberatung haben folgende Aufgaben: Krisenintervention, Motivationsarbeit, Unterstützung bei Alltagsbewältigung (z. B. durch tagesstrukturierende Maßnahmen, Arbeitsprojekte), Zugang zur gesundheitlichen Basisversorgung, Motivationsaufbau, psychosoziale Betreuung, Therapievermittlung oder ambulante Therapie, Vermittlung zu anderen Diensten, Netzwerkarbeit, Substitutionsbegleitung, Schuldnerberatung.

Allerdings müssen in der Planung der Hilfen mögliche Rollenkonflikte berücksichtigt werden:

- Im Kontakt mit der Bewährungshelferin kollidieren möglicherweise unterschiedliche Aufträge. Die Bewährungshelferin hat gegenüber ihrem Probanden ein doppeltes Mandat (Staub-Bernasconi 2018: 11ff.), denn sie hat die Aufgabe der Hilfe für den Probanden und Kontroll- und Berichtpflichten gegenüber dem Gericht. Daraus erwachsen unterschiedliche Interessen bei der Verwertung von Fallinformationen und bei der weiteren Hilfeplanung.
- Der Rechtsanwalt wird bestrebt sein, für seinen Klienten möglichst günstige Voraussetzungen in der Hauptverhandlung zu erreichen. Stellungnahmen des Sozialarbeiters, welche der Rechtsanwalt in der Hauptverhandlung einbringen möchte, könnten hier zu einseitigen »Gefälligkeitsgutachten« entwertet werden. Der Drogenberater wird darauf achten müssen, dass die fachliche Unabhängigkeit der Stelle auch vor Gericht weiter gewahrt bleibt.
- Der Wunsch von Tobi M. nach mehr Kontakt zu seinem Kind muss unter dem Blickwinkel des Kindeswohls sorgfältig erörtert werden.

## 9.7.3    Bausteine einer psychosozialen Diagnose

Die Trias der Faktoren zur Entwicklung einer Abhängigkeit fußt auf dem bio-psychosozialen Krankheitsmodell und identifiziert drei Teufelskreise, die in einem Wechselspiel von Faktoren zur Entstehung und Aufrechterhaltung einer Abhängigkeit beitragen (Soyka/Küfner/Feuerlein 2008: 20f.). Dementsprechend sind folgende Einflüsse bei Tobi M. zu verzeichnen:

### Individuum – der intrapsychische Teufelskreis

M. erfuhr möglicherweise zu wenig Fürsorge in der von Enge und Überlastung gekennzeichneten Welt, in der er aufwuchs. Durch die häufige Abwesenheit des Vaters fehlte die männliche Identifikationsfigur, die Mutter war mit der alleinigen Versorgung der Familie vermutlich überfordert. In der psychischen Entwicklung fallen die ADH-Symptomatik und die beschriebene, aber möglicherweise noch nicht psychiatrisch abgeklärte, depressive Symptomatik auf. M. beschreibt sich als emotional labil und zeigt bei anstehenden Entwicklungs- und Reifungsschritten Rückzugs- und Vermeidungsverhalten. Insofern ist eine Störung auf der Stufe der Identitätsbildung nach Erik H. Erickson zu verzeichnen: Es entwickelt sich keine stabile Ich-Identität im Wahrnehmen neuer Rollen, der Rückhalt in der Peergroup erhält kompensierende Funktion. Innere Krisen gehen hier durchaus auch mit Suizidabsichten einher. Der früh begonnene, regelmäßige, hohe Cannabiskonsum hat zusammen mit härteren Drogen wahrscheinlich Hirnschädigungen bewirkt und damit Motivierbarkeit und Tatkraft deutlich gemindert.

### Gesellschaft und sozialer Nahraum – der psychosoziale Teufelskreis

Das soziale Umfeld ist für M. die Drogenszene. Er sucht die Integration in einer Peergroup. Die Drogenszene gibt ihm allerdings keine Stabilität, sondern scheint den Drogenkonsum bei ihm erheblich gesteigert zu haben. Bei zwei Bekannten erlebt er psychotischen Dekompensationen und Suizid. Der frühe Cannabiskonsum steht in Verbindung zur Ausbildung delinquenten Verhaltens. Von zwei Haftstrafen steht mindestens die zweite direkt in Zusammenhang mit Drogenkonsum und Beschaffungskriminalität. Ein festes Arbeitsverhältnis oder andere regelmäßige Einkünfte und Zeitstrukturen fallen als stabilisierende Faktoren aus. Bei der Herkunftsfamilie ist zumindest der Kontakt zur Mutter wiederhergestellt. Scheinbar ist sie der einzige Kontakt zu einem Netzwerk außerhalb der Drogenszene.

### Droge – der somatische Teufelskreis

M. testet im Laufe seiner Suchtentwicklung zwar auch aufputschende Drogen, bleibt aber nach eigenen Aussagen vorwiegend beim Cannabis, dessen dämpfende Wirkung er seit Auffälligwerden seiner ADH-Symptomatik sucht. Cannabis wird hier möglicherweise als Selbstmedikation eingesetzt. M. berichtet allerdings paranoide Zustände, wenn er »bekifft« sei.

**Bewertung der Suchtproblematik**

Bei M. sind die Tendenz zur Dosissteigerung, der Zwang zum Konsum, eine Entzugssymptomatik, die Einschränkung von sozialen, beruflichen und Freizeitaktivitäten und der fortgesetzte Substanzmissbrauch trotz anhaltender psychischer Probleme über einen Zeitraum von mehr als zwölf Monaten zu verzeichnen. Damit sind die wesentlichen Kriterien für das Vorliegen einer Abhängigkeit nach ICD-10 erfüllt. Es liegt eine Cannabisabhängigkeit in Verbindung mit Probierkonsum von Ecstasy, LSD und Amphetaminen sowie Missbrauch von Heroin vor. Es muss von einer Mehrfachabhängigkeit (Polytoxikomanie) ausgegangen werden.

M. nimmt nahezu alle Termine in der DROBS wahr und zeigt bisher eine deutliche Motivation zum Ausstieg aus seiner Abhängigkeit und zur Veränderung seiner sozialen Situation. Ob dies aber schon für eine eigenständige Beratungs- und Behandlungsmotivation spricht, ist allerdings noch zu prüfen, da der Ausgangspunkt der Beratungskontakte die Aufforderungen der Bewährungshelferin waren. Verschiedene signifikante Unklarheiten in der Beschreibung der eigenen sozialen Situation – so z. B. die unklare Finanzsituation, das wahre Ausmaß der Integration in die Drogenszene – deuten allerdings darauf hin, dass noch nicht alle relevanten Informationen offengelegt sind. Zur weiteren diagnostischen Problemklärung wäre außerdem noch zu erheben, welches die Gründe und Umstände des Auszugs aus dem Elternhaus waren und ob nicht vielleicht auch Geschwister ihn auf die eine oder andere Weise unterstützen könnten.

## 9.7.4 Rechtliche Einschätzung

Bei der Anklage handelt es sich um einen Verstoß gegen § 29 BtMG Abs. 1, Nr. 1 und 3. Dabei wird auch ein Verstoß gegen § 29 BtMG Abs. 3 Nr. 1 und 2 und gegen § 29 a BtMG geprüft werden. Ist der Vorwurf des Besitzes und Handels mit größeren Mengen von illegalen Drogen stichhaltig, kommt ein Absehen von der Verfolgung nach § 31a BtMG nicht in Betracht. Dies umso mehr, als der Klient auch einige Vorstrafen aufweist. Bleibt das Strafmaß unterhalb von zwei Jahren Gesamtstrafe trotz der Einbeziehung der bisherigen Bewährungsstrafe, greifen die Möglichkeiten der Zurückstellung der Strafvollstreckung nach § 35 BtMG Abs. 1 und 3. Allerdings kommt der § 35 BtMG nur dann in Betracht, wenn die Suchtproblematik ursächlich für die Delikte ist. Eine mögliche Behandlung der Suchtproblematik wäre als Leistung der medizinischen Rehabilitation (§ 26 SGB IX) von der gesetzlichen Krankenkasse nach § 40 SGB V oder vom Sozialhilfeträger nach § 54 SGB XII zu tragen. Der Rentenversicherungsträger wäre für Leistungen der medizinischen Rehabilitation nach §15 SGB VI zwar ebenfalls zuständig und dies sogar vorrangig, allerdings sind nach dem derzeitigen Sachstand die erforderlichen Pflichtbeitragszeiten nach § 11 SGB VI nicht erfüllt. Der beratende Sozialarbeiter muss seine beruflichen Verschwiegenheitspflichten nach § 203 Abs. 1 StGB z. B. gegenüber Bewährungshelferin und Rechtsanwalt beachten und braucht zu allen Offenbarungen von persönlichen Angaben die einzelfallbezogene Einwilligung des Klienten. Mit Blick auf Interessenkollisionen im Rahmen eines doppelten Mandats ist die Wahrung der Verschwiegenheit gerade in der Zusammenarbeit mit der Bewährungshelferin von besonderer Bedeutung. Vor Gericht hätte der Sozialarbeiter, der in einer anerkannten Drogenberatungsstelle arbeitet, nach § 53 StPO Abs. 1, Ziff. 3b sogar ein Zeugnisverweigerungsrecht. Die Ausgestaltung eines Umgangsrechtes des Vaters mit seinem Kind wäre nach § 1684 BGB zu klären.

## 9.7.5 Ressourcen und Einschränkungen

### Ressourcen

M. weist eine produktive Alarmierung aufgrund des eskalierten Drogenkonsums bei Freunden auf. Er hat eine klare Sicht auf die weiteren Folgen des Konsums und ist bei guter Introspektionsfähigkeit dazu in der Lage, diesen zumindest zu drosseln. Die Sorge um die eigene Gesundheit drückt sich auch darin aus, dass er den Vorsatz zum regelmäßigen Fitnesstraining ergriffen und sich im Fitnessstudio angemeldet hat. Seine Zuverlässigkeit und Bereitschaft, soziale Hilfen anzunehmen, drücken sich im weitgehenden Einhalten der vereinbarten Termine aus. Er zeigt den Vorsatz und ist nach eigenen Aussagen dazu in der Lage, sich von denjenigen Freunden zu distanzieren, die noch in der Drogenszene sind. Soziale Stützung erfährt er durch den Kontakt zur Mutter, außerdem äußert er den Wunsch nach stabilem Kontakt zu seinem Sohn Nico.

### Einschränkungen

M. verfällt immer wieder in Phasen der psychischen Labilität und Strukturlosigkeit. Verordnete Medikationen hat er in der Vergangenheit eigenmächtig abgesetzt. M. verfügt über keinen Schulabschluss und keine Berufsausbildung. Seine sozialen Kontakte beschränken sich auf Kontakte in der Drogenszene. Bei der Übernahme von Verantwortung in der Zeit der Familiengründung zeigte sich M. schnell überfordert. Die Schulden, deren Höhe noch genau zu bestimmen sind, engen den finanziellen Spielraum stark ein. Von seiner Herkunftsfamilie, der Mutter seines Sohnes und seinem aktuellen Freundeskreis kann er wohl keine konkrete, tatkräftige Hilfe erwarten.

## 9.7.6 Zielbestimmungen

Ausgehend von den Zielen, die sich Betroffene zu eigen machen, können die sozialarbeiterischen Fachkräfte erst die notwendigen Interventionen planen. Die Bedürfnishierarchie des amerikanischen Sozialpsychologen Abraham Maslow in der Adaption für den Suchtbereich (Soyka/Küfner 2008: 315) wird hier nun im Folgenden sowohl auf den Suchtbereich als auch auf den Bereich der Psychiatrie erweitert: Vordringlich ist die *Sicherung des Überlebens*, dann erst kann es um die

*Sicherung eines möglichst gesunden Überlebens* gehen, im Weiteren können Bedürfnisse der *Sozialen Rehabilitation und Reintegration*, der *Psychischen Stabilisierung und Bewältigung* und letztlich dann die Bedürfnisse nach *Selbstrealisierung und Autonomie* in den Blick genommen werden. Auf der Ebene der Sicherung eines möglichst gesunden Überlebens geht es bei Suchtkranken zuerst um die Reduzierung des Suchtmittelkonsums bzw. um eine Reduzierung der Schädigungen durch den Suchtmittelkonsum, bevor über die Gestaltung des Lebens autonom entschieden werden kann. So kann Abstinenz oder der weitere Konsum von Suchtmitteln Teil des eigenen Lebensstils werden. Bei Psychisch Erkrankten stünden hier zuerst eine Notfallintervention und im Weiteren möglicherweise Struktur und Sicherheit gebende Maßnahmen – evtl. auch eine stabilisierende Medikation – zur Debatte.

## Nahziele

Bis zum Beginn einer Entwöhnungsbehandlung soll eine entsprechende Behandlungsmotivation aufgebaut werden und M. in seiner Tagesstrukturierung und in seiner Drogenabstinenz stabilisiert werden. In der Hauptverhandlung ginge es darum, eine erneute Inhaftierung zu vermeiden. Es sollte eine Klärung der psychischen Problematik bei M. herbeigeführt werden. Um eine soziale Stabilisierung zu fördern, wären engere Kontakte zur Mutter und zum eigenen Sohn sinnvoll.

## Fernziele

Nach Abschluss der Drogentherapie soll eine stabile Drogenabstinenz erreicht werden. Die Bearbeitung der psychischen Hintergründe der eigenen Suchtproblematik könnte die Persönlichkeit festigen. In der Nachsorge wäre zu erreichen, dass M. den Schulabschluss nachholt, einer geregelten Arbeit nachgeht und seine Schulden gemäß einem in der Schuldenregulierung erarbeiteten Abzahlungsplan tilgt. Außerdem ist es unerlässlich, dass sich M. bis dahin neue soziale Netzwerke in einem cleanen Umfeld aufbaut.

## Zielkonflikte

Im Sinne einer Ressourcenorientierung wäre auf schon bestehenden stabilisierenden Faktoren aufzubauen – dies spräche für eine ambulante Therapie in vertrauter Umgebung. Andererseits scheint eine grundlegende Änderung der Lebensweise bei M. sinnvoll und notwendig – dies spräche für eine stationäre Therapie. Eine Inhaftierung könnte die Konfrontation mit der Realität einer weiteren Drogenkarriere fördern, würde aber die Gelegenheit zum Durcharbeiten der eigenen Persönlichkeitsdynamik in einer Drogentherapie verstreichen lassen. Ein intensiverer Kontakt zum Sohn Nico könnte zur Stärkung der Behandlungsmotivation bei M. beitragen. Hier wäre aber das Kindeswohl zu prüfen, da dieser Kontakt in dieser Phase für das Kind möglicherweise nicht zuträglich wäre.

## 9.7.7 Handlungsentwurf

In einer ersten Beratungsphase sollte die Behandlungsmotivation geklärt und ge-
stärkt werden. Da der Verdacht nahe liegt, dass das wahre Ausmaß der Suchtproblematik und die eigene Behandlungsmotivation noch nicht genügend offengelegt sind, bieten sich hier zum einen konfrontative Strategien an. Um den
Klienten aber in seiner Selbstverantwortlichkeit zu stärken, sollte zum anderen
auf der bisher gezeigten eigenen bisherigen Problemsicht aufgebaut werden mit
Hilfe der Motivierenden Gesprächsführung (Miller/Rollnick 2015). Es ginge darum, Beweisführungen zu vermeiden und die Wahrnehmung eigener Diskrepanzen bei M. zu stärken. Gleichzeitig müssten in der Beratung nicht nur die Vorteile einer Behandlung, sondern auch Nachteile beleuchtet werden, um mögliche
Widerstände gegen bisherige Behandlungsversuche besser zu verstehen und zu
respektieren. Aufbauend auf der Problemsicht von M. wären dann nur diejenigen Schritte zu planen, auf die sich M. selbst einlassen kann. Dies würde die Bereitschaft zur Annahme von Hilfe noch weiter stärken.

Von der Abwägung der Komorbidität hängt es ab, ob § 35 BtMG einschlägig
ist. Dies stellt dann auch die grundsätzlichen Weichen für den Hilfeplan. Ausgehend von einem ursächlichen Zusammenhang zwischen Abhängigkeitsproblematik und Delinquenz erscheint die stationäre Entwöhnungsbehandlung als Erfolg
versprechender, denn dort kann die Abhängigkeitsproblematik konsequenter bearbeitet werden kann. Voraussetzung wäre aber eine differentialdiagnostische Abklärung, zumal M. in der Vorgeschichte psychiatrische Vorbehandlungen aufweist
und depressive oder paranoide Symptome zeigt. Dazu sind andere Diagnosen
nach Rücksprache und Einwilligung des Klienten beim Zentrum für Psychiatrie
durch den konsiliarischen Arzt der DROBS einzuholen. Für eine Behandlung im
stationären Rahmen spräche auch die ärztliche Aufsicht, die eine bessere Beobachtung und Begleitung der psychischen Symptomatik und eine konsequentere Me-
dikamenteneinnahme möglich machen würde. Außerdem sind auch weiterhin
Phasen der Labilisierung zu erwarten.

Im Vorfeld ist die Notwendigkeit einer Entgiftung zu klären, derzeit schildert
sich M. als abstinent von Drogen, was aber in der Unklarheit der Gesamtsituation noch zu bezweifeln ist. Zur Beantragung der stationären Maßnahme der me-
dizinischen Rehabilitation muss die Drogenberaterin zusammen mit dem Klienten einen Sozialbericht erstellen, bei dem im Falle von M. die noch offenen
Fragen zu Verlauf und sozialer Einbindung in der Jugendzeit zu klären sind.
Ebenfalls nach Vorabsprache mit M. erfolgt ein gemeinsames Gespräch mit der
Bewährungshelferin zur Erläuterung der beabsichtigten Behandlung. Bei der
Suche nach einem Therapieplatz wäre auf die Möglichkeit zur Behandlung der
Komorbidität und auf Angebote zur Arbeitstherapie zum Aufbau eines geregel-
ten Arbeitsverhaltens zu achten. Evtl. muss schon vor Beginn der stationären
Entwöhnungsbehandlung ein Überblick über den Schuldenstand erstellt werden,
ggf. sind erste Maßnahmen zur Schuldenregulierung sofort zu treffen. Um die
Möglichkeiten des § 35 BtMG in Anspruch zu nehmen, stellt der Klient selbst
den Antrag schon im Vorfeld der Verhandlung. Der Sozialarbeiter der DROBS
bescheinigt M. für den Rechtsanwalt, dass er Beratung in Anspruch nimmt,

ohne diesen Prozess inhaltlich zu bewerten oder gar eine Prognose abzugeben. Bis zur Hauptverhandlung werden M. als stabilisierende Maßnahmen die Teilnahme an einer Freizeitgruppe, an einem Arbeitsprojekt oder an Sitzungen einer Selbsthilfegruppe angeboten.

Als Alternative zur stationären Behandlung wäre abzuwägen, ob Behandlungsmotivation und Wohnsituation bei M. so tragfähig sind, dass auch eine ambulante Therapie in Frage käme. Allerdings ist nach derzeitigem Stand eine feste Tagesstruktur (z. B. in Form von Freizeitaktivitäten und regelmäßiger Beschäftigung), die Aussicht auf Einhaltung der Drogenabstinenz und die Fähigkeit zur sozialen Integration als weiterer Voraussetzung für eine ambulante Behandlung im Moment nicht vorhanden. Zumindest müsste die Integration von M. in eines der tagesstrukturierenden Projekte der DROBS geleistet werden. In Anbetracht von M.s wiederholter Straffälligkeit vor Gericht müsste die Ernsthaftigkeit einer Zäsur deutlicher dokumentiert werden, als es eine ambulante Therapie bei Fortbestehen des labilen Szenemilieus darstellen könnte.

Falls die zu vollstreckende Reststrafe mehr als zwei Jahre beträgt (§ 35 Abs. 3 Nr. 1 und 2 BtMG), bliebe keine Möglichkeit, die Vollstreckung der Strafe zurückzustellen. Im Strafvollzug könnte der Kontakt zu M. in Form aufsuchender Arbeit gehalten werden, um gemeinsam die weiteren Schritte nach der Entlassung vorzubereiten.

Im Anschluss an die stationäre Behandlung wäre zur weiteren Stabilisierung eine Adaptionsphase und möglicherweise betreutes Wohnen anzuschließen. Während der Therapie wird M. die Entscheidung zu treffen haben, ob er nach Freiburg zurückkehren möchte. Einerseits hat er hier eine gewisse Stabilisierung durch die eigene Wohnung und die Vertrautheit mit der Umgebung, andererseits birgt die Nähe zur vertrauten Szene hohe Rückfallgefahren.

## 9.8 Zusammenfassung und Ausblick

Die Suchthilfe hat gerade im Bereich der illegalen Drogen eine Fülle von Ansätzen entwickelt, um Schaden zu minimieren, Lebensbewältigung zu stabilisieren und Motivation zur Behandlung aufzubauen. Allgemein besteht ein relativ differenziertes Angebot an Behandlungseinrichtungen, jedoch ist der Bedarf an differenzierteren Behandlungsmöglichkeiten gerade bei Doppeldiagnosen nicht gedeckt. In der ambulanten Hilfe ist Case Management zwar konzeptionell weitgehend verankert, stößt aber sehr häufig an berufspolitische und trägerspezifische Grenzen. Hier sollten diejenigen, die Case-Management-Funktionen für Klient*innen ausüben, mit weiterreichenden Befugnissen zur Koordination von Hilfeleistungen ausgestattet werden. Gerade im Bereich der Sozialpsychiatrie wird die Dominanz der medizinischen Sichtweise in der Behandlung durch Ansätze von Beteiligung von Menschen mit Psychiatrieerfahrung, durch ein offeneres Verständnis von Genesung (Recovery), durch die Diskussion von Teilhabechancen in unserer Gesellschaft, durch einen engagierten Trialog zwischen Betroffenen, Angehörigen und Professionellen (Bosshard/Ebert/Lazarus 2013) zurückgedrängt und eröffnet so der Sozialen Arbeit mit ihrem Blick auf soziale Zusammenhänge neue Herausforderungen, sich zu positionieren und einzumischen.

# Literatur

Baudis, R. (Hrsg.) (2007): Verbundqualität in der Suchthilfe. Organisieren personenbezogener Versorgungszusammenhänge. Rudersberg: Verlag für Psychologie, Sozialarbeit und Sucht.

Bosshard, M./Ebert, U./Lazarus, H. (2013): Soziale Arbeit in der Psychiatrie. 5. Aufl. Bonn: Psychiatrie-Verlag.

Bürkle, S. (Hrsg.) (2004): Nachsorge in der Suchthilfe. Freiburg: Lambertus.

Clausen, J./Eichenbrenner, I. (2016): Soziale Psychiatrie. Grundlagen, Zielgruppen, Hilfeformen. 2., überarb. u. erw. Aufl. Stuttgart: Kohlhammer.

DGPPN – Deutsche Gesellschaft für Psychiatrie und Psychotherapie, Psychosomatik und Nervenheilkunde e. V. (Hrsg.) (2018): Dossier. Psychische Erkrankungen in Deutschland: Schwerpunkt Versorgung. Berlin: Eigenverlag

Frank, G. (2017): Lebenswelt. In: Deutscher Verein für öffentliche und private Fürsorge e. V. (Hrsg.): Fachlexikon der Sozialen Arbeit. 8., völlig überarb. u. akt. Aufl. Baden-Baden: Nomos, S. 549–551.

Gahleitner, S. B./Pauls, H. (2014): Biopsychosoziale Diagnostik als Voraussetzung für eine klinisch-sozialarbeiterische Interventionsgestaltung: Ein variables Grundmodell. In: Gahleitner, S. B./Hahn, G./Glemser, R. (Hrsg.): Psychosoziale Diagnostik. 2. Aufl. Köln: Psychiatrie-Verlag, S. 61–77.

Laging, M. (2018): Soziale Arbeit in der Suchthilfe. Stuttgart: Kohlhammer.

Miller, W. R./Rollnick, S. (2015): Motivierende Gesprächsführung. 3. Aufl. Freiburg: Lambertus.

Möller, H.-J./Laux, G. (2013): Psychosomatische Medizin und psychosomatische Störungen. In: Möller, H.-J./Laux, G./Deister, A.: Psychiatrie, Psychosomatik und Psychotherapie. 5. Aufl. Stuttgart: Thieme, S. 246–253.

Pauls, H. (2013): Klinische Sozialarbeit. Grundlagen und Methoden psycho-sozialer Behandlung. 3. Aufl. Weinheim/Basel: Beltz Juventa.

Pauls, H./Stockmann, P. (2013): Sozialtherapeutische Beratung – eine Begriffsbestimmung. In: Pauls, H./Stockmann, P./Reicherts, M. (Hrsg.): Beratungskompetenzen für die psychosoziale Fallarbeit. Freiburg: Lambertus, S. 11–20.

Sommerfeld, P./Dällenbach, R./Rüegger, C./Hollenstein, L. (2016): Klinische Soziale Arbeit und Psychiatrie. Wiesbaden: VS-Verlag.

Soyka, M./Küfner, H./Feuerlein, W. (2008): Alkoholismus, Mißbrauch und Abhängigkeit. Entstehung, Folgen, Therapie. 6. Aufl. Stuttgart/New York: Thieme.

Staub-Bernasconi, S. (2018): Soziale Arbeit als Handlungswissenschaft. Soziale Arbeit auf dem Weg zu kritischer Professionalität. 2. Aufl. Opladen/Toronto: Budrich.

Sting, S./Blum, C. (2003): Soziale Arbeit in der Suchtprävention. München/Basel: Reinhardt.

Unterkofler, U. (2009). »Akzeptanz« als Deutungsmuster in der Drogenarbeit. Eine qualitative Untersuchung über die Entstehung und Verwendung von Expertenwissen. Münster: Verlag für Wissenschaft und Bildung.

Wölfling, J. u. a. (2013): Computerspiel- und Internetsucht. Stuttgart: Kohlhammer.

# Die Autor*innen

Die Autor*innen lehren an der Katholischen Hochschule Freiburg

**Professor Dr. Martin Becker**, Lehrgebiet: Stadt-/Quartiersentwicklung, empirische Sozialforschung und Methoden Sozialer Arbeit

**Annette Bukowski**, Dipl. Sozialarbeiterin, Dipl. Kriminologin

**Professor Dr. Matthias Hugoth**, Lehrgebiet: Soziale Arbeit mit Schwerpunkt Erziehungswissenschaft und Pädagogik der frühen Kindheit

**Professorin Dr. Cornelia Kricheldorff**, Lehrgebiet: Soziale Gerontologie, Soziale Arbeit in gerontologischen Handlungsfeldern und im Gesundheitswesen, Empirische Sozialforschung

**Professor Werner Nickolai**, Dipl. Sozialarbeiter, Lehrgebiet: Sozialarbeit und Straffälligenhilfe

**Prof. Dr. Christian Roesler**, Lehrgebiet: Klinische Psychologie und Arbeit mit Familien

**Professorin Dr. Nausikaa Schirilla**, Lehrgebiet: Migration und Interkulturelle Kompetenz, Migrationsforschung, Migration und Ethik, Sozialphilosophie

**Professor Dr. Jürgen E. Schwab**, Lehrgebiet: Bildung und Sozialisation, Konzepte der Bildung und Sozialisation mit jungen Menschen, Empirische Sozialforschung, Geschichte und Grundlagen Sozialer Arbeit, Mediensoziologie, Filmdidaktik.

**Jürgen Sehrig**, Lehrgebiet: Soziale Arbeit mit Suchtkranken und psychisch Kranken, Supervision

**Professorin Dr. Mona Welsche**, Lehrgebiet: Entwicklungsförderung im Kindes- und Jugendalter

**Sabine Triska**, Dipl. Sozialarbeiterin, Systemische Familienberaterin und Kriseninterventionstrainerin, 20 Jahre Berufserfahrung in den ambulanten und stationären Erziehungshilfen, seit 2012 Referatsleitung Familien- und Erziehungshilfen, Caritasverband für die Erzdiözese Freiburg, seit 2018 Lehrbeauftragte an der KH Freiburg im Handlungsfeld »Arbeit mit verhaltensauffälligen und seelisch behinderten Kindern und Jugendlichen«